Norbert Marohn

RÖHM. EIN DEUTSCHES LEBEN

Romanbiografie

Lychatz Verlag

Die Deutsche Bibliothek - CIP-Einheitsaufnahme

Norbert Marohn
»Röhm. Ein deutsches Leben«
ISBN 978-3-942929-00-4
© 2012, Lychatz Verlag, www.lychatz.com
2. Auflage

Alle Rechte vorbehalten.
Satz: winterwork, Borsdorf
Ausstattung und Herstellung: Lychatz Verlag
Einbandkonzeption: Sven Lychatz
Druck und Bindung: winterwork, Borsdorf

Norbert Marohn

RÖHM. EIN DEUTSCHES LEBEN

Bis heute, bis zum Jahr 2011 ist in Deutschland über einen einzigen führenden Nationalsozialisten keine Biografie veröffentlicht: über Ernst Julius Günther Röhm. Warum? Die schwierige Quellenlage, etwa für Kindheit und Jugend oder die späten zwanziger Jahre, genügt nicht einmal als Vorwand. Wie wird einer Nationalsozialist? Wie wird er bewusster, dann führender Nationalsozialist? Die Rückschau, die durchleuchtete Erfahrung – seit 1945 verdichtet –, verleitet zu griffigen Antworten.

Wer war Ernst Röhm? Diese Biografie lässt sich nicht lückenlos belegen, ein akademisch-korrekter Lebensabriss bliebe wesentlich unvollständig, wie ohne Aroma, das ist mir erst beim Schreiben bewusst geworden. Ich kreuze geschichtliche Ereignisse mit Szenen, die von Röhm in wechselnden Gruppierungen erzählen. Überlieferte Zusammenhänge bilden die Folie für einen Prosatext:

Der erste Teil geht Röhms Spur ab 1931 bis Anfang 1933 nach, seinem Beitrag zu jener politischen Strömung, die legal anwächst bis zur Regierungsgewalt der NSDAP: als stärkste Partei von einem Drittel des deutschen Volks gewählt.

Der zweite Teil verfolgt die Radikalisierung Röhms, vom Kriegserleben seit 1914 bis zum Münchner Putschversuch von 1923.

Der dritte Teil erfasst Röhms Aktivität und Passivität im Nationalsozialismus, in den anderthalb Jahren vom Januar 1933 bis Juni 1934. Am Ende fingieren innerparteiliche Feinde seinen so genannten Putsch. Wie sie die Ermordung Röhms vorbereiten, erhellen fiktive – doch auf Quellen gestützte, also nicht willkürlich ausgelegte – Dialoge und Verhöre.

Eine Reise 1993 nach Bolivien, wo der arbeitslose Röhm als Militärinstrukteur untergekommen war, ergibt den vierten Teil. Er beginnt mit dem Nachdenken über die Frage, wieso drei Generationen nach dem Untergang des Nationalsozialismus in Deutschland noch immer eine Röhm-Biografie fehlt.

Gestern ist Heute gewesen, Vergangenes war Gegenwart. Geschichte ist Geschehenes – nicht Zurechtgeschichtetes. Wer war Ernst Röhm? Ein Mensch, der seine Zeit nicht vom Ende her überblickte.

Was bedeutet 'bewältigte' Geschichte, wann kursiert das Wort? Was rührt Wiederholbares, Systemimmanentes auf, das im Alltäglichen wurzelt? Wie, beispielsweise, fand Nationalsozialismus eine Massenbasis, die die Weimarer Republik nie erreichte. Wer erklärt Geschichte für 'bewältigt'? Für wen?

I.
IM VORMARSCH

Neue Ankunft

Ein Mann kommt nach Hause zurück. Er freut sich nicht auf sein Vaterland. Deutschland besteht, nein, es verfällt im neuzeitlichen Zustand Republik. Die Regierung dieser deutschen Einheitsrepublik schaltet und waltet in Berlin. Das Volk lebt verelendet, arbeitslos, mutlos und uneinig nach Revolution, Inflation und andauernder 'Demokratie'.
Zum 6. November 1930 meldet der VÖLKISCHE BEOBACHTER aus München:»Parteigenosse Hauptmann Ernst Röhm, der treue Mitkämpfer Adolf Hitlers in den schwersten Tagen der nationalsozialistischen Bewegung, ist heute nach nahezu zweijährigem Aufenthalt in Bolivien ... zurückgekehrt. Zum Empfang des beliebten Führers der ehemaligen Reichskriegsflagge hatten sich am Hauptbahnhof zahlreiche Parteigenossen, Kameraden und Freunde eingefunden. Adolf Hitler selbst kam, um den Heimkehrer persönlich zu begrüßen.«
Drei Wochen dauert eine Schiffsreise mit der Hamburg-Amerika-Linie. Röhm hat angenommen, die letzten Stunden danach würden die unruhigsten sein. Doch er hat im Zug gesessen und allein den lieblichen Martin Schätzl, der sein Begleiter in Bolivien gewesen ist, betrachtet. Innig. Seelenruhig. Er war lange jung, weiß Röhm, jetzt ist er es nicht mehr. Lange hat er sich den Jungen auf seine Weise genähert, nicht auf ihre.
Uyuni, 12.8.29. Mein lieber Martin! Gerade erhalte ich Deine lb. Zeilen ... Sehr befriedigt mich ... zu hören, daß Du arbeitest und ein festes Ziel hast: Ausstellung in La Paz ... Der Empfang war hier durchaus nicht so freundlich, wie in Sucre. Das hat mich veranlaßt, ... dem Rgts.Kommandeur u. seinem Adjutanten den Standpunkt klar zu machen. Seit der Zeit funktioniert der Laden ... Uyuni ... ist ein selten scheußliches Nest ... Abwechslung gibt's natürlich keine hier. Erst recht natürlich nicht die, die ich brauchte, insbesondere nachdem sich der Mond wieder bemerkbar gemacht hat.
Jetzt, mit zweiundvierzig, kommt er zurück. Er ist sehr lange jung gewesen. Nun wird er lange altern. Erfahrungen machen auch anspruchsloser. Was muss die nächste Generation erstreben? In den Jahren als entlassener Offizier ist es Röhm bewusst geworden: Früher – zur Königszeit – hatte er wie seine Rekruten gesprochen, vom Gleichen beseelt oder bedrängt.

'Früher' bleibt als hoffnungsvoll verlängerte Zeit: Die Gegenwart ist seine Zeit gewesen. Heute, seit dem so genannten Frieden fühlt er nicht einmal in Deutschland genau, was junge Kämpfer ersehnen. Wahrheit im Siegerstaat ist eine andere als die im untergegangenen Land. Tatsachen gibt es nicht – nur Blickwinkel. Welchen Wert besitzen die Dinge, seine Einsichten, die er nach Hause mitbringt? Für einen Andern? Keinen Wert! So wie bei seiner Ankunft vor zwölf Jahren, auch im November: Seine Erfahrungen sind ungültig für die, die nie ein Schützengraben vereint hat. Im November 1918 verbannt eine Grippe Röhm ins Frontlazarett, als die Nachricht aus München eintrifft: Die Etappe hat in Revolution gemacht!

'Räte' mit roter Armbinde befehlen den Kriegsheimkehrern. Im Bahnhof salutiert ein Vizefeldwebel: „Herr Hauptmann müssen die alte Kokarde abnehmen, sonst dürfen Sie nicht hinaus!" Entschlossen, diese Schande wiedergutzumachen, entfernt Röhm das schwarzweißrote Hoheitszeichen von der Mütze. Obwohl die Münchner Tram verkehrt, läuft er in langen Bögen nach Hause, vorbei an brüllenden Demonstranten, vielen Frauen. Dagegen erinnert Röhm sich nur, der deutschen Armee angehört zu haben. Er will erfassen, was geschieht: Ganze Regimenter lassen sich entwaffnen, die Verantwortlichen des alten Systems weichen kampflos dem Druck der Straße. Die auflodernde Revolte bezeichnet für Röhm einen größeren Zusammenbruch. Militärisch bedeutet er, dass Mannschaften den Gehorsam verweigern. Fronttruppen – bis zur Grenze in guter Ordnung – laufen davon, sobald sie mit dem andern Geschlecht in Berührung kommen. Abermals zeigt sich, dass der Einfluss des Weibs auf den Soldaten nicht zu überschätzen ist, im guten wie im bösen Sinn.

1 de junio de 1929. Mein lieber Martin! ... Mein Kommando nach Sucre habe ich ja hauptsaechlich Deinethalben erbeten ..., weil ... Du Dich dort ... besser erholen kannst ... zweitens weil ich glaube, dass Du dort kuenstlerisch eher Erfolge hast, als in dem ... gruendlich abgegrasten La Paz ... In Sucre sind ... viele recht gute Motive für Dich ... vorhanden, ... gediegene Leute, die etwas kaufen koennen ... Du wirst ... in der Pension wohnen u. wenn ich komme, ziehen wir zusammen. Ich freue mich sehr auf Dich.

Was kann überdauern? Die Zeichnungen vom jungen Martin Schätzl, der das Volk porträtiert hat: tiefbraune Quechua im Gebirge, hellere Gesichter der Cholita aus spanisch-indianischem Blut, das Tor der Spanierepoche und eine Kirche im Maurenstil vor dem Silberberg von

Potosí, die Esel zur Regenzeit in der Pampa, die Hochebene von La Paz mit armseligen Gehöften, vor denen die webenden Aymará-Frauen gesessen haben. Was davon wird schon über den Winter verblasst, wieder fremd geworden sein?

Die Bremsen knirschen. München! Ernst Röhm steigt aus dem Zug. Er drückt die vorgestreckten Hände, liegt in dutzenden Umarmungen. Er zieht Leu du Moulin an sich, den treuesten von seinen verlässlichen Freunden.

Er antwortet nicht mit ausgedachten Worten, als Hitler ihn willkommen heißt. Röhm kommt wieder heim und diesmal überströmt es ihn, von echten Zielen und Werten zu reden:

„In Bolivien wollte ich ergründen, was in der Welt der treudeutsche Mann gilt. Ich war überrascht, wie herzlich man gerade meine Vaterlandsliebe aufnahm. Mein Zimmer mit den Bildern des Kaisers, von Kronprinz Rupprecht, Adolf Hitler und der Reichskriegsflagge, haben Vorgesetzte oft besucht. Unseren Wahlerfolg der NSDAP haben sie mit mir gefeiert und ich bin Hitlers Telegramm, dem Ruf in die Heimat gern gefolgt. Kurz vor dem Endsieg, jetzt wo alle Seiten den Nationalsozialismus bekämpfen, muss jeder Mann Posten beziehen."

Jetzt, da es um Deutschland geht, geht es um Europa, sogar um Weltpolitik. Seit dem September 1930 stellt die NSDAP im Reichstag über hundert Abgeordnete, die zweitstärkste Fraktion. Lassen in der Partei nun die Zänkereien nach, die Prinzipienreiterei, das Rangeln um Hitlers Gunst? Erfahrung macht auch ungeduldig. Die Nationalsozialisten haben Stellung um Stellung durch opfervollen Kampf erobert und stehen vor der Sturmausgangsstellung, so drückt Ernst Röhm es aus. Er hat im bolivianischen Heer einen Bürgerkrieg gewonnen und Einsichten, die auch sein Bild von der Heimat schärfen. Sein Blick endet nicht am weißblauen bayerischen Gartenzaun. Er ist im richtigen Alter für Deutschland.

Hotel Londres, Antofagasta. 6.12.29. Mein lieber Leu! Sei so lieb und übergib den beigefügten Brief ... an Seine Majestät u. füge dabei an, daß mich seine letzten Briefe so sehr geehrt u. erfreut haben ... Es steht über meinen Urlaub in Chile so ziemlich alles drin ... Natürlich habe ich die „Naturschönheiten" auch an menschlichen Objekten gründlichst und vollständig studiert! ... Empfehle mich all Deinen Lieben! ... Was macht mein einstiger Freund Peter Granninger, den ich angeblich ungestüm hassen sollte. Schreib' auch über diese wichtigen Dinge einmal! Ich hungere nach Nachrichten. Es umarmt Dich Dein Ernst

Röhm wird eine Audienz erhalten bei Seiner Majestät. Kronprinz Rupprecht von Wittelsbach kennt ihn von früheren Inspektionen bei der königlichen Infanterie; er wird in sein Palais am Odeonsplatz einladen und sich interessiert zeigen an Neuigkeiten aus Südamerika. Röhm wird den Anlass nutzen und den Kronprinzen beschwören, sich mit Adolf Hitler zu versöhnen, denn zwischen den zwei wichtigsten Persönlichkeiten in Bayern müsste eine Zusammenarbeit entstehen! Hauptmann Röhm wird auf die Knie sinken und flehentlich bitten; man wird ihn sehr höflich verabschieden.

Wenn er an den Prinzen denkt, der im Krieg gekämpft hat, denkt Röhm nicht an ein lebensfernes, sondern an ein wirkliches Ideal: In der Königszeit hielt der Offiziersstand nicht sein Gehalt, sondern die Ehre hoch. Er war erzogen, das Allgemeinwohl über Eigennutz zu stellen. Deshalb mussten beim Umsturz im Herbst 1918 gerade die Offiziere entehrt und mundtot gemacht werden. Das räumte den Weg frei für den neuen Staat, dem die Geldsäcke ihren Willen ungehindert aufzwingen.

Seither handelt Röhm als politischer Soldat, dahin führt seine Erfahrung: Was Republik heißt, erlebt er – verstärkt nach einem Einblick als Reichstagsabgeordneter – mit Verachtung. Anstelle kaiserlicher Führerschaft gilt nun Demokratie, das heißt Herrschaft des Geldes. Seither vergleicht er zwei Systeme, doch er zieht andere Schlussfolgerungen als die meisten Deutschen. Aus dem Weltkrieg heimgekehrt, stellt Ernst Röhm fest: Das ist nicht mehr mein Land. Ich werde nie mehr zuhause sein – diese quälende Vorstellung radikalisiert ihn.

„Ich konnte seither die Welt erkunden, mein Vaterland von außen ansehen und ich durfte wieder Soldat sein. Kriegerische Gefechte mit Paraguay sollten bevorstehen, da wollte ich doch zurechtkommen. Ich bin eben ein unbesonnener Mensch, dem Unruhe mehr zusagt als die brave bürgerliche Ordnung. Nach meiner Ankunft brach der Friede aus. Er diente beiden Teilen, wie ich einsah, denn den sicheren militärischen Sieg hätte Bolivien, infolge der außenpolitischen Lage, kaum ausnützen können. Auch hier hätte das uns Nationalsozialisten so besonders sympathische nordamerikanische Kapital das letzte Wort gesprochen."

Er schweift ab, so empfinden es die Hiesigen. Röhm entnimmt es den Gesichtern, die sich am Bahnsteig wie von selbst gruppieren: Hitler, immer von schützenden Adjutanten umgeben. In seinem Schatten Major Buch, Richter und Rächer im eigenen Lager, der parteischädigendes Verhalten bestraft. Und an der Seite, wie ein Ausrufezeichen erstarrt, Heinrich Himmler, der bei ihrem Putsch – vor sieben Jahren – die Fahne von Röhms Wehrverband Reichskriegsflagge getragen hat.

7. de septiembre de 1929. Mein lieber Himmler! ... Die Bilder von der SS sind sehr stramm; na das ist ja bei Ihnen selbstverstaendlich. Nachdem Sie mein jetziges Konterfei angefordert haben, lege ich eines bei; Sie sehen daraus, dass ich mein ueberfluessiges Fett abgelegt habe und wieder jung und schlank, beinahe zum SS-Mann geeignet, geworden bin ... Ich war fast 5 Monate auf Besichtigungsreise und habe 2 Infanterie-Regimenter aufgebuegelt. Mein System: rauh aber herzlich, d. h. im Dienst streng und viel verlangen, ausser Dienst Kamerad, hat sich auch hier bestens bewährt.

29.1.30. Mein lieber Herr Hauptmann, ... zu meinem besonderen Gebiet, zur Schutzstaffel ... Dienstbetrieb und Aufnahme-Bedingungen werden von Monat zu Monat verschärft ... Für Geldbeschaffung bin ich Ihnen sehr dankbar, denn dies ist ja das Einzige, was mit der sonstigen Entwicklung nicht Schritt hält ... geben Sie es bitte ... möglichst nur mir für meine SS, die ja doch, wie ich mir einbilde, die wirkliche Tradition der Reichskriegsflagge übernommen hat.

Oruro, 28.3. Mein lieber Himmler! Ihr lieber Brief ... hat eigentlich mehr wie irgend ein anderer in mir den Wunsch einer baldigen Rueckkehr nach Deutschland wach werden lassen. Es ist doch ein eigenes Gefuehl, so aus der Ferne ... den Werdegang einer Bewegung miterleben zu muessen, mit der man nun einmal seit ihrer Geburt auf Gedeih und Verderb verheiratet ist ... Wenn die wirtschaftliche Lage nicht gar so trostlos waere, koennte man sagen: nur schleunigst bis zum bitteren Ende. Aber ich habe es leider allzusehr am eigenen Leibe verspuert, wie es ist, wenn man keine geeignete Betätigung, die eine anstaendige Lebensführung ermoeglicht, findet. So wie ich ... in Buechern reiste, in diese Lage will ich doch nicht nochmals kommen.

26.6.30. Mein lieber Herr Hauptmann ... Inzwischen hat sich ja in Ihrem Indianerland allerhand ereignet ... in Revolutionen haben Sie ja wohl nun einigermassen Uebung ... Ich habe mit grosser Freude gehoert, dass Sie in absehbarer Zeit wieder nach Deutschland kommen. Ich freue mich jetzt schon auf eine schöne Zusammenarbeit.

Ernst Röhm ist nicht freiwillig über den Ozean gegangen, sondern um nicht mehr – als entlassener Offizier – *wie ein krankes Tier* zu leben. Jetzt wird er den Heimaturlaub verleben und dann im bolivianischen Generalstab

weiter dienen, wenn Hitler an seiner Verwendung wieder zweifeln sollte, oder wenn sie sich nicht über die nötigen Vollmachten einigen können.
In einem Punkt denken sie entgegengesetzt. Beim Putsch 1923 hat Röhms Reichskriegsflagge zu Hitlers Verbänden gezählt. Hinterher sind sie auseinander geraten. Hitler will die Sturmtruppe ganz der Partei, also seinem Willen unterordnen. Doch Röhm beharrt darauf, sie eisern militärisch aufzubauen: klar im Bekenntnis zu Hitlers politischer Idee, fest in der Weigerung, sich in Tages- und Parteistreits hineinziehen zu lassen. Gerade jetzt, um legal an die Macht zu marschieren, muss die SA straff durchorganisiert sein – oder sie wird im Kampf um die Straße versagen.

„Die Front hat sich heute geklärt: Es gibt nur noch Marxismus oder Nationalsozialismus. Hier stehen die Deutschen und dort die Andern. Es ist nicht die Zeit, in der Etappe abzuwarten, während sich die Mitkämpfer die Köpfe zerschlagen lassen unter dem Kampfruf: Deutschland erwache!"

Röhm beendet die Begrüßung. Vorm Bahnhof trennt er sich von seinen Freunden. Wie zur Heimkehr nach dem Krieg geht er auf Fußmarsch durch eine Stadt, die Soldateneide und das Vaterland vergessen hat, wofür er 1914 ausgezogen war. Vor der Abfahrt nach Bolivien ist ein Lebensbericht Röhms erschienen. Dreihundertvierzig Seiten enthalten wenige Absätze über Familie und Kindheit: *Meine Jugendfreunde mußten mit mir Soldaten spielen ... Meine freie Zeit brachte ich in der Max-II.-Kaserne oder auf den Reitplätzen zu.* Diese Selbstauskunft erhellt sich mit Röhms Beurteilung zum Gymnasial-Absolutorium:»Während seines Aufenthaltes an der Anstalt war seine sittliche Führung im ganzen lobenswert, dagegen entbehrte seine Haltung in der Schule sehr des nötigen Ernstes und der Ruhe«.
Der Vater arbeitete als ziviler Beamter, zuletzt als Eisenbahnoberinspektor. Sein Bruder Siegmund hatte *den Feldzug 1870/71 mit solcher Auszeichnung als Soldat in der Front mitgekämpft, daß er im Spiegelsaale zu Versailles der Ausrufung des deutschen Kaisers beiwohnen durfte.* Das Andenken des Onkels ist es, das Ernst Röhm in Ehren fortführen will.

Er beschleunigt seinen Fußmarsch, die Familie soll nicht länger warten. Ein Umzug in die Herzogstraße hat nichts geändert an der Einrichtung: dunkle Möbel, Ahnenbilder über dem Sofa. Das bleibt das eigentliche Heim, der Platz von Emilie Röhm: *die beste Frau und Mutter der Welt* hat Ernst, ihr Jüngster, sie in seinem Erinnerungsbuch genannt. Am Klavier stimmt er zur Feier des Tages eine Hausmusik an. So ist es: Er hängt mit ganzem Herzen an seiner Mutter und an seiner Schwester. Lore lebt inzwischen in Salzburg, mit einem Bundesforstdirektor verheiratet, und kommt zu selten herüber.

Im Trio mit Bruder Robert spielen sie wie zur Vorkriegszeit, Schuberts Ständchen, Wagners Schusterlied und endlich 'Schmarrn': Mädle aus dem schwarzen Wald ..., die beliebten Operettenschlager: Glühwürmchen, Glühwürmchen schimmre, Glühwürmchen, Glühwürmchen flimmre, führe uns auf rechten Wegen, führe uns dem Glück entgegen.

Öfter hat Adolf Hitler auf dem Sofa gesessen und es sich beim Kaffee wohl ergehen lassen, hat die Unterhaltung bestimmt und immer wieder entworfen, Deutschland nationalsozialistisch zu machen. Die Verwirklichung dieser Idee wird jetzt Röhm vorantreiben. Ab 1931 führt er die Kampfverbände der NSDAP, die schon im Frühjahr eine Mitgliederzahl von 100 000 erreichen und damit den Umfang der deutschen Armee.

Röhm unterstehen die Sturmabteilung (SA), als ihr Bestandteil die Schutzstaffel (SS) und bald auch die Hitlerjugend (HJ). Bei Versammlungen hat die SA für den Schutz des Saals und der Kassen zu sorgen, die SS schützt Parteiführer und den Redner. Ebenso exakt teilt der neue Kommandeur die Pflichten auf den Straßen zu: »Hauptaufgabe der SA ist der Propagandamarsch. Aufgabe der SS ist Absperrung, Sicherungs- und Ordnungsdienst«.

Röhm bezieht in München ein frisch hergerichtetes Büro. Im Januar 1931 wird in der Briener Straße, nach ausgiebigen Umbauten, das Palais Barlow neu eingeweiht. Es heißt nun Braunes Haus und dient der Reichsleitung der NSDAP als Hauptquartier. Nach Erfolgen bei Reichstags- und Landtags-Wahlen lässt Adolf Hitler Experten für alle Bereiche heranholen.

Sein Militärfachmann Röhm hat Forderungen gestellt. Sinn und Zweck der SA könnte es nur sein, im nationalsozialistischen Staat als großes Volksheer die bestehende Berufsarmee – die Reichswehr – abzulösen. Dann käme als Wehrminister nur einer in Frage: Ernst Röhm! So hat die Zustimmung geklungen. Hitler ist nie zaghaft oder kleinlich, wenn es gilt, einen Menschen durch Versprechungen für sich zu gewinnen. Darüber denkt sein Freund nüchtern.

Sie hatten ein Programm und die so genannten Demokraten trauten es ihnen nicht zu: Jetzt kommen sie auf der Stufe an, Staat zu machen. Röhm prägt die Weimarer Republik mit, indem er sie von Anfang an bekämpft und ihr schließlich, als Chef von Hitlers 'Privatarmee', mit den Todesstoß versetzt. Dass es zugleich sein eigener Todesstoß sein wird, ahnt er nicht.

Ihn leitet eine Überzeugung, die er verinnerlicht hat, dafür liefert er stetig Beispiele. 1919 schlägt er sich zu einem Freikorps, das nach München marschiert, um die Räterepublik zu vernichten; vorher – berichtet Hauptmann

Röhm – *verabschiedete mich von meinen Eltern.* Es geht also ums Letzte, wie er meint: Um den Bolschewismus zu bekämpfen, hängt er nicht am Leben. Der Gefreite Hitler harrt 1919 in einer Kaserne im 'roten München' aus.

Ihr Verhältnis wird zu einer Freundschaft wachsen, am Ende bis zur Unverträglichkeit. Ernst Röhm verficht eine Lebensanschauung, die ihn zum eigenen politischen Willen führt. Politiker will er nicht sein. Das wirkt als Wesensunterschied der zwei Freunde. Adolf Hitler ist Politiker, kein Charakter. Als Politiker zielt er auf die Macht. Daher bleibt bedeutungslos, ob oder wen Hitler liebt – Frauen oder Männer –, durchdrungen vom Ziel, erst Deutschland zu beherrschen und dann die Erde: Seine Sexualität heißt Politik. Auch in dieser Richtung zeigt sich Röhm ganz anders. Er ist Antibolschewist mindestens ebenso wie Antispießer; den Haufen jener so genannten guten Bürger, die unter jedem System die guten sind, will er keinesfalls vermehren.

Nach der Ernennung zum Reichsminister am 1. Dezember 1933 wächst das Interesse auch an der Privatperson Ernst Röhm. Die MÜNCHNER ILLUSTRIERTE PRESSE veröffentlicht Fotos, die eine familiäre Atmosphäre wiedergeben.

Heinrich Himmler Herr Major Röpnack, der Nationalsozialismus ist über ein Jahr an der Macht. In Deutschland sind unsere Feinde links wie rechts nahezu beseitigt. Herr Major, ich habe Sie zu mir gebeten, weil ich mir ein Urteil bilden möchte über die Haltung, die Hauptmann Röhm in seinem damaligen Dienst als Instrukteur des bolivianischen Heeres bezogen hat. Wann sind Sie mit ihm bekannt geworden?

Adolph Röpnack Ich war Berater für das bolivianische Waffenwesen und die Artillerie. Die Kommandogewalt über das Heer besaß General Kundt. Jahrelang erstickte er Aufruhr schon im Keim, wenn die traditionellen Ränkespiele in Bolivien auszuarten drohten. Erst im Juni 1930, als der deutsche Hauptmann Röhm sich einem Komplott gegen die Regierung anschloss, da stand General Kundt vor einem Bruderkrieg.

Himmler Hauptmann Röhm hat in seiner Lebensbeschreibung –

Röpnack Die keinen zufälligen Titel trägt, »Geschichte eines Hochverräters«!

Himmler Er hat in späteren Auflagen ein Kapitel über Bolivien hinzugefügt, wo er ungefähr sagt: Der fremde Instrukteur hat alle militärischen Fähigkeiten dem Land seiner Wahl zu leihen. Dabei gebiete der Takt, Einmischungen in die inneren Angelegenheiten zu vermeiden. Mit dieser Haltung sei er auch der Juni-Revolution gegenübergestanden.

Röpnack General Kundt hatte, nach ernsten Differenzen, Röhm zu einer Provinzdivision versetzt. Und dieser Truppenteil in Oruro meuterte! Röhm gehörte zu den Leuten des Divisionskommandeurs Blanco Galindo, somit zu den Gegnern von Kundt. Obgleich ein fremdländischer Offizier auf den jeweiligen Staatschef nicht vereidigt sein kann, war Präsident Siles beziehungsweise General Kundt sein Brotherr. Als der Aufstand ausbrach, hätte Röhm seinem Vorgesetzten alle Wahrnehmungen berichten müssen. Darin hätte sich der Amtstreue- und Ehrbegriff eines deutschen Offiziers erwiesen!

Himmler Röhm hat aber alle Vorwürfe und deutschen Presseartikel zurückgewiesen, wo ein Verrat am deutschen General Kundt behauptet wurde, ohne Beweise dafür beizubringen.

Röpnack In seinen Memoiren wie in der Praxis zeigt Röhm stark aktiven, revolutionären Geist. Er ging, als die rebellischen Truppen in La Paz eintrafen, sofort zu Blanco Galindo in den Generalstab, um diesen zu organisieren, das heißt zu führen!

HIMMLER Röhm schreibt: Das Volk ist von einem Schmarotzersystem und den Regierungskräften enttäuscht gewesen und das Heer hat nahezu einmütig die Revolution unterstützt. Ist General Kundt möglicherweise selbst mit den Beamten an den Staatskassen verfilzt gewesen?

RÖPNACK General Kundt verantwortete den Befehl über alle Truppen Boliviens. Er diente dieser Nation schon dreizehn Jahre.

HIMMLER Um so mehr stellt sich die Frage, ob Kundt die innerpolitische Lage nicht längst aus der Sicht des alten Systems betrachtet hat. Ob er nicht egoistische Interessen, also seinen Sold, gehütet hat.

RÖPNACK Dr. Siles war nach einer friedlichen Regierungszeit nicht amtsmüde und seine Gegner griffen zur Gewalt. Zur Enttäuschung von General Kundt meuterten zuletzt Truppen und Offiziere, die er nach deutschem Rezept und eiserner Mühewaltung diszipliniert zu haben glaubte. Die Meuterer rückten aus Oruro an. Zu ihrem Führer machte sich Blanco Galindo und der Deutsche Ernst Röhm wurde sein Spießgeselle.

HIMMLER Er hat den Posten gehalten, auf den er versetzt war, könnte man sagen.

RÖPNACK „Nieder mit dem General! Abajo con General Kundt! Abajo con el Gringo!" erscholl es auf allen Straßen. Der General hatte es in der Hand, seine Truppen in den Bruderkampf avancieren zu lassen. Er tat das nicht, obwohl die Chancen für Sieg und Ruhm auf seiner Seite waren, weil hinter ihm die stärkeren Bataillone und Kanonen standen! Herr Himmler, wir reden von Südamerika. Wie dort üblich erhob sich eine Junta aus Militärs und der deutsche Hauptmann a. D. Röhm, jetzt bolivianischer Oberstleutnant, zog den Generalstab auf.

HIMMLER Na gut, der Sieger schreibt die Geschichte.

RÖPNACK Das Verhängnis wollte es, dass Kadetten sich mit dem Volk identifizierten, nämlich bei Gefechten zwischen meuternder Jugend und der Polizei. Ohne Kundts Befehl griff das Wachbataillon ins Getümmel ein, wobei es tote Studenten und einen getöteten Kadetten gab. Das war das Signal für Pöbel und Rebellen, den Kopf des Generals zu fordern!

HIMMLER Das erscheint mir allerdings nachvollziehbar.

RÖPNACK Haben Sie sich je in einem solchen Tumult befunden?

HIMMLER Allerdings!

Röpnack Perdón, Herr Himmler. Man weiß, dass Sie 1923 mit Ihrem Freikorps im Münchner Kriegsministerium eingekesselt waren. Wie alt waren Sie damals?

Himmler Dreiundzwanzig. Hauptmann Röhm ist dreizehn Jahre älter. Sein Vorteil an Erfahrung hat natürlich lange unser Verhältnis bestimmt.

Röpnack Man denkt anders zurück, wenn man jemanden verehrt hat.

Himmler Anfang der zwanziger Jahre, als die Lage in Deutschland ausweglos war und beim Militär kein Unterkommen, habe ich studiert. Ich habe auch Spanisch gelernt. Wie ich gelesen habe, war 1825 beim Freiheitskampf von Simon Bolivar ein Deutscher dessen Vertrauter und Heerführer, Marschall Philipp Otto Braun.

Röpnack So ein Vergleich bedeutet übermäßig viel Ehre! Röhm war in die Provinz strafversetzt. Der dortige Kommandeur Blanco Galindo gehörte zu jenen Offizieren, die ihr militärisches Einmaleins und hierdurch bedauerlicherweise ihre politische Prägung in Frankreich genossen hatten. So stand er im Brennpunkt einer Familienpartei, in der französisch ausgerichtete Sympathien kulminierten.

Himmler Das ist aufschlussreich.

Röpnack Allerdings, ich muss das nicht breit auswalzen. Mögen Röhms kämpferische Motive in Deutschland bisher aufrecht vaterländischer Natur gewesen sein, er bleibt immer ein Rebell. Jeder Rebell ist ein Rivale. Wie man hört, soll er sich inzwischen gegen den Generalstab der deutschen Armee verschwören.

Nachkrieg

Ein Mann hat seine Weltanschauung. Wozu taugen Einsichten, mit denen er heimkehrt? Das Land, für das Leutnant Röhm in den Krieg zog, und Ideale gibt es nicht mehr. Bayerns König und der deutsche Kaiser herrschen nicht mehr. Seit November 1918 ist die Republik verkündet. Arbeiter- und Soldatenräte, verschiedenste Linke geben den Ton an. Da tritt im Februar 1919 Oberst Epp hervor; er ruft Kampfwillige auf einen alten Truppenübungsplatz nach Thüringen: Ohrdruf. Das Lager liegt umgeben von Fichtenwäldern, abgetrennt von der revoltierenden Heimat, doch München bleibt in ausdauerndem Marsch schnell zu erreichen.

Bis Mitte März gelangen zwanzig Offiziere und sechs Mann nach Ohrdruf, etliche davon zu Fuß. Hauptmann Röhm trifft ein, das Gesicht geflickt – Granatsplitter bei Spada, oberer Teil der Nase weggerissen. Frontschweine finden hier zu ihresgleichen. Ihnen muss keiner Courage einflößen. Ernst Röhm berichtet aus Ingolstadt: Der sozialistische Ministerpräsident Eisner beehrte den Standort mit einer Rede. In Uniform, Reitpeitsche in der Hand, stürmte Röhm zum Soldatenrat und verlangte, die Offiziere vor Beleidigungen durch Herrn Eisner zu schützen. Einer der allmächtigen Räte stimmte ihm sogar zu: „Man sieht, dass der Hauptmann draußen war, der lässt sich nichts gefallen!"

Das reizt zum Lachen, trotz der traurigen Lage. In Ingolstadt, wie vielerorts, löst das Heer sich auf: Nach dem verlorenen Krieg ergeben sich viele Offiziere dem allgemeinen Verfall. Das Lager hier hat Röhm in Zivil erreicht, uniformiert wäre er nicht an bayerischen Zugpatrouillen und Grenzkontrollen vorbeigekommen. Am ersten Bahnhof in Thüringen hat ihn ein strammer Leutnant mit schwarzweißroter Kokarde begrüßt und das Ziel bekanntgegeben: Ohrdruf. Eine Meldung unterbricht die Offiziersrunde.

Herr Oberst von Epp lässt die Herren bitten!

Dann spricht er. Endlich mahnt ein Kommandeur in der vertrauten Sprache: 738 Jahre Königsstaat haben kommunistische Abenteurer zerstört. Sie betreiben jetzt die Republik. Ihr Haupthetzer Eisner ist in München erschossen worden, doch jüdische Agenten und zugereiste Zuchthäusler drängen an die Macht. Dagegen, als Keimzelle wieder hergestellter Ordnung, bilden sie hier ein Freikorps. Oberst Epp verpflichtet sie zu Gehorsam und äußerster Zucht wie im Schützengraben. Bayerns heutige Machthaber verbieten, Truppen zu werben, deshalb bleibt nur der Hilferuf nach Berlin – die Unterstellung unter den sozialdemokratischen Wehrminister Noske. Dieses Opfer muss erbracht sein für die deutsche Zukunft. Es wird ein hartes Beißen, zum Wohl des gedemütigten Vaterlands. Gegen die Irrnisse und Wirrnisse der Revolution gilt: Ohne gesicherten Nachschub wird nicht vorgegangen.

Im nahegelegenen Weimar hat die Nationalversammlung beschlossen, eine deutsche Armee neu zu schaffen. Eine Brigade führt nun Oberst Epp. Sein Offizier für Ausrüstung, Ernst Röhm, fordert beim Weimarer Armeekorps Waffen und Gerät an. Es fehlt an Kleidung; Gewehre tragen sie an Stricken; Reit- und Zugpferde sind geliehen. Im Lager oberhalb von Ohrdruf nisten Zweifel. Mit ihrer Schar wollen sie die weißblauen bayerischen Rauten wieder an den gottgewollten Platz setzen? Wo bleibt ihre Verstärkung? Bayerns SPD-Regierung belegt Werbung für Epps Korps mit 1500 Mark Strafe. Selten haben die Ohrdrufer so zu lachen: Durch diese amtliche Bekanntgabe erfahren ihre Anhänger erst, wo sie zu finden sind.

Batterie, Nachtruhe beenden! Fertigmachen zum Frühsport!
Vor die Baracke tritt Oberleutnant Brückner: das Gesicht blessiert, ein Auge zugequollen. Brückner mit 1,90 m kann in keiner Menge untertauchen.
Sturm, Schnee und Tauwetter ... Hauptmann Röhm, Offizier vom Dienst, ergänzt das Korpstagebuch. Er greift zu den unvermeidlichen Virginiern. Die Zigarre entspannt ihn. Wer prügelt in der Batterie, warum? Gestern sind aus Niederbayern zwei Brüder angekommen und bergab zum Zechen mitgezogen: die Frischen gegen alte Lagerhasen? Unter Offizieren?
Batterie, zur Ausbildung antreten! Zur Ausbildung marsch!
Straßen- und Häuserkampf. Auf verödetem Militärgelände greifen sie leere Gebäude an, vernichten eine vorgestellte Gegenwehr. In vier Wochen, wenn sie Starnberg besetzen, wird ein Gerichtsdiener den Referendar Schleusinger anrufen, den Vorsitzenden des örtlichen Arbeiterrats: „Truppen von General Epp erschießen jeden Revolutionär!" Im Gefängnisbüro wird Schleusinger aussagen müssen, ob er die Aufrufe des Arbeiterrats unterzeichnet hat; er wird bejahen; damit endet das Feldgericht. Zwanzig Rotarmisten werden vorm Bahndamm aufgereiht. Rädelsführer Schleusinger wird, zur Seite gestellt, der Exekution zusehen müssen.
Batterie, antreten zur Munitionsabgabe!

Der Offizier vom Dienst haftet für die Disziplin in Lager. OvD Röhm erwartet den Bereitschaftsposten. Fahnenjunker Karl Leon Graf du Moulin meldet zwei Pferde gesattelt.

Röhm sucht eine Zigarre aus, bietet sie dem jungen Grafen mit den sanften Augen an.

„Sie sind in Brückners Unterkunft. Wer verpasst ihm ein Veilchen?"

„Ich war zum Wachdienst eingeteilt."

„Können Sie sich auf einem Ross bewegen?"

„Herr Hauptmann, selbstverständlich!"

Du Moulin, der sich für die Virginia bedankt, ist sichtlich kein geschliffener Soldat. Die graue Rekrutenhose flattert an der dürren Gestalt.

„Aufsitzen, Fahnenjunker! Kontrolle rund ums Objekt!"

In den Sätteln schrumpft der Abstand zwischen ihnen. Als der Schlagbaum das Lager hinter ihnen absperrt, beugt sich der Hauptmann zurück.

„Wie werden Sie von Ihren Kameraden genannt?"

„Leu, sagen meine Freunde."

„Sie können nicht unterscheiden, wer Ihr Freund ist. Weil Ihnen ein fester Standpunkt fehlt! Heutzutage schwärmen viele und begehren auf, da ist es nicht leicht, ein Nationalist zu sein. Offiziere nehmen ihren Abschied aus dem, was sich noch Armee nennt. Ich achte das. Aber für meine Person, in der Garnison Ingolstadt wollte ich nun erst recht nicht weichen. Sehen Sie, du Moulin, wenn Sie Ihr Ziel erfasst haben, richtet Ihr Charakter sich auf."

Batterieführer zum OvD! Batterieführer zum OvD!

Die Infanterie-Begleitbatterie führt Gregor Straßer: zwei Zentner schwer, zwei Meter groß, Apotheker, redlich. Mit ihm dient sein Bruder Otto. Ihr Denken ist vom Krieg geformt: Aus erlebter Kampfgemeinschaft soll das Volk in den Sozialismus wachsen? Streitgespräche verkürzen die Freizeit, die kaum einer unten im Ort zubringt: Fremd die Mundart, und das Nachkriegsbier, was den Preußen hinreicht, das Spülwasser sollen sie schlucken?

Vom Ausgang zurückgekehrt, hätten sie nicht einmal Licht gemacht, erklärt Gregor. Der Offizier vom Dienst stellt eine Art Verhör an. OvD Röhm fragt:

„Sie sind aus Landshut? Ich bin in Landshut demobilisiert worden."

„Gewiss von demselben Herrn Soldatenrat wie ich. Hetzte über die blutsaufenden Generäle und die schweißschindenden Bourschoas."

Gregor Straßer saß im Sattel und drückte den Gaul vorwärts, so dass dieser Soldatenrat Schritt um Schritt weichen musste. Straßer sammelte das Maul voller Spucke. Schließlich schrie der Agitator: „Liefert die Waffen ab, wählt Soldatenräte!" Straßer war so weit, das ganze Maul voll spuckte er ihm mitten ins Gesicht. Schwemmte den Haderlumpen weg und kommandierte Trab. Wie sie zur Mobilisierung ausgeritten waren, so rückten sie wieder ein.

Infanterie-Begleitbatterie, zur Freizeit wegtreten! Freizeit!

Abgenutzte Feldbetten füllen die Baracke. Die Straßers setzen sich aus ihrer Ecke zu den Andern vorm Kanonenofen. Sie nippen von ihrem Teegebräu: Kamille und Fenchel. Wie bei den Großeltern früher, auf dem Bauernhof im Chiemgau. Otto verschraubt die Blechflasche. Er ist gespannt, ob's endlich Ruh gibt. Der Brückner hat schon Batterieführer gespielt, erzählen sie, speit immerzu, wo jetzt vorn der Neue steht. Gregor geht's ans Fell, seinen Sold würde er einbüßen, wenn durchsickert, wer Brückner die Visage massiert hat.

Dämmerlicht hängt um sie, Rauch vom Kriegstabak. Ein Reserveleutnant packt die Zither aus. Am Ofen liegen sie sich in den Haaren darüber, was der Bestimmung des Volks zukommen soll. Alles!, für eine 'Vollsozialisierung' tritt Otto Straßer ein. Dann lauschen sie, singen, die Zither ruft wie aus der Heimat. Im Gasthof hier, im eiskalten Saal hat der Wirt ein Orchestrion aufgezogen: Im Schaukasten wippen Püppchen in Seidenröcken, die Ärmchen huschen über Mandolinen. Solange Marschmusik von der Walze ertönt, wendet Gregor den Blick nicht vom Äffchen, das im Takt mit dem Kopf nickt und die Tschinellen schlägt. Daran wird er sich erinnern aus dem ungastlichen Thüringen.

Im Lager auf der Ohrdrufer Höhe entsteht militärisches Leben, vom Wecken bis zum Abendsegen. Strenger Drill verscheucht Mietsoldaten, die nur auf Handgeld und Montur aus sind. Studenten, kriegserfahrene Soldaten schlagen sich von Erlangen und Würzburg durch. Nach dem 7. April dringt von München herauf: Die SPD-Minister flüchten, Spartakisten errichten eine Rätediktatur! Hitzig fordern viele Jüngere, endlich ihren Kampf anzufangen, und drohen davonzulaufen, falls sie keinen Marschbefehl erhalten. Ihr Kommandeur lehnt in klarer Rede ab. So sympathisch die Befreiung der Heimat aus eigener Kraft wäre, so unausführbar ist sie mit einer Landesregierung, die soeben nach Bamberg geflohen ist und die den

Bürgerkrieg scheut. Bayern hat seine Militärbestände verludert. Es hilft nichts, als mit Noske zu paktieren, der Norden besitzt Geld und Material, darauf verweist Oberst Epp.

Der Weimarer Nationalversammlung ist ihr Schutz Tausende Soldaten wert: Ein Jägerkorps riegelt die Wege zur Stadt ab. Nur Fahnenjunker du Moulin ist als Begleitung kommandiert. Hauptmann Röhm hat beim Armeekorps ihre Marschverpflegung bestellt.

„Dass es bald losgeht, danken wir einzig unserm Oberst, er nimmt das Verhandeln auf sich. Wir hängen von den Preußen ab, Graf. Alles für unser Korps kommt von Noske. Unsere Schande ist, dass sich in Bayern keine Autorität findet, die Krieger sammelt. Jetzt, wo sie der Bolschewismus verjagt hat, zieht die glorreiche SPD-Regierung Verbände auf. Das gibt einen tollen Wirrwarr. Muss doch alles erst beschafft werden, vom Schuhnagel bis zum Geschütz."

„Sie haben im Wehrkommando alle unsere Wünsche durchgesetzt."

„Ich war so oft hier, ich betrete Weimar fast als Einheimischer."

Die Konditorei vorm Schlosstor bietet, trotz Lebensmittelmangel, richtige Kuchen an. Hauptmann Röhm lädt seine Ordonanz ein. Sie haben ein Hühnchen zu rupfen miteinander.

Hinter Porzellankännchen verschanzt, die Fäuste in den Taschen, hört der Hauptmann zu. Du Moulin will für einen Kameraden eintreten, verhaspelt sich. Röhm fährt dazwischen.

„Das lange Elend Brückner rauft, sein Vorgesetzter rauft mit. Lachhaft! Wir sind keine Söldner, wir haben eine Pflicht! Uns gilt jeder als Kamerad, ob er eitel ist oder nicht. "

„Ich wusste nicht, ob Brückner dann im Lager bleiben darf."

„Ach Gott!"

Der Offizier Röhm versetzt sich leicht in einen Brückner, der mehr als einen Zug führen will. Er erfasst sie alle, jeden. Den Grafen mit dem treuen Blick. Seinetwegen gibt Röhm nicht nach. Dieser Bursche muss, selbst wenn ihm knapp Flaum ums Kinn sprießt, einmal muss er seinem Hauptmann als Gleichgesinnter folgen.

„Du Moulin, wir laufen hier vorbei an dieser Nationalversammlung im Theater. Präsident Ebert verabreicht uns eine Verfassung und wagt nicht, das Wort Republik hineinzuschreiben. Seine Arbeiter könnten es glauben."

Der Hauptmann, im Grimm, rutscht aus dem Kaffeehaussessel.

„Heben Sie die Nase, dann merken Sie, wonach es hier riecht. Nach braver bürgerlicher Abgeschiedenheit. Nach dem Mief der guten Stube.

Was will eine Nationalversammlung durchsetzen, die sich aus Berlin in ein Pensionärsstädtchen verkriecht? Zur Eröffnung standen Maschinengewehre in den Hecken. Und nach feigen Volksvertretern sind ihre Zeitungskrakeeler das Überflüssigste! Schmarotzer des Parlamentarismus!"

Röhm verachtet Journalisten. Jede Losung ihrer jeweiligen Partei, die aus dem Nationaltheater dringt, handeln sie pfeilgerad in ihren Blättern ab. Thron, Kirche und Heer, alles, was früher heilig und wert war, muss man schmähen. Seiner Gesinnung treu zu bleiben, ist heute ein Verbrechen.

Röhm zündet eine Virginia an, er erwartet wohl keine Entgegnungen. Er lächelt über seine Ordonanz, die flattrig Zigaretten hervorzieht. „Noch Kaffee?", erkundigt sich der Hauptmann. Bier und Alkohol verwehren sich, solange in München nicht aufgeräumt ist.

Du Moulin entsinnt sich, ihn trinkend im Ausgang gesehen zu haben, er besteht nicht darauf. Er spürt das Blut im Kopf zusammensteigen, weil nun wohl die Reihe an ihm ist.

„So offen hat noch kein Mensch mit mir geredet. Es stimmt, ich lasse mich oft treiben. Nach dem Notexamen war ich zur Fähnrichsschule in Berlin. An der Front bin ich nicht mehr verwendet worden. In der Baracke lachen manche. Ich kann nicht hart sein. Schonungslos und gehässig. Ich hatte nur Privatlehrer, bis ich zwölf wurde."

„Ich war auf dem Maximiliansgymnasium."

„Ich musste die Lateinklasse wiederholen. Wenn wir in München sind, diene ich als Fahnenjunker zu Ende, bevor ich die neunte Klasse abschließe."

„Du Moulin, ich verrate Ihnen etwas."

Solche Momente, wo ihn dankbar einer ansieht, der seine Gesinnung sucht, solche Augenblicke entschädigen Röhm für alles: für verächtliche Zeiten.

„Was wäre ich geworden, wäre ich nicht als Offizier geboren? Pfaffe, glauben Sie's. Sich um Leute sorgen füllt mich aus. Ich sage Ihnen noch eins. Scharnhorst, der über Jahre eine Armee aufbaut, verehre ich. Aber wer ist mir von den Alten der liebste? Blücher. Zieht gegen Napoleon, danach tritt er weg. Politiker schieben ihn beiseite, er sagt seine Warnung und kein Zetern, kein Betteln um einen Posten. Der Soldat hat seine Schuldigkeit getan."

Röhm ruckt vom Tisch zurück, so dass rings die Journalistenclique aufschreckt und die Löffel klappern. Röhm sitzt bereits im Mantel.

„Worauf Sie angespielt haben, die Gehässigkeit treibt solche Brückners um. Ein bisschen Lametta auf der Schulter und sie wollen mehr.

Den deutschen Wahn gibt's seit Heinrich I., der ist kaum auszurotten. Aber sich am Mitkämpfer vergreifen, das ist unwürdig."

Wie alt ist der Hauptmann? Über dreißig. Du Moulin nickt zu Heinrich I., er hat von Scharnhorst wenige Seiten gelesen. Er hat nach dem Krieg einen Schwimmtest nicht bestanden und noch nichts vollbracht; er wird bestenfalls studieren. Seine Zunge lähmt ihn: „Sie dürfen nicht zuviel von mir erwarten."

Im Thüringer Wald zeigen weißblaue Fähnchen das Lager der Epp-Leute an. Ihr Zeichen ist der 'brüllende Löwe'. Als Sinnbild echten Bayerntrotzes tragen sie das Haupt des Welfenlöwen am Oberarm. Das Korpstagebuch verzeichnet mittlerweile 210 Offiziere, 129 Unteroffiziere, 277 Mann und 49 Pferde.

Maschinengewehrkompanie, zum Waffenreinigen antreten!

Wenn sie das Münchner Gefängnis Stadelheim bewachen, am 1. Mai, werden sie zu den Fenstern schießen. Kein Häftling wird herabblicken. Bei der Kirche werden Anhänger der Roten mit erhobenen Händen warten und Erschossene liegen sehen, bevor neue Schüsse sie töten. In der Straße werden zwei Frauen über den Leichen ihrer Männer schreien und weinen. Ein Soldat wird sie packen. Im Gefängnishof wird den Frauen ein Kapuziner vorangehen und beten, während sie in einer Salve sterben. Der Kapuziner wird Soldaten zur Rede stellen. Die Soldaten werden Tote entkleiden, ihnen Ringe und Uhren abnehmen, ihre Stiefel anziehen.

Maschinengewehrkompanie, Waffen abgeben! Katholiken des Freikorps', zum Kirchgang marsch! Der glaubensfeste Oberst Epp geleitet sie zum Gottesdienst: Am Palmsonntag gedenkt man des Einzugs Jesu in Jerusalem. Im Frieden würden der Prozession an der Marienkirche folgen. In München aber feuern heute Artillerie und Minenwerfer, im Bahnhofsviertel schlagen die Geschosse ein – Teile der städtischen Garnison versuchen einen Putsch.
   Als er scheitert, breitet sich die 'Herrschaft der Russen' aus. Stadtfremdes Gschwerl tönt von der Freundschaft demokratischer Nationen. Levien, Leviné-Nissen, Toller, Mühsam, was sind das für Namen? Intelligenzler, Künstler vereint mit der jüdischen Internationale, so musste es kommen. Freiwillige gegen München vor!, ruft jetzt die geflohene Landesregierung und bittet das Reich, in Bayern einzurücken. SPD-Minister Noske setzt Truppen in Marsch. Transporte rollen in den Süden. In Ulm bezieht Epps Korps Zwischenquartier, Zustrom aus Bayern verstärkt es auf 5 000 Männer. Röhm kehrt heim in seine Garnison Ingolstadt.
   Als Leutnant defilierte er zur Wachablösung mit gezogenem Degen. Heute weist er am Gouvernementsplatz ein paar späte Revolutionäre zurecht. Aufsehen erregt die deutsche Kokarde des Freikorps'. Zur Einweisung begrüßt sie General Möhl, bayerischer Befehlshaber und dem Generalkommando der Reichswehr zugeordnet. Er erläutert den Aufmarschplan:
   Um Verluste zu begrenzen, wird München allseitig umfasst. Der Epp-Garde fällt die zeitraubendste Operation zu, die Abriegelung zwischen Isar und Würm. Hierauf erwarten sie Proletarier in den Stadtteilen Giesing und Au: 'Spartakistenburgen', die den härtesten Anhang der Räte stellen. Dort im Südosten wird der Hauptwiderstand zu brechen sein. Auf dem Bahnweg, in Viehwagen, nähert sich das Korps an, schließt den Ring um München.

Die Nacht zum 1. Mai ist kühl. Hauptmann Röhm lässt sich am Stab in Starnberg abholen. Sie umrunden den See bis zur Ostseite. Im Park von Schloss Berg steigt Röhm vom Motorrad.
   Fahnenjunker du Moulin schaltet die Maschine ab. Übergangslos herrscht Stille. Sie halten unterhalb einer Gedächtniskapelle. Ein Kreuz im Wasser bezeichnet den Ort (müßig für einen Bayern, es auszusprechen), von dem König Ludwig II. in den Tod ging. Der Wind bläst, jagt immer neue Wellen auf. Die beiden nächtlichen Spazierfahrer lauschen, schweigen. Die

Schießerei versprengter Spartakisten kostet die erste Kompanie einen Mann, ihr erstes Opfer.

Der Hauptmann stößt mit der Stiefelspitze verwehtes Laub auf.

„Sie hoffen auf die Zersetzung in unseren Reihen, sonst könnten sie den Kampf gar nicht abwarten. Ein Hinterhalt ist ihre einzige Aussicht. Das wird kein Krieg, Leu."

„Einmal muss ich die erste Kugel überstehen."

„Uns werden wenige entgegentreten, hinter Barrikaden, aus Kanalschächten. Wir müssen abschnittweise vorgehen, jedes Viertel durchkämmen, das in unserm Rücken bleibt."

„Als ihr ins Feld gegangen seid, Hauptmann, war es ehrlicher?"

„Wir wussten vorab nichts. Über den Rhein. Orte halb verlassen. Die ersten Granaten, die über die Köpfe schrauben. Das erste Chaos. Ein Querschläger. Acht Monate Lazarett. Im Juni 1915 bekomme ich die 10. Kompanie. Nur ein Kompanieführer trägt die Verantwortung für jeden der Gemeinschaft. Sie sehen ihn jeden Tag, er muss ihr Vertrauen erst gewinnen. Wenn er es hat, gehören ihm alle Herzen. Dann folgt ihm alles, selbst in den Tod."

„Hast du dich von den Eltern verabschiedet, Hauptmann, aufrichtig?"

„Wie jedes Mal. Vom Glück kann man sich nichts erwarten."

Blasses Licht überm Ufer zeichnet Röhms Gesicht nach: Die rechte zernarbte Seite ist nah zu erkennen. Vorm Krieg war er in Ingolstadt verlobt, mit einer Lehrerstochter. Die Braut gab den Ring zurück, sie wollte mit einem so entstellten Menschen nicht zusammenleben. Er hat es erzählt, nachdem du Moulin ausdrücklich gefragt hat.

Röhm dreht sich auf dem Hacken um. Sie schnüren ihre Lederhelme fest. Das Seeufer hinter ihnen verschwindet. Zwischen Waldhügeln und Villen verbreiten sie einen hellen Kegel. Dann lassen sie das Kraftrad stehen.

Ein Fußweg führt zur Rottmannshöhe. Vor ihnen thront ein Schatten, der Umriss eines Bismarckturms. Zur Einweihung – es muss in der dritten Schulklasse gewesen sein – hat Ernst Röhm hier Limonade getrunken. Durch Steinzinnen erblicken sie den See, siebenhundert Meter in der Tiefe. Auf der Gegenseite könnten sie die Alpen sehen, wenn sie bis zum Dämmern warten würden. Leu blickt zum östlichen Himmel.

Sie schweigen.

Heute hat Röhm die Bestätigung erhalten: Er soll den Stab beim Münchner Stadtkommandanten leiten. Um so mehr liegt ihm an dieser Stunde, die er mit dem schlaksigen Grafen verbringt. Ob Leu es schön findet, immer Hauptmann zu sagen?

„So hab ich dich kennengelernt. Einfach Ernst, das geht nicht. Im Korps wundern sich einige, wieso wir zusammenhalten. Ein junger Schnickel und ein alter bayerischer Offizier."

„Wem Freundschaft nichts wert ist, dem steht kein Urteil zu!"

„Als wir ums Lager ritten, klang's bissig, wie du dich vorgestellt hast: 'Dreizehn Jahre Soldat, vierzehnmal verwundet. Weitere Laufbahn, woher soll ich es wissen?' Es war bissig."

Leu lacht arglos. Er blickt ihrem Atem hinterher, den der Wind wegfegt.

„Hab Geduld mit mir. Angst merke ich nur vorm Nachher. Wenn das Korps auseinandergeht und ich sitze daheim wieder allein."

„Meinst du, wir schaffen es, nachher zusammenzuhalten?"

Ernst Röhm lehnt in der Steinnische vor seinem Schützling; dessen Augen legen ihn bloß, tief offen, scheinen stets zu fragen: Ja, ist das gut? Ist das erlaubt? Leu ist neunzehn; in dem Alter ist ein Mensch zu bilden, nimmt fremde Erfahrungen an. Röhm fragt:

„Was erwartest du in München? Wenn wir einmarschiert sind, läuft alles im Tritt? Leu, dann bricht die Feindschaft erst auf! Leben wir im Frieden?"

„Deutschland hat kapituliert."

„In dem Frieden komm ich nicht vor."

Röhm schluckt die Erregung, die ihn überfällt. Im Windschatten, Rücken an Rücken gegen die grob behauenen Steine gelehnt, hier sprechen sie wirklich miteinander.

„Unter der alten Macht gab es Selbstherrlichkeit, ich bin gegen Bürokratie angestürmt. Aber ich hatte immer Hoffnung. Weil ich wusste, an wen ich mich wende, mit wem ich etwas ausrichte. Wer kämpft im neuen System? Wer will mehr als das Tagtägliche, wer denkt an das Ganze? Früher hat das Land auf etwas gewartet. Das jetzige Deutschland wartet auf nichts."

Röhm stößt die Arme gegen die Brüstung, als du Moulin lacht. Ja, Leu ist gut, aber unscharf, sein Ehrgeiz kurzgezielt, ohne Boden. Röhm lacht nicht. Er blickt im Dunkeln neben sich. Gehört Leu du Moulin zu den Zahllosen, die das Neue aufsaugt? Wie soll künftigen Generationen nahegehen, wofür Millionen an die Front zogen? Wie begründen, was ihr Ziel lohnte: dass nur das so genannte Alte überhaupt ein Ziel in sich trug?

„Die Roten, die für ihre Sache sterben, sind mir lieber als unsere ewig dienenden Offiziere: Stad, stad, das ist fad. Vielleicht nennst du das bissig. Als Leutnant habe ich dem bayerischen König geschworen. Als Hauptmann halte ich neuen Herrn die Treue? Wir stehen hier bei Bismarck, die Wahl hat er nicht angesetzt."

„In der Politik sind Gefühle gute Diener, aber schlechte Herren, kenne ich von ihm."

„Das ist höchstens teilweise ein wahrer Spruch."

„Sagst du das als Bayer oder als Deutscher?"

„Bayern wird bald als Einziges noch deutsch sein. Deshalb müssen wir in München Stellen besetzen mit Leuten, die sich vorm Radikalen nicht scheuen. Wenn die Sozialisten aus Bamberg heimfinden und ihre Ministerien wieder eröffnen, müssen sie resignieren, weil sie merken, wir schlagen sie aus allen Posten. Dafür kann ich beim Stadtkommandanten eine Menge bewirken, wenn die Polizei gesäubert und neu aufgebaut wird, sogar ein neues Heer."

„Willst du das Alte gar nicht zurück?"

„Was sich auf schlotternde Geheimräte und Bürogenerale stützte, musste dem Gebrüll der Straße weichen. Uns retten nur Tatmenschen, die brennen vor Vaterlandsliebe. Heute entscheidet ein Sinn: für das System oder dagegen. Außerhalb gibt's nur radikale Hoffnung."

Röhm zurrt den Lederhelm zu, schiebt sie von der Aussichtsfläche.

„Leu, lass uns fahren, solange es dunkel ist. Ich möchte keinem der guten Bürger auf der Straße begegnen."

Reichswehr und Freikorps, offiziell 20 000 Mann, kesseln die bayerische Hauptstadt ein. Ein Aufruf aller Befehlshaber und der Bamberger Minister kündigt jedem Rotarmisten an: »Wer den Regierungstruppen mit der Waffe in der Hand entgegentritt, wird mit dem Tode bestraft.«

Noch dreißig Kilometer trennen sie von der Eroberung Münchens, Epps Korps rückt längs der Isar voran. Berichte und Gerüchte – kaum trennbar – schwirren über Chaos und Geiselmorde der Roten Armee: Adlige, eine Gräfin, sollen im Hof des Luitpoldgymnasiums erschossen worden sein.

Am Gefängnis Stadelheim schaffen Württemberger schon Ordnung, Epps Korps stößt dazu. Zur Nacht bezieht es Stellung zwischen Perlacher Forst und Harlachinger Sanatorium. Am 2. Mai 1919 um 11 Uhr beginnt sein Angriff. Der Kampf wendet sich ins Innere von Giesing. Rote Schützen zielen aus Dachluken und Kellern; aus Gossen feuern sie, um wieder unter Kanaldeckeln abzutauchen. Frauen, Kinder tragen Munition heran und machen deutlich, wen die Bewohner unterstützen. Die meisten Häuser müssen mit Bajonett und Handgranaten geräumt werden. Epp-Soldaten schleifen reihenweise Revoluzzer auf die Straße, stellen sie an die Wand. Das Krachen der Erschießungssalven fliegt ihnen voraus. Die 3. Kompanie stürmt die Fabrik Sedelbauer. Die 1. Kompanie hebt am Nockherberg Maschinengewehrnester aus. Die 4. Kompanie trifft an der Bergbrauerei auf zähe Abwehr, selbst aus den Windfängen des Schornsteins prasseln Kugeln. Ein Zug stößt bis zur Wittelsbacher Brücke durch.

Als die rote Fahne vom Königsschloss sinkt, zählt ihr Korps 5 Tote, 25 Verwundete. Mit Blumen, im Takt des Mussinanmarschs zieht es durchs Siegestor, die Bürgerschaft jubelt in der Ludwigstraße: So träumten 1914 die ausziehenden Soldaten, nach gewonnenem Krieg heimzukehren. In der Albrechtstraße überzeugt sich Röhm, dass seine Eltern wohlauf sind.

Am Morgen beginnt er, den Stab der Stadtkommandantur aufzubauen. Ungestört – die Beamten sitzen in Bamberg – ordnet Röhm die Polizei neu: *ich wurde einfach vor ein Arbeitsgebiet gestellt, wo ich politisch tätig werden mußte, sonst hätte ich meine militärische Aufgabe nicht erfüllt.* Er gründet einen Wehrausschuss der Parteien und Stände, plant eine Einwohnerwehr, in der Waffen am Mann behalten werden sollen. Die Sozialdemokraten lehnen ab; dann bitten sie ihn, ihrem Vollzugsrat seine Ansicht selbst vorzutragen. Röhm wird im SPD-Haus freundlich empfangen. Bei Käse und Bier reden sie eine Stunde über Revolution, Zukunft und Krieg. Röhm meint, die Offiziere wären doch ordentliche Leute. Die SPD-Führer nennen sich auch ordentliche Leute. Zuletzt unterzeichnen sie ein von Röhm vorbereitetes Protokoll; deutsche Männer billigen die Bewaffnung der Bürgerwehr und sagen ihre Mitarbeit zu.

107 Soldaten der Roten Armee, 38 der Weißen »fielen kämpfend« beim Gefecht um München, hält ein AMTLICHES COMMUNIQUE fest. Als »standrechtlich erschossen« weist es 42 rote Soldaten und 144 Zivilisten aus, ferner 184 als »tödlich verunglückt«. Von 42 werden »weder der Name noch die Art des Todes« bekannt. Amtlich sind somit 557 Opfer erfasst.

Der Krieg in Europa endet nicht, er hält inne. In Versailles setzen die Sieger Frankreich und England einen Vertrag durch, der Deutschland ein Zehntel der Bewohner und ein Achtel des Staatsgebiets aberkennt. Die erste Rate zur Kriegsentschädigung umfasst Lieferungen von zwanzig Milliarden Goldmark. Deutschland hat seine Armee und Bewaffnung durchgreifend zu verringern.

Im Krieg führte Oberst Epp das königliche Leibregiment. Jetzt tritt er an die Spitze der bayerischen Infanterie. In seinem Stab organisiert Ernst Röhm die Abteilung Ib: Bewaffnung und Ausrüstung. Hauptmann Mayr leitet den Bereich Ib/P: Presse- und Nachrichtendienst; ab Juni 1919 lässt er Wehrpropagandisten schulen. Im ersten Kurs fällt ein Gefreiter namens Adolf Hitler auf: Er hat Redetalent. Er wird angestellt, um Berichte zu liefern. Er folgt einem Befehl, als er eine Sitzung der Deutschen Arbeiterpartei beobachtet. Im Oktober beantragt er, dem »Verein oder Partei beitreten zu dürfen, da diese Männer den Gedanken des Frontsoldaten sprechen«. Hitlers Vorgesetzter Röhm trägt sich ab November in die Anwesenheitsliste ein; zu Versammlungen bringt er Armeekameraden mit. Inzwischen ist Hitler schon Werbeobmann der Partei, die sich wenige Wochen später umbenennt in NSDAP: Nationalsozialistische Deutsche Arbeiterpartei.

Bei der Reichswehr wirkt Röhm in einem Offizierskreis, der es als Aufgabe betrachtet, Wirtshäuser zu 'nationalisieren': Stets erklingt das alt bekannte Flaggenlied; wer nicht aufstehen und einstimmen will, erhält schlagkräftig Nachhilfe. Überdies begnügt sich der Stammtisch nicht mit Gesang und schwarzweißroten Abzeichen, er pflegt weithin Kontakte zu tatkräftigen Offizieren. Ein Staatsstreich naht, die Putschisten kennt man bereits.

Korvettenkapitän Ehrhardt („Hakenkreuz am Stahlhelm, schwarzweißrot das Band, die Brigade Ehrhardt werden wir genannt ...") versucht im März 1920, den vaterländischen Politiker Kapp als Diktator einzusetzen. Der Putsch scheitert in Berlin – in München trägt er Früchte. Das bewirken nicht zuletzt die Reichswehroffiziere Epp und Röhm. Sie mobilisieren hohe Amtsträger, die den Wehrkreisbefehlshaber bitten, die vollziehende Gewalt zu ergreifen. General Möhl, begleitet vom oberbayerischen Verwaltungspräsidenten Kahr, dringt vor zum SPD-geführten Kabinett; vorm Haus umrahmt ein Leutnant mit forscher Truppe ihr Anliegen. Der Landeshauptmann der Einwohnerwehren erklärt, ohne Ausnahmezustand geschähe ein Unglück. Danach werden Möhl von der Landesregierung außerordentliche Vollmachten zugebilligt (und die Sozialdemokratie bleibt für Jahrzehnte entmachtet). Zum neuen Ministerpräsidenten wählt der Landtag Gustav von Kahr. *Bayern verdankte also dem Kapp-Unternehmen eine neue, man kann wohl sagen bessere Regierung,* lautet Röhms Fazit.

Unterdessen ist im Bergbaugebiet an der Ruhr eine Diktatur des Proletariats ausgerufen. Gegen bewaffnete Arbeitermilizen beordert die Reichsregierung Militär. Röhm marschiert mit in einem Verband von

Oberst Epp, der am 3. April Dortmund besetzt. Nun sind im Ruhrgebiet lange unerreichte Kampfwerte, beste Truppenteile vereint – die Aktivsten der Reichswehr warten: Wann beschließt ihr Befehlshaber, das zu vollenden, was Kapp nicht geglückt ist? Doch statt in ganz Deutschland loszuschlagen, geht ihr kommandierender General Watter zu Tagungen mit Reichskommissar Severing (SPD). Er kommandiert nicht – er tritt zurück! Ernst Röhm gibt den Glauben an alte Autoritäten endgültig verloren: *der Zusammenbruch des Kapp-Unternehmens und die ruhmlose Liquidierung des Ruhraufstandes* beweisen ihm *die mangelnde Kampf- und Widerstandskraft des nationalen Deutschlands*. Röhm fühlt sich bestärkt und entschlossen, radikal vorzugehen. Seine bayerische Heimat soll Keimzelle und Organisationsbasis werden für die deutsche Gegenrevolution.

Frühjahr 1919:
Die aus zurückgekehrten Kriegstruppen gebildeten Freikorps werden nach 1933 als
»Keimzellen der nationalen Revolution« gefeiert

Epps Verband bereitet sich durch das Verladen von Geschützen auf die
Beseitigung der Räte in München vor

Im Hof des Gefängnisses Stadelheim werden 'Spartakisten' zusammengetrieben

HEINRICH HIMMLER Gruppenführer Bergmann, wir haben uns kennengelernt, als Sie 1932 in den Stab von Hauptmann Röhm gekommen sind. Auch wenn Sie Ihr Brot bei der SA verdienen, hoffe ich, Ihnen ist dem Reichsführer der SS gegenüber bewusst, dass Sie SS-Mitglied sind.

ROBERT BERGMANN Absolut, Reichsführer.

HIMMLER Sie leiten die Adjutantur in Röhms Stab. Was beinhaltet diese Funktion, worin bestehen Ihre Tagesaufgaben?

BERGMANN Reichsführer, Sie erleben mich selbst. Ich bin für die an Ernst Röhm persönlich gerichtete Post zuständig, ich stelle den persönlichen Terminplan auf, teile die mir untergebenen Adjutanten ein.

HIMMLER In Ihrer SA-Funktion gehen Sie mich nichts an, obgleich Sie augenscheinlich nicht an Überlastung leiden. Sie sind dem Alkohol nicht abgeneigt. Selten sei Gruppenführer Bergmann nüchtern anzutreffen, wird behauptet. Quartalssäufer nennen das manche, nur nicht Ihr Stabschef, oder?

BERGMANN Ich weiß nicht.

HIMMLER Sie tragen die Kleidung der SS. Die schwarze Uniform kann ich nicht mit Gerede belastet sehen. Es müsste jemand von außen dazwischenfahren, tuschelt man, weil der Hauptmann Röhm zu weich ist Ihnen gegenüber, weil sie sich seit Urzeiten kennen.

BERGMANN Seit dem zweiten Kriegsjahr. Ernst Röhm hat mich zum Offizier herangebildet. Von da an wurden wir Freunde.

HIMMLER Der Stabschef behält sie als Adjutanten nur aus Dankbarkeit, erzählt man, denn Sie haben ihm das Leben gerettet, nicht wahr?

BERGMANN Am 23. Juni 1916 vor Verdun, beim Sturm auf Thiaumont wurden wir beide verwundet. Ich trug Ernst Röhm aus der Feuerzone.

HIMMLER Seitdem hat der Hauptmann Röhm Sie in viele Dienststellen getreulich nachgezogen, nicht wahr. Und nachdem er bei der SA Chef des Stabes wurde, holte er Sie baldmöglichst wieder heran.

BERGMANN Erst im Juli 1932. Zur besonderen Verwendung, weil dem Stabschef ja schon ein persönlicher Adjutant zur Seite gestanden ist.

HIMMLER Den Sie umgehend beerbt haben.

BERGMANN Wenn Sie es so ausdrücken wollen.

HIMMLER Sprechen wir vom Jahr 1934, vom Aktuellen. Der Ausflug nach Groß-Wudicke, war das im März? Sie kamen mit Röhm, bei mir war Adjutant Obersturmbannführer Wolff. Gewissermaßen aus gesellschaftlichem Anlass hielten sich SA- und SS-Führung auf dem Gut des Herrn Gontard auf. Bei dieser Gelegenheit brachte Röhm bestimmte Divergenzen zwischen SA und SS zur Sprache. Er warf der SS vor, dass sie sich zu aristokratisch, zu sehr herrenmäßig gebärde und zu wenig revolutionären Elan besitze. Er führte als Beispiel an, dass die SS guten Kontakt zur Reichswehr pflege.

BERGMANN Ich entsinne mich, Reichsführer, dass Sie ziemlich gemäßigt reagierten, während Obersturmbannführer Wolff glaubte, die SS regelrecht verteidigen zu müssen.

HIMMLER Das hielten Sie für übertrieben?

BERGMANN Reichsführer, es ist Ihnen doch geläufig. Schon das ganze Jahr vierunddreißig hindurch kränkelt Ernst Röhm. Ihn quält die alte Nasenverwundung. Dann hat sich die heftige Neuralgie im rechten Arm eingestellt, das Herz macht ihm Schwierigkeiten. Seinen Dienst verrichtet er im Arbeitszimmer zuhause, ins Büro kommt er seltener. Er hat mir anvertraut, er habe das Gefühl, dass man ihn nicht mehr wolle, dass Kräfte am Werk seien, die ihn vertreiben wollten. Wenn dem so sei, warte er nicht auf seine Verabschiedung, er gehe wieder nach Bolivien. Er ist im bolivianischen Generalstab ja nur beurlaubt und kann dort morgen wieder seinen Dienst antreten.

HIMMLER Es vermehren sich hingegen Gerüchte, der Stabschef würde die SA systematisch verstärken und bewaffnen.

BERGMANN Ernst Röhm macht keinen Hehl aus seinem Ziel, dass aus der SA die neue Volksmiliz entstehen soll. Daher werfe ihm die Reichswehr vor, dass er sie zu übernehmen trachte, sagte er mir einmal. Aber daran denke er gar nicht. Er wolle nach der nationalsozialistischen Revolution nur erreichen, Reichsverteidigungsminister zu werden. Das sei von ihm kein Ehrgeiz, sondern politisch notwendig, um alle Kräfte der Volksverteidigung in einer Hand zu bündeln.

HIMMLER Und dann würden Sie ihm ins Ministerium folgen wollen, nicht wahr! Röhm vertraut Ihnen blind. Er braucht Sie als ständige vertraute Umgebung. Er zwingt Sie sogar, sich für ihn in Schulden zu stürzen.

BERGMANN Nach seinem letzten Umzug hat er gewissermaßen angeregt, dass ich im Nachbarhaus wohne. Ich bin dort im Erdgeschoss in eine Wohnung gezogen. Ich habe mir Möbel bei Storz gekauft und größtenteils abbezahlt, aus eigenen Mitteln. Was besteht, ist eine Restschuld.

HIMMLER Sie folgten und folgen Hauptmann Röhm in allem, kann man das so ausdrücken?
BERGMANN Wir arbeiten eng und harmonisch zusammen, seine Ansichten sind auch die meinen.
HIMMLER Ist es richtig, wie man hört, dass der Gruppenführer Bergmann immer aufs Neue von sich gebe, es komme bald die 'zweite Welle' der Revolution und Hitler gehöre ins Irrenhaus?
BERGMANN So habe ich mich gewiss nicht ausgesprochen.
HIMMLER Haben Sie das nicht geäußert oder wollen Sie sich nicht konkret erinnern, Gruppenführer Bergmann?
BERGMANN Es müssen Kräfte tätig sein, die Adolf Hitler beeinflussen wollen, die Gerüchte ausstreuen, um ihn gegen Ernst Röhm einzunehmen.
HIMMLER Wen vermuten Sie dahinter?
BERGMANN Ich vermute Herren, die in Berlin ihren Amtssitz haben.
HIMMLER Parteigenossen?
BERGMANN Das überschaue ich keinesfalls.
HIMMLER Gruppenführer Bergmann! Ich verweise Sie strengstens auf Ihre Pflicht, alles mitzuteilen, was Ihnen durch Ihre Vertrauensstellung bekannt wird, wenn der Stabschef dabei ist, eine zweite Welle, eine gewaltsame Aktion vorzubereiten. Ihre persönlichen Schwierigkeiten gefährden Ihre Funktion. Schuldner und Alkoholiker sind im Dienst nicht zu brauchen. Sie waren 1931 noch nicht hier, als Stabschef Röhm einen Aufstand der SA gegen die Parteiführung zerschlagen hat. Jetzt steht er selbst auf der Rebellenseite. Ich will erfahren, was Sie für mitteilenswert über den Stabschef halten.
BERGMANN Ich werde ja zu keinerlei Beratungen hinzugezogen.
HIMMLER Oder würden Sie es vorziehen, mit dem Sicherheitsdienst der SS, mit Standartenführer Heydrich zusammenzuarbeiten?

Disziplinierung der Massen

Frühling scheint die Jahreszeit zu sein, die harte Schnitte, die letzte Lösung herausfordert. Wurde er dafür zurückgeholt? Röhm hat sich seinen Dienstbeginn nicht so vorgestellt, dass er Hitler den Dreck wegräumt. Am 7. März 1931 treten Münchens Standarten im Hackerkeller an. Hitlers Lob für den neuen SA-Kommandeur fällt gefühlvoll aus: „Heute sind es zwölf Jahre, dass ich Hauptmann Röhm kennenlernte. Es war in einem Keller, wo wir uns den Kopf zerbrachen, wie der revolutionären Bewegung entgegengetreten werden kann." Hitler streift die Krise in der SA, den Vorwurf, illegalen Kampf zu scheuen; hierzu wäre er gewiss nicht zu feige: „Ich bin nur zu feige, dass ich die SA vor Maschinengewehre führe. Wir brauchen sie zu viel wichtigeren Dingen." Hitler mahnt die Führer, ihre SA-Männer gut auszubilden, damit sie lernen, „sich mit der Faust zu wehren. Mit der Faust soll das neue Deutschland erstehen!"

Röhm fährt nach Berlin. Er versucht, einen Ausgleich zustande zu bringen, gegen eine beiderseitige Verbissenheit. Wie meist bei Hitler gärt eine lange verschleppte Geschichte; am Endpunkt steht diesmal Walter Stennes, der selbstbewusste Führer des SA-Bereichs Ost.

Durch Großberlin marschieren wir,
für Adolf Hitler kämpfen wir!
Die rote Front, schlagt sie entzwei
SA marschiert – Achtung – die Straße frei.
So stehen wir im Kampf allein ...

In Stennes' Bereich gärt es. Einige Berliner Standarten zählen zwei Drittel Arbeitslose. Geld fehlt, zur Wahl 1930 hat nur interessiert: SA-Führer in den Reichstag, 600 Mark Diäten monatlich. Hitler verweigert ihnen Plätze auf der Parteiliste, SA-Chef Pfeffer tritt zurück. Ein Streit spaltet seit ihren Wahlerfolgen die NSDAP: Schwenkt sie um auf den legalen Kurs oder wahrt sie ihre Gesinnung, den Staat revolutionär zu übernehmen? Also im August 1930 fahren Beauftragte der SA Ost nach München. Hitler empfängt nicht. Die Kernfrage bleibt: Wie geht's weiter? SA-Männer lassen ihre Wut am Berliner Gauleiter aus. Statt für Goebbels eine Rede im Sportpalast abzusichern, veranstalten sie einen öffentlichen Protest gegen ihn.

Nun soll SS die Gauleitung sichern. Nachts gibt Stennes den Befehl: Überfall auf die SS-Wache, die kräftig verprügelt wird. Ein Ängstlicher ruft die Polizei und die locht einen Haufen SA-Angreifer ein. – Ist es so gewesen? So lautet ein Rapport, der Röhm vorliegt.

Jedenfalls, Hitler erscheint in Berlin, wiegelt den Tumult ab. Erst will er die Meuterer nicht treffen, dann nach Stunden gibt er nach, beim Geld. Die SA soll Zuschuss erhalten, zwanzig Pfennig Beitrag pro Parteimitglied. Unter Tränen verkündet Hitler, dass er selbst an die Spitze der SA tritt, dass er seine Ehre verpfändet für ihr Wohl. Soviel Überschwall wird in den Sturmlokalen bejubelt. „So war's", unterrichtet Stennes seinen neuen Kommandeur.

„Hitler verspricht viel und erlaubt seinen Parteibürokraten, uns den Lebensnerv zu töten. Den SA-Stürmen gehen Befehle zu, über ihre Führer hinweg. Das schafft Chaos im Dienst! Ein Raubbau an den Kräften der SA!"

„Stennes, wir werden das Chaos in den Griff kriegen."

„Sie haben jetzt Ihr Braunes Haus geweiht, die Parteizentrale. Keiner versteht, dass man in Kampf und bitterer Not Hunderttausende Mark für Büros vergeudet. SA-Männer sollen sich am Ankauf eines Bilds beteiligen, mit dem der Parteichef sein Zimmer schmückt. Gegen meine Überzeugung lasse ich Führer vor ihre Stürme treten, damit sie beschwichtigen und abfällige Worte unterdrücken. Nur eins verlange ich nicht: Meine Männer sollen nie einen Pfennig für Nichtigkeiten ausgeben, während ihre Familien hungern!"

„Ich verstehe es. Beruhigen Sie sich, Hauptmann Stennes."

„Ja, jeden Tag beruhigen, Hauptmann Röhm."

„Aber ich fordere dem Stellvertreter Ost und seinen Unterführern den unbedingten Gehorsam für die Zukunft und alle künftigen Befehle ab."

„Als Stabschef können Sie sich auf unsere Pflichterfüllung verlassen."

„Ich bin kein Vierteljahr auf meinem Posten. Für das Braune Haus gilt jetzt die SA-Dienstordnung, erarbeitet nach den alten militärischen Regeln des Standorts. Wie die Schlosswache zieht die SA täglich um zwölf auf. Das ist der Anfang! Unter meinem Befehl sollen Hunderte alte Offiziere, solche wie Sie, Stennes, eine Truppe errichten, gedrillt wie das Kaiserheer. Künftig wird die Bevölkerung unter dem Schutz einer Armee Hitlers stehen."

„Wie will sie den Schutz leisten? Als Anhängsel der Partei?"

„Stennes, zwei alte Kämpfer wie wir müssen sich doch einig werden!"

„Bisher hat Hauptmann Pfeffer die SA selbständig gehalten. Unter ihm gab es fünf starke Stellvertreter, mit großen Gebieten. Ich als Stellvertreter Ost konnte damit gegen jeden bestehen. Seit Jahren murren die

Gauleiter, dass die SA sich überschätzt. Nun trennt Hitler per Befehl wichtigste Teile meines Bereichs ab: Nordsachsen, Mecklenburg und Ostpreußen. Was steckt dahinter? Die Politische Organisation will uns schlucken."
„Die SA muss ihre Bestimmung erfüllen, nicht die Partei kopieren."
„Verhüten Sie es! Zerteilen Sie die Stellvertreter-Gebiete nicht! Röhm, bleiben wir uns treu. Die SA ringt mit dem Führer um seine Seele. Ob es Hitler erkennt oder nicht, er glaubt an seinen Legalitätseid. Ich bin sicher, er will mich vertreiben. Alles andere hat er probiert."

Nachdem drei Reichswehroffiziere für die NSDAP warben, erhob das Reichsgericht Anklage und der Zeuge Hitler hat einen 'Legalitätseid' geleistet: Seine Partei würde auf dem „verfassungsmäßigen Wege die ausschlaggebenden Mehrheiten in den gesetzgebenden Körperschaften zu erlangen suchen, um in dem Augenblick, wo uns das gelingt, den Staat in die Form zu gießen, die unseren Ideen entspricht ... Wenn unsere Bewegung in ihrem legalen Kampfe siegt, wird ein deutscher Staatsgerichtshof kommen, und der November 1918 wird seine Sühne finden, und es werden Köpfe rollen."

Sein Dienst in verschiedenen Armeen ergibt für Röhm die Einsicht: Die jetzige Reichswehr versagt, weil sie politisch neutral sein will. Als der Kaiser sich zurückzog, entfiel der Magnet, der das Heer ausrichtete. Es muss wie früher politisiert werden, mit nationalem Ziel! Statt der Monarchie bildet heute das Sozialistische den sittlichen Halt. Die Wehrmacht muss national-sozialistisch werden! Der Friedensvertrag verbietet große deutsche Truppen, also braucht es eine Organisation, die nicht militärähnlich wirkt, um die Jugend zu Freiheit und Gemeinnutz zu erziehen. Dafür hat Adolf Hitler die SA gegründet. Wir bauen sie aus! Offiziell erzieht sie die Jugend politisch. Inoffiziell nimmt sie eine vormilitärische Ausbildung auf. Das Heer müsste Offiziere entsenden, um die in der SA zusammengefasste Jugend anzuleiten.

Das ist der Plan – und Hitler hat angebissen. Stabschef Röhm ist in doppelter Absicht nach Berlin gefahren. Hier die SA zu beruhigen, scheint mühsamer, als bei der Reichswehr anzuklopfen. Die Hand eines alten bayerischen Spezls öffnet die Tür zum Wehrministerium, zu Staatssekretär Schleicher. Dieser General lässt sich zuhause sprechen, kehrt das Nichtamtliche ihres Treffens hervor. Röhm stört es nicht; er wird als Vertreter einer aufstrebenden Partei begrüßt und der General will hören, was er anzubieten hat.

Röhm verschleiert sein Ziel nicht: Das deutsche Heer braucht Reserven, unterhalb des Friedensvertrags, hunderttausende Wehrwillige benötigen eine Ausbildung. Deshalb ist er – Generalstabsoffizier a. D. und jetzt Stabschef der SA – gekommen. Er bietet an, passrecht zur Gliederung des Heers die SA auszubauen. Sie könnte der Reichswehr die Masse bringen.
Hochverehrter Herr General! Ich beeile mich, ... das Ergebnis der am 21.3.31 ... stattgehabten Unterredung dahin festzulegen, dass Herr General mir namens der Reichswehr folgende bindende Zusage gegeben haben: ... wenn Parteigenossen und SA Männer ... sich an den durch das Reichsheer eingerichteten Ausbildungskursen beteiligen, kann weder dem einzelnen ... noch der Partei als solcher irgend ein Schaden von seiten der Reichs- und Staatsbehörden entstehen. Da ich ... mündlich die erforderlichen und vertraulichen Anweisungen ... geben will, wäre ich Euer Hochwohlgeboren besonders verbunden, wenn ich ... die Bestätigung erbitten dürfte, dass diese meine ... Auffassung von dem Ergebnis der Unterredung zutreffend ist.
Sehr geehrter Herr Röhm! ... Grundsätzlich muß es das Ehrenrecht und die Ehrenpflicht eines jeden Deutschen bleiben, der Verteidigung des Reiches zu dienen. Ausgenommen werden müssen nur Persönlichkeiten, die nicht entschieden eine gewaltsame Erhebung gegen die verfassungsmäßige Staatsform ... ablehnen. Die Auswahl ... der einzelnen Teilnehmer erfolgt mit Wissen der Zivilbehörden ... Daraus ergibt sich: ... daß aus der Mitwirkung eines Einzelnen weder einer Partei noch einem Verband, denen er angehört, ... irgendwelcher Schaden entstehen kann. Aus außenpolitischen Rücksichten darf ich noch darauf aufmerksam machen, daß schriftliche Festlegungen über diese Tätigkeit der Reichswehr vermieden werden müssen. Mit vorzüglicher Hochachtung Ihr sehr ergebener Schleicher
Zunächst, um ohne Aufsehen die Grenze nach Polen zu befestigen, treten inoffiziell SA-Freiwillige bei Landesschutzverbänden ein und werden verabredungsgemäß ausgebildet. Nachfolgend geizt Staatssekretär Schleicher nicht mit finanziellen Beihilfen für die NSDAP.

Am 28. März 1931 droht ein Erlass des Reichspräsidenten an, extreme politische Vereinigungen zu verbieten. Hitler ruft NSDAP und SA zur Ordnung: »Der letzte Sieg wird unser sein! ... Der Schutz der Bewegung aber erfordert, daß Ihr euch jeder Ungesetzlichkeit enthaltet, zügelt euren Grimm«! Die aufgeheizte Stimmung in einer Partei, die Geduld nie in ihr Programm geschrieben hat, nötigt die Münchner Leitung wie die Berliner Opponenten geradezu, beim jeweils andern den endgültigen Verrat zu wittern:

Am 31. März erfahren SA-Führer im Bereich Ost, dass ihr Kommandeur abgelöst ist. Stennes soll sich in Weimar einfinden. Auf Nachfrage lässt Hitler erwidern, das wäre ein Befehl. Jetzt nehmen SA-Männer den Titel DER ANGRIFF ernst, setzen sich in Goebbels Zeitung und der Gauleitung fest. Die Abspaltung des Bereichs Ost ist nicht aufzuhalten.

Auf der Gegenseite drängt SS-Führer Daluege mit einer Spitzelmeldung: Berliner SA-Führer tagten vertraulich, »erklärten sich im Laufe der Sitzung für Stennes und gegen Hitler«. Die letzte Durchsage lautet, Stennes wollte Befehle aus München nicht mehr befolgen. Nun enthebt Stabschef Röhm die Meuterer ihrer Posten. Hitler stößt Stennes aus der Partei aus.

SS-Führer Daluege tritt als Adjutant zum neuen SA-Kommandeur Ost; Oberleutnant Schulz bringt Vergangenheit mit: Im Staatsauftrag hat er 1923 geheime Truppen ('Schwarze Reichswehr') rekrutiert. Nach einer Haftstrafe wegen Femermords arbeitet er seit kurzem im Braunen Haus. Schulz hält sich wohl für imstande, selbst die ganze SA zu übernehmen.

Röhm schickt dem Neuling Geleit mit. Zum Untergruppenführer Berlin wird vorläufig der grobgesichtige, wuchtige Leutnant Heines ernannt. Anders gesagt: Röhm überträgt seinem Freund Edmund Heines – mit dem er nach dem 23er Putsch in einer Gefängniszelle saß – die Dreckarbeit, gegen Kameraden vorzugehen. Sechs Wochen später sind fünfhundert Männer ausgeschlossen und der Gau meldet die Krise als bewältigt.

So stehen wir im Kampf allein,
durch Blut geschweißt sind unsre Reihn.
Den Blick nach von, die Faust geballt
Die Straße frei dann von unserm Schritt erschallt.

In Berlin will Röhm den Reporter des DAILY EXPRESS, Sefton Delmer, für sich gewinnen: Die SA unter seinem Befehl soll Millionen Arbeitsloser dem linken Einfluss entziehen und zu einer Volksmiliz werden, die nach innen und außen den Bolschewismus abwehrt. Rufe wie „Deutschland erwache!" und „Juda verrecke!" oder Straßenkämpfe dürfte man nicht überbewerten. Der Sturmvogel Stennes hat die eigene wie Hitlers Autorität verletzt, jetzt ist die Disziplin wieder hergestellt. Röhms SA tritt heute im Sportpalast an. Der englische Journalist erfasst die Gelegenheit. Unter

Röhms Adjutanten schreitet Delmer abends in den Saal. 3 500 Männer stehen reglos. Mit Leutnant Heines – in Delmers Augen ein »Zuhältertyp mit niedriger Stirn, hellem Kraushaar, knallblauen Augen und vollen kirschroten Lippen« – inspiziert Röhm die Reihen: »das eindrucksvolle Bild einer durch Disziplin und Gemeinschaftsgefühl zusammengeschmolzenen Truppe«.

Im grundsätzlichen Streit zwischen 'Revolutionären' und 'Politikern', der in den nächsten Jahren die NSDAP wie ein Schwelbrand erhitzt, entscheidet Röhm vorerst nicht frei: An Hitlers Seite bricht er den Widerstand gegen die Münchner Leitung und zerlegt nun die fünf SA-Bereiche in 34 Gaustürme, geordnet in 10 Gruppen und 2 Untergruppen. Röhm setzt Freunde auf Führerstellen; so geht Edmund Heines als Gruppenführer nach Schlesien.

Um Notlagen seiner Männer zu mildern, verfügt Röhm mit Partei-Organisationsleiter Gregor Straßer: Jede Ortsgruppe der NSDAP soll obdachlose SA-Mitglieder in Heimen unterbringen und mit Hilfe der NS-Frauenschaft verpflegen. Das Nationalsozialistische Kraftfahrerkorps befördert auf dem Land gesammelte Lebensmittel zu den Wohnheimen.

Wie die SA 'Sturmlokale' anlegt, erzählt ein Beteiligter für Berlin: Ein Keller mit Luken, »mit Eisenblech beschlagen ..., dann kommt keine Kugel durch ... „Weißt du nicht so'n altes Feldbett" ... „Nee, een Feldbett weiß ich nicht, aber Bretter" ... „Und Strohsäcke?" ... „Und einen Tisch brauchen wir" ... „Mensch, 'n Ofen! Im Winter wollen wir doch ooch da sein!" ... „Eenen Topp zum Kaffeekochen!" „Und eene Lampe, Mensch!" ... Ein Arbeiter, ein Rollkutscher, ein Student, ein Kellner, ein Schupomann und ein Botenjunge ... klappern ... rücksichtslos und unnachgiebig die Parteigenossen ab ... Dass sie bei einer solchen Tour zwei alte Steppdecken erwischen, macht sie für drei Tage selig ... Die erste Bleibe!«

Der zügige Ausbau der SA bringt neue Probleme: Befehlsstränge verlängern sich, Mannschaften und Führer entfremden sich. In den Stürmen würde von »Stabsbonzen« und »Verbonzung« gesprochen, eine »gefährliche Stimmung« nähme zu, hält der SA-Generalinspekteur fest. Er bemängelt außerdem, dass die Führerschule der SA nur jene aufnimmt, die ihren Lehrgang selbst bezahlen können, und dass Schüler nachher »glauben, sie könnten jetzt alles besser als ihre Vorgesetzten, und anfangen, im Dienst zu kritisieren«.

Röhm lässt nicht nach, seine Einheiten selbst zu begutachten. So fährt er im Juli zum 'Hitlertag' ins oberbayerische Mühldorf. Hakenkreuzfahnen flattern, 2 000 SA-Leute folgen einer Kapelle. Landespolizei tritt dazwischen und verlangt, die Braunhemden auszuziehen. Mit nackter Brust stehen die Kämpfer stramm, als sie der Chef des Stabes begrüßt. Die »zunehmende Militarisierung« der SA seit Röhms Dienstantritt »erfordert ihre schärfste Beobachtung«, vermerkt das bayerische Innenministerium. Es untersagt Mitte 1931 das Tragen von Uniformen sowie Demonstrationen. Dies beeinträchtigt einen 'Hitlertag' in Gera nicht. In Thüringen gehört die Hitlerpartei bereits zur Staatsmacht und stellt den Innenminister. Minister Frick, Hitler und Röhm winken einem Vorbeimarsch zu.

Was heißt Privatleben? Zur Vorkriegszeit gab sich Leutnant Röhm 'normal', als Stammgast im Ingolstädter Bordell führte er die Dienstjüngeren ein. Wie ein Mitoffizier sich erinnert, bekam er »siebenmal den Tripper und selbst der von ihm so sehr verehrte Regimentskommandeur Kiefhaber hat Röhm wiederholt scherzhaft gefragt: „Läuft er wieder?"« Doch soll später eine der Kasino-Ordonanzen von häufigen unsittlichen Versuchen reden, obwohl Röhm ein Mädchen hatte und Offizieren möglicherweise nichts auffiel.

Bislang ins straffe Reglement der bayerischen Armee, dann der Reichswehr gebunden, dürfte zur Selbstbestimmung kaum Raum geblieben sein, auch im wörtlichen Sinn: Vom Fahnenjunker aufwärts hat Röhm die Jugendjahre weitgehend in Gemeinschaftsquartieren verbracht. Sein Empfinden fürs Mitmenschliche ist gestärkt, eine erfüllte Liebe hat er nicht erfahren. 1924 bricht sein Leben um. Er scheidet aus dem Militärdienst: wegen eines Putsches verhaftet, als Hochverräter verurteilt. Wieder in Freiheit, verschwinden letzte Rücksichten auf bürgerliches Ansehen. Es ist der Zeitpunkt, an dem er aus jeder gesellschaftlichen Bahn herausfällt. Nun, als Zivilist bekennt Röhm sich zur Männerliebe, versteckt sie nicht mehr.

Sexualität überzieht sein Leben nicht nur, weil seine Sexualität eine besondere ist. Doch erst der alternde Röhm sucht Klarheit. Mit einundvierzig Jahren bittet er den Berliner Arzt und Astrologen Karl-Günter Heimsoth: *Ersichtlich haben Sie eine unerhoerte Uebung in der Fixierung der „Konstellation". Koennten Sie sich nicht auch einmal der meinen annehmen? Ich bin am 28. November 1887 morgens 1 Uhr in Muenchen geboren. Dann wuesste ich vielleicht auch einmal, wie ich mit mir eigentlich daran bin. Offengestanden weiß ich das eigentlich nicht bestimmt. Ich bilde mir ein, gleichgeschlechtlich zu sein, habe dies aber richtig erst 1924 „entdeckt".*

Röhms »Geschichte eines Hochverräters« ist 1928 erschienen, wie auch Heimsoths »Charakter-Konstellation. Mit besonderer Berücksichtigung der Gleichgeschlechtlichkeit«. Der Doktor schickt sein Buch nach München, nicht ohne beiläufig auf Röhms Erinnerungen einzugehen. Daraus entsteht ihr Briefwechsel. Obwohl sie schon zusammen durch Berlins 'schwule Szene' gezogen sind, will Röhm – inzwischen in Bolivien – sich vergewissern:

Ich kann mich ... an eine Reihe auch gleichgeschlechtlicher Gefühle und Akte bis in meine Kindheit erinnern, habe aber auch mit vielen Frauen verkehrt. Allerdings nie mit besonderem Genuss. Auch drei Tripper habe ich mir erworben, was ich spaeter als Strafe der Natur für widernatuerlichen Verkehr ansah. Heute sind mir alle Frauen ein Greuel ... Dienstlich bin ich zufrieden ... Das Hoehenklima – La Paz liegt 3600 m hoch – vertrage ich auch recht ordentlich. Ich wohne und esse gut und deutsch. Somit waere alles in bester Ordnung, wenn mir nicht die Liebesobjekte fehlten. Ich habe zwar einen Begleiter ..., einen 19jaehrigen ... Kunstmaler. Ich haenge sehr an ihm, ebenso wie er an mir ... Aber für irgendwelche geschlechtlichen Akte kommt er nicht in Frage.

Scherereien begleiten Röhms Homosexualität, seit er sie offen auslebt. Ab Januar 1925 ist er in Berlin aktenkundig. Er hat einen Strichjungen angezeigt. Von jenem Hermann Siegesmund liegt eine Aussage vor: »Während wir angekleidet im Hotelzimmer saßen, nahm der Anzeigende eine Zigarettenschachtel aus seiner Tasche. Ich bemerkte, dass hierbei ein Stück Papier zur Erde fiel und hob es alsbald auf«. Röhm hat einen Aufbewahrungsschein verloren und, nachdem sein Gepäck gestohlen worden ist, sich an die Polizei gewandt.

Was geschieht, wenn ein Mann Männer liebt? Diese naturbestimmte Neigung gilt nach deutschem Gesetzbuch als kriminell. § 175 schreibt für »widernatürliche Unzucht ... zwischen Personen männlichen Geschlechts oder von Menschen mit Tieren« Gefängnisstrafen vor.

Was die Parteilinie vorgibt, verkündet der VÖLKISCHE BEOBACHTER: »Alle boshaften Triebe der Judenseele, den göttlichen Schöpfungsgedanken durch körperliche Beziehungen zu Tieren, Geschwistern und Gleichgeschlechtlichen zu durchkreuzen, werden wir in Kürze als das gesetzlich kennzeichnen, was sie sind, als ganz gemeine Abirrungen von Syriern, als allerschwerste, mit Strang oder Ausweisung zu ahndende Verbrechen.« So poltert es im Stil Alfred Rosenbergs, des Chefideologen der NSDAP.

Lieber Herr Dr. Heimsoth! ... Sie haben mich voll verstanden! Natürlich kämpfe ich mit dem Absatz über Moral vor allem gegen den § 175 ... Mit dem Herrn Alfred Rosenberg, dem tölpelhaften

Moralathleten, stehe ich in schärfstem Kampf. Seine Artikel sind auch vor allem an meine Adresse gerichtet; da ich aus meiner Einstellung keinen Hehl mache. Das mögen Sie daraus ersehen, dass „man" sich bei mir eben an diese verbrecherische Eigenheit in den nat.soz. Kreisen gewöhnen hat müssen.

Als er dies schreibt, hat er noch knapp sechs Jahre zu leben. Röhm bekennt: *daß ich über meine Einstellung, wenn sie mir auch zeitweise schon erhebliche Schwierigkeiten gebracht hat, absolut nicht unglücklich bin, im Inneren vielleicht sogar darauf stolz bin. Ich glaube es wenigstens.* Auch hierin zeigt sich, was ihm zum Politiker fehlt: Er kann sich in Disziplin fügen, aber nicht in Verstellungen. Schon gar nicht innerhalb seiner Partei.

Röhm zählt den alten Freikorpskrieger Heimsoth zu den menschlichen Verlusten. Als Otto Straßer tönt: Die Sozialisten verlassen die NSDAP!, geht Heimsoth mit den Spaltern der Partei. Seitdem entfällt ihr Gedankenaustausch über gleichgeschlechtliche Eigenheiten. Röhm bewegt, als er die Kampfverbände übernimmt, Hitler zu einem Erlass, der »Angriffe wegen des Privatlebens« abschmettert. SA-Führern käme nicht zu, Dinge zu bewerten, »die rein auf privatem Gebiet liegen«. Hitler stellt klar, dass die SA »keine moralische Anstalt zur Erziehung von höheren Töchtern« ist, sondern »einem bestimmten politischen Zweck« dient.

Jetzt gibt es Privatleben. Was für München unvorstellbar bleibt, bietet ein schwules Viertel um den Berliner Nollendorfplatz: Gaststätten, Bäder, Klubs. Ernst Röhm verschlingt freisinnige Illustrierte und erfährt, dass Männerliebende sich in Gruppen bekämpfen. Im Bund für Menschenrecht beggegnet er Friedrich Radszuweit, der auch Das Freundschaftsblatt – Zentralorgan der homoerotischen Bewegung Deutschlands herausgibt. Als Röhm an die Spitze der SA tritt, weist Radszuweit auf die NSDAP hin: Der Völkische Beobachter wollte Homosexuelle nicht schlechthin verdammen, vielmehr »im großen und ganzen immer nur das Judentum (besonders Magnus Hirschfeld) treffen, die in so unschöner Weise das Geschlechtsleben ... mit den brutalsten Ausdrücken an die Öffentlichkeit zerren.« Ebenso hält Röhm es für wesentlich, durchzusetzen, dass jedes Liebesleben zur Privatsphäre gehört und der Staat sich nicht einzumischen hat. Das tut er in Bayern unerbittlich:

In amtlichen Listen werden 'Päderasten' erfasst. Razzien schrecken Münchner Lokale auf, Sittenpolizei beobachtet Bedürfnisanstalten und Parks. »Der Pissort am Maximiliansplatz und seine nächste Umgebung sind schon seit Jahren als Tummelplatz für die Päderasten und Strichjungen bekannt. Sehr häufig wird auch in dem Pissort onaniert oder gegenseitige Onanie betrieben«, klärt ein Wachtmeister auf. Ein Stabschef der SA kann sich nicht auf Klos im Stadtzentrum oder im Englischen Garten ertappen lassen. Röhm bringt es hinter sich, in eine eigene Wohnung zu ziehen; seine Mutter mag es kränken, aber ihr Jüngster braucht Abstand, wenn er wenigstens die zweite Lebenshälfte nach seiner Fasson genießen will.

Dazu ist der SA-Agent Bell bei der Politischen Polizei auskunftsbereit: Wenn Röhm »sich dann und wann von jungen Männern, unter denen wohl mal SA-Männer gewesen sein mögen, einen habe abwichsen lassen, so sei das noch lange kein Verstoß gegen den § 175. Befragt, ob Röhm dies persönlich zu Bell gesagt habe, bestätigte Bell dies ausdrücklich«.

Beim SA-Nachrichtendienst ist ein Peter Granninger beschäftigt und beauftragt, Zimmer zu mieten. Dieser Spezl mit dem Schwung und Charme der Jugend lockt Freunde aus der Oberrealschule oder aus seiner Kellnerburschenzeit an. Dank Granningers Geschick lernt Röhm in diesen Wochen zum Beispiel den Grafiker Otto Emmer, den Zahntechniker Hans Müller (beide Jahrgang 1915), den Schriftsetzerlehrling Georg Nieder wie auch den Kaufmannslehrling Karl Jarosch (beide Jahrgang 1916) kennen.

Absteigen lassen sich besorgen. Aber am belebten Hohenzollernplatz, hier wo Leu du Moulin wohnt, fallen Besucher nicht auf. Zur eigenen Wohnung läuft Röhm wenige Minuten – eine ideale Lösung, und zudem ohne kleinkarierte Vermieterinnen, die nebenan lauschen.

Granninger kennt das Zimmer, hat hier im Notfall schon übernachtet. Er stößt die Tür auf, mit dem Elan seiner dreiundzwanzig Jahre, um die Lage zu klären.

„Soll ich ihn bringen? Ernst, wem machst du schöne Augen?"

„Selbstverliebtheit ist eigentlich deine Sache, Peter."

„Nimmst du mir den Platz vorm Spiegel weg?"

Granninger trägt ein Oberlippenbärtchen, es soll ihn hübscher machen, und verruchter: Ein böser Baze wäre er gern. Die Polizei erwischt ihn nie. „Ich bin fix genug im Weglaufen", darin besteht seine Stärke, wenn er Burschen angelt. Ob es Ernst Röhm gefällt oder nicht.

„Sieh mich an. Das Gegenteil von Leben ist ja nicht Tod, sondern Verfall. Ich beobachte meinen Verfall."

„Aso."

„Peter, mit dem Bärtchen siehst du wie ein Gigolo aus."

„Soll das ein Kompliment sein?"

„Vielleicht."

„Das ist dir gelungen!"

Peter Granninger ist wütend. Er pfeift leise. Er kämmt sich – ein Umschwung. Er pfeift vor sich hin, pfeift weiter, als wäre nichts gewesen. Röhm tritt vom Spiegel weg. Er zieht sich die Uniform vom Leib. In dem Jahr, das er wieder in Deutschland lebt, ist er verfettet. Der pralle Anblick wäre auch ohne Narben fad, er gaukelt sich nichts vor: Plastische Chirurgie hat aus Oberarmhaut sein neues, deformiertes Gesicht hergestellt. Ein Wunder, dass seine Augen alles heil überstanden haben. Sein Blick kann zupacken. Seine Bewegungen, sein Gang geben weiter, wie dieser Röhm von Energie geladen ist. Freunde findet er leicht, doch was soll ein junger Mensch an ihm lieben?

„Danke, Peter. Mir fehlt die Zeit, eine Annäherung an die Kerlchen zu vollführen."

„Die Geduld, willst du sagen."

„Es gibt immer weniger Zufall in meinem Leben."

„Einer steht unten. Er heißt Alois. Ich hole ihn jetzt."

„Ich mache inzwischen den Wein auf."

Röhm entkorkt die Flasche und legt sich aufs Bett. In diesen Minuten, wenn er wartet, erheitert ihn, was seine Späher erfahren haben. Münchens Staatsanwälte werden von einem Berliner Kriminalinspektor aufgeklärt: Sexuelle Beziehungen zwischen Röhm und Heimsoth oder andern Offizieren anzunehmen, ist abwegig, weil sie alle für junge Burschen schwärmen und zusammen keine Orgien feiern. Recht hat er, der Inspektor!

Da wird der 18-jährige Fritz Reif polizeilich verhört und sagt, ihn hätte sein Bekannter Granninger (im Polizeibericht: Graminger) eingeladen und erklärt, »das Zimmer gehöre nicht ihm, sondern dem Ernst, wobei er mir einen im Bett liegenden Mann vorstellte. Hierauf tranken wir alle drei Wein ... Der Mann griff an mein Glied, küsste mich ab und veranlasste mich, bei ihm zu onanieren ... Sie machten dann an meinem Glied solange herum, bis es steif wurde. Graminger nahm es ... zwischen seine Lippen ..., bis ich Samenerguss hatte. Hierbei schaute der andere Mann zu«. Hinterher »versprach mir Graminger ... ein Hemd oder ein Geldgeschenk«. Als »er von sich nichts mehr hören ließ, ... war ich verärgert und schrieb einen Brief, dass ich das ganze Nest ausheben lassen werde, wenn er mir nicht 25 Rmk. gebe.« Ich »besuchte ... ihn ... und sagte ..., dass dieser Mann, mit dem wir diese Sachen getrieben hatten, doch der Hauptm. Röhm sei. (Ich habe den Mann ... auf einer Postkarte ... erkannt.) ... einen Tag später besuchte Gr. mich ... und sagte ... [:] Nachdem er ... ihm gut zugeredet habe, habe ihm Röhm 8 Rmk.

für mich ausgehändigt ... Daraufhin nahm ich das Geld, weil ich mittellos war.«

Ein Kriminalbeamter befragt dazu Röhm, der strafbare Handlungen leugnet: *Ein Fritz Reif ist mir unbekannt, es ist möglich, dass ich ihn bei Gegenüberstellung erkennen würde ... Hinsichtlich meiner geschlechtlichen Einstellung gebe ich zu, bisexuell veranlagt zu sein ... Diese jungen Burschen, mit welchen ich diese widernatürlichen Handlungen betrieb, lernte ich meistens im Hauptbahnhof kennen, welche mir schon als Strichjungen bekannt waren.*

Nach zwei Wochen prangt in der SPD-Zeitung MÜNCHNER POST die Titelzeile »Rassehochzüchter«: »Nicht weit vom braunen Palazzo lag das Absteigequartier. Der Junge – wir lieben das Wort Strichjunge nicht – verstand die Augensprache des vom Frühling besessenen 'Animators'! ... über das Strumpfgeld kam es zu Differenzen ... im Krach ging der Junge aus dem Boudoir. In ... einem Bierkeller ... sah er 'ihn' wieder. Sah ihn auf dem Podium als leidenschaftlichen Künder des Dritten 'Röhmischen' Reiches«.

Im April 1931 entdeckt die MÜNCHNER POST jenen Schlamm, aus dem sie von nun an schöpft, wenn es gilt, das feindliche Lager zu treffen. Einzelheiten aus Polizeiprotokollen reichern die sozialdemokratische Berichterstattung an. Indessen sammelt Röhm seine Kräfte. Sein Freund du Moulin übernimmt den SA-Nachrichtendienst. Er soll ab jetzt die Aufgabe erfüllen, Schlammschlachten gegen den Chef des Stabes abzuwehren.

Ein Strafverfahren gegen Röhm ist in München und bald auch in Berlin eingeleitet. In diesen Wochen besucht Röhm ein früherer Offizierskamerad; Dr. Meyer verlässt ihn mit zweihundert Mark in der Tasche. Dafür soll er Auskunft liefern über die (Stennes-)Opposition im eigenen Lager. Bei der Berliner NSDAP beruft Meyer sich auf den Stabschef, treibt noch siebenhundert Mark ein. Als Röhm davon erfährt, dringt er auf genaue Abrechnung. Meyer beschließt, sich zu rächen und seinen Einblick in Röhms Liebesleben finanziell zu verwerten:

Es soll aussehen, als wäre in der Parteizentrale, im Braunen Haus, ein Bericht Meyers entwendet worden. Mit dem 'vermissten' Papier taucht Meyers Verlobte bei der MÜNCHNER POST auf und kassiert hierfür achthundert Mark. Der Erfolg beflügelt Meyer, ein zweites Schreiben zu erfinden: an Hitler privat und unterzeichnet als Oberleutnant Schulz, SA-Führer Ost. Diese Ausarbeitung entlohnt die MÜNCHNER POST mit zweihundert Mark. Den Handel krönt Meyer, indem er seine Braut zu Röhm schickt. Angeblich bei einer linken Zeitung tätig, bietet sie – für tausend Mark – einen bei der

NSDAP unterschlagenen Bericht an und zitiert bloßstellende Sätze. Röhm zahlt nicht, doch er setzt eine Belohnung aus, um aufzudecken, wer im Braunen Haus Briefe verschwinden ließe. Das Fräulein möge wieder vorsprechen.

Prompt enthüllt die MÜNCHNER POST eine »Warme Brüderschaft im Braunen Haus«. Folgende Interna, liest man, schriebe ein SA-Nachrichtenoffizier an Röhm: Aus gemeinsamen Kampferinnerungen heraus »erklärten Sie, daß Sie für mich einen Spezialauftrag hätten«, nämlich festzustellen, ob »Ihr Freund Dr. Heimsoth« zuverlässig oder beteiligt wäre an »Veröffentlichungen in der Presse ... Sie erwähnten ..., mit Dr. Heimsoth homosexuelle Lokale besucht zu haben, um homosexuelle Buben kennen zu lernen.«

»Das Braune Haus der Homosexuellen« prangert die MÜNCHNER POST zwei Tage später an. SA-Führer Schulz hätte aus Berlin berichtet: Gauleiter Goebbels lehnte es ab, dem »schwulen bolivianischen Oberstleutnant« die SA auszuliefern. Im Stab arbeiteten weitere Homosexuelle wie du Moulin. Darauf gäbe Schulz zu bedenken, »daß von marxistischer Seite aus die Nachricht kolportiert wird, daß Sie, hochverehrter Führer, auch homosexuell seien.«

Nun fordert Dr. Frank, leitender Jurist im Braunen Haus, Aufklärung. Röhm beteuert, an der Geschichte wäre nichts, läuft rot an und bittet, Hitler nicht umsonst zu beunruhigen. Frank dringt auf eine Gegendarstellung. Es sind SS-Reichsführer Himmler und zwei Oberführer, die den Rufmord durch »Judenblätter« zurückweisen: »Wer Röhm angreift, hat die SA und SS angegriffen«, »Kameraden, ... gebt den Verleumdern die richtige Antwort!« Röhm teilt mit: *Jawohl, Dr. Meyer hat sich mir als Nachrichten-Agent angeboten. Die von ihm ohne Auftrag entwickelte Tätigkeit veranlaßte mich, unverzüglich alle Beziehungen mit ihm abzulehnen.* Ein 'Bericht' wie die veröffentlichten wäre ihm angeboten worden und er hätte *die Erwerbung selbstverständlich abgelehnt mit der Erklärung, daß es mir gleichgültig ist, was in der roten Novemberpresse über mich geschrieben wird.*

Bayerns Politische Polizei vermutet hinter den Angriffen Otto Straßer, der alte Kontakte zur MÜNCHNER POST nutzt. Einer Aktennotiz zufolge bestätigt Straßer, er hätte eine Haussuchung bei Heimsoth angeregt, um Beweise gegen Röhm zu finden und damit einen Schlag gegen Hitler zu führen.

In der Tat hat die Berliner Polizei nach München gemeldet: Bei Heimsoth und andern erfassten Personen läge Material, »aus dem sich die Veranlagung des Röhm ergeben soll.« Laut Vertrauensperson bestünde die

Gefahr, dass Papiere beiseitegeschafft würden. Ein eiliger Entschluss der Münchner Staatsanwaltschaft führt zum Ergebnis in Berlin: »Bei den am 13. Juli 1931 vorgenommenen gleichzeitigen Durchsuchungen an den fünf angegebenen Stellen, sind drei Päckchen Schriftenmaterial beschlagnahmt worden«. Das Material trifft in München ein. Vorm Amtsgericht bezeugt Röhm: Den *in blauem Umschlag befindlichen von mir handschriftlich geschriebenen Brief aus Uyuni habe ich an Dr. Heimsoth geschickt, ebenso den zweiten.* Zu Angaben der MÜNCHNER POST befragt, bestreitet er die *Einführung des Gliedes in After oder den Mund.* (Dies wäre nach § 175 als »beischlafartige Handlungen« zu bestrafen, Selbstbefriedigung zu zweit jedoch nicht.) Röhm ergänzt: *Was in diesem Bericht über meine homosexuelle Einstellung gesagt ist, ist unwahr.*

In der NSDAP wächst Druck auf den Parteiführer, den SA-Stabschef abzusetzen. Von Goebbels vorgeschickt, drängt Hitlers Feldwebel aus dem Krieg. Hitlers Anwalt Dr. Frank bringt Prozessakten, die belegen, was Röhms Feinde behaupten. Schon vor seiner Rückkehr aus Bolivien traten Warnende auf. Parteiorganisator Gregor Straßer hat gezielt Ratschläge angebracht und soll abgeblitzt sein. Leibfotograf Hoffmann bekommt zu hören, dass Privatleben Hitler nicht interessiert, wenn die nötige Diskretion gewahrt bleibt. Vorschlägen, auf Röhms Naturell hinzuweisen, widerspricht Himmler: Der Führer dürfte nicht in die Lage geraten, dies offiziell wissen zu müssen. Ende Juli 1931 tritt Hitler »Verleumdungen« entgegen und legt sich öffentlich fest: »Hauptmann Röhm bleibt mein Stabs-Chef.« Die Treue zu Röhm könnte mitbegründet liegen in zahlreichen Ehrenstreits, die Hitler selbst anhängen; von 1928 bis 1933 verfolgt sein Anwalt 150 Prozesse: Hitler wehrt sich gegen Nachreden über sein Frontleben oder seine Finanzierung aus französischen beziehungsweise jüdischen Quellen.

Die MÜNCHNER POST fügt ihrer Information über Röhms Intimleben den Strichjungen hinzu, der den Gepäckschein gestohlen hat. Im Herbst meldet das Kammergericht Berlin ans preußische Justizministerium: Röhms Briefe offenbarten klar seine widernatürliche Veranlagung, ergäben aber keinen Anhalt für Delikte. Längst hat der Beschuldigte sozusagen klassisch reagiert: Er versucht – wie im Kaiserreich, so in der Weimarer Republik – einer strafrechtlichen Verfolgung zu entgehen, indem er sich aufs Leugnen versteift. Demokratische Höhe erreicht das Muster der Enthüllungen: Im Jahr 1931 steigert sich jener Druck der Presse auf die Justiz zum Dauerzustand, der den Buhmann öffentlich 'warmhält'. Zukünftig hat Röhms Sexualität die Abartigkeit des Nationalsozialismus zu verbildlichen.

Wenn es um die Massen geht, damit um Einfluss auf die Armee, hemmt die SA ein Erzfeind: der Stahlhelm. Diesen Bund der Frontsoldaten stützt ein Ehrenvorsitzender: Reichspräsident Hindenburg, Generalfeldmarschall des deutschen Heers während der letzten zwei Kriegsjahre.

Im Revolutionsherbst 1918 gründete Hauptmann Franz Seldte, der an der Front einen Arm verloren hatte, den Stahlhelm. Bundesführer Seldte erkennt die Verfassung an; Hunderttausende Mitglieder bilden den größten Wehrverband der Republik: eine Reserve des Heers – ein Rivale der SA. 1930 kippt das Kräfteverhältnis um. In Deutschland wählen vier Millionen Arbeitslose mit: Die NSDAP steigt im Reichstag zur zweitstärksten Kraft auf. Wer im rechten Lager wirken will, muss sich ihr zuwenden. Die Reichswehr begrüßt Ernst Röhm als Unterhändler; dementsprechend berät General Schleicher den Präsidenten. Paul von Hindenburg empfängt am 10. Oktober 1931 zum ersten Mal, noch folgenlos, Adolf Hitler.

Am Tag darauf erwarten Hitler die Sprecher der 'nationalen Opposition'. Im braunschweigischen Bad Harzburg reisen an: Alfred Hugenberg (Chef der Deutschnationalen Volkspartei); Seldte und sein Stellvertreter Duesterberg (Stahlhelm); Generale a.D.; Vertreter der Wirtschaft wie Ludwig Grauert (Generalsekretär des Rheinisch-Westfälischen Arbeitgeberverbands) oder der ehemalige Reichsbankpräsident Schacht. Sie alle fordern den Rücktritt der Regierung und gründen eine 'Harzburger Front' – die sofort Risse zeigt. Hitler rückt zum anerkannten Politiker auf, obwohl er gegen Konkurrenten weiter die SA vorschickt. In Harzburg provoziert sie Prügeleien mit dem Stahlhelm, doch dessen Führer salutieren, als zur Schlussparade 3 000 SA-Männer voranziehen. Nach dem Hakenkreuz erscheinen die Stahlhelmfahnen und Hitler verlässt den Platz – ein Zeichen an die Harzburger Front.

Ihren Willen verdeutlichen Hitler und sein Stabschef Röhm ein Wochenende später. In der Landeshauptstadt Braunschweig vereinigt eine Truppenschau nach SA-Zählung 104 000 Männer, die BRAUNSCHWEIGISCHE LANDESZEITUNG nennt 72 000. Sechs Stunden lang ziehen sie an Hitler vorbei. Die Kundgebung hinterlässt den beabsichtigten Eindruck. Aus der Sturm-Abteilung ist sichtbar eine Sturm-Armee entstanden. Sie demonstriert gegen *ein System verwelkter Demokratie und zerbrochenen Klassenwahns*, bekräftigt Ernst Röhm: *Die Herbstglocken des Jahres 1931 läuten eine Zeit der Knechtschaft und der Schande zu Grabe.*

Die Harzburger Front bröckelt. Bayerns Stahlhelm beanstandet, dass Stürme der SA verstärkt Leute abwerben. Röhm erwidert: Es ginge darum, alle Deutschen, auch *Anhänger aus dem sogenannten vaterländischen Lager* zu einigen: *Die Harzburger Tagung konnte m. E. nicht den Sinn haben, diesem Kampfziel der NSDAP irgendwelche Fesseln anzulegen.* Die Stahlhelm-Leitung wendet sich an Hitler, beschreibt Provokationen der SA und gelangt zum Ergebnis:»Alle diese Vorfälle sind für uns ernst und symptomatisch erst durch den Brief des Herrn Röhm geworden ... auch in privaten Äußerungen maßgebender Führer Ihrer Bewegung wird die feste Absicht verkündet, den Stahlhelm zu zerschlagen«. Stabschef Röhm sieht seine Signale angekommen, den Erzfeind zur Selbstaufgabe zu treiben.

Nachdem Staatssekretär Schleicher ihn empfangen hat, lässt Hitler im Völkischen Beobachter ergänzen:»Es ist unwahr, daß ich in der Unterredung mit Generalleutnant v. Schleicher fest versprochen hätte, die SA sofort nach der Regierungsübernahme restlos aufzulösen«. Solche bisher unübliche Publizität besagt: Hitlers Lager gewinnt ein Gewicht, das es zur Regierungsbildung befähigt. Ab jetzt verzichtet die NSDAP-Presse darauf, Schleicher anzugreifen. Der General lohnt es am 4. November aus seinem Ministerium:»Sehr geehrter Herr Röhm! Besten Dank für das übersandte Material, aus dem ich mich einwandfrei überzeugen konnte, daß von der Reichsleitung der Nationalsozialistischen Deutschen Arbeiter-Partei alles getan wird, um die Partei auf der ... Linie strengster Legalität zu halten.«

Die SA stößt nicht nur bei gleichgesinnten Zeitgenossen auf Bewunderung. Für Sefton Delmer stellen nach dem Braunschweiger Aufmarsch »diese freiwilligen Soldaten, die alle wunderbar kräftig, voll fanatischen Vertrauens und von früheren Offizieren der regulären Armee geführt sind, augenblicklich eine der besten Organisationen in Europa« dar. Konrad Heiden, Münchner Berichterstatter der Frankfurter Zeitung, erkennt eine der »ganz großen organisatorischen Leistungen der Neuzeit ... Aber Röhms politische Bedeutung für die Partei liegt noch nicht einmal zur Hälfte im Aufbau der SA; seine entscheidende Leistung ist das Bündnis mit der Reichswehr, die er durch das lockende Angebot seines 600 000 Mann starken Heeresersatzes politisch zu bestechen und zu kaufen sucht.«

Der Stabschef achtet darauf, die Legalität der SA abzusichern. Ihre Dienstvorschrift wird in Preußen »dem damaligen Minister Severing [SPD] vorgelegt und von diesem genehmigt«, erlebt ein Brigadeführer mit. Röhm schafft eine stetig wachsende Parteiarmee mit Dienst- und Kaderplanung. Ab 1931 gliedert er die SA militärisch: Seine Standarten vergleicht er gern mit Regimentern, ein Sturm entspricht der Kompanie im Heer. Eine

Reichsführerschule soll soldatische Eigenschaften bei SA-Kommandeuren fördern. Röhms Stab ernennt alle Führer bis hinab zum Sturm. Die innere Ordnung beruht auf fest geregeltem Dienst für jeden; die Verbundenheit der Kämpfer beweist und stärkt sich bei Höhepunkten. In Deutschland tritt ein neues, die kommenden Jahre prägendes Element hervor: Massenaufmärsche und Kundgebungen von SA und SS. Ihre Braun- und Schwarzhemden fangen an, sich in der Öffentlichkeit festzusetzen.

Ernst Röhm 1919,
mit dem Löwen-Wappen des Freikorps' Epp an der Uniform

Revolutionäre wie Konterrevolutionäre als Teil der Menge

Demonstrationszug mit Kurt Eisner (im Wagen, mit Hut), der am 8. November 1918 die Republik in Bayern ausrief

Einmarsch der 'Befreier von der Räteherrschaft' in die Münchner Innenstadt

REINHARD HEYDRICH Herr Hauptmann von Pfeffer, ich danke Ihnen, dass Sie so kurzfristig hier in Berlin ein Gespräch ermöglichen. Ich befrage Sie in meiner Zuständigkeit als Leiter des Sicherheitsdienstes der Partei. Es versteht sich, über unser Treffen Stillschweigen zu wahren.
FRANZ PFEFFER VON SALOMON Ich bin gelernter Soldat.
HEYDRICH Sie sind vor zehn Jahren zur NSDAP gestoßen. 1926 wurden Sie Gauleiter Ruhr, gerade als die Straßer-Brüder mit dortigen Gauleitern von der Parteilinie abwichen und eine Arbeitsgemeinschaft bildeten. Als Geschäftsführer wirkte Dr. Goebbels mit.
PFEFFER Er nannte Gregor Straßer einen Sturmblock gegen die Münchner Bonzen.
HEYDRICH Woraus entsprang der Konflikt? Straßer wollte mehr Sozialismus in die Partei hineintragen?
PFEFFER Durchaus nicht. Die drängende Aufgabe war, das Elend breiter Massen zu beseitigen. Eine soziale Frage gilt für Hitler nicht, er will die Arbeiter national haben. Straßer machte kein Prinzipienreiten daraus, doch er hat Verständnis für den Arbeiter als Menschen. Als echte Persönlichkeit hat er die NSDAP in Nord- und Westdeutschland aufgebaut. Wie oft haben Gregor Straßer und ich gesagt: Wäre Hitler wenigstens Leutnant gewesen, hätte er eine Ahnung von Organisation.
HEYDRICH Ihre Arbeitsgemeinschaft entwarf ein Manifest. Sie entwickelten eine Art Gegenpartei. Der Konflikt wurde gelöst?
PFEFFER Zweigleisig, kann man sagen. Auf einer Führertagung ließ Hitler nicht einmal die Erörterung unserer Positionen zu und zuerst beugte sich ihm Goebbels, später Gregor Straßer. 1926 Jahr wurde andererseits Straßer Reichsorganisationsleiter der NSDAP und Goebbels Gauleiter von Berlin. Mir übertrug Hitler die Neuorganisation der SA. Dabei hat er alle meine Forderungen akzeptiert.
HEYDRICH Als da waren?
PFEFFER Primär, dass er in den SA-Befehlsstrang nicht eingreift. Hitler war entsetzt. Ich garantierte ihm: Wenn ich befehle, richte ich die SA völlig auf den Führer der Bewegung aus. 1929 zum Parteitag ließ ich 60 000 marschieren. Die Stärke der SA machte stutzig, Gauleiter liefen Sturm gegen uns. Seither misstraute Hitler meiner Selbständigkeit. Er fasste wohl den Entschluss, künftig einmal die SA zu zerschlagen.
HEYDRICH Dazu hat er das Recht, Herr Hauptmann von Pfeffer.

Pfeffer Und seither die nötige Macht. Nachdem Straßer und Goebbels in seinem Apparat arbeiteten, wurde der Nimbus aufgebaut: Wir haben einen Führer, den hat sonst niemand! Ich entwarf jahrelang SA-Befehle und berief mich auf Hitler, ohne ihn in Einzelfall zu fragen.
Heydrich Sie betrieben eine, sagen wir, eigenwillige Kaderpolitik. Sie beriefen den späteren Meuterer Stennes als einen Ihrer Stellvertreter.
Pfeffer Ich griff bewusst auf alte Freikorpsführer zurück. Stennes' und mein Korps waren Nachbarn im Ruhrkampf 1919 gegen die Franzosen. Dann hat Stennes Unermessliches in der viel geschmähten Schwarzen Reichswehr geleistet.
Heydrich Er war bei ihrem Putsch 1923 in Küstrin dabei. Folglich konnten Sie gewarnt sein vor den Putschneigungen von Stennes.
Pfeffer Bei seiner Berufung galt die alte SA-Idee, dass sie als Instrument zur illegalen Machtergreifung taugen soll. Die Parteispitze setzte sich lebhaft auseinander über ein legales oder illegales Vorgehen, was Putsch bedeutet hätte. Man wollte für beide Fälle gerüstet sein.
Heydrich Die Parteiführung hat nie beschlossen, die SA zu bewaffnen.
Pfeffer Die Wahl in Sachsen 1930 bestätigte Hitler, dass er mittels Wahlen siegen könne. Mit diesem Meinungswandel verlor die SA ihren Sinn, Hitler verzichtete auf ein Putschinstrument. Ich nahm meinen Abschied.
Heydrich Und Sie waren aus der Schusslinie, als Stennes die Revolte anführte.
Pfeffer Hauptmann Stennes ist ein geradliniger, klarer Charakter. Seine Gesinnung konnte gegen Ränkesucht nicht bestehen.
Heydrich Nennen Sie Goebbels, wenn sie ihn bezichtigen wollen. Über ihn zirkulierten in Parteikreisen eindeutige Gerüchte?
Pfeffer Tausende Mark an SA-Hilfen sollen weggekommen sein aus der Gauleiterkasse. Sonderbar, dass gerade in der Zeit Goebbels seine spätere Frau Magda aus den Armen eines jungen Liebhabers und von der geschiedenen Ehe mit dem Industriellen Quandt lösen musste.
Heydrich Das ist Kleinkram. Liefen Beschuldigungen um, die auf ein revolutionäres Bedürfnis des jetzigen Propagandaministers verwiesen?
Pfeffer Es kamen Vermutungen über ein diskretes Zusammenspiel von Goebbels und Göring auf, falls Sie darüber etwas erfahren möchten.
Heydrich Das interessiert mich.
Pfeffer Als Röhm wieder zur Bewegung stieß, fühlten zwei ihren Ehrgeiz beschränkt. Der Gauleiter sah sich keinesfalls am Ende seiner

Karriere und Göring war schlichter Abgeordneter, längst nicht Reichstagspräsident. Sie hetzten Stennes in die Schlacht.

HEYDRICH Nachdem er sich vollauf gedeckt fühlte, forderte Stennes die Münchner Parteileitung heraus?

PFEFFER Goebbels hatte zugesichert, er werde sich mit der ostdeutschen NSDAP auf Stennes' Seite schlagen.

HEYDRICH Wie Sie meinen. Sie, Hauptmann von Pfeffer, hegen nicht etwa einen Groll, der Sie heute noch dazu treiben könnte, an Aktionen gegen Adolf Hitler teilzunehmen?

PFEFFER Ich teile Hitlers Ansicht in den Kernpunkten. Der Legalitätskurs verschaffte folglich der Politischen Organisation mehr Bedeutung. Damals musste sich die SA einer neuen Kampfweise der Partei beugen.

HEYDRICH Wie stehen Sie zu Ihrem Nachfolger, Hauptmann Röhm?

PFEFFER Eine Persönlichkeit von ausgezeichneten Organisations- und Führungsqualitäten. Hitler hat mit ihm einen glücklichen Griff getan.

HEYDRICH Welche Beziehungen unterhalten Sie zu ihm?

PFEFFER Röhm meidet mich. Mir steht es nicht an, ihm raten zu wollen. Ich konnte es mit der SA nicht besser, und Röhm erhielt erheblich weniger Machtmittel, als ich aus der Hand gelegt hatte. Er heißt nun Stabschef, weil Adolf Hitler sich zum Obersten SA-Führer gekürt hat. Damals war ich es.

HEYDRICH Sie äußerten Bedenken, als Sie von Röhms Ernennung hörten?

PFEFFER Ich habe ihn nie getroffen, nur ein Buch von ihm gelesen über seine Kampfzeit. Er schildert Freundschaft als ein treibendes Element für den Geist der Truppe. Unbestritten muss man die Freundschaft ehren, aber es bleibt immer die Gefahr, besonders in Kriegszeiten, dass sie zur Jungensliebe abirrt. Damit wird der Führer zum Verführer und verliert die Eignung zum Vorgesetzten. Ich hab gesagt: Man muss Röhm die HJ abnehmen, wenn er zuviel Augen für junge Bengels hat.

HEYDRICH Zwischenzeitlich waren Leute bemüht, Röhm wieder durch Sie zu ersetzen, Hauptmann von Pfeffer. Sind Sie daran beteiligt gewesen?

PFEFFER Selbst wenn ich Bedürfnisse verspüren sollte, auf den Posten zurückzukehren, es würde an Hitler scheitern. Er hat Röhm berufen, nicht obwohl, sondern auch weil dieser einen schwachen Punkt hat, das liegt für mich nahe. Hitler kann jederzeit die Notbremse ziehen, zumal Röhms vorwiegend militärische Talente dem Spiel nicht gewachsen sind, das in den raffinierten Bezirken der Politik abläuft.

HEYDRICH Sie haben anscheinend über dieses Spiel nachgedacht.
PFEFFER So viel und so oft, dass ich mich niemals darin einmischen würde.
HEYDRICH Auf welche Weise sollte Adolf Hitler diese Notbremse ziehen, um Ihren Ausdruck aufzugreifen?
PFEFFER Röhm ahmt die Reichswehr nach, bis zur Einführung der langen Hose mit Steg und Sporen. Die SA ist teils bespöttelt, teils als Todfeind vom Heer gefürchtet. Schon vor der Machtergreifung war sie ein Massengefüge. Zur Festigung seiner Macht kann Hitler die Reichswehr für sich gewinnen, indem er die SA zerschlägt. Ein Glücksfall, dass er seinen lange gehegten Plan nun den Militärs als Opfer darbieten kann. Röhm hat den Hass der Reichswehr auf sich gezogen. Er hat sich isoliert.
HEYDRICH Wer von der heutigen SA-Führung erscheint Ihnen befähigt und ehrgeizig genug, aus der Isolation zur Aktion zu drängen? Sie besitzen noch ausgedehnte Verbindungen in die SA. Was wissen Sie von Vorbereitungen zu einem Putsch für einen SA-Staat?
PFEFFER Überhaupt nichts.
HEYDRICH SA-Gruppenführer von Detten ist Ihr Kriegskamerad. Was erzählt er über seine Plaudereien mit dem französischen Botschafter?
PFEFFER Dass jede Kontaktaufnahme mit Frankreich stets im Einvernehmen mit Adolf Hitler erfolgt.
HEYDRICH Dazu ist eine weitere Variante denkbar: Wer einen Putsch plant, versucht, störende Rückwirkungen im Ausland abzufangen.
PFEFFER Entschuldigen Sie, Standartenführer, ein Putsch ist Ihr Gedankenbild.
HEYDRICH Mit diesem Putsch geht es um Leben und Tod.

Mordauftrag im Braunen Haus

Ein Mann, ein Berufssoldat, verachtet den *parlamentarischen Staat; an der Spitze des Heeres steht ein Herr im Bratenrock.* Ernst Röhm erkennt in der 'Demokratie' keine Besserung zur kaiserlichen Ordnung. Ein halbes Jahr lang lernt er als Abgeordneter den Reichstag kennen: 1924 bringt er für Frontkämpfer wie für deutsche Kriegsgefangene Anträge ein, die übergangen werden. Danach hält er die Ansicht für *grundfalsch*, im Parlament *seien alle bloß Schwätzer ... Die Parlamentarier haben heute die Macht ... und nützen sie restlos aus. In dem Bestreben nach Befestigung ihrer Macht sind sich alle Volksboten über alle Parteien hinweg einig ... Die Reden, die dort vor meist leerem Hause gehalten werden, gehören für das dumme Volk.* Für Röhm heißt Parlamentarismus: sich auf ihn einzulassen, um ihn abzuschaffen.

Zur Jahreswende 1931-32 irrlichtert die deutsche Politik auf einen Punkt zu: die Wahl des Reichspräsidenten. Diesmal stimmen 5½ Millionen Arbeitslose ab. Die Demokratie ist seit zwei Jahren am Ende: Kanzler Brüning vom katholischen Zentrum regiert ohne Mehrheit. Im Reichstag nutzt er, was für den Ausnahmezustand vorgesehen ist: Anstelle von Gesetzen werden Notverordnungen erlassen. Dazu ermächtigt die Verfassung ausschließlich den Reichspräsidenten. Amtsinhaber Hindenburg steht im 85. Lebensjahr; seine Unterstützer streben eine kurzzeitige Lösung an. Der Kanzler sondiert, welche Parteien bereit wären, die Amtszeit parlamentarisch zu verlängern. Innenminister Groener lädt Hitler ein und ermahnt danach deutsche Länder, »nur Auswüchse«, nicht die Bewegung der Nazis zu bekämpfen. Reichswehr-Staatssekretär Schleicher teilt mit: Im Gegenzug, um die Präsidentenwahl hinauszuschieben, hätte Röhm das Wehrministerium für seine Partei, quasi für sich gefordert. Schleicher verhandelt mit der NSDAP und beabsichtigt, sie zu spalten: sei es, mit Röhm die SA an sich zu binden, sei es, mit Gregor Straßer ein Bündnis ohne Hitler vorzubereiten. Im Januar 1932 schlägt die deutsche Armee diese Richtung ein: Das Wehrministerium verfügt, Nationalsozialisten das Ehrenrecht der Landesverteidigung nicht länger vorzuenthalten.

In Erwartung einer NSDAP-Regierung beantragt und bezieht die SA Kredite. Sie kleidet sich neu ein und ersetzt dabei den feldgrauen durch einen zweireihigen braunen Mantel. Kreditwürdigkeit erlangt die NSDAP in Industrieklubs. Hitler hält einen Vortrag in Düsseldorf, wo Friedrich Thyssen die nationalsozialistische Bewegung und den Geist ihres Führers als Deutschlands Schicksal preist. Über eine neue Staatspolitik sprechen die Ruhrindustriellen Vögler und Poensgen mit Hitler, Göring und Röhm.

Am 13. März soll gewählt werden. Dass er kandidiert, erklärt Hitler drei Wochen vorher. Es geht um die Macht, zum Zweikampf zugespitzt. Zentrum, SPD, Gewerkschaften ziehen für Hindenburg in eine Schlacht, deren Lager sich immer härter verfeinden.

Am 4. März schickt der preußische Ministerpräsident Braun (SPD) an Reichskanzler Brüning Fotokopien von Briefen des »Hauptmann a. D. und bolivianischen Oberstleutnant Ernst Röhm«, und legt nahe, sie »dem Herrn Reichspräsidenten zur Kenntnis« zu bringen.

Am 7. März enthüllt die Berliner WELT AM MONTAG »Liebesbriefe des Hptm. Röhm«: »Der nachstehende Brief ... an seinen Berliner Freund, Dr. Heimsoth, mag für sich selbst sprechen«. Es handelt sich um die Korrespondenz, die Röhm von Bolivien aus geführt hat.

Einige Absätze scheinen besonders zitierenswert: *Uyuni, 11.8.29. Mein lieber Herr Doktor Heimsoth! ... In Sucre wie auch hier besichtige ich ... Infanterieregimenter, leite den ganzen Dienst ... Die blutjungen, frischen Leutnants würden Ihnen sicher auch gefallen ... Oder hätten Sie für junge Neger in Uniform etwas übrig? ... Was Sie über Berlin schreiben, hat wieder alle meine Sehnsucht nach dieser einzigen Stadt erweckt. Herrgott, ich ... will hier wirklich, wenn's einmal möglich ist, sparen, damit ich dort etwas vom Leben habe. Das Dampfbad dort ist aber doch m. A. nach der Gipfel alles menschlichen Glücks. Jedenfalls hat mir dort die Art und Weise des Verkehrs ganz besonders gefallen.*

Mit diesem zweiten Brief nimmt das SPD-Organ VORWÄRTS die Fährte auf und das Schwesterblatt MÜNCHNER POST verbreitet: »Wir würden uns mit Röhms Neigungen nicht mit einem Wort befassen, wenn er nicht der Chef einer Bürgerkriegsarmee ... des Präsidentschaftskandidaten der Nazi-Partei wäre, die uns m i t G e w a l t ihre K u l t u r diktieren will und in der politischen Agitation vor keinem Mittel, sei es die Lüge oder Verleumdung« haltmacht. Am Freitag vor der Wahl legt die MÜNCHNER POST nach, indem sie Röhms Geständnis vorm Amtsgericht zitiert, die beiden Briefe geschrieben zu haben.

Der VÖLKISCHE BEOBACHTER versetzt: Unterlagen höchster preußischer Ämter zu ordinärster Hetze missbraucht! Anwalt Luetgebrune zeichnet, mit der Schrift »Ein Kampf um Röhm«, die Spur in Preußen nach: Das dortige Innenministerium erfuhr, von Röhm wäre Post beschlagnahmt. Obwohl für Strafverfolgung nicht zuständig, ließ SPD-Staatssekretär Abegg die Akten durch Berliner Staatsanwälte anfordern. Und in einer »Spitzelzentrale« unterhielt er »klingende Beziehungen zu einem ehemaligen nationalsozialistischen Kapitänleutnant a. D. Klotz". Über Klotz gelangen Röhms Briefe in die Presse, rechtzeitig für die Wähler.

Für Hindenburg als Präsidenten stimmen 49,6 %, für Hitler 30,1 %. Vorm zweiten Wahlgang lässt Preußens Innenminister SA-Quartiere durchsuchen, weil staatsfeindliche Akte von der NSDAP vorbereitet würden. Die Presse macht ausgehobene Waffenlager bekannt.

Unbestreitbar hat Ernst Röhm die SA zu einem Faktor der deutschen Politik gemacht; gleichermaßen bietet der 'warme Bruder' den bedrohlichsten Angriffspunkt, nicht zuletzt bei Wahlkämpfen. Wie beseitigt man Unruhestifter in den eigenen Reihen? Gut ein Jahr ist Röhm im Amt, als seine innerparteilichen Feinde zum Angriff übergehen:

Im Braunen Haus hütet Major Buch als oberster Richter die Parteimoral. Chiffrierte Schreiben landen bei ihm, so auch aus Karlsruhe. Dort schlägt sich ein Karl Horn, nach Straßenkämpfen arbeitslos, als freier Architekt durch und betreibt das Enttarnen von Spitzeln für die SA. Am Wahlsonntag erhält er – mit dem Auftrag, nach München zu kommen – eine Geldüberweisung. Die 100 Mark führt er auf seine Berichte an die NSDAP-Zentrale zurück. In München begibt er sich zum Haus seines Verbindungsmanns Emil Danzeisen, der soeben verreist ist, der bei einem Anruf vage bleibt und nach Helene fragt. Horn will wissen, wozu er bestellt wäre. Er soll einen Brief abwarten. Horn bezieht das Gästezimmer. Für Frau Danzeisen trifft Eilpost aus Österreich ein. Im Umschlag steckt eine Nachricht »An Helene«:

»Helene« soll mit »Solln bei München« Verbindung aufnehmen. »Tatbestand: Der in Zimmer 50 beamtete Graf Dum ist § 175. Als solcher hat er starken Einfluß auf seinen höchsten Vorgesetzten R. ... Beide werden erpreßt durch einen Herrn Bell, Grottenmühl«. Die benannten Männer und der Chef von Röhms Stabswache, so bestimmt der Brief, sind zu töten: Dafür wird der dreißigjährige Horn als Anführer eingesetzt und bekommt Helfer zugeteilt.»Bei Schwierigkeiten finanzieller Natur übernimmt der Sollner die Verbindung mit dem dicken Mann ... Zi. 50 fährt einen großen Opel 10/50. Er steht jeden Tag vor dem Haus. Radschrauben ... Oder noch was Besseres. Auftrag 50 als wichtigsten übernehmen Sie«.

Karl Horn gerät in ein Komplott, in dem er benutzt werden soll und ihm jeder misstraut. Er kommt in eine Stadt, die er nicht kennt, zu einem Auftrag, den ihm keiner erläutert. Während er über den Brief rätselt, kreuzt ein erster ihm zugewiesener Untergebener auf. Dieser entschlüsselt: »Solln« bedeutet, dass dort Major Buch wohnt; er und Danzeisen dienten im selben Kriegsregiment. Bald stellt sich noch ein Helfer ein. Er hat bereits fünf Mark empfangen, aber noch nicht fest zugesagt: Er ist von Danzeisen beauftragt, den Bell mit einem großen Hakenkreuz aufzuhängen, so als wenn die Täter Kommunisten wären. Aber Bell ist Nationalsozialist. Welchen Wert hätte es, die eigenen Leute zur Seite zu räumen? Als Vorgesetzter befiehlt Karl Horn, nichts zu unternehmen. Er ergreift die Flucht nach vorn:

Er offenbart die Mordaufträge im Braunen Haus, in Röhms Vorzimmer (50). Adjutant Graf du Moulin liest den getippten Brief. Die Maschinenlettern verraten den Absender, mitunter berichtet Emil Danzeisen auch an die SA. Der wäre aber kein Spiritus Rector, man müsste Drahtzieher vermuten. Schließlich, da – laut Brief – die Räder seines Opels gelockert werden sollten, willigt der Graf ein, weiter ermitteln zu lassen. Sitzen solche Auftraggeber in der Parteispitze? Konspirieren im Braunen Haus zwei Zimmernachbarn: Major Buch und der »dicke Mann« für Finanzen, der NSDAP-Schatzmeister? Zwei Tagen braucht es, Buch zu einem Treffen zu bewegen. Trotzdem wird Horn erwartet: „Sie sind also 'Helene'?" Er hätte sich umsonst herbemüht. Bei du Moulin zeichneten sich neue Schattierungen ab und um Bell ginge es das erste Mal. Der Major gebärdet sich kopflos, so als hätte Danzeisen eigenmächtig gehandelt. Dann aber zeigt sich, wer die Aktion leitet – der Major bittet Horn, ein Telegramm ohne Unterschrift an Danzeisen zu senden: »Verlobung mit Helene aufgelöst«.

Nun nimmt Röhm selbst sich jenen Informanten vor, der schildert: Danzeisen hat noch einen Brief geschickt. »Männer tut eure Pflicht, vergesst nicht den Stabschef!«, das hat Karl Horn mit eigenen Augen gelesen. Er wäre kein Bandit auf Befehl! Man müsste nicht gleich umlegen. Gefährliche Leute könnte man kaltstellen oder in Gewahrsam nehmen. Nach Horns Erkundung fiele Graf du Moulin auf bloßen Verdacht dem § 175 zum Opfer und Herrn Bells Erpressungen wären durch nichts bestätigt. Womöglich eine private Rache, Horn will seine Ehre dransetzen, es aufzuklären. Der

Stabschef erwidert, er könnte mit allem nichts anfangen. Er bekräftigt, falls sich Schuldige fänden, würden sie im engsten Rahmen zurechtgewiesen.

Die Nervosität aller Beteiligten wächst, niedergehaltene Konflikte gären. Auf Röhms Schreibtisch liegt eine Botschaft seines Spitzenagenten: Georg Bell hat sich mit du Moulin überworfen, da ihre Ansichten über die Nachrichtenbeschaffung grundverschieden wären.

Du Moulin, dem Leiter des SA-Geheimdienstes, ist Bell als ihr bestes Pferd vorgestellt worden. Strafprozesse haften ihm an, unter anderm wegen Geldfälschung: Bell war beteiligt, Papiergeld (Tscherwonzen) herzustellen, um den Zerfall der Sowjetunion zu fördern und ihren Südteil abzutrennen. Vor Gericht hat Bell gedroht aufzudecken, welche deutschen Parteien das Projekt unterstützten, und er ist mit der Zahlung von 300 Mark davongekommen.

Was tut Bell für die SA? Seine Verlobte besitzt ein Haus in der Hohenzollernstraße. Hier wohnt Röhm, um der mütterlichen Fürsorge zu entgehen. Seit 1931 steht Bell in seinem Dienst. Der Stabschef wollte die SA unabhängig von der Parteipolitik entwickeln, gibt Bell später an; sein Auftrag wäre gewesen, im In- und Ausland ein Propaganda-Nachrichtennetz zu errichten, Geld aufzutreiben, Verbündete zu werben. In einem Exposé unterbreitet Röhm: *Die NSDAP hält es nicht nur für Deutschland, sondern auch im Interesse Europas für eine conditio sine qua non, dass sich die europäischen Staaten ... zusammenschließen ... Nach Ansicht der NSDAP ist der ideale Partner für ein mächtiges Deutschland das Britische Reich ... Einer Annäherung an Frankreich als weiterer Partner nach erfolgter Vereinigung mit England, würden vielleicht dann keine unüberwindlichen Hindernisse mehr im Wege stehen.*

Bald meldet Bell, mit Finanziers in der Schweiz, Frankreich und England verhandelt zu haben. Seit dem Tscherwonzen-Projekt kennt er namentlich den Chef der Royal Dutch Shell: Sir Henry Deterding besaß – inzwischen verstaatlichte – Ölförderanlagen im Kaukasus. Er wäre gewillt, jetzt auf die Nationalsozialisten zu setzen. Deterding würde die SA finanzieren, wenn die Partei seine Bedingungen anerkennen würde, trägt Bell vor.

Ernst Röhm sucht auch im Inneren Verbündete. Seit deutsche Gazetten sich auf ihn stürzen, unterliegen er und seine Freunde der Ausspähung bis ins Privateste. Er hatte vor der Präsidentenwahl Wind bekommen, dass seine freimütigen Briefe publiziert werden sollten. Bell war angesetzt, es zu verhindern: Ende 1931 ist er an den Schriftleiter des

Reichsbanner herangetreten, Major a. D. Mayr. Er hat um Hilfe für einen alten Offizierskameraden gebeten, damit die Pressehetze gegen Röhm aufhört. Auch Mayr hat ein Problem angebracht: Seinem SPD-Journal läge ein Bericht vor, der zu große Zweifel weckte, als dass er in Druck gehen könnte. Mayr ist durchaus bereit gewesen, Einzelheiten zu zitieren: »So hat die NSDAP in der sogenannten Zelle G einen Nachrichtendienst eingerichtet, der ... die Aufgabe hat, die eigene Bewegung zu überwachen und vor allem vom Gegner Material zu beschaffen.«

Eine Geheimzelle macht eher einen bolschewistischen Eindruck, meint Mayr. Er lässt anfragen, will sich vergewissern, ob sie existiert. Falls ja, dann richtet sie sich gegen die SA, um die Notlage des Stabschefs auszunutzen. Also ans Werk! Auch wenn es Wahn ist, gegen eigene Leute – Aussprachen beseitigen keinen Gegner, oder nur, wenn die Gewichte stimmen. Bell muss über seine Kanäle nachforschen und der Stabschef auf seiner Ebene, in der inneren Parteiführung. Röhm fühlt sich im Bilde über seine Feinde. Welcher ist der entschlossenste? Es gibt kein Mittel gegen Entschlossenheit. O doch, Stabschef, Schnelligkeit. Wen ich nicht unterkriegen kann, dem muss ich zuvorkommen, ihm seine Schwächen vorführen.

In München schart sich um Röhm eine Runde alter Freunde und Vertrauter. Das Bratwurstglöckl am Dom ist ihr Stammlokal, im oberen Stockwerk darf man ausgelassen sein, hier wird Karl Horn eingeführt. Bei seiner Rückkehr von einem Bierabend fallen Schüsse auf ihn; er erkennt in Danzeisens Garten eine verhüllte Gestalt, die in Richtung Tram flüchtet. Er meldet den nächtlichen Vorfall und erhält Bewachung: Hans Schweighart gehört zum Röhm-Kreis seit dem Kriegsende, seit französische Besatzer nach Waffenverstecken fahndeten. Er hat, nach der Feme an einer 'Waffenverräterin', zeitweise im Ausland gelebt. Und 1919, als es gegen die roten Räte ging, zog er – mit Bell – mit den Freikorps nach München ein.

Dass in jedem SA-Sturm ein Erkennungsdienst nach der Vergangenheit von Kämpfern forscht, kennt Horn – mit diesen Erfahrungen versucht er hier, etwas herauszufinden. Dem steht Schweighart gegenüber, der durch eine kräftige Nase auffällt und ihm misstraut. Horn platzt vor Tatendrang, was will er in Krottenmühl am Simssee? Den alten Bell besuchen, Spuren prüfen, damit kein anderer den Mordplan ausführt? Schweighart kann an ein Attentat nicht glauben, wenn er die Leute anschaut, die es hätten übernehmen sollen. Wäre ihm Geleit zugeteilt, fragt Horn, damit er eine Probe bestünde? In der SA scheint man ihn nicht als Spion anzusehen, entgegnet Schweighart und bezweifelt doch, dass einer wie Horn von

Hauptmann Röhm zu seinem Schutz eingesetzt wird. Was tut dieser, um den eigenen Kreis zu beruhigen?

Es geht auf Ostern zu. Am Gründonnerstag ist eine SA-Beratung angesetzt. Gruppenführer Lutze ergreift das Wort: Wegen der allgemeinen Unruhe über eine homosexuelle Veranlagung Röhms hat sich der Reichsführer SS damit befasst. Nun legt Himmler dem Führungskorps von SA und SS dar: Alles von ihm peinlichst genau untersuchte Material entpuppt sich als Fälschung und beweist nicht Röhms Veranlagung in einer Art, wie die Presse sie wiedergibt. Lutze schlägt vor, nach diesen Ausführungen dem Stabschef das Vertrauen auszusprechen. Hierzu finden sich die Anwesenden bereit. Die SA-Führer erstaunt, dass Röhm über die doch wohl geplante Maßnahme keine Silbe verliert.

Himmler hat Major Buch zur Rede gestellt und alles bereinigt. Das richtet Bewacher Schweighart aus und drängt Horn, die Spurensuche abzubrechen. In einer Kakaostube am Stachus treffen sie den SA-Agenten Georg Bell. Er wittert einen Nebenbuhler. Horn prahlt damit, eine Organisation aufzuziehen, die Behauptungen über den Stabschef sofort widerlegt.

Der VÖLKISCHE BEOBACHTER vom Gründonnerstag weist auf Röhms Ansehen im Ausland hin. Der Generalstab Boliviens fragte an, ob und wann mit seinem Wiedereintreffen zu rechnen wäre. Selbstverständlich übermittelte der Stabschef seinen bolivianischen Freunden, dass sein Platz an der Seite des Führers wäre.

Die Schlagzeile wiederholt sich: Wann geht Röhm? Immer neu attackieren Zeitungen, die MÜNCHNER POST fast täglich, 'Hitlers schwulen Stabschef'. Am Gründonnerstag schreibt Oberst Hierl aus der Zentrale an den Parteiführer »von den schweren Sorgen, die ... alle Amtsleiter wegen der Röhm-Briefe bedrücken ... Ich fürchte, das Ergebnis wird ein katastrophales Zusammenschmelzen Ihrer Wähler sein ... Dass der Eine aber nicht ... die Folgerung zieht aus der unhaltbaren Lage, in die er die Bewegung und Sie, seinen Freund, gebracht hat, ... diesen charakterlichen Mangel nehme ich dem Pg. Röhm noch viel mehr übel als seine Perversitäten an sich. Die offizielle Duldung von Unsauberkeiten in den obersten Führerstellen führt naturnotwendig zu einer moralischen Verseuchung der Bewegung.« P. S. »Durchschlag dieses Schreibens hat Pg. Röhm erhalten.«

Nach Ostern fährt Röhm nach Berlin. Im Wehrministerium versucht Staatssekretär Schleicher, durch Aussprachen mit einzelnen Führern die NSDAP zu steuern. Preußens Regierung hat Fahndungen angeordnet, um ein SA-Verbot durchzusetzen – diese Warnung vernimmt Ernst Röhm und verschweigt seine Vorkehrungen, die SA illegal weiterzuführen.

Im Hotel trägt dann Agent Bell vor, was er erreicht hat: Major Mayr ist bereit zum Gespräch, in seiner Berliner Wohnung. Im April 1932 kommt es zum heimlichen Kontakt von SPD und NSDAP. Würde etwas ruchbar, hätten andere Parteien ihre Wahlkampfparole: SA-Röhm wartet Reichsbanner-Mayr auf, bei Kognak und Zigarren! Dreizehn Jahre sind es her, seit Mayr – wie sein Vorgesetzter Röhm – im bayerischen Wehrkreis vaterländische Ideale vertrat. Erinnerungen machen gesprächig, obwohl es ihn unterdessen zu den Verteidigern der Republik verschlagen hat. Mayr scheint wissend, vermutet schon länger eine 'Zelle G', dazu passt, was jetzt in München vorgeht. Briefe werden in die Öffentlichkeit gezerrt und verdreht! Röhm schimpft und tobt: Im eigenen Haus betätigten sich Kriecher! Schweine! Bürokraten! Wem geben die Amtsleiter schuld, wird Hitler nicht Reichspräsident?! Wenn er schwankt und zaudert, fängt Röhm die Demagogen von der Straße weg und schlägt mit seiner SA zurück!

Mayrs Eindruck ist, »daß Röhm aus Todesangst handelte und ernstlich befürchtete, wegen der Feststellungen über seine Persönlichkeit von Anhängern der eigenen Bewegung ... um die Ecke gebracht zu werden«. Sicher hätte es Oberleutnant Schulz bei der Politischen Leitung eingerührt, was Mayrs vorzügliche Spione wohl beweisen könnten, bohrt Röhm nach.

Mit dem Offiziersehrenwort besiegeln sie, ihren Austausch für sich zu behalten. Wie es sich ergibt, verständigt Mayr die Reichsbanner-Leitung. Röhm hält neben Hitler auch Himmler auf dem Laufenden. Ein langer Wahlkampf ist noch nicht vorüber.

Wer ins Präsidentenpalais einzieht, entscheidet sich am 10. April. Hitler erklärt: »Röhm bleibt mein Stabschef jetzt und nach den Wahlen.« Aber wer ist in den eigenen Reihen sicher? Nach Berlin begibt sich Röhm am 6. April. Abends wird der Münchner Polizei vertraulich berichtet: Auf Veranlassung des Fabrikanten Danzeisen befände sich hierorts ein Architekt Horn »mit dem Auftrage, unbequem gewordene Führer der NSDAP zu beseitigen«. Kriminalbeamte fassen Horn in der Kakaostube am Stachus, wohin ihn Schweighart zu einer Verabredung bestellt hat. Festgenommen wird auch der aus Österreich heimgekehrte Danzeisen.

Morgens fragt die MÜNCHNER POST zielklar nach 'Zelle G', die »weniger den Zweck hat, über den Gegner ... Material zu beschaffen ..., als die eigene Bewegung zu überwachen? Wir hätten also, bolschewistisch gesprochen, das Organisationsgerippe einer Tscheka und nationalsozialistisch gesprochen, einer Ovra ... Eine Organisation wie die russische Tscheka oder die italienische Ovra wird den Gesetzen ihres eigenen Wesens nach zwangsläufig zu Gewalttaten getrieben ... Ist Adolf Hitler bekannt, daß ... ein eigenes Kommando dieser 'Zelle G' unter der Führung eines Herrn Horn« herangeholt wurde vom »Vorsitzenden des 'Uschla' (Untersuchungs- und Schlichtungsausschuss) ... Major a. D. Buch«? »Ist es vielleicht die Aufgabe des 'Uschla', in besonderen Fällen, mit einigen Unzen Blei zu schlichten?«

Wie zur Beleuchtung der Vorgänge brennt am Viktualienmarkt die Schrannenhalle in der Nacht zum 8. April. Während die Reste der ältesten deutschen Markthalle verkohlen, werden unweit in Münchens Polizeidirektion die Zeugen eines Mordkomplotts vernommen.

Der SA-Mann Günsch gesteht, dass Danzeisen für einen »Überfall, bei dem einer auf die Seite gebracht werden« sollte, »weit über 100 Reichsmark« Belohnung ausgesetzt hatte. Während Major Buch betont, sein früherer Adjutant würde sich »nie dazu hinreißen lassen, solch tolle Pläne zu verwirklichen«. Karl Horn wiederum bestätigt, der Major hätte ihn beauftragt, telegrafisch alles abzublasen. Leutnant Schweighart bezeugt, am Gründonnerstag in der Tramlinie 20 Bell getroffen und gesagt zu haben, »er soll mit mir in die Kakaostube kommen ... „da drin kannst du nämlich deinen Mörder kennenlernen."«

Am 9. April findet sich Bell beim Berliner SPD-Organ ein. Er hätte den Auftrag, den VORWÄRTS zu unterrichten: Röhm wäre aus München geflohen. 'Parteirichter' Buch stünde hinter dem Plan, eigene Genossen zu ermorden. Falls er ausgeführt würde, sollte der Urheber bekannt sein. Ein Polizeioffizier vergewissert sich beim Hotel Kaiserhof: Dort logieren in der Tat SS-Führer Himmler, Anwalt Luetgebrune und Röhm mit Adjutanten. Dass der Stabschef Getreue in der Reichshauptstadt sammelt, erhellt, wie ernst ihm die Bedrohung erscheint.

Währenddessen verschickt Helmut Klotz, einst Reichstagskandidat der NSDAP für Baden, bis ins Ausland eine Broschüre. Sie gibt jene – polizeilich beschlagnahmten – Briefe wieder, welche »die anormale Veranlagung des Hauptmanns Ernst Röhm« dokumentieren. Münchens Landgericht lehnt es ab zu untersagen, »derartige Briefe im politischen Kampf« zu veröffentlichen; »darzutun, daß der Schreiber Röhm ungeeignet ist, Stabschef bei der Führung deutscher Jugend zu sein«, wäre keine unerlaubte Handlung.

Die Wahl am 10. April ergibt: Hindenburg 53 % – Hitler 36,8 %. Zwei Tage später eilt der Korrespondent des DAILY EXPRESS ins Innenministerium, wo man ihm anvertraut: Die SA wird aufgelöst, Waffen werden beschlagnahmt. Für diese exklusive Nachricht soll Sefton Delmer, der Zugang zur Parteispitze hat, etwas herausfinden: Wie wird Hitler reagieren, das Verbot hinnehmen oder abwehren? Reichspräsident Hindenburg wünscht kein Blutvergießen. Der Reporter erforscht, ob Röhm ahnt, was bevorsteht. Der Stabschef verliest ihm den Verbotserlass sogar im Wortlaut und endet: „Wir bereiten die Durchsuchungen hübsch vor."

Im Frühjahr 1932 überschreitet die Zahl der NSDAP-Mitglieder die Millionengrenze. Die Nationalsozialisten gewinnen zur Landtagswahl in Bayern ein Drittel der Mandate. In Preußen, Württemberg und Hamburg steigen sie zur stärksten Partei auf. In Sachsen-Anhalt stellen sie zum ersten Mal den Ministerpräsidenten eines deutschen Landes.

In dieser Zeit werden Röhms Beziehungen zur Armee unersetzlich. Reichswehr-Staatssekretär Schleicher hat ursprünglich Groener bestärkt, gegen die Nazis vorzugehen. Nun, nach dem SA-Verbot empfängt er Röhm. Bei weiteren Treffen spricht Schleicher über eine neue Regierung. Die NSDAP fasst darunter »Personalfragen für die Machtübernahme«. Goebbels notiert die Absprache, »ein Präsidialkabinett zu installieren ... Wenn's gelingt, dann haben unsere Unterhändler, an ihrer Spitze Stabschef Röhm, ein Meisterstück gemacht.«

Geheimen Sitzungen entspringen Manöver im Reichstag. Nationalsozialisten greifen 'Verbotsminister' Groener an. Er entgegnet, bis 1930 hätte die SA „verhältnismäßig" harmlos agiert. Doch durch Hauptmann Röhm wäre „ein ganz anderer Zug" hineingekommen und ein „Privateer" entstanden, „fabelhaft durchdacht, durchgliedert und organisiert ... Damit wurde die Gefahr für den Staat außerordentlich groß" und ein SA-Verbot zwingend. Nüchterne Einwände zerfallen in Wortgefechten. NSDAP-Abgeordnete – darunter der schlesische SA-Führer Heines – verprügeln den im Reichstagsrestaurant anwesenden Klotz, den Verbreiter der Röhm-Briefe. Seinen Höhepunkt erreicht der Tumult im Parlament, als sich herumspricht: Nationalsozialisten haben Frau Klotz angerufen, sie möge die Knochen ihres Mannes abholen.

Reichstagspräsident Löbe (SPD) und der Ältestenrat weisen die Prügler aus. Als sie im Saal bleiben, fordert Löbe Polizei an. Berlins Vizepolizeichef Weiß, der als 'Isidor' verhöhnt wird, lässt die NSDAP-Vertreter hinausführen. Gegen diese Verletzung der Immunität wenden sich auch bürgerliche Fraktionen. Im Ergebnis des Tumults tritt Minister Groener – eine Stütze des Kanzlers – zurück. Goebbels triumphiert im Tagebuch: »Wir bekommen Nachricht von Schleicher: die Krise geht programmgemäß weiter.«

Schleicher ist ein Regimentskamerad von Hindenburgs Sohn und besucht zu Pfingsten das Hindenburgsche Gut in Ostpreußen. Er äußert zum 'Alten Herrn' Befürchtungen: Der lange von ihm mitgetragene Kanzler Brüning fände zu keinem klaren Rechtskurs, wie es das Gebot der Stunde wäre. Schleicher traut sich zu, die Nationalsozialisten von der zentralen Macht fernzuhalten. Womöglich nimmt er an, sie durch Finanzhilfen steuerbar zu machen. Aus einem Geheimfonds seines Ministeriums fließen Millionen von Reichsmark an die SA.

Programmgemäß dankt der Reichskanzler ab. Sein Zentrum-Kollege Franz von Papen folgt ihm nach. Ein pommerscher Gutsbesitzer warnt, Papen wäre kein Kopf; Kanzlermacher Schleicher bescheidet: „Natürlich ist er kein Kopf – aber ein Hut!" Unter ihm ist der neue Wehrminister Schleicher gewillt, Deutschland zu regieren. Er und Hitler fahren in die märkische Heide, um ihre Ziele abzustimmen. »Als der Führer zurückkommt, strahlt er vor Zufriedenheit«, vermerkt Chronist Goebbels: »Der Reichstag wird aufgelöst und das SA-Verbot aufgehoben.« Ab 17. Juni 1932 sind die Sturmtruppen wieder legal.

Nach einer Lagebesprechung im engsten Kreis bleibt künftig einer ausgeschlossen. Georg Bell beklagt brieflich, er hätte beim Stabschef du Moulins »Versuch der ungünstigen Beeinflussung erkannt ... Man hat bei der Besprechung merkwürdig oft auf die Münchner Post hingewiesen. Sie scheinen vergessen zu haben, daß Sie der eigentliche Urheber der Artikel sind ... Wünschen Sie, daß ich in diesem Sinne einen offenen Brief an Sie richte?« Nach vertröstender Antwort warnt Bell, ihn zu unterschätzen. »Im Falle Horn bin ich noch nicht vernommen worden. Merkwürdig! Feststeht, daß die Polizei von Schweighart Kenntnis von der Angelegenheit bekommen hat«. Hier bricht der Briefwechsel ab. Bell bittet, ihn gegen Angriffe durch die Partei zu schützen, Röhm reagiert nicht. Bell beansprucht noch Gehälter und Außenstände; ein Adjutant sagt ihm eintausend Mark zu, wenn er als Zeuge für die SA eintreten würde in anstehenden Prozessen, die das Komplott im Braunen Haus verhandeln.

Vor einem Schöffengericht leugnet Emil Danzeisen zunächst alles und gibt dann die Geldüberweisung an Horn zu, Mordaufforderungen weist er zurück. Zeuge Horn erklärt, den Brief ernst genommen zu haben. Zeuge

Röhm beeidet seine „feste Ansicht, daß tatsächlich geplant war, zuerst Herrn Bell, dann du Moulin und schließlich auch mich zu beseitigen."

Ein Staatsanwalt prüft bei der MÜNCHNER POST nach: »Hauptschriftleiter Erhard Auer ... erklärte ..., daß er keine Unterlagen als die von seinem Gewährsmann erhaltenen und in ... der Münchner Post mitgeteilten besitze; die Nennung des Gewährsmanns verweigerte er.« Als Auer nach 1933 verhaftet ist, lässt er einen Mitgefangenen wissen, wer den Beitrag über die Tscheka der NSDAP verfasste: „Ernst Röhm, den die Angst um sein eigenes Leben zu dieser Flucht in die Öffentlichkeit zwang." Einem Polizeiprotokoll zufolge räumt du Moulin ein: »Dem Stabschef und mir war bekannt, daß Bell Verbindung zu Auer und Genossen« hielt, wobei er SA-Material übergeben hätte, um dafür SPD-Unterlagen zu erhalten.

Das milde Urteil für Danzeisen – sechs Monate Gefängnis ohne Bewährung – begründet man damit, »daß die Tat recht naiv war, daß der Angeklagte im Felde stand und sonst ein anständiger Mensch ist«. Horn wird wegen tätiger Reue freigesprochen.

Nichts ist verlogener als diese sogenannte Moral der Gesellschaft. Seit Röhm als Putschist verhaftet war, besitzt er tiefere Eindrücke vom Rechtsstaat. Jetzt treten Nationalsozialisten vor das Amtsgericht. Oberleutnant Schulz und Schatzmeister Schwarz klagen gegen die MÜNCHNER POST wegen Beleidigung. Die vorgeladenen Röhm, Schweighart und du Moulin lassen sich entschuldigen. Der Zeuge Bell packt aus: „Als die homosexuellen Geschichten aufgedeckt wurden, sollte ich für Röhm eintreten. Ich ging darauf zur sozialdemokratischen Partei", „nahm dann die Beziehung zu Mayr auf". Der Zeuge Mayr bestätigt die Treffen mit Bell und ein Gespräch über die 'Zelle G' mit Röhm, der vermutet hätte, „daß hinter dieser ganzen Sache Schulz stecke. Er bat mich, ... wenn ich irgendwelche Informationen über Schulz habe, ihm diese zur Verfügung zu stellen".

Der SPD-Redakteur wird zu 1 200 Mark Geldstrafe verurteilt. Nach dem Prozess verlässt Bell die NSDAP: Er hätte stets »im Auftrage Röhms gehandelt ... Röhm trennte sich von mir erst, als ich 1. ihn darauf aufmerksam machen mußte, daß ich nicht ebenfalls homosexuell bin; 2. seinen intimen Freund Gruppenführer du Moulin ... einer vernichtenden Kritik als Chef des Nachrichtendienstes unterzog; 3. mich weigerte, dem SA-Stabschef den Kopf des Parteigenossen Schulz vor die pp. Füße zu legen«. Bells Austrittsschreiben veröffentlicht die MÜNCHNER POST am 18. Oktober. In derselben Ausgabe erscheint ein Foto: »Die Naziführer Stabschef Röhm und Graf du Moulin vor der Markuskirche in Venedig, dem bekannten Ziel deutscher Hochzeitsreisender«.

Das wahlreiche Jahr 1932 geht in die nächste Runde. Im November wird über einen neuen Reichstag abgestimmt. Für die MÜNCHNER POST steht das Wahlkampfthema fest: SA-Stabschef sucht Zuflucht bei Reichsbanner! Röhm leugnet daraufhin seinen Anteil: Um ein Treffen hätte Mayr gebeten, der die gegenseitigen Attacken einstellen und besprechen wollte, *ob nicht bei einer Änderung der politischen Verhältnisse eine besondere Verwendung seiner Person und der zu ihm stehenden Teile des Reichsbanners ... unter meiner Führung möglich wäre.* Im Gespräch *drückte Mayr seine Überzeugung aus, daß meine Beseitigung aus meinen eigenen Reihen in Aussicht stünde.* Röhm will eingewendet haben, er nähme *Phantasiegebilde* nicht ernst; als lächerlich bezeichnet er die *anmaßende Behauptung Mayrs, daß ich bei ihm Schutz gesucht hätte.* – Dagegen listet Mayr »Unwahrheiten und Zwangsvorstellungen« auf und folgert, »dem sehr aufgeregten Herrn Röhm« wäre es »wirklich nur darauf angekommen, bei mir einen Rückhalt gegenüber seinen Gegnern im eigenen Lager zu suchen«.

Wegen des Gerichtsverfahrens wendet sich – Buchs Schwiegersohn – Martin Bormann an Rudolf Heß, »Privatsekretär des Führers«: »Ich habe ... nichts gegen die Person Röhms an sich. Meinetwegen mag sich jemand in Hinterindien mit Elefanten oder in Australien mit Känguruhs abgeben, es ist mir herzlich gleichgültig ... Was nun aber in der Verhandlung ... zu Tage tritt, das schlägt dem Faß rundherum den Boden aus. Einer der prominentesten Führer der Partei schimpft bei einem ... prominenten Führer der schärfsten Gegner«, »beschimpft eigene Parteigenossen, die ebenfalls Führer sind, als Schweinehunde«. Bormann lastet außer persönlichem Versagen Röhm die Kampfweise der SA an: »Weiß der Führer, wieviele Parteigenossen wegen der Terrorakte aus der Bewegung ausgetreten sind?«

Argwohn gegen Fahnenflüchtige, Feme für Verräter gehören für Nationalsozialisten zur 'Kampfzeit'. Der Mordversuch unter Führungskräften übersteigt das Gewohnheitsmäßige für Röhm. Wie reagiert einer, der im eigenen Lager bekämpft wird, bis ihn Todesangst hetzt? Röhm sieht als einzige Chance, Informationen darüber vom politischen Gegner heranzuholen. Der Bote beim Gegner wird dann selbst schnell verdächtig. Ja, für einen Agenten ist Georg Bell unvorteilhaft auffällig, ein Riese. Wer ihm gegenübertritt, kann sich der geballten Kraft nicht entziehen. Das ist es, was Röhm als Verwandtschaft empfindet und was ihn zugleich abstößt: Bell hat womöglich zuviel Energie, um nur einer einzigen Seite zu dienen.

Ein Wahlkampf eröffnet nicht die Zeit der Wahrheit. Was den Gegner maximal schädigt, sind öffentlichkeitswirksame Skandale. Was die MÜNCHNER POST der Nazi-Agitation vorwirft, entfacht sie selbst: politische Schmutzkampagnen. Unter den NSDAP-Führern ist Röhm der 'natürliche Schwachpunkt'. Anfang der 1930er Jahre verbreiten vor allem SPD-Zeitungen das Sexualleben des 'schwulen Nazi', so dass selbst der ausgewiesene Linke Kurt Tucholsky entgegnet: Man sucht seinen Gegner nicht im Bett auf.

Faksimile eines Privatbriefs an den Arzt und Astrologen Karl-Günter Heimsoth, der 1931/32 als Wahlkampfmunition gegen Röhm und die NSDAP diente

Reinhard Heydrich Freiherr von Eberstein, du willst bei der Familie in Dresden dann dein Wochenende verbringen. Diese Befragung lässt sich leider nicht verschieben, jeder Tag könnte zählen. Ich sage fürs Protokoll: Wir schreiben den 2. Juni 1934. Du bist SS-Führer Sachsen, ich befrage dich als Leiter des Sicherheitsdienstes der SS.

Friedrich Karl Freiherr von Eberstein Wer hätte vor drei Jahren gedacht, dass der kleine Reini, du weißt, wie ich's meine, Reinhard, bald ein so wichtiger Mann werden würde. Wir als alte Hallenser: Hallenser, Halloren und Halunken.

Heydrich Sagt man bei uns zuhause, Karl. Ohne dich und deine Mutter wäre ich wohl nie bei der SS und ihrem SD gelandet.

Eberstein Halle ist so eine mittlere Stadt, wo man sich unter gebildeten Leuten kennt. Drei Jahre ist das erst her! Meine Mutter hätte dir auch geholfen, wenn sie nicht deine Patentante gewesen wäre. Wie man dich damals bei der Marine verstoßen hat, war ohne jedes Maß. Geradezu grotesk. Nur weil dieser Oberbaurat, dessen Tochter du angeblich die Heirat versprochen hattest, mit Admiral Raeder befreundet war –

Heydrich Vergangen und vergessen! Es war bestimmt nicht der verlorene Lebensunterhalt, dass mich die Verabschiedung so niederwarf.

Eberstein Meine Mutter hatte mich gleich verständigt. Die SA sieht man immer etwas als Lumpenpack an. Dich hat die SS gelockt, ich hab's gespürt. Es sollte für dich weiter eine Uniform sein, nicht irgendeine, die schwarze war die Eliteuniform.

Heydrich Karl, ich brauchte einen wirklichen Neuanfang. Darin hatte ich Glück, weil du bei Röhm im Stab warst.

Eberstein Und weil das Nachrichtenwesen zu undicht war bei der SA.

Heydrich Da hat keiner die Härte dafür. Dass es mir zufiel, der SS einen Sicherheitsdienst aufzubauen, war zuerst Gunst des Schicksals. Jetzt kommt die Leistung hinzu.

Eberstein Der Gunst hat freilich dein Bewerbungsbild geholfen. Himmlers Geschichten kreiseln nur ums Rasseproblem. Er schwärmt fürs nordische Aussehen. Uns überfiel er in der Wohnung. Er hat mich und meine Frau taxiert, wie man gute Pferde abschätzt.

Heydrich Schön, Karlchen, zum Aktuellen. Ich nehme bei dir kein Blatt vor den Mund. Es gibt eine Gärung im Land, wir als SS können nicht untätig zusehen. Röhm lässt sich als Vater der braunen Soldaten feiern, denen Deutschland die Revolution verdanken würde. Er ist ein Revolutionsfanatiker. Wie hast du ihn durch die Jahre erlebt?

EBERSTEIN Nach dem Putsch 1923 saß Hitler ein Jahr gefangen. Röhm dagegen kam frei und zog die Wehrbewegung neu auf, unter dem Namen Frontbann. Für unsere Gruppe Mitte übertrug er den Befehl Graf Helldorf, wo ich Stabsführer wurde. Es war kein Geld vorhanden, derartig arm, dass der Graf von sich aus den Frontbann finanziert hat.

HEYDRICH Im Herbst 1924, nachdem Frontbannführer in München verhaftet wurden, hast du Röhm gründlicher kennengelernt.

EBERSTEIN Es schien geboten, ihn zu verstecken. Helldorf hatte ein kleines Barockschloss, Familienbesitz. Wir haben Röhm einquartiert.

HEYDRICH Seid ihr euch persönlich näher gekommen?

EBERSTEIN Wir waren alte Offiziere. Röhm hat an der Front wie als Generalstäbler gedient, das erklärt sein organisatorisches Talent. Er hat den richtigen Ton, den man von einem Kommandeur erwartet. In dieser stillen Zeit hat er jeden Abend musiziert am Flügel. Partien aus den Meistersingern und Siegfried. Er ist begeisterter Wagnerianer.

HEYDRICH Röhm hat sich bald darauf vom Frontbann abgewendet –

EBERSTEIN Reinhard, das muss ich bestreiten. Im März 1925 war die Frontbanntagung. Wir Führer nahmen für 30 000 Kämpfer eine Resolution an, in der wir Hitler als Kopf der Bewegung und Ludendorff als Schirmherrn die Gefolgschaft gelobten. Das passte dem General nicht: „Schirmherr, jaja, das denkt sich Herr Hitler so, er macht einen Fehler nach dem andern und auf mich wird der Dreck abgeladen." Hitler wollte den Verband nur auf sich festlegen. Damit war das Ende eingeläutet. Röhm gab seine Funktion auf.

HEYDRICH Aber als er 1931 die SA übernahm, hat er dich aus Thüringen hergeholt. Warum hat er sich auf dich besonnen?

EBERSTEIN Da müsstest du freilich Röhm fragen. Anfangs haben wir nur Dienstvorschriften erarbeitet. Röhm legt Wert auf Tradition. Wir haben SA-Standarten draußen im Land nach Regimentern des alten Kaiserheers benannt, die trugen diese Regimentsnummern am Kragen. Es war Papierkrieg! Ich bat Röhm, ob er ein Frontkommando hätte.

HEYDRICH Er übertrug dir den Gausturm München-Oberbayern. Ein Jahr später kam es zum Bruch mit dem Stabschef.

EBERSTEIN Nein, Reinhard, das hört sich verkehrt an. Mein Gau vergrößerte sich, bayerisch Schwaben kam hinzu, Niederbayern, die

Oberpfalz. Der Stab beschloss, die Gruppe Hochland zu bilden. Ich als Gruppenführer, das ging gut, obwohl ich kein Bayer war.

HEYDRICH Trotzdem hast du in der SA deinen Abschied eingereicht.

EBERSTEIN Im Herbst 1932, als sich die Macht für uns abzeichnete, kamen zur SA lauter ältere Majore und Hauptleute. Es gab Unruhe, weil die Stürme an ihren bisherigen Führern hingen. Ich meldete mich zum Vortrag: Röhm, du weißt, ich bin diszipliniert, Soldat, aber ich möchte nicht helfen, Männer aus der Kampfzeit zu verdrängen. Röhm im gemütlichen Bayerisch: „Nein, das sind alte Kameraden, die haben mich gefragt." Ich sagte: Das ist ein prinzipielles Problem, ich bitte, meine Gründe zu beachten, oder du musst dir einen andern Gruppenführer suchen. Er meinte: „Du bist überarbeitet, das Jahr war fürchterlich, eine Wahl nach der andern. Nimm Urlaub." Nach Neujahr bin ich in Röhms Zimmer. Er fragte: „Hast du dich erholt?" Ich sagte: Ja, ich muss zu meiner Meinung stehen. Er darauf: „Du bist ein Dickkopf, tu was du willst." Natürlich war er zu sehr Herr, um nachzugeben. Ich hab meine Ehrenbezeugung gemacht, bin nach Hause und habe gesagt: Mutti, wir gehen nach Thüringen zurück.

HEYDRICH Wir bauen jetzt den nationalsozialistischen Staat auf, aber Röhm verkündet, die SA wäre durch ihr Auftreten und ihren Geist berufen, die Volksgemeinschaft vorzuleben. Er will revolutionär sein, anderseits hält er an sovielen alten Kameraden und an alten Begriffen fest.

EBERSTEIN Reini, hast du nicht meinen Abgang in München erlebt? Anfang Januar 33 hieß es nur Rückgang und Spaltung der Partei. Wir haben trotz beißender Kälte SA und SS organisiert. Das war das zehnjährige Jubiläum, wo die SA ihre ersten Standarten durch München getragen hatte. Die Trommeln gingen einem durch und durch, die Körper wurden straff. Tausende zogen am Stabschef vorbei, neben ihm Himmler und viele aus den großen ersten Jahren der Bewegung. Das zeugte schon von ewiger Verbundenheit.

HEYDRICH Ja, Karl. Du bist dann aus Bayern weggegangen und von der SA in die SS zurückgewechselt.

EBERSTEIN Himmler suchte gerade für den Abschnitt Weimar einen Führer.

HEYDRICH Seit 1934 bist du mittlerweile nach Dresden versetzt und Röhm hat unlängst die SA und SS Sachsen besichtigt. Ihr seid am Flugplatz aufgezogen.

EBERSTEIN Röhm hat recht schön geredet. Was der SA-Mann als Ziel der nationalsozialistischen Revolution erträumt: Deutschland mit allen

Stämmen und früher getrennt marschierenden Klassen zum geschlossenen Block vereinigt.

HEYDRICH Röhm war von Anfang an entschlossen, eine regelrechte Armee aus der SA zu machen, dafür suchte er gerade eine neue Führung zusammen, als du deinen Abschied nehmen musstest. Kommen wir zum Ende, Karl. Nach sicheren Informationen lässt Röhm für die SA Bewaffnung im Ausland kaufen, vor allem Maschinengewehre.

EBERSTEIN Von wem rühren solche Berichte her? Wenn man fragen darf?

HEYDRICH Karl, es kann zu inneren Unruhen kommen, sogar zum Putsch derjenigen Kräfte, die über Waffen verfügen. Die SS muss gewappnet sein. Dir als Oberabschnittsführer geht ein versiegelter Alarmkalender zu, der auf Stichwort geöffnet wird und Maßnahmen auslöst. Strengstes Stillschweigen darüber ist selbstverständlich.

EBERSTEIN Selbstverständlich. Also deine Berichte sind so zuverlässig, du zweifelst nicht –

HEYDRICH Wahn, Wahn, überall Wahn! Wagner hat wieder einmal Recht. Letzte Frage, Karl. Du warst oft mit Röhm zusammen, auch auf Reisen, wollte er dir nie nahe treten mit seiner persönlichen Neigung?

EBERSTEIN Ich habe Röhm zur Tagung der Harzburger Front begleitet. Wir sind aus Sparsamkeit in einem Schlafwagenabteil gefahren. Ich muss sagen, er hat mich öfter bei den älteren Herrn vorgeführt: „Schaut mal, der Eberstein, seine Figur und wie er vorschriftsmäßig angezogen ist." Also er hat schon einen Blick für Männlichkeit und gutes Aussehen. Aber zum Beispiel auf dieser Fahrt, wo wir auch etwas getrunken haben, ist er korrekt geblieben. Mag sein, dass er mich von vornherein als vergebene Liebesmüh eingeschätzt hat.

Im Frühjahr 1932 war die SA zwei Monate deutschlandweit verboten. Nach ihrer Wiederzulassung:

Führer unter sich: Hitler, G. Straßer, Göring, Röhm – zwei Jahre später sind zwei aus dieser Vierer-Führung ermordet

Stundenlanger Aufmarsch der SA in München – erhöht stehend Hitler und Röhm, im Vordergrund u. a. Himmler und Gauleiter Wagner (ganz links)

Innere Störungen

Ein Mann bekennt sich als Nationalist, als ein Abweichler: Die deutsche Republik erzieht ihre Bürger *nicht – wie alle anderen Machtstaaten, insbesondere Frankreich – zu Nationalisten, sondern zu Patrioten.* Patrioten hängen an gestrigen Zuständen: an einem Staat für sich hoch dienende Beamte. Haben diese das alte System verteidigt? Sie sind im Novemberaufruhr umgefallen! Der Nationalist Ernst Röhm zieht seinen Schluss: *Der Offizier muß politisch denken und handeln lernen, sonst ist er an verantwortlicher Stelle nicht zu gebrauchen.* Seit 1918 der Aufruhr gesiegt hat, seitdem kann es keine unparteiische Zurückhaltung mehr geben.

    Wir sind die Kämpfer der NSDAP,
    kerndeutsch im Herzen, im Kampfe fest und zäh.
    Dem Hakenkreuz ergeben sind wir ...

Das Jahr 1932 zerreibt die Parteien in Wahlen. Der Schlacht Hindenburg gegen Hitler folgt die nächste um den Reichstag, früher als geplant – ein Zugeständnis an die NSDAP, die dafür nicht sofort Papens Regierung stürzt. Sechs Wochen wird der Wahlkampf dauern.

»Gregor Straßer als Leiter der Politischen Organisation, Ernst Röhm als Stabschef der SA und Hermann Göring als politischer Beauftragter des Führers bilden einen Führerkreis, in dem die innere Einheit und Geschlossenheit der Partei organisch zum Ausdruck kommt.« Die Dreierspitze – von der einer 1934 überleben wird – stellt der Illustrierte Beobachter der NSDAP vor. Er würdigt den Stabschef: »Täglich bringt die Post ganze Berge von Berichten, Gesuchen und Anfragen, die ... von ihm durchgesehen« würden; »zahlreichen Besucher[n] ... folgen Vorträge der Referenten, Besprechungen mit politischen Stellen, persönlicher Vortrag beim Führer ... Bis in die Nachtstunden hinein künden oft die beleuchteten Mittelfenster des ersten Stockes im Braunen Haus ... von der unermüdlichen und rastlosen Arbeit«.

1932 festigt Röhm, auch durch eine Fliegerschule mit kriegserfahrenen Piloten, das militärische Gefüge der SA. Zugleich liegt ihm daran, in der Reichshauptstadt Fuß zu fassen, politisch wie privat. Anwalt Luetgebrune, der in gehobenen Kreisen verkehrt, führt ihn bei Kempinski ein. Ohne Gefolge besucht Röhm den Korrespondenten des DAILY EXPRESS, und schlägt eine kleine Spritztour vor, um die Nachtlokale zu erleben. Sefton Delmer kennt Berlin. Sie speisen im Regierungsviertel. Dann wechseln sie ins Eldorado: Junge Männer mit Perücken, Gummibusen und freizügigen Kleidern animieren. Einer mit kräftigem Adamsapfel setzt sich, plaudert mit Röhm über eine unlängst gehabte Geselligkeit. Delmer bemerkt:

„Da sehen Sie es, Herr Stabschef, keine weibliche Nutte würde vor Fremden über die verbrachte Nacht mit einem Kunden reden."

„Ich bin kein Kunde! Ich bin sein Kommandeur. Er ist SA-Mann."

Röhm braust auf, obwohl er sich sonst über Affären gern auslässt und es noch amüsant findet, wenn man über seine 'Schwäche' spottet.

In einer Bar, nach Kognak und der Bitte, nichts davon zu publizieren, kommt Röhm zum Eigentlichen: General Schleicher hat die glänzende Idee, ins Heer 250 000 SA-Männer und 50 000 Stahlhelmer aufzunehmen. Das Problem der SA als Privatarmee, das so große Besorgnisse in Westeuropa weckt, wäre erledigt. Durch den Ausbau der Reichswehr sänke die Arbeitslosigkeit. Natürlich müssten die Westmächte zustimmen. Um ihre Regierenden dafür zu gewinnen, würde Röhm jederzeit nach London reisen. Wie der Führer sagt, Deutschland braucht ein Bündnis mit England, Italien, auch, falls es mittut, Frankreich. Wenn dann die russischen Bolschewisten ihren Unsinn fortsetzen, könnte man kurzen Prozess machen.

„Der Plan ist hier nur angedeutet, lieber Delmer, Sie können ihn weiterleiten. Was meinen Sie, wie Ihre Diplomaten darauf reagieren?"

„Aber wenn Schleicher dafür ist, wäre er bestimmt der Mann, um es durchzufechten."

„Ich bin entschlossen, alles selbst in die Hand zu nehmen. Außer mir kann doch keiner mit Vollmacht für die SA sprechen."

Sogar zum Aufrührer Stennes sucht Röhm wieder Verbindung. Er sagt offen, dass die Situation in der Partei unerträglich würde. Jetzt verstünde er die Sturheit der Meuterer. Wäre es nicht heute möglich zusammenzuarbeiten: getrennt marschieren, vereint schlagen? Stennes hält das Angebot von Hitlers engem Freund für eine Falle und lehnt ab. Nach Stennes' Verhaftung 1933 lässt Röhm die Gestapo wissen, die SA hätte nichts gegen ihn.

Wir sind die Kämpfer der NSDAP,
kerndeutsch im Herzen, im Kampfe fest und zäh.
Dem Hakenkreuz ergeben sind wir
Heil unserm Führer, Heil Hitler, dir.
All diese Heuchler, wir werfen sie hinaus ...

Vierzehn Jahre nach dem Krieg, im Juli 1932 unterschreiben die Sieger den Vertrag von Lausanne und bewilligen Deutschland, durch eine Restzahlung von drei Milliarden Mark die Reparationsleistungen abzuschließen.

Die inneren Spannungen steigen. Deutscher Wahlkampf: Parteien befehden sich mit Schusswaffen, über den Sommer erschüttern fünfzig Tote das staatliche Gleichgewicht. Im Duisburger Wedau-Stadion bejubeln 50 000 Hitler und Röhm, stützen nationalsozialistische Ansprüche. Staatssekretär Bredow lädt ins Wehrministerium ein, fragt seine Gäste Göring und Röhm, was sie zur Reichstagswahl planten, denn im Wehrkreis Stettin erbittet ein SA-Führer Waffen für 'Bedarfsfälle', aus Pommern rollen LKW mit SA nach Berlin. Bredow warnt, es würde keine ungesetzliche Aktion geduldet, Gewehre stünden gegen Linke wie gegen die SA bereit. Göring und Röhm geben ihr Wort, nach der Wahl nichts zu unternehmen. Im gleichen Atemzug beanspruchen sie, das Unheil zu vergelten, was der Marxismus verübt hätte.

Deutschland, erwache aus deinem bösen Traum,
gib fremden Juden in deinem Reich nicht Raum.
Wir wollen kämpfen für dein Auferstehn
Arisches Blut darf nicht untergehn.
Wir sind die Kämpfer der NSDAP ...

Zur Juli-Wahl 1932 erhält die KPD 89, die SPD 133 Parlamentssitze. Die bürgerlichen Parteien, mit den Deutschnationalen, fallen auf 155 Mandate zurück. Als Sieger ziehen 230 Abgeordnete der NSDAP in den Reichstag ein. Wer ist mit ihnen zur Koalition bereit? Vor Papens Regierung wertet General Schleicher seine Gespräche mit den Nationalsozialisten aus: Hitler gedenkt, Kanzler zu werden, und als Kabinettsmitglieder Röhm, Straßer wie vielleicht Göring mitzubringen. Der Wehrminister erwähnt nicht, dass er im Amt bleiben soll.

Mittlerweile probt die SA den Ernstfall. Röhm lässt seinen Lieblingsreporter Delmer Stützpunkte besichtigen. »Muskulöse junge Männer – Ausbilder von der Reichswehr, wie ich hörte – leiteten den Unterricht«. Delmer sieht die SA Sturmangriffe üben. Ihr Unterführer verpflichtet alle zum Kampf, „in bitterem Ernst und auf dem harten Asphalt von Berlin ..., sollte der alte Herr dickköpfig sein und dem Führer nicht die Macht geben, die ihm gebührt".

Die Koalitionsgespräche enden jäh. Röhm begleitet Hitler zum Reichspräsidenten; über diese Audienz laufen dann zwei Darstellungen um.

Nach der amtlichen Fassung fordert Hitler »die Führung der Reichsregierung und die gesamte Staatsgewalt«, was Hindenburg verweigert. Er sagt, laut NSDAP-Protokoll, zu Hitler: „Ich habe mein Versprechen eingelöst, den Reichstag aufgelöst, das Verbot der SA aufgehoben ... Wenn Sie ... Ihr Versprechen, die Regierung [Papen] auch nach den Wahlen zu unterstützen, nicht halten wollen, so nehme ich Ihnen das nicht übel, weil ich einsehe, dass Sie sich durch Tatsachen dazu gezwungen fühlen können." Hitler erklärt, er hätte Schleicher gesagt, eine Tolerierung käme nur in Frage, „wenn uns die Regierung eine solche ermögliche". Hindenburgs Sekretär Meißner schließt an: „Das ist möglich. Wir haben geglaubt, das als eine Art Versprechen auffassen zu können."

Längst unterhält die NSDAP ein Hauptquartier in Berlin: das Obergeschoss vom Hotel Kaiserhof, schräg gegenüber dem Präsidentenpalais und der Reichskanzlei. Unweit, in Goebbels' Wohnung, tagt der Kriegsrat. Hitler gemahnt die SA-Führer an die Opfer des 23er Putsches, jetzt würde er ohne Blutvergießen Kanzler werden. Sie sollen ihren Männern übermitteln, dass der Alarm beendet ist, dass die SA ihren Jahresurlaub diesmal im August antritt. Röhm meint am Telefon zu Delmer: „Der Führer weigert sich, auf den Knopf zu drücken. Wir bleiben bei der legalen Haltung. Zum Verrücktwerden."

Im Sommer 1932 schleppt die deutsche Politik sich hin: Keine Partei findet Partner für eine handlungsfähige Regierung. Das ist der Stand in Berlin, als das öffentliche Leben seinen Brennpunkt im Osten findet.

Am 9. August legt eine Notverordnung härtere Strafen für politische Gewalt fest, Mörder erwartet das Todesurteil. Am Abend fahren SA-Leute durch den Landkreis Gleiwitz. In Potempa bewirtet sie ein Parteifreund mit Bier und Schnaps. Kommunisten, vermutet man, haben ein Heim der SA im Landkreis zerstört. Die SA dringt ins Haus des KPD-Funktionärs Pietrzuch ein. Hier, so ermittelt ein Sondergericht, »traten der Angeklagte Kottisch und einer der anderen an das Bett der Gebrüder Pietrzuch ... Auf Konrad Pietrzuch wurde nunmehr in unmenschlicher Weise eingeschlagen.« Der Gerichtsarzt notiert 29 Verletzungen und als Todesursache, dass Blut aus der zertretenen Halsschlagader in die Lunge gelangt ist.

In Schlesien beginnen zwei Strafprozesse. Mitglieder des Reichsbanners haben in Ohlau »mit viehischer Rohheit« einen SA-Umzug überfallen und zwei Tote sowie zwanzig Schwerverletzte hinterlassen.

Diese Handlung liegt vier Wochen zurück, daher ergehen Zuchthaus- und Gefängnisstrafen, denn die Notverordnung ist noch nicht in Kraft gewesen. Der Verordnung entsprechend verurteilt ein Sondergericht fünf SA-Täter von Potempa zum Tod. Ihr Gruppenführer Heines ruft, als er den Saal verlässt: „Das Fanal zum deutschen Aufbruch!" Röhm fährt nach Schlesien und besucht das Gefängnis. Er versichert, er würde lieber als Stabschef zurücktreten, als dass einem der Verurteilten etwas geschähe.

Der Mord von Potempa wirkt wie ein Auftakt zur nationalsozialistischen Staatsgewalt. Der Zeitplan läuft nach der Berliner Uhr. Wenn der neue Reichstag zusammentritt, soll die NSDAP Kanzler Papen tolerieren – dafür müssen die schlesischen Todesurteile aufgehoben werden. Um die SA-Männer zu begnadigen, wird am 2. September befunden: Sie hätten zur Tatzeit von der Notverordnung keine Kenntnis gehabt. Diese Milchmädchenrechnung geht für die große Politik kurzzeitig auf; Papen amtiert weiter und beabsichtigt jetzt, den Reichstag aufzulösen. Am 12. September beantragt die KPD gegen ihn ein Misstrauensvotum. Kaum ist der kommunistische Antrag gestellt, lässt Reichstagspräsident Göring abstimmen und 'übersieht' Papen, der sein Auflösungsdekret vorlegen will. Der Trick gelingt: Mit 42 zu 512 Stimmen wird der Kanzler ausgezählt. Der Reichspräsident setzt Neuwahlen an.

Röhm strafft die Führung der SA. Er formiert 18 Gruppen in 5 Obergruppen. Zum Obergruppenführer befördert er alte Gefährten wie Graf Helldorf oder den früheren Pfeffer-Stellvertreter Schneidhuber – kriegserfahrene Offiziere, geeignet, Krisen zu überwinden. Der Dauerwahlkampf 1932 verschleißt die SA, drückt auf die Stimmung. Die Masse hätte den Sieg »in sehr sprunghafter Form« erwartet, meldet die Untergruppe Hamburg. Die Gruppe Franken teilt mit, außer Enttäuschung über die verzögerte Machtergreifung belasteten fast jeden SA-Mann »verschärfte Zugriffe seiner Gläubiger ... wegen der für die Aufmärsche ... gemachten Schulden«. Um die Finanzlage zu verbessern, werden Zigaretten Marke 'Sturm', 'Stürmer'-Rasierklingen und 'Kampf'-Margarine verkauft. SA-Männern fließen Provisionen als Unterstützung zu. Schlimmer als die Geldnot unterhöhlen Zukunftsängste den Zusammenhalt. Der oft geprobte Machtantritt scheint im Herbstnebel zu entschwinden.

Der Stabschef macht seinem Groll Luft: „Sehen Sie die Jugend, die SA, die SS ist bereit zu kämpfen. Hitler drückt ihnen Wahlzettel in die Hand! Wir können nichts tun ohne Hitler, wir müssten aber etwas tun."

Röhm hat die Gewohnheit, sich daheim die Haare schneiden zu lassen. Früher gingen Offiziere gern in die Leopoldstraße zu August

Weismann, der vor Festlichkeiten Hausbesuche machte. 1923 trug Röhm auf der Oberlippe die gleiche 'Rotzbremse' wie der durch den Putsch berühmte Hitler. Inzwischen bevorzugt Röhm ein Bärtchen, das sich von der Nase zur Lippe verbreitert. Abgeraten hat ihm Weismann vom Mittelscheitel, um das volle Gesicht nicht zu betonen. Seit er aus Bolivien zurück ist, geht Röhm in die Breite. Und doch ruht er nicht so in sich wie als Offizier der regulären Armee. Üble Angriffe lassen nicht nach. Alte Kameraden bemühen sich deshalb, eine Ehe zustande zu bringen; in diesem Jahr 1932 hat Röhm sich erneut verlobt. Er hat den ihm unterstehenden Reichsarzt nicht gehindert, »geschlechtlich Abnorme« als ungeeignet für die SA auszumustern. Weismann wirft ein:

„Hat Karl VI. seinen Feldherrn verstoßen, weil Prinz Eugen derselben Abnormität bezichtigt war? Der Österreicher Hitler kann das nicht dulden."

„Der Österreicher hört auf Einflüsterungen! Wird ihm eine Wahlschrift geschickt, die unseren Heines verunglimpft, antwortet Hitler, er braucht solche Leute noch, er wird sie später abservieren. Weismann, ich habe meine Unabhängigkeit verloren. Ich kann die beste Arbeit leisten, trotzdem bleibe ich auf Hitlers Gnade angewiesen."

Sie kennen sich lange genug, um ehrlich zu reden, auch politisch.

Weismann möchte wissen, ob es zu einem neuen Krieg kommen wird:

„Allgemein herrscht die Ansicht, die Revanche wird zügig vorbereitet, wenn Hitlers Bewegung die Macht übernimmt."

„Deutschland kann sich auf dreißig Jahre keinen Krieg leisten."

„Ich wollte fragen, Stabschef, ob ich der NSDAP beitreten soll."

„Solange Sie keiner Partei angehören, können Sie sich Ihre Freunde aussuchen. Bleiben Sie der Bewegung fern, die Sache wird über kurz oder lang schief gehen."

Röhm mustert sich im Spiegel. Die hellen Augen blicken frei geradaus. Seine Bewegungen zeugen noch von Schwung. Er nimmt kein Blatt vor den Mund:

„Sie haben im Krieg gekämpft, Weismann, eine Familie gegründet. Sie wissen, was es wert ist, auf der Welt zu sein. Was soll ein junger Mensch heute in Deutschland erwarten?"

Auch im neuen Wahlkampf wird unablässig Röhms Sturz verkündet. „Ich freue mich, daß ich von jüdisch-marxistischer Seite so gehaßt werde", zitiert ihn der VÖLKISCHE BEOBACHTER und begleitet den Stabschef nach Entringen (Württemberg): Dort »ist die Arbeit der SA-Männer im Gelände eine ausgezeichnete. Insbesondere das sprungweise Vorrücken in kleinen

Rudeln ... Männer, die die ganze Woche hindurch in schwerster Tagesarbeit eingespannt sind, oder die den täglichen Druck der Arbeitslosigkeit spüren müssen, stehen doch abends wieder bereit.« Die NSDAP-Zeitung fügt abschließend hinzu: Auf einer Tagung hätte sich das Führerkorps von SA und SS unerschütterlicher denn je gezeigt.

Zu den Jüngsten im Führerkorps gehört Reinhard Heydrich. Ihn lässt Himmler einen gesonderten Nachrichtendienst der SS aufbauen, vom Parteivorsitzenden angewiesen. Das hat Hitler immerhin gegen die SA unternommen. Doch die SD-Kartei über den Gegner findet bald auch Röhms Anerkennung. Röhm und Himmler heißen die Paten für Heydrichs ersten Sohn.

Das Wahljahr 1932 endet trüb für die NSDAP. Im November verliert sie 34 Reichstagssitze. Organisationsleiter Straßer drängt zu einer Koalition: Es gäbe kein Entrinnen, die Partei in den Staat einzubauen, auf dass sie sich bewähren oder zerbrechen würde. Das Dramatische des Aufrufs entspringt dem innerparteilichen Krieg nach dem Rückschlag. Fallen die Erfolge der letzten zwei Jahren zusammen? Seit Hitlers Abfuhr beim Reichspräsidenten spendet die Industrie an Papen und Stahlhelm. Die SA kann Uniformraten und Proviant nicht bezahlen.

Zwei Briefe, die am 8. Dezember 1932 an die nationalsozialistische Partei gerichtet werden, geben Auskunft über deren Zustand.

An Hitler und Röhm schreibt die Mutter des Dresdner Truppführers Herbert Hentsch, der nach einem SA-Befehl vor fünf Wochen die Wohnung verlassen hat. »Er ist seitdem nicht zurückgekehrt! Sie werden sich mein großes Herzeleid, meinen Kummer vorstellen können ... Mein Sohn hat als Zugehöriger der Dresdner Nachrichten-Abteilung jahrelang der Partei treu seinen Dienst geleistet! Aus diesem Grunde hätte ich erwartet, daß einmal irgendeiner der Vorgesetzten ... zu mir gekommen wäre ... Mit dem Verschwinden meines Sohnes ist mir auch der Ernährer meiner Familie genommen. Ich bitte um Benachrichtigung, in welcher Weise ich seitens der Partei eine Beihilfe in meiner finanziellen Not zu erwarten haben kann ... so lange, bis der mysteriöse Fall volle Aufklärung gefunden hat.«

Der scheinbar bedeutsamere Brief wird Hitler persönlich übergeben. Darin legt Reichsorganisationsleiter Gregor Straßer alle Parteiämter nieder: Im Ziel würde er Hitler weiter folgen, auf dem jetzt eingeschlagenen Weg nicht mehr.

Vor der Regierung erklärt Wehrminister Schleicher ein Planspiel seiner Stäbe: Mit den verfügbaren Armee- und Polizeikräften wäre kein Zweifrontenkampf gegen Kommunisten und Nationalsozialisten zu bestehen. Hitlers Bewegung mit Waffen niederzuhalten, stellt Schleicher als aussichtslos dar. Das Kabinett tritt zurück, der 'Hut' Papen verschwindet.

Zum Vorschein kommt der Kopf Schleicher. In der Armee, zumal er bei Hindenburgs verkehrt, ist Schleicher stetig aufgestiegen. Nun wirkt er als Einziger fähig, Hitler abzufangen und eine Regierung zu bilden. General Schleicher strebt eine rechte 'Querfront' an, die das Zentrum und die Gewerkschaften wie auch die NSDAP einbinden soll.

Den schwierigsten Partner Hitler empfängt der Reichspräsident am 19. November. An dem Tag erreicht ihn eine Petition von Geschäftsleuten und Großagrariern, voran die Bankiers Schröder und Schacht. Sie regen eine »vom parlamentarischen Parteiwesen unabhängigere Regierung« an, unter dem »Führer der größten nationalen Gruppe«. Hitlers Stärke bekunden an diesem Novembertag 11 000 braune Soldaten, die im Norden Berlins ins Manöver ziehen. DER SA-MANN schildert einen Fliegerangriff: »Flakbatterien (der aktive Luftschutz) beginnen ihre Wölkchen auszuspeien, Brandbomben fallen unter ohrenbetäubendem Krach nieder ... SA-Spezialtrupps«, die im Vorhinein »Straßen geräumt haben, schaffen ... jetzt Verwundete fort und löschen das Feuer.« Beim Abschreiten der Front begrüßt Röhm »manchen alten Kampfgenossen ... Dann verläßt er unter stürmischen Heilrufen das Gelände«. Im Stadion von Neukölln führen 10 000 Mann vor, wer das ehemals rote Stadtviertel beherrscht.

Schleichers 'Querfront' soll primär die Arbeitslosigkeit eindämmen. Gregor Straßer befürwortet eine Beteiligung der NSDAP, mit Hitler als Vizekanzler. Dieser will zunächst Straßer als Minister entsenden, lehnt dann ein Koalieren gänzlich ab. Am 2. Dezember wird Schleicher zum Reichskanzler berufen. Und er bespräche mit Straßer eine Sabotagepolitik, streut Goebbels aus. In der Reichstagsfraktion verdammt Hitler eine Kompromiss-Sucht, die um sich griffe. Danach lässt Straßer sein Rücktrittsschreiben abgeben. Im Hotel Kaiserhof, vor einer Reihe nationalsozialistischer Führer nähert sich Hitler der Hysterie: „Wenn Sie mich alle verlassen, bricht die Bewegung zusammen ... Ich werde dann die Konsequenz ziehen und nur noch bitten, meinen Leichnam und meinen Sarg mit der Fahne zu schmücken."

In der Nacht trifft Goebbels im Hotel Kaiserhof auf »Stabschef Röhm und Himmler ... Die Morgenausgabe der Täglichen Rundschau bringt einen Artikel, in dem der ... geheimgehaltene Rücktritt Straßers ... ausposaunt wird«. Die Zeitungen sehen Hitlers Stern sinken. Doch Goebbels jubelt: »Wir sprechen die Lage durch: zuerst muß der Machtapparat, den Straßer in der Partei aufgerichtet hat, zerschlagen werden.« Selbst im frisierten Tagebuch zügelt Goebbels seinen Triumph nicht, dass Hitlers bisheriger zweiter Mann ausgeschaltet ist. Die Partei verlautbart, Straßer hätte Krankheitsurlaub. Röhm gibt bekannt, wegen der Beurlaubung würde eine Anzahl personeller wie organisatorischer Änderungen in der Bewegung durchgeführt. SA und SS stünden in Treue und Geschlossenheit vor dem Führer.

Derweil beantwortet das Braune Haus den Dresdner Brief hinhaltend. Als Truppführer Hentsch tot aus einer Talsperre geborgen wird, greifen Zeitungen sein Schicksal auf: Da er Arbeit fand, konnte Hentsch den Dienst nicht mehr gewährleisten und wollte die SA verlassen. Sein Sturmführer fürchtete Indiskretionen, ließ ihn zu einem Nachteinsatz befehlen. Die Obduktion beweist Schusswunden. Drei Männer seines Sturms flohen nach Bozen, meldet die MÜNCHNER POST: Auch ihr SA-Führer, »Landtagsabgeordneter Dr. Bennecke, der ... nach der Entdeckung der Leiche 'in Urlaub' ging, ist immer noch nicht nach Dresden zurückgekehrt. Die Mörder hatten ihm aus Italien fröhliche Postkartengrüße gesandt.«

Unter dem Druck schwindender Zuversicht und unerfüllter Erwartungen rumort es in der SA. Ihr Unmut entlädt sich gegen angestammte Widersacher in der nationalsozialistischen Bewegung: Im ewigen Kampf gegen Parteifunktionäre entbrennt neuer Aufruhr, diesmal in Nürnberg. Nach Reibereien hat die Gauleitung SA-Zuschüsse gesperrt. Wilhelm Stegmann, Gruppenführer von Franken, zieht darauf seine Männer von einer Rede des Gauleiters Julius Streicher ab. Der 'alte Kämpfer' – wegen Beteiligung am Putsch 1923 als Lehrer entlassen – genießt Hitlers Gunst; er beschwert sich im Braunen Haus und bringt in Umlauf, Stegmann würde Zuschüsse veruntreuen. Dessen Rücktrittsangebote lehnt die Oberste SA-Führung ab, entzieht ihm aber die Untergruppe Mittelfranken. Nun lässt Stegmann deren Geschäftsstelle überfallen: Am 10. Januar 1933 verschaffen sich fremde SA-Leute Zutritt; Akten und Eigentum der Untergruppe, samt Kraftwagen, verschwinden mit den eingedrungenen Männern. Im Gegenzug enthebt Hitler Stegmann seines Postens. Mit dem Verstoßenen solidarisiert sich die fränkische SA. Ihre Führer versichern in einer Presseerklärung, weder Stegmann noch seine Gruppe wollten gegen die Bewegung meutern. Andererseits wäre sich Frankens SA einig im Kampf gegen gewissenlose Bonzen der Gauleitung.

Bei der Abrechnung mit den Rebellen fällt Röhms Verhaltenheit auf. Nicht er, sondern Hitler setzt den Gruppenführer ab. Nicht der SA-Stabschef verhängt Strafen, sondern Hitler schickt einen 'außerordentlichen Kommissar', der alle ausschließt, die Stegmann unterstützen. Röhms Zurückhaltung könnte bedeuten, dass ihn, seit er Stennes' Meuterei abgewürgt hat, der immer ähnliche Verlauf beunruhigt: In einer SA-Gruppe staut sich Verbitterung an, bis ihr Kommandeur eine Lösung erzwingen will – die Unterführer stellen sich hinter ihn – Hitler bestraft sofort und drastisch – der Gruppenführer würde möglicherweise einlenken, die Unterführer drängen weiter – übrig bleiben entmutigte und verjagte Männer.

Die fränkische Opposition geht bald im Siegesjubel der Nationalsozialisten unter. Als der Reichskanzler Hitler herrscht, wendet sich Frau Stegmann an die SA-Führung und bittet um Schutz für ihren Mann. Röhm berät sich mit einem Vertrauten: „Ich muss sehen, dass ich Stegmann aus Deutschland fortbringe, sonst werde ich eines Tages nur noch seine Leiche schützen können. Wir wissen ja, was wir von Hitler erwarten können. Und der blutige Zar von Franken, Streicher, bedarf überhaupt keiner Qualifikation."

Für Röhm besiegelt das Jahr 1932 eine Zerrissenheit, der er nicht mehr entrinnt. Selbst Triumphe wie die Rücknahme des SA-Verbots werden ihm vom eigenen oder fremden Lager vergällt. Dabei fordert er Feinde auch heraus – spontan oder bewusst wehrt er den nächsten Angriff vorweg ab. Sein Leben prägt ein Gehetztsein, das ihn körperlich auseinander treibt. Aus Bolivien ist er innerlich wie äußerlich gestrafft, verjüngt zurückgekommen. Nach zwei Jahren an der Spitze der SA sieht er feist, aufgeschwemmt, 'unvorteilhaft' aus.

Auf Inspektionsreise in Breslau 1932

Stabschef Röhm grüßt die schlesischen SA-Standarten

Gruppenführer Heines (Mitte) im Gespräch

Heinrich Himmler Leu, wir kennen uns lange genug, ich rede nicht um den heißen Brei. Du hast zeitweilig den Nachrichtendienst der SA geleitet, du kannst es nachvollziehen. Ich weiß alles über dich, Leu. Ich erwähne ein Beispiel. 30. 8. 1931, Gendarmerie Pörnbach: mit 48 Kilometern Stundengeschwindigkeit durch die Ortschaft. Leu, es geht nicht um Bagatellen, wie ungeschickt du dich im Autoverkehr bewegst. Was bei den Ämtern zu finden ist, weiß ich. Heute geht es um Informationen, die nirgendwo verzeichnet sind, die ich als Leiter des Geheimen Staatspolizeiamtes benötige und die du mir trotz deines Freundschaftsverhältnisses zu Röhm nicht verweigern kannst.

Leon Karl Graf du Moulin-Eckart Heini, du weißt, wer wilde Geschichten herumerzählt und wer ein Interesse hat, Ernst Röhm zu schaden.

Himmler Du kannst helfen, solche Geschichten aufzuklären, Leu. Wir sind der Jahrgang 1900, der erste, der zu jung war, um im Krieg mitzukämpfen, und der nur die Niederlage mittragen muss. Wir haben beide in München studiert, du Juristerei und ich Landwirtschaft.

Du Moulin Du hast Sprachen gelernt, sogar Russisch, oder? Du hast es für untragbar gehalten, in Deutschland zu leben. Aussiedeln wolltest du.

Himmler Es geht um deine Anstrengungen, Leu. Lass uns kurz über die Nachkriegszeit sprechen. Du hast Waffentransporte gefahren.

Du Moulin Während des Studiums, ab 1921 hatte ich Aufträge vom Wehrkreiskommando, respektive Schwarze Reichswehr, für die Ernst Röhm zuständig war. Er hatte für die Geheimtransporte das Autogeschäft Faber aufgezogen. Ständig verfolgte uns die Interalliierte Militärkommission. Wenn Röhm von der nächsten Kontrolle durch die Entente hörte, bekam ich bei Faber Bescheid, wohin Waffen umgelagert werden sollten. Meistens fuhr ich einen LKW.

Himmler 1923 warst du Fahrdienstleiter bei der Autofirma Faber.

Du Moulin In der Zeit kam ich zur Reichsflagge München, die Ernst Röhm straff führte, wie du selber weißt.

Himmler Wir haben beide bei der Reichsflagge und noch mehr bei der Reichskriegsflagge unseren Mann gestanden. Leu, du hast 1923 bei der Waffenbeschaffung eine ganz rühmliche Rolle gespielt. Es wurde schon gründlich zum Kampf gerüstet. Röhm war gewillt, sogar gegen die Reichswehr anzutreten, obwohl er noch aktiver Offizier war.

Du Moulin Darin bestand doch gerade der so genannte Putsch im November. Mit der Reichskriegsflagge haben wir das Wehrkommando besetzt, um die Befehlshaber gegen Berlin voranzutreiben.

Himmler Sehr wohl, du bist nicht der einzige alte Kämpfer. Damals habe ich die Fahne der Reichskriegsflagge mit Stolz getragen und hinter Röhm und dem Umsturz gestanden. Heute aber haben wir die Macht im Staate. Man kann nicht endlos revolutionieren.

Du Moulin Wer beschließt, wann eine Revolution zu Ende ist?

Himmler Damals hast du als Fahrer und Fahrdienstleiter viele Verstecke schwarzer Waffen gekannt. Wo befinden sich Geheimdepots, die nicht aufgelöst und die nicht in den Wehrbestand des Dritten Reiches überführt sind? Bist du in der Lage, die Verstecke aufzuzeichnen, an die du dich erinnerst.

Du Moulin Woher sollte ich so etwas wissen? Wozu sollte das gut sein?

Himmler Wenn irgendwo Waffen lagern, könnte jemand auf den Einfall kommen, sie eines Tages zu benutzen.

Du Moulin Heini, du denkst falsch, wenn du in Richtung Röhm denkst. Trotz wilder Gerüchte bereitet die SA keine Gewaltaktion vor. Unsere schwarzen Waffen hat die Reichswehr einkassiert! Was stiften die Generale an?, das würde ich eher überprüfen.

Himmler Die Geheime Staatspolizei muss jede Möglichkeit abwägen, Leu. Du hast eine Doktorarbeit geschrieben über »Spionage und Landesverrat«, dir müsste geläufig sein, dass alles möglich ist.

Du Moulin Heini, du weißt, Ernst Röhm steht zu Hitler. Er tritt lieber von seiner Position zurück, als Adolf Hitler zu verraten.

Himmler Aber wer garantiert für die SA-Führer, die den Stabschef treiben? Lass uns über deine Zeit als Leiter des SA-Nachrichtendienstes sprechen, Leu. Für dich kaum ein unbeschwerter Posten.

Du Moulin Nach der Stennes-Revolte 1931 wurde die Führung reorganisiert. Ich musste das Nachrichtenwesen leiten.

Himmler Dabei hast du dich unglücklich aufgeführt. Dieser SA-Mann Horn aus Karlsruhe hat uns noch lange mit Bettelbriefen belästigt, weil er ruiniert war und dies seinem Einsatz in München zuschrieb. Nach der Mordgeschichte hat sich Röhm seiner bedient und ihn beschäftigt und bezahlt. Wie ist das gelaufen?

Du Moulin Das kenne ich nur vom Hörensagen.

Himmler Horn hat sich als bei der SA angestellt ausgegeben. Auf der Straße hat er sogar geprahlt, er müsste eine größere Waffenschiebung für den Stabschef machen. Ist es so, dass Röhm in Verfolgungsangst zu Panik neigt?

Du Moulin Das waren nicht nur Einbildungen damals.

Himmler Meinst du, dass der Stabschef so vorgeht? Für geheimste Operationen sucht er sich Leute, die nicht zum Kern der Bewegung gehören, die ihm aber ergeben sind.

Du Moulin Was verstehst du unter geheimsten Operationen?

Himmler Horn hat im Mai 1932 ein Protokoll über die Mordgeschichte, über Buch und Danzeisen und alle Einzelheiten angefertigt.

Du Moulin Das ging von mir aus, ich wollte etwas in der Hand haben, worauf ich mich stützen konnte. Deswegen ließ ich Abschriften von den Briefen machen, die dann der Kripo in die Hände fielen und beim Danzeisen-Prozess als Beweise vorgelegt wurden.

Himmler Es tauchten plötzlich immer mehr Briefe auf.

Du Moulin Horn wollte sich wohl absichern, falls er plötzlich verschwindet, und hat einen eigenen Brief bei einem Bekannten hinterlegt. Die Sache zog Kreise. Die Polizei wäre von allein drauf gestoßen, wenn sie nicht einer von uns informiert hätte.

Himmler Das gehört zu deinen besonders unglückseligen Einfällen.

Du Moulin Trotzdem muss ich dir offen sagen, Heini, erst seit der Sicherheitsdienst in deiner SS arbeitet, haben verstärkt die Angriffe gegen Röhm eingesetzt, die auf seine unglückliche Veranlagung zielen. Das ist mir erst im Nachhinein aufgegangen.

Himmler Wir haben uns alle ausnutzen lassen. Röhm hat dich ins Polizeipräsidium geschickt, als ihn ein Kellnerbursche denunziert hatte, nicht wahr, Leu?

Du Moulin Ich sollte ergründen, wie weit die Sache gediehen war. Ein Kriminalkommissar ließ fallen, dass die Staatsanwaltschaft zugreift. Ein Prozess war nicht aufzuhalten.

Himmler Einer von mehreren. Leu, lass uns über den Blindgänger Bell reden. Röhm hat ihm über alle Maßen vertraut und nach Paris und London und sonst wohin entsandt.

Du Moulin Ernst Röhm setzte große Hoffnungen in Bells Beziehungen.

Himmler Und du hast alle Maßnahmen mit Bell abgesprochen?

Du Moulin Das musste ich als Leiter des Nachrichtenwesens. Bell richtete sein Büro in meiner Wohnung ein, aus praktischen Gründen.

Himmler Die meist aus Pressesudeleien bestanden. Bell agierte vornehmlich bei der SPD. Nicht selbstlos, wie wir jetzt wissen: Er bezog

Monatsgehalt von der SA, 350 Mark plus Spesen, sowie 300 Mark vom Münchner Reichsbanner. Was lieferte er dafür?

Du Moulin Ernst Röhm hielt ihn schon nach kurzer Zeit für vigilant.

Himmler Aber er hat über ein Jahr für euch gearbeitet.

Du Moulin Du warst immer dabei, Heini, als die Mordpläne akut waren. Sollten wir warten, bis wir umkommen? Einer musste die Polizei einschalten. Deswegen verlangte Hitler kategorisch, mich als Adjutant zu entfernen. Ich muss nicht politisch arbeiten, ich habe mein Erbe in Bertoldsheim. Ich wollte meinen Abschied einreichen.

Himmler Röhm hielt dich. Sehr wohl, Leu. Zurück zum Blindgänger Bell. Nachdem du den Nachrichtendienst reorganisiert hast, reicht Bell seine Kündigung ein, weil du ein zu großer Dilettant wärst, Leu, ich kürze ziemlich ab.

Du Moulin Spätestens, wenn die Mordintrige aufgeklärt war, wollten wir uns von ihm trennen. Das ist auch geschehen.

Himmler Weit mehr! Das maßlose Vertrauen hat sich in Rache verkehrt. Unsere Partei ist kaum acht Wochen an der Macht, da wird Bell in Österreich erschossen. Und von wem?

Du Moulin Von wem?

Himmler Der Chef von Röhms Stabswache feuert eigenhändig die Schüsse ab: Stabsführer Julius Uhl. Warum so ungetarnt, und warum nicht schon vorher? Wem nützt gerade jetzt ein Mitwisser weniger? Röhm durchaus.

Du Moulin Mitwisser wovon?

Himmler Leu, das sollst du mir sagen.

Du Moulin Falls Herr Bell hätte Ernst Röhm erpressen können, hätte er das 1932 ausgenutzt. Bis zur Machtergreifung der NSDAP zu warten, wäre geradezu widersinnig.

Himmler Das klingt einleuchtend. Was ich mich frage, ist: Wer hat sich außerdem von Enthüllungen bedroht gefühlt?

Du Moulin Wer hat Bell aufgespürt?

Himmler Mich befremdet die zeitliche Verknüpfung. In dem Moment, wo mir die Politische Polizei untersteht, werden Leute nervös, könnte man denken. Am 1. April 33 bin ich zum Polizeikommandeur Bayerns ernannt. Zwei Tage später ist Agent Bell tot.

Du Moulin Hat ihn eindeutig Uhl erschossen?

Himmler Zweifellos. Was hatte Bell zu offenbaren? Hätte er aufgedeckt, dass es in Röhms Nähe Leute gab oder gibt, die Hitlers Ermordung planen? Sagen wir, zu den Leuten gehörten Bell und Uhl. Hätte Bell bestätigt, dass sie gelost hatten und das Los auf Uhl fiel, der auch entschlossen war, Hitler zu beseitigen?

Du Moulin Ernst Röhm, für den ich sprechen kann, plante niemals Hitlers Ermordung, und er würde jeden aus seinem Kreis davonjagen, von dem er so etwas hört. Heini, wie du weißt, wurde auf mich ein Giftanschlag verübt, offenbar am Tag von Bells Erschießung. Da es bei Bell auch gegen mich ging, kannst du jede Verdächtigung Ernst Röhms fallen lassen. Am gleichen Tag wurde mir Hitlers Befehl übermittelt, der mir die Führung der SA-Untergruppe Wien entzog. Wer oder was steckte dahinter?

Himmler Politisch sind sich, beispielshalber, Röhm und Gregor Straßer nicht so fremd, beide romantisieren die kleinen Leute. Im August 1931 wollte Bell als Gesandter einen Waffenstillstand mit Straßer erreichen. Bist du es diesmal, der Geheimkontakte einfädelt zu Straßer?

Du Moulin Ausgeschlossen. Absurd.

Himmler Nicht ein Pakt der Verschmähten und Enttäuschten? Straßer ist im Unfrieden gegangen und Röhm rüstet die unzufriedene SA gegen Hitler auf.

Du Moulin Letzteres sind pure Gerüchte und Unterstellungen.

Himmler Was weiß Röhm, was tut er, und was tut seine Umgebung, was er nicht verhindert? Das macht mir Kopfschmerzen, nach wie vor. Wie stehst du zu den Bestrebungen der SA, sich über alle politischen Kräfte des Dritten Reichs zu erheben?

Du Moulin Du irrst dich, falls du der SA solche Bestrebungen unterstellst.

Himmler Ich warne dich. Das Menetekel besagt, dass Brigadeführer du Moulin sehr tief stürzen würde.

Der geförderte Sieg

Ein Mann vertritt seine Wahrheit. Aus eigener Kraft. Er ist Röhm, die SA ist Röhms SA. Seine Männer sind es, die marschieren. *Ich wollte dem Arbeiter, dem einfachen Mann, in Wirklichkeit Freund und Bruder sein. Die oft gepriesene Kameradschaft gedachte ich nicht in Worten kund zu tun, sondern durch die Tat zu beweisen.* Die SA ist seine Wahrheit. Die Wahrheit ist kahl. Karg. Kraft. Kampf riecht nach Schweiß. Bürger duften nach Ansehen, nach Karriere. Kampf riecht, erkennt die eigene Kraft. Es ist Röhm, der vorn marschiert und die Männer zum Sieg führt. Sieg riecht nach Kampfschweiß. Nach gemeinsamer Erfahrung, nach Lederzeug, nach Waffenöl: nach Sturmlokal. In vielen Tagen wächst es zum Mittelpunkt des Dienstes: Das Sturmlokal gibt Sicherheit, Ruhe vorm Gegner, Erholung von Kämpfen. Es bietet den Männern das warme Nest, die helfende Hand, Interesse an ihrem Ich. Kameradschaft erfahren sie und damit alles: Heimat. Lebensfreude. Die gemeinsame Wahrheit. Das Sturmlokal wird zur Festung. Von hier geht es los, wie es Horst Wessel in seinem Lied besingt:

> Die Fahne hoch, die Reihen fest geschlossen,
> SA marschiert mit ruhig festem Schritt.
> Kam'raden, die Rotfront und Reaktion erschossen,
> marschiern im Geist in unsern Reihen mit.
> Die Straße frei den braunen Bataillonen ...

Ihren Gegnern – das heißt, nahezu allen politischen Kräften Deutschlands – gilt die SA als Schlägerhaufen, der für die Nazis die Straßen erobert. Röhm sieht in ihr die Masse: Wie ertragen fast 6 Millionen Arbeitslose Deutschland, das nichts außer Verzicht zu bieten hat? Er sieht, erfährt und fühlt mit ihnen, weil er seine Männer liebt. Er liebt Männer auch körperlich. Genau das, was ihn anfällig macht für Anfeindungen von allen Seiten, macht ihn sozial empfindlich. Es bewirkt, dass ihm Fanatismus abgeht, aber seine Entschlossenheit wächst – allerdings ohne klare Richtung. Andere handeln politisch zielstrebiger, suchen Verbündete.

Kanzler Schleicher redet davon, Arbeit zu schaffen. Er stellt beim Reichspräsidenten den ehemaligen Naziführer Gregor Straßer vor. Im Mai hat Straßer vorm Reichstag ein Programm der NSDAP begründet: „Das

Volk protestiert gegen eine Wirtschaftsordnung, die nur in Geld, Profit, Dividenden denkt ... Interessant und wertvoll an dieser Entwicklung ist die große antikapitalistische Sehnsucht – wie ich es nennen möchte – die durch unser Volk geht".

Im Mai hat Hitler seinen Wirtschaftsberater Wilhelm Keppler ermuntert, sich »um die Theorien des Braunen Hauses absolut nicht zu kümmern« und Förderer zu erkunden. Keppler und sein Verwandter Kranefuß, ein Adjutant Himmlers, wählen den Förderkreis aus: Industrielle wie Vögler (Stahlverein), Rosterg (Kalisyndikat) und Bankiers wie Reinhart (Commerzbank), Schacht oder Schröder. Letzterer blickt zurück: Als zur November-Wahl 1932 die NSDAP »ihren Höhepunkt überschritten hatte, wurde eine Unterstützung durch die deutsche Wirtschaft besonders dringend«; ein ausgesuchter Unternehmerkreis geht zum Handeln über; SS-Führer Himmler beginnt, eine eigene Rolle zu spielen – jene Petition an den Reichspräsidenten zugunsten des Führers der »größten nationalen Gruppe« wird von Keppler, Himmler und Schacht mit dem noch amtierenden Kanzler Papen abgestimmt.

Das Quartett trifft sich Mitte Dezember erneut. Keppler informiert Hitler: »Dieser Tage war ich mit Dr. Schacht und Baron von Schröder ... zusammen ... Herr von Papen hält eine baldige Änderung der politischen Dinge für möglich und tritt voll für Ihre Kanzlerschaft ein«. Eine Einigung ist angebahnt. Weil Hitler die Abfuhr beim Reichspräsidenten »als persönliche Niederlage empfand, war seine Stimmung gegenüber Herrn von Papen lange Zeit sehr schlecht«, legt Keppler dem Bankier Schröder dar: »ich hoffe, daß es Ihrer Geschicklichkeit gelingt bei der Besprechung die letzten Hemmnisse zu beseitigen.«

Könnte die nationalsozialistische Partei nur eigene Reserven nutzen, verfiele sie vielleicht in Stillstand. Ihre Förderer beschleunigen die Zugmaschine NSDAP und sie rollt auf ihr Gleis für die nächsten zwölf Jahre: Am 4. Januar 1933, im Haus von Bankier Schröder, vereinbaren Hitler und Papen ein Regierungsbündnis. Papen stimmt der »Entfernung aller Sozialdemokraten, Kommunisten und Juden von führenden Stellen« zu, überliefert Schröder: »Ein gemeinsames Interesse der Wirtschaft bestand in der Angst vor dem Bolschewismus und der Hoffnung, daß die Nationalsozialisten ... eine beständige politische und wirtschaftliche Grundlage«, »eine wirtschaftliche Konjunktur durch das Vergeben von Staatsaufträgen« gewährleisten. Tatsächlich kurbelt dann Hitlers Regierung den Straßenbau, die Automobil- und Luftfahrtindustrie, die militärische Aufrüstung an.

Kanzler-General Schleicher ahnt nichts von geheim geknüpften Fäden, über die er stürzen wird. Er erblickt offenere Bedrohungen. Die straff organisierte SA hat die fünffache Größe der Reichswehr erreicht. Seine Spitzenmilitärs warnt Schleicher vor »Bestrebungen der SA, eine eigene Wehrmacht zu gründen«; er weist an: Bei unteren Stellen »soll ... das Verhältnis zur SA und ihren Führern nicht getrübt werden«. Vor seinen Ministern formuliert Schleicher Mitte Januar 1933 als Entscheidungsfrage: Ist die NSDAP zur Mitarbeit zu gewinnen oder wünscht sie, die Regierung zu bekämpfen? Hitler will nicht an die Macht, davon zeigt sich Kanzler Schleicher überzeugt.

Am 22. Januar führen Hitler, Goebbels und Röhm eine Demonstration durch Berlin. Sie ziehen – am Parteihaus der KPD vorbei – zum Friedhof St. Nikolai, wo der SA-'Märtyrer' Horst Wessel beerdigt liegt. Der Aufmarsch heizt die Stimmung für Koalitionsberatungen an. Am Abend, vermittelt durch Papen, werden zwei Männer miteinander bekannt. Oskar von Hindenburg, Sohn und Adjutant des Reichspräsidenten, lauscht einem längeren Vortrag. Hitler erläutert, warum er an der Spitze der nächsten Regierung stehen müßte.

Am 28. Januar 1933 dankt Kanzler-General Schleicher ab. Beim Präsidenten vertreten drei Berater – Sohn Oskar, Staatssekretär Meißner und Exkanzler Papen – gemeinsam, was sie als verfassungsmäßig letzte Lösung bezeichnen: Adolf Hitler bildet eine Regierung, doch die Nationalsozialisten sollen in der Minderheit bleiben unter deutschnationalen und bürgerlichen Ministern. Der 'Hut' Papen ist bereit, diesmal den Kopf Hitler zu bedecken.

Papen, der deutschnationale Parteivorsitzende Hugenberg und Stahlhelm-Führer Seldte erstellen die Liste der Minister. Schon am 30. Januar sollen sie vereidigt werden. Eine letzte Beratung, die letzte Verzögerung: Hugenberg sträubt sich, den Reichstag aufzulösen. Hitler besteht darauf und schwört schließlich, das Kabinett nicht zu verändern, gleichgültig, wie die Neuwahlen ausgehen. Ein Abglanz des Streits findet sich in Goebbels' Tagebuch: »Mittags saßen wir alle im Kaiserhof ... Stabschef Röhm steht ewig und ununterbrochen am Fenster und beobachtet den Ausgang zur Reichskanzlei. Hier muß der Führer herauskommen. Man wird es seinem Gesicht ansehen können, ob es gelungen ist ... Die Massen rufen ... Der Führer kommt! ... Er sagt nichts ... Aber seine Augen stehen voll Wasser. Es ist soweit! Der Führer ist zum Reichskanzler berufen.«

Zum letzten Mal wird zum Appell geblasen!
Zum Kampfe stehn wir alle schon bereit.
Bald flattern Hitlerfahnen über allen Straßen,
die Knechtschaft dauert nur noch kurze Zeit!
Die Fahne hoch, die Reihen dicht geschlossen ...
Hitler hält die erste Regierungssitzung ab, während Röhm zur Siegesparade rüstet. Am Abend verfolgt aus seiner Residenz Frankreichs Botschafter François-Poncet den Marsch von SA, SS und Stahlhelm: »Die Fackeln bilden einen einzigen Feuerstrom, ... der mit herrischer Macht in das Herz der Hauptstadt dringt. Und von den Männern im braunen Hemd und in hohen Stiefeln, die diszipliniert in Reihen marschieren und mit gleichmäßigen Stimmen aus voller Kehle kriegerische Lieder singen, geht eine unerhörte Begeisterung, eine dynamische Kraft aus ... Der Feuerstrom zieht ... unter den Fenstern des Reichskanzlerpalais vorüber. Dort oben steht der Greis, auf seinen Stock gestützt ... An einem nahen Fenster steht Hitler, von Zurufen, einem Sturm der Begeisterung begrüßt.«

Einer Anekdote zufolge verschwimmen dem greisen Hindenburg angesichts der vorbeischreitenden Massen die Zeiten. Als wäre er wieder Oberkommandierender des deutschen Heers im Weltkrieg, hätte er seinen Generalquartiermeister gelobt: „Ludendorff, wie gut Ihre Männer marschieren und was für eine Menge Gefangene sie gemacht haben."

Die Straße frei den braunen Bataillonen!
Die Straße frei dem Sturmabteilungsmann!
Es schaun aufs Hakenkreuz voll Hoffnung schon Millionen.
Der Tag für Freiheit und für Brot bricht an.

In der Reichskanzlei, nachts mit Heß, Göring, Goebbels und Röhm zusammen, redet Hitler und redet: „Irgendein Sender hat mich heute im Ausland als 'Anti-Christ' bezeichnet. Das einzige, was ich 'anti' bin, ist wahrscheinlich nur, daß ich ein 'Anti-Lenin' bin ... Heute Abend war vom sogenannten roten Berlin nichts mehr zu merken."

Ein Aufruf an die SA und SS gibt ihre neue Marschrichtung vor: *Ein großes Ziel, ein stolzer Kampfabschnitt ist erreicht. Nun aber gibt es erst recht keine Rast! Siegesbewußt, in straffer Manneszucht und Treue zum Führer und im heiligen Glauben an ihre geschichtliche Sendung setzt die Braune Armee ihren Vormarsch weiter fort. Die Parole lautet: Vorwärts! Am Ende aber steht als ihr unerschütterliches Ziel die Ehre und Freiheit des deutschen Volkes und Vaterlandes. Berlin, 31. Januar 1933. Der Chef des Stabes: Ernst Röhm.*

EXKURS

GESTEIGERTE ENTHÜLLUNG

Das Duell Eulenburg – Harden oder: Wie gewinne ich die öffentliche Meinung?

Es saßen die alten Germanen zusammen, wenn sie richteten, überliefert Tacitus im ersten Jahrhundert unserer Zeit: Im Thing entscheiden die waffenfähigen Männer über Leben und Tod, dort »darf man auch Klagen vorbringen und ein peinliches Gerichtsverfahren anstrengen. Die Strafen werden unterschieden nach der Art des Vergehens: Verräter und Überläufer hängen sie an Bäumen auf, Feige, Kriegsscheue und Unzüchtige versenken sie in Kot und Sumpf, wobei noch Flechtwerk über sie gelegt wird. Durch die Verschiedenheit der Bestrafung will man Verbrechen zur Schau stellen, während sie bestraft werden, Laster aber den Blicken entziehen.«

Die Germanen schreiben nicht, sie sprechen Recht. Landesverrat und Fahnenflucht – Feigheit und Kriegspflichtverweigerung – Unzucht: So lautet die Abstufung dessen, was Anstoß erregt. Waffenfähige Moral als 'gesundes Volksempfinden' gegen das, was die Gemeinschaft in Frage stellen könnte. Wer ihre alltägliche 'Normalität' bricht, gerät unter Strafe. Wird so genannte Unzucht öffentlich vorgebracht, zeigt sie einen drohenden Einriss im Zusammenhalt an – einen toten Winkel, von dem die Gemeinschaft sich absperrt. Ja, so genannt zu werden, birgt die Verurteilung schon in sich.

Sprung ins 20. Jahrhundert: Angenommen, eine Wochenzeitung verdächtigte den engsten Vertrauten des Staatsoberhaupts als Diener fremder Mächte und Intriganten, der ihn zudem mit einem Ring schwuler Beamter umgeben hätte – das erfasst nur im Abglanz die Auseinandersetzung Eulenburg–Harden, die mehrere politische Prozesse im deutschen Kaiserreich bewirkte und es von der Spitze bis in die Grundmauern erschütterte.

MEISTER DER GEGENWART

So fern der germanische Alltag, so vergessen war schon für die erste Nachkriegsgeneration das Staatsgepräge der Kaiserzeit. Ein versunkenes Land: Wie nachvollziehen, was 'normal', was selbstverständlich oder was verpönt war? Was steht im Vordergrund? Auftritt des Monarchen: Wilhelm II., letzter gekrönter Hohenzoller, schätzt die Macht, aber nicht Politik, wenn sie Planung und Geduld erfordert. Wie er seine Tage am liebsten verbringt, ist am Hof bekannt: Majestät wünschen Unterhaltung. Das bildet die Voraussetzung für einen einmaligen Aufstieg: Philipp Graf zu Eulenburg, aus altpreußischem Adel, als Leutnant vom Heer verabschiedet, dann ins diplomatische Korps aufgenommen. Ihn schließt Wilhelm schon als Kronprinz ins Herz. Der zwölf Jahre ältere Graf möchte eigentlich als Künstler leben, »Phili« besitzt die Gabe charmanter Plauderei, hält unerschöpflich Anekdoten parat, trägt am Klavier selbstverfasste ROSENLIEDER vor, ist nie um einen Zeitvertreib verlegen. Der Kaiser Wilhelm lohnt es ihm, so ab 1894 mit der Botschafterstelle in Wien. Seit der Zeit kommt Eulenburg regelmäßig als Staatssekretär oder gar Reichskanzler ins Gespräch. Hoch geehrt, gefürstet, wird er plötzlich 1902 Privatier und meidet offizielle Ämter: Weil, wie er einem Cousin mitteilt, »der s t e t e Verkehr mit dem Kaiser mich abnutzen würde. Der s t e t e Gegensatz zwischen „Flügeladjutanten-, Militär- und Kabinettspolitik" einerseits und andererseits dem Auswärtigen Amt, dessen Z i v i l organisation und sachlicher Bildungsstandpunkt niemals eine herrschende Militärgruppe, die den Kaiser als „Kameraden" unter sich hat, überzeugen kann, würde mich wie zwischen zwei Mühlsteinen zermalmen. Nur solange ich als Freund des Kaisers existiere, dessen Wiedersehen ihn erfreut, dessen Briefe er liebt und beachtet, bin ich wirksam für ihn und das Vaterland«. Zwischen den Machtgruppen tätig, sich selbst unentbehrlich zu machen, hier fühlt Eulenburg sich wohl. Er untertreibt, wenn er nur seinen Status als Freund betont. Beispielsweise begleitet er vierzehn Jahre lang als »verantwortlicher Vertreter der Regierung« die Schiffsreisen Wilhelms II. durch skandinavische Gewässer; zu den mehrwöchigen Ausflügen kümmert er sich ohnehin um das Unterhaltungsprogramm. In jedem Herbst organisiert er Jagden usw. – er übernimmt sozusagen das, was späterhin das Fernsehen tut: Er füllt das Denken aus, in diesem Fall das kaiserliche Denken.

Selbst solch ein Vergnügungsmeister hat Kümmernisse. Auf Nordlandfahrt vertraut er dem Tagebuch an: »Die Orchestermusik von früh bis abends ist auf die Dauer recht ermüdend, um nicht zu sagen „unerträglich". Aber der Kaiser gehört zu den Menschen, denen Lärm einen angenehmen Eindruck macht ... Wenn eine gewisse Tuba ertönt, und ich in meine Kabine geflohen, so klappert jedesmal das Porzellan auf dem Waschtisch.« Abends »wird wieder die gräßliche Zither gespielt bis ½12 Uhr. Dann kommt Cuno und assistiert meiner Nachttoilette« – was immer man sich darunter vorstellen mag – »während wir die Tagesfragen und -sorgen besprachen resp. belachen. Denn das Leben um einen Kaiser herum ist oft „zum Lachen" – (wenn es nicht „zum Weinen" wäre!)«.

Eine Ausnahmestellung: Ohne Hofrang über allen Chargen, als Freund und Maître de Plaisir jederzeit willkommen, stets am Ohr des Herrschers, gelingt es Eulenburg, Posten mit seinen Getreuen zu besetzen. Seit gemeinsamer Diplomatenzeit einander verbunden, verdankt ihm Bernhard von Bülow maßgeblich den Aufstieg zum Reichskanzler. Briefanreden wie »Geliebter Bernhard!« sind üblich. Doch unter den ihm Nahen bevorzugt Eulenburg einen: Kuno von Moltke, »Tütü«, der seinerseits brieflich seufzt: »ich sehne mich nach der alten Philine«. Seit der Offiziersausbildung kennt man sich. Moltke rückt beim Kaiser zum Flügeladjutanten auf, 1905 zum Berliner Stadtkommandanten. Im Freundeskreis ist gar ein Scherz erlaubt über Seine Majestät, in vertraulichen Schreiben »das Liebchen« genannt.

Verdrängte, Argwöhnische

Es bleibt nicht aus, wer in der deutschen Hauptstadt Einfluss gewinnt, nimmt ihn Andern. Beispielloser Einfluss entsteht, wenn Regierende weichen sollen. Eulenburgs Platz neben dem Kaiser hat eine Vorgeschichte, mit Verletzungen. Seine Leiche im Keller heißt Bismarck. Der 'Eiserne Kanzler' förderte den Nachwuchsdiplomaten; familiärer Verkehr, eine Freundschaft mit Sohn Herbert waren dem Vorankommen dienlich. Doch im März 1890, als (der 74-jährige) Bismarck unfreiwillig als Reichskanzler abtritt, hält sich Eulenburg beim (31-jährigen) Kaiser auf. Er könnte sich rehabilitieren, wenn er am Hofe als eine Art Spion für jene mitarbeitet, die – wie der 'Eiserne' selbst – ihre baldige Rückkehr ins Amt erwarten. Eulenburg tut nichts dergleichen und fortan gilt er als Überläufer.

Otto von Bismarck bleiben bis zum Tod acht lange Jahre, um sie getreu seinem Ausspruch „Ich hab die ganze Nacht gehasst" zu füllen. Ihn erreicht 1891-92 der Neujahrswunsch eines jungen Autors, der sich zu pseudonym veröffentlichten Artikeln bekennt, die am jungen Kaiser Marktschreiertum und Pomp tadeln wie den Verlust echter Größe und Persönlichkeit bedauern. Bismarck zeigt sich bereit, demjenigen »meinen Dank persönlich zu wiederholen«, »dessen sachkundige Aufsätze ich mit Interesse lese«.

So beginnt eine folgenreiche Verbindung. Felix Ernst Witkowski ist in Berlin, in einer kinderreichen Kaufmannsfamilie aufgewachsen; als Jugendlicher vom jüdischen zum evangelischen Glauben übergetreten. Gut zehn Jahre hat er Wandertruppen als Schauspieler angehört, unter dem Namen Maximilian Harden. Diesen behält er bei, als er zum Journalismus wechselt. Gerade entsteht seine Zeitschrift Die Zukunft, als er Bismarck das erste Mal trifft – und worüber sie in der Folgezeit sprechen, bleibt nicht ohne Niederschlag in Leitartikeln und Glossen. Auch Unpublizierbares, Privates fällt ab, Hinweise etwa auf „Kinäden", und zwar das „normwidrige Sexualempfinden" Philipp zu Eulenburgs. Worauf gründen sich die kaiserlichen Gefühle zu ihm? Begegnen sich in dieser Freundschaft nicht Familienväter, denn Eulenburg hat acht Kinder und Wilhelm sieben?

1898 stirbt Bismarck und hinterlässt, laut Harden, das Urteil: „Wenn er in der Nähe des hohen Herrn ist, nimmt Eulenburg Adorantenstellung ein.

Meinetwegen ganz aufrichtig ... Sobald der Kaiser aufblickt, ist er sicher, dieses Auge schwärmerisch auf sich geheftet zu sehen."
Wilhelm II. erwidert diese Hingabe mit tiefstem Vertrauen. Es entwickelt sich »bis gegen Ende der 90er Jahre kaum eine wichtige Angelegenheit im Innern wie nach außen«, wo nicht Eulenburg beteiligt oder »sein stiller Einfluß entscheidend« ist, so sein Biograf Haller. Im Hintergrund wirkt ein zweiter Mann, ähnliche Karrieren verbinden: Auch Friedrich von Holstein, unter Bismarck Diplomat geworden, hat früh die Seite gewechselt; unter Wilhelm beherrscht er das Auswärtige Amt. Dem Vortragenden Rat schwebt Eigenes vor, ein Kaiser »fern von Berlin, am Meeresufer oder im Walde weilend, mit Vorträgen lediglich für Unterschriften beschäftigt«. Solange ihm Eulenburg folgt, den Landesherrn zu leiten, können sie sich als Gleichgesinnte verstehen. Meinungsgegensätze wachsen indessen zu offener Feindschaft. Holstein hält sich für unersetzbar, erbittet seinen Abschied und rechnet mit Ablehnung. Doch im April 1906 wird er entlassen. Wie Bismarck sieht er sich als Opfer vieler Widersacher, vor allem Eulenburgs, trotz Gegenbeteuerungen – und wieder ergreift der Herausgeber der ZUKUNFT Partei. Hardens Würdigung, Holstein hätte »während drei Lustren der internationalen Politik des Deutschen Reiches die Richtung gewiesen«, freut den Gelobten: Für Kenner des »innere[n] Getriebe[s] unserer auswärtigen Politik ... bedarf die Behauptung, daß ich allemal die entscheidende Instanz war, überhaupt keiner Widerlegung«.

Kann es im Staatsgetriebe so weitergehen? Die Gunst für Eulenburg äußert sich im kaiserlichen Du und neuerlich im höchsten preußischen Orden, dem Schwarzen Adler. Nun sammeln sich gegen ihn beiseite Gedrängte und solche, die diese Rolle ahnen. Selbst der »Geliebte Bernhard« argwöhnt, dass sein bisheriger Weggenosse ihn des Amts entheben will oder soll. Kanzler Bülow hat, beraten durch Holstein, jenen berühmten Satz vom Platz an der Sonne geprägt – dem ist Deutschland keineswegs näher: In Verhandlungen um Marokko behauptet Frankreich seine kolonialen Ansprüche; seit 1904 sind Frankreich und England verbündet, in ihre ENTENTE CORDIALE wollen sie Russland einbeziehen. Weltpolitisch gerät Deutschland ins Hintertreffen und zwei 'Kinäden' mischen dabei mit: Anfang November 1906, gerade als der Kaiser zur Jagd auf Gut Liebenberg weilt, besucht den Gutsherrn Eulenburg auch der französische Botschaftsrat Lecomte. Welche geheimen Informationen werden hier erschlichen oder beeinflusst? Ein so schädlich wirkender Einflüsterer beim Kaiser fordert Leute heraus, für die der Journalist Harden sich zur Speerspitze macht.

Auf Nordlandreise: Wilhelm II. und Philipp zu Eulenburg mit dem Schoßhunden Dachs und Lux

Wie bahnt man Enthüllung an?

Womit vernichtet man scheinbar unantastbare Gegner? Im Keller ruhen Bismarcks Sexual-Hinweise; Holstein, der gleichfalls geschasste (und zudem 'Kinäde', wird gemunkelt), weiß weitere Interna – wie sind sie aufzubereiten? In Hardens ZUKUNFT erscheint am 17. November 1906, was Fortsetzung androht, »Praeludium«: »Er hat für all seine Freunde gesorgt. Ein Moltke ist Generalstabschef, ein anderer, der ihm noch näher steht, Kommandant von Berlin ... Lauter gute Menschen. Musikalisch, poetisch, spiritistisch ... von rührender Freundschaftlichkeit. Das Alles wäre ihre Privatangelegenheit, wenn sie nicht zur engsten Tafelrunde des Kaisers gehörten und ... von sichtbaren oder unsichtbaren Stellen aus Fädchen spönnen, die dem Deutschen Reich die Athmung erschweren.« Die Freundes- und Vetternwirtschaft wird beim Kopf benannt: »Heute weise ich offen auf Philipp Friedrich Karl Alexander Botho Fürsten zu Eulenburg ... als auf den Mann, der mit unermüdlichem Eifer Wilhelm dem Zweiten zugeraunt hat und heute noch zuraunt, er sei berufen, allein zu regiren, und dürfe, als unvergleichlich Begnadeter, nur von dem Wolkensitz, von dessen Höhe herab ihm die Krone verliehen ward, Licht und Beistand erhoffen ... Das unheilvolle Wirken dieses Mannes soll wenigstens nicht im Dunkeln fortwähren.«

In der Folgenummer zielt Harden unter die Gürtellinie, anspielungsreich wird FAUST persifliert: »Nacht. Offenes Feld im Ukergebiet.

Der Harfner: „Hast Dus gelesen?"

Der Süße: „Schon Freitag."

Der Harfner: „Meinst Du, daß noch mehr kommt?"

Der Süße: „[...] er scheint orientirt, und wenn er Briefe kennt, in denen vom Liebchen die Rede ist .."

Der Harfner: „Undenkbar! Aber sie lassens überall abdrucken. Sie wollen uns mit Gewalt an den Hals. [...] Wenn nur Er nichts davon erfährt!"«

Zumindest die Angepeilten dechiffrieren es leicht: Er, der »Liebchen«-Kaiser! Der Süße von Moltke und Harfner Eulenburg können sich nicht mehr nur abducken. Was tun? Zwei Wochen später zeigt Harden einen Rückzugsweg:

»Wirds nöthig, dann werde ich lauter reden. Mich aber freuen, wenn das Grüppchen, dem ich jedes Privatvergnügen gönne, das politische Geschäft aufgiebt und mir (und Anderen) leidige Pflichterfüllung erspart.« Absatz, dann der Gnadenstoß: »Bald muß sichs entscheiden.« Nachdem Harden noch einem Vermittler versichert hat, dass damit Ruhe einzieht, verlässt Eulenburg das Land, um am Genfer See seine angegriffene Gesundheit zu kurieren.

Nein, keine graue, Eulenburg ist eine schillernde Eminenz. Kein Ziel, kein Gegner passt besser in Hardens Stil: selbstbewusst bis selbstgefällig, mal – auch orthografisch – schrullig, mal schwülstig, mit Bildungsprotzerei garniert, oft mit Scharfblick. Zur Debatte des Kolonialhaushalts im Reichstag stellt er fest: »Anderthalb Tage für die internationale Politik, sieben für Niggermißhandlungen.« Dabei scheut er nicht Bekundungen wie: »Deutschostafrika ist Negerkolonie; nichts weiter ... aber, das Schicksal großer Reichsgebiete, die deutsches Blut erkauft hat, dürfte nicht von Zufällen abhängen.« Die Aufsätze von 1907 lassen auf Holstein schließen; die Außenpolitik Wilhelms II. verdrießt Harden: »Früher hieß es: Deutschland ist unberechenbar ... und plant Besitzrechtsveränderungen, die wir nur gemeinsam, in Strategischer Front, hindern können. Jetzt heißts: Deutschland ... bellt höchstens, beißt aber nicht«. Dessen geschwächten Stand unter den Großmächten erörtert Die Zukunft wiederholt. »Wilhelm der Friedliche« würde z. B. Frankreich nie angreifen, diese Gewissheit hätte Botschaftsrat Lecomte – »von der münchener Gesandtenzeit her dem Fürsten Philipp Eulenburg intim befreundet« – längst nach Paris übermittelt.

Es geht also um Streit unter Imperialisten: mehr drohen oder taktieren, um weltweiten Einfluss neu verhandeln oder sich bereit zeigen, siegreich Frankreich zu schlagen? Harden befürwortet eine Politik der Stärke. Hält der Taktierer sich endgültig zurück? Nein, er kehrt heim. Nun greift Harden ins Moralische und gibt den Empörten: »Prinz Friedrich Heinrich von Preußen mußte, weil er an ererbter Perversion des Geschlechtstriebes leidet, auf die Herrenmeisterschaft im Johanniterorden verzichten. Gilt für das Kapitel des Schwarzen Adlers mildere Satzung? Da sitzt mindestens Einer, dessen vita sexualis nicht gesunder ist als die des verbannten Prinzen«. Auf die Art wird eine kaum noch verhüllte Denunziation Eulenburgs öffentlich; und ihr Dunstkreis erfasst den, der doch über seine Auszeichnungen besser wachen sollte: Wilhelm II. Der müsste jetzt reagieren – wenn er denn davon wüsste.

Skandal ohnegleichen: Der Freund und Ratgeber des Kaisers pervers! Die Stunde der Feinde, die Eulenburg sich in zwei Jahrzehnten verschafft hat, naht. Der Kronprinz berichtet's, sein Vater ist schockiert. Nicht nur über die ZUKUNFT und andere Zeitungen, auch vom Gerede über eine »Hofkamarilla«. Prompt soll Berlins Polizeipräsidium eine Liste »aller der Päderastie verdächtigen Personen« liefern. Bald erklärt der Innenminister, »daß der Kaiser die feste Absicht habe, seinen Hof von derartigen Elementen zu säubern. Eulenburg, Hohenau und Moltke habe er selbst als Homosexuelle jetzt erkannt und diese seien für ihn erledigt.«

Abtritt des Monarchen. Den Gestern-noch-Günstling lässt er durch einen Adjutanten befragen; mit Ehrenwort beteuert Eulenburg, »einwandfrei« zu sein. Postwendend richtet ihm Immer-noch-Kanzler Bülow aus, was der Kaiser erwartet: eine »unzweideutige Erklärung ..., worauf er gegen Harden vorzugehen hat«, oder, »dass er unter Rückgabe des Schwarzen Adlerordens und Vermeidung jeden Aufsehens alsbald ... sich ins Ausland begibt«.

Nachdem Harden eine Duellforderung ablehnt, will der Eulenburg-Kreis juristisch zurückzuschlagen. Ein Prozess im Oktober 1907 enthüllt der Öffentlichkeit, was die Sensation zum Kochen bringt. Was Harden seit Jahren bekannt ist – Einzelheiten, die auf ein inniges Verhältnis deuten. Gegen Privatkläger Kuno Moltke bezeugt die von ihm geschiedene Frau: Sie wäre von Eulenburg aufgefordert worden, ihm seinen Freund zurückzugeben, und Moltke hätte ein von Eulenburg vergessenes Taschentuch geküsst. Auf die »Hofkamarilla« bedacht, erfragt Harden bei der Kronzeugin, was „der Privatkläger gesagt hat: Wir haben einen Kreis um S[eine] M[ajestät] geschlossen, da kommt niemand hinein!" – Antwort: „Das habe ich von meiner Mutter gehört." Im Weiteren sagen kaiserliche Gardesoldaten aus, dass Männer – darunter Eulenburg und Moltke – widernatürlich an ihnen gehandelt hätten. Das Urteil lautet: Freispruch für Harden. Auf zur nächsten Runde. Extrablätter, Extrablätter!

Die preußische Amtsmacht erwacht. Obwohl keiner Berufung einlegt, soll neu verhandelt werden, statt in Privatklage nun staatsanwaltlich geführt. Derweil machen selbst vor Reichskanzler Bülow Anschuldigungen nicht halt. Ihn bezichtigt Adolf Brand, Herausgeber der Schwulenzeitschrift DER EIGENE. Ihr Gerichtsverfahren rollt kurz und schmerzlos ab: Bülow verneint eidesstattlich normwidrige Neigungen und Brand erhält die höchstmögliche Gefängnisstrafe. Der als Zeuge geladene Philipp Eulenburg beschwört, er hätte „niemals Handlungen, die gegen § 175 verstoßen", begangen. Dazu muss man wissen, dass § 175 den Spielraum lässt, nur »beischlafartige Handlungen« zu bestrafen. Ein Schuft, wer Arges dabei denkt.

Kuno Moltke verpflichtet zu seinem zweiten Prozess einen neuen Verteidiger. Ein anderes Gericht, zeitweise Ausschluss der Öffentlichkeit, weitere Zeugen, ein Staatsanwalt, der die frühere Frau Moltke zu Tränen und verwirrten Aussagen treibt: Am Ende wird Harden zu vier Monaten Gefängnis verurteilt, Moltke und mit ihm Eulenburg verlassen den Saal als Unschuldige. Eine Episode bleibt freilich zukunftsweisend: Erneut wollte Eulenburg beteuern, den § 175 nicht verletzt zu haben. Im Kreuzverhör bohrt Hardens Anwalt nach, ob straffreie Handlungen erfolgt wären, „insbesondere mutuelle Onanie". Auch solche „Schmutzereien" weist Eulenburg von sich, wiederum unter Eid, und bietet damit die gewünschte Blöße:

Rechtsanwalt Bernstein stammt aus München, wo Eulenburg ab 1881 für die preußische Gesandtschaft tätig gewesen ist. Die bayerische Hauptstadt, ein Mekka der Kunst und des Klatsches, ein Hort für Gemälde und Gerüchte: Hier wie in Starnberg hat Legationsrat Eulenburg nichtstandesgemäße Bekanntschaften gepflegt. Auf nach Bayern!

Preußens Richtern lässt sich gewiss etwas beweisen, es braucht bloß den passenden Prozess. Darf ein Lokalblatt verbreiten, Harden wäre bestechlich, er hätte von Eulenburg »eine Million erhalten, damit er schweige und nichts Weiteres aufdecke«? Dagegen lässt sich trefflich klagen. Harden sieht aufs Schlimmste seine Ehre verletzt und versichert vorm Amtsgericht München: Nein, er hielte kein Material zurück, im Gegenteil! Seinen Antrag im Moltke-Prozess, Eulenburg geleugneter Vergehen und des Meineids zu überführen, hätte die Berliner Instanz missachtet. Nun, hier im Süden wird Harden »Beweiserhebung durch die von ihm benannten ... Zeugen« bewilligt. Georg Riedel, zurzeit Milchhändler, verheiratet, gesteht: Vor dreißig Jahren, als Bursche hat er den Grafen auf den Starnberger See gerudert und bei ihm in München verkehrt, also insgesamt 1 500 Mark von Eulenburg erhalten. Der nächste Vorgeladene windet sich. Jakob Ernst, Fischer, Witwer: Auch er ist in Dienst genommen worden, erst zum Rudern, später als Reisebegleiter und Diener. Aber vorwerfen könnte er Herrn Grafen nichts. Nach drängendem Kreuzverhör durch Rechtsanwalt Bernstein beeidigt er wie der erste Zeuge, was das Gericht als »gleichgeschlechtliche Unzucht« protokolliert.

Eben noch hat man in Berlin für ein nächstes Verfahren gegen Harden ermittelt, denn er und sein Verteidiger wurden wegen Beleidigung angezeigt – von Eulenburg. Nun sieht dieser sich einer Meineids-Untersuchung ausgesetzt. Nun bettlägerig, streitet er selbst in Gegenüberstellungen weiter ab, was Begleiter seiner frühen Jahre zugeben.

Die Justiz arbeitet rasch, ohne Schonung für ehemalige Kaiserfavoriten. Gegen Eulenburg ergeht Haftbefehl. Haussuchungen, aufgefundene Briefe belasten ihn. Das Schwurgericht eröffnet die Verhandlung

Ende Juni 1908. Harden (seine Verurteilung ist aufgehoben) bleibt im Vorteil, als über sechzig Zeugen Eulenburgs Lebenswandel beschrieben haben. Der Beschuldigte verfolgt alles auf einer Art Krankenbett liegend, untergebracht ist er in der Charité – für Harden wieder ein Grund zum Spott. Ein Simulant?

Die Ärzte halten ihn für »nicht transportfähig, er schwebt in ständiger Lebensgefahr«. Das Gericht verhandelt in der Klinik weiter; Mitte Juli 1908 beschließt es die Vertagung, um den Meineidsprozess nie mehr aufzunehmen. Der Charité-Direktor erklärt den Angeklagten auf absehbare Zeit für verhandlungsunfähig. Der Kaiser hat ihn längst fallen gelassen.

Verbissene Biedermänner

Wie bis heute bei Staatsaffären, kommt ihre Machart schichtweise heraus. Sozusagen die Kruste, das, was der Öffentlichkeit zuerst vorgesetzt wird, ist das höchste Staatswohl. Es geht ums Vaterland, für weniger nimmt keiner der Beteiligten Platz. Fix gruppieren sich die Medien um den Braten, da steigt hoch, was im Keller kocht, für welche Interessen-Gelage, wer bedient oder abräumt (selbstverständlich ohne Vorsatz). Nun spätestens wird nachgewürzt, reichlich »christliche Grundwerte« und Moral – damit der Dunst, der alles zusammen warmhält, nicht ruchbar wird. Ganz unten schmoren saures Sich-Zurückgesetzt-Fühlen, getränkte Eitelkeit, scharfer Neid auf den Platz am Throne, wie einst neben dem Kaiser nun an der Regierungstafel, den Andere besetzt halten. Was wiederum Klein-Fritzchen gut nachfühlen kann, weil jeder schon mal nur am Katzentisch oder gar nicht mitessen durfte – von solchem Schauern, dass jetzt endlich der Andere abserviert wird, lebt die Pressesensation. Sprung ins 20. Jahrhundert:

Philipp zu Eulenburg, könnte man fast ohne Übertreibung sagen, gab den Schoßhund, des Kaisers liebsten Spielkameraden. Als aus dem Spiel Skandal gemacht wurde, musste er verschwinden. Wie ein getretener Hund verzieht er sich in seine Hütte, auf sein Landgut mit dem tröstlichen Namen Liebenberg. »Ich mache Furchtbares durch!« Eulenburg liegt darnieder, gekränkt und erkrankt bilden bei ihm eine unlösbare Einheit. Wegen Nervenentzündung tritt er im ersten Moltke-Prozess nicht auf, beim zweiten hält es ihn nicht im Bett: Das Gekränktsein drängt sich vor, drängt ihn bald bis zum Meineid. Indes ist der Prozessbeginn verschoben, da auch Harden mit der Gesundheit zu kämpfen hat; hohes Fieber, eine Rippenfellentzündung hindern ihn am Erscheinen. Später, auf der Siegerstraße stabilisiert sich seine Verfassung wieder. Allerdings fällt auf, wie die Stoßseufzer der beiden sich Bekämpfenden einander ähneln, im Berufen aufs Pflichtbewusstsein:

Eulenburg peinigt der »innere Kampf mit der Bitterkeit. Ich habe rastlos und treu für König und Vaterland gearbeitet; gearbeitet, bis die Gesundheit zusammenbrach ... Aber zum Dank wurde ich mit Schmutz beworfen und zu Tode gehetzt. Nun, immer noch liebe ich mein Vaterland und suche den Menschen Gutes zu tun, aber mit einem tieftraurigen Müssen.« –

Harden beklagt, er hätte nie Verstöße gegen § 175 behauptet, was allgemein als Schwäche seiner Beweise dastünde. Er fühlt sich verkannt: »Ich habe eine gute, patriotische Sache nobel, selbstlos, tapfer geführt. Ich werde vor der ganzen Welt als ein frivoler Feigling und Verleumder hingestellt.«

Ende eines Falles, in dem die Hauptkontrahenten ausgesprochen-unausgesprochen als gesellschaftliche Außenseiter aufeinander treffen und sich öffentlich um so verbissener bekämpfen, im Hintergrund – ob sie wollen oder nicht, der Zeitgeist bestimmt es – ihre Leidensgenossen. Extrablätter, Extrablätter! Deshalb wird der Jude Harden, von einem jüdischen Anwalt verteidigt, zum Angriffspunkt. Seit der Skandal die Presse füllt, wühlt er gängige Vorurteile auf, die jeweils die andere Seite verpönen. Die Auseinandersetzung Harden–Eulenburg bedeutet für Homosexuelle in Deutschland, dass sie noch über Jahrzehnte kriminalisiert bleiben. Der Tabubruch entrüstet: Liebe unter Männern taucht plötzlich öffentlich als Thema auf und bewirkt misstrauischere Beobachtung der Homosexuellen, so dass ihre Nischen heimlichen Lebens ins Tageslicht geraten.

Wie kann Verteidigung dagegen aussehen? Die klaren Aussagen gegen ihn nennt Eulenburg unglaubliche Lügen. Er will den Freispruch erzwingen und – Scheinheiligkeit erklimmt ihren Gipfel – greift schließlich zu Argumenten wie: Er als Ästhet könnte allein aus diesem Grund keinen geschlechtlichen Umgang pflegen, weil der Fischer Ernst auch in der Jugend sehr hässlich war. Das offenbart Denkmuster im Freundeskreis, keinen Realitätssinn. Von Anfang bis Ende besteht Eulenburg stur auf seiner Unschuld. Suggeriert er sich selbst, glaubt er ernstlich, da wäre nichts, was herauskommen könnte?

Wäre er am Genfer See geblieben, hätte er den Skandal vermieden. Aber der Kaiser rief: Kann er nicht ohne Treue oder nicht ohne das Licht dastehen, das mit auf ihn fällt. Es blendet ihn. Nach den ersten Artikeln der ZUKUNFT zeigt er sich noch selbst an. Meint er, auf bewährte Weise, alles hinter den Kulissen klären zu können? Die Wortgefechte vor Gericht setzt eine Eigendynamik frei. Von einem gewissen Punkt an führt Verbissenheit zu Ignoranz. Argumente verlieren an Wert. Tränen lügen nicht. Harden wie Eulenburg fühlen sich in steigendem Maß als Märtyrer. Es ist die Verbissenheit, sich verfolgt zu fühlen, die sie aufeinander fixiert. Harden ist kein Republikaner, und er wird bei Hofe nicht angenommen. Wie befriedigend, wie nachfühlbar muss für ihn der Jammer Eulenburgs sein, der Bülow schreibt: »Den langjährigen kaiserlichen Freund zu verlieren, ... war nicht die grausame Enttäuschung, die Du vielleicht in mir vermutet hast, denn ich kenne den Seefahrer zu genau, der das Ölzeug stets anzieht, noch lange bevor es nötig ist. Die Enttäuschung lag nur in der häßlichen Form, mich abzuschlachten«; dennoch »objektiv genug«, verstünde er, »daß ein Monarch bei der widerlichen Wendung, die meine Sache dank der Kompagnie Holstein-Harden nahm, so s c h n e l l a l s m ö g l i c h einen unbequemen Freund lossein will«.

Je länger sie dauert, desto mehr erstarrt Verbissenheit zu Intoleranz. Außenseiter fixieren sich aufs Außenseitertum. Eulenburg sieht im Absturz vom Günstling zum Schädling, in der »Eile, mit der allerhand Entlassungen stattfanden, eine tiefe Verbeugung vor diesem Judenbengel«. Harden, als politische Argumente nicht verfangen, enthüllt – von Botschaftsrat Lecomte bis zu ʻFranzosenfreundʼ Eulenburg – Intimleben, dabei stets das Gegenteil, rein patriotische Antriebe beteuernd: »Wenn an der sichtbarsten Stelle des Staates Männer von abnormem Empfinden einen Ring bilden und eine durch Erfahrung nicht gewarnte Seele einzuklammern suchen, dann ists ein ungesunder Zustand. Ein höchst gefährlicher, wenn in dieser Geisterringbildung der Vertreter fremder Machtinteressen aufgenommen war. Um den Paragraphen 175 des Strafgesetzbuches handelt sichs bei Alledem nicht.« Nicht ʻunmännlichʼ, sondern undeutsch! Pressemäßig modern wird Intimes und Politisches zum Zweck persönlicher Herabsetzung verquickt. Sein Rechtsanwalt drückt es so aus: »Herr Harden ist im Recht, wenn er den Kaiser aus solcher Umgebung befreien will. Es soll der Sänger mit König gehen, aber es soll nicht der Päderast mit dem König gehen.«

Wenige Jahre zuvor endete mit dem Tod von Friedrich Alfred Krupp, dass er seine Homosexualität auf Capri auslebte und Zeitungen, voran die sozialdemokratischen, es skandalisierten. Harden widersprach da dem Zeitgeist: Im »schlimmsten Fall nach heute noch herrschendem Sittendogma eine Familienschande, die der politische Gegner nicht auf den Markt zerren durfte«. Noch immer sagt er: »Die Geschlechtshandlung ist der privateste Akt. Nur wenn sie« – erkennt er in der von ihm so genannten abnormen Ringbildung »eine Landplage« und beansprucht: »Nur wenn sie ein nationales oder soziales Recht antastet, darf der Fremde sie entschleiern.« Harden erhebt sich zum Biedermann-Komitee für undeutsches Verhalten, nun betreibt er Enthüllung, immer fanatischer. Wo er und sein Verteidiger die Gegenpartei haben wollten, genau in der Klemme ist sie, als Eulenburg sich eidlich festlegt. Wer Straftaten leugnet, muss anders erledigt werden. Wenn nicht Homosexualität, ist ein Meineid nachweisbar. Hierzu braucht es nur Onanie-Zeugen. Die hat Rechtsanwalt Bernstein in petto, führt sie zu justiziablen Aussagen und damit ist Eulenburg zur Strecke gebracht. Indem ihn Harden »einige Quartale hindurch unter dem Damoklesschwert seines stupenden Mitwissens hielt«, »hat der Geist der Information über die Kultur gesiegt«. So kennzeichnete der Journalist und Schriftsteller, ihr Zeitgenosse Karl Kraus die Auseinandersetzung. Als weitblickendster Kritiker befasste er sich prinzipiell mit Harden und ergründete, was in allgemeiner Erregung damals eher unterging. Wie Presse zu töten vermag, hat Harden sozusagen klassisch vorgeführt: Andeutungen, Androhungen von Beweisen, durch Teilbeweise die Spannung steigern, den Gegner in die Enge treiben und schließlich in die stinkende Ecke. Dieses Abseits gilt erst, wenn es total ist, auf allen Lebensgebieten. Beide sind als Künstler erfolgreich: Eulenburgs ROSENLIEDER erleben im Kaiserreich 250 Auflagen; die ZUKUNFT verkauft sich schon vor der Artikelserie wöchentlich mit 22 000 Exemplaren, Hardens Wort zählt. Doch ihm reicht es nicht, den Andern nur bloßzustellen, auch was dieser dichtet, muss »Durchnittsdilletantenwaare« sein: »Die meisten eulenburgschen Werke wenden sich an die Kinderwelt. Ein weichlicher (um nicht zu sagen: weibischer) Zug, der an die Art der Märchentanten erinnert« – Wie hat er sich im Prozess zu retten versucht? Durch »Frauentaktik«! Solche Leute sind auch gar nicht politische Gegner, »überhaupt keine Politiker«! Von Politik keine Ahnung, lautet der Vorwurf an Eulenburg. Genau das hat Franz Mehring 1892 Harden bescheinigt (»daß Ihnen politische und soziale Fragen vollkommen fernstehen«). Mit allen Mitteln, politisch wie moralisch: Harden wirft sich in die Pose der Rechtschaffenheit, so entwürdigt er den Gegner am wirksamsten.

Unabhängig davon, was Maximilian Harden je geschrieben oder getan hat, hier zeigt er Maske oder Gesicht des Biedermanns. Die Streitigkeit rutscht auf Biertischniveau: „Du hast ja ..." – „Aber du bist ..." – „Schwuler!" – „Jude!" Eulenburg pflegt die gängigen Ressentiments, doch zur Verteidigung vor Gericht nützen sie ihm nichts. Auch Harden setzt die herrschenden Vorurteile als Waffe ein. Er führt dieses Duell schon nach allen Regeln der heutigen Medienlandschaft: »Hier erst spricht die Weltanschauung des Journalismus, der unsere Nachttöpfe als öffentliche Angelegenheit reklamiert und sich bloß die Pflicht einer gewissenhaften Untersuchung ihres Inhalts setzt«, so fasst es Karl Kraus zusammen.

Einer erregt Anstoß – Betonung auf erregt –, was in der Verquickung von Moral und Gesetz als ′gesundes Volksempfinden′ gilt. So schon, siehe oben, saßen die alten Germanen zusammen, wenn sie urteilten: Im Thing entscheiden die waffenfähigen Männer über Klagen, über Leben und Tod. Unter Germanen etwa ist ein Verhandlungsbereiter, ein wenig Kriegswilliger anstößig – im 20. Jahrhundert muss man ihn nicht mehr leibhaftig töten und im Sumpf versenken. Wer in das Flechtwerk der Presse gerät, die seinen 'Ruf' zerstört, bleibt unrettbar gerichtet, sicherer tot als hingerichtet. Moral ist, wenn man trotzdem, und die Gefahr, bei Enthüllung verstoßen zu werden. Woraus in unserem Beispiel folgt: Der denunzierte Eulenburg hat seine Schuldigkeit getan, er muss gehen.

Homosexualität war im selbständigen Königreich Bayern keine Straftat. Erst nach dem Anschluss ans deutsche Kaiserreich, ab 1873 galt ein Paragraph, der freilich für Betroffene nichts an ihrer Natur änderte. Um so weniger eignete er sich, Heranwachsende in ihrer Triebentwicklung zu zügeln. Im streng konservativen Süden Deutschlands, zur wilhelminischen Zeit, wie erlebten Knaben die Pubertät? Was sie im Maximiliansgymnasium erwartete, beschrieb ein damals wegen homosexueller Betätigung angeklagter Münchner: »Es war der Sport der Schüler, vor dem Stundenbeginn sich gegenseitig an den Genitalien zu packen, besonders als Opfer waren die kleineren und hübscheren beliebt.« Üblicherweise hätten sie sich zu zweit auf der Toilette befriedigt. Was der Angeklagte vor Gericht »unglaubliche Zustände« nennt, dürften Aufsichtspersonen gern übersehen haben.
    Der Schüler Ernst Röhm besucht das Maxgymnasium, um sich auf den Eintritt ins königlich-bayerische Heer vorzubereiten. Kann oder darf einer hier sich seiner Liebe zum gleichen Geschlecht nicht bewusst werden, oder hält sozusagen den Pubertierenden nichts und nur das Wie gebietet die Vorsicht, sich auf Toiletten zurückzuziehen? Die Form zu wahren, heißt für Ernst Röhm: Seine Jugend ist vergangen und der Abschied vom Heer vollzogen, bis er sich entschließt, seine Veranlagung offen auszuleben.
    Als Offiziersanwärter erhält er während seiner Ausbildung – kurz vor dem 19. Geburtstag – ein Dienstzeugnis: »Fahnenjunker Röhm von mittelgroßem, schlankem Körperbau ist in körperlicher Beziehung noch etwas ungewandt und hat geringe Neigung zur Selbstschonung. Auf Märschen ist er ausdauernd. Bei guter geistiger Veranlagung und raschem Auffassungsvermögen zeigt er Interesse für den praktischen Dienst, ist sehr willig, fleißig und von Pflichtgefühl durchdrungen. Die dienstliche, außerdienstliche und moralische Führung waren tadellos; das Auftreten ist bescheiden; die gesellschaftlichen Formen sind gut.« Röhm wird für »würdig zum Fortdienen mit Aussicht auf

Beförderung« befunden: Ingolstadt, 15. November 1906.

In derselben Woche beginnt das hauptstädtisches Journal DIE ZUKUNFT mit Angriffen auf den gewichtigsten Vertrauensmann des Kaisers. Der Angegriffene ist kein Unbekannter, bis hinunter nach München: Philipp zu Eulenburg hat hier 1881-1888 als Legationsrat und 1891-1894 als preußischer Gesandter gelebt. Unzweifelhaft hat der heranwachsende Ernst Röhm von ihm im Stadtgespräch gehört, ebenso wie von der Krupp-Affäre zu Anfang des neuen Jahrhunderts. Wieviel Getuschel es schon zur Diplomatenzeit Eulenburgs über seine sexuelle 'Abart' gab, bleibt unsicher überliefert. Als sie sich gerichtsnotorisch niederschlägt und der Berliner Klatsch auch die Kasinos im Ingolstädter Infanterieregiment erreicht, spätestens im Frühjahr 1908 muss dem frischgebackenen Leutnant Röhm zu Bewusstsein kommen, dass ein Ausleben der mann-männlichen Liebe problematischer wird. Zu der Zeit verebbt in Berlin politisch jenes Beben, dessen Nachhall erst im I. Weltkrieg untergeht.

II.
IM NACHKRIEG

Der Feldzeugmeister

Ein Mann kämpft bewusst als Deutscher. *Unsere Väter und Großväter waren zuerst Bayern und dann Deutsche; wir und unsere Nachfahren wollen und sollen zuvörderst Deutsche sein.* Im Herbst 1918 gibt Deutschland den Krieg verloren. Aus der Generation der Frontsoldaten bringt Ernst Röhm nach Hause: *Die bayerische Armee, die preußische Armee ist gewesen; der Krieg hat ihren strahlenden Ruhm für alle Zeit ins Buch der Geschichte geschrieben: aus Weltkrieg und Chaos muß verjüngt das Deutsche Heer entstehen.*

Bei Kriegsbeginn 1914 wird Röhm zum ersten Mal verwundet. »Granatschuß«, hält der Militärarzt fest: »Rechte Wange, Oberkiefer, Nasenbeine, Septum wurden dabei beschädigt bzw. zertrümmert«. Röhm verbringt ein Dreivierteljahr in Lazaretten. »Das Naseninnere war vollständig verwachsen und musste durch Operation beiderseits frei gemacht werden.« Das Krankenblatt erfasst eine »gut gelungene Hautlappenplastik«, eine »unregelmäßig gestaltete Narbe, die sich über die rechte Wange und über den Nasenrücken hinzieht. Nasenrücken ist eingedrückt«. Wochenlang vollzogene Inhalationen bessern Atembeschwerden soweit, dass Röhm an die Westfront zurückkehrt.

Im Juni 1916 führt er eine Kompanie gegen das Panzerwerk Thiaumont bei Verdun. Unter Artilleriebeschuss weicht die Nachbarkompanie ab. Röhm schließt die Lücke, bricht mit einem Zug vor: Dann *fügte uns heftigstes Flankenfeuer große Verluste zu. So entschloß ich mich, meinen Auftrag, Punkt 146 zu erreichen, erst später auszuführen, zunächst aber die I[nfanterie]-Werke anzugreifen ... Besonders erheblichen Widerstand suchte das südlichste Werk zu leisten. Meine Umgebung war hier auf Leutnant der Reserve Robert Bergmann und etwa 12–15 Mann zusammengeschmolzen ... Nach dem Werfen einiger Handgranaten umstellten wir das betonierte Werk und holten daraus einzeln die Franzosen heraus.*

Leutnant Bergmann bestätigt, dass Röhm Reste »des 3. Bataillons sammelte und zum Angriff auf die Werke südlich Thiaumont befahl ... Oberleutnant Röhm befehligte im eroberten Zwischenwerk nur wenig Leute ... Wir sollten an Zahl noch kleiner werden! Eigene Artillerie legte das Feuer auf unser erobertes Werk ... Durch eine unmittelbar bei uns einschlagende Granate wurde ... Oberleutnant Röhm ... nochmals schwer verletzt.«

Ein Geschossteil hat die Lunge knapp verfehlt. Granatsplitter werden aus Gesicht, Brust, Hüfte, Leiste und Schenkel entfernt. Röhm behält »über dem Oberkieferbein links und am Kinn je eine derbe Narbe«. Nach zwei Monaten kann er wieder gehen, auf Stöcke gestützt. Am Gesäß, in den Achselhöhlen bilden sich Furunkel. »Zahlreiche kleine Weichteilnarben diffus verteilt«, verzeichnet ein Befund: »Patient klagt noch immer sehr große allgemeine Mattigkeit, schlechten Schlaf, Appetitlosigkeit, große nervöse Erregbarkeit.«

Im Lazarett bittet Röhm – *einer Anregung meines Herrn Batl.- Kommandeurs folgend* – um die Verleihung der höchsten bayerischen Militärauszeichnung, des Max-Joseph-Ordens. Er hat das eroberte Infanterie-Werk in Karten zu markieren. Mitkämpfer fertigen Rapports an. Eine »Beschreibung der Tat des Oberleutnants Ernst Röhm« wird beim Armeekommando einige Mal geändert. Anderthalb Jahre später, er dient längst an der rumänischen Front, steht Röhm auf der Vorschlagsliste eines Kapitels königlicher Gutachter, die ihre »begründete Stimmabgabe« vornehmen und sich widersprechen, etwa so:

»Nur unter ganz besonderen Umständen ist das Verlassen des Gefechtsstreifens ein besonderes Verdienst.« Oberstleutnant Stengel, Chef des 3. Infanterieregiments, erkennt an, »daß dieser Fall hier vorlag ... Als ... der Angriff zu stocken drohte, eilte Röhm mit seinem 3. Zug in die vordere Linie. Als das erste Sturmziel erreicht war, gab er den Anstoß zur Fortsetzung des Angriffs ... Selbst verwundet versorgt und verbindet er noch seinen schwer verwundeten Burschen, bis er vom Blutverlust entkräftet zurückgebracht werden mußte.«

Dass Tadel aus den Reihen der kritisierten Artillerie kommt, verwundert nicht. »Das vollständige Herausfallen der Abteilung Röhm aus dem zum Angriff ... genauestens gesetzten Vorgehen hat trotz großer Opfer – zum Teil durch eigenes Artillerie-Feuer, weil nicht mit der zeitlichen Regelung dieser Feuer übereinstimmend – dem Angriff keinen dauernden Erfolg gebracht, dagegen die größte Gefahr für die rechte Flanke des 10. Infanterie-Regiments und damit für das Gelingen seiner Aufgaben herbeigeführt«, so Regimentschef Oberst Röck.

Vier von sieben Gutachten sind Befürwortungen. Nicht alle Stufen der Bürokratie sind erklommen. Der Kriegsminister rät König Ludwig III., die Ehrung »allergnädigst zu versagen ..., da Vorgänge wie die hier geschilderten im gegenwärtigen Kriege sich häufig abspielen«. Im Januar 1918 wird die Auszeichnung verwehrt, im Februar erscheint in Röhms Personalakt:

»Für Verwendung in Generalstab vorgemerkt«; diese Logik deutet er in seinem Lebensbericht so: Aus finanziellen Gründen sperrte das Ministerium die Ordensvergabe *nur ganz kurze Zeit, und ich glaube, ich bin einer der wenigen, die davon betroffen wurden ... Geärgert habe ich mich natürlich sehr.* Die Bestallung zu Ernst Ritter von Röhm wäre ein sichtbares Zeichen gewesen, dass er sich nicht nur des bayerischen Königs würdig erwiesen hat, sondern auch seines Onkels Siegmund, der im vorigen Jahrhundert in den Frankreich-Krieg gezogen war.

Frühjahr 1918, die 'größte Schlacht aller Zeiten': 8 000 Geschütze zersprengen den Abschnitt Reims. Wie 1914 stoßen die Deutschen zur Marne vor. General Ludendorff besucht die Front, befiehlt Vertreter aller Kampfabschnitte zu sich. Von der 12. Division entsandt, begegnet Hauptmann Röhm dem *großen Mann* des Generalstabs. *„Und Sie berichten mir von den Bayern!", sagte General Ludendorff freundlich ... Ich war durch schwere Verluste, die wir aus Mangel an Artillerie, Fesselballonen und Fliegern erlitten hatten, erregt.* Röhm trägt die Gefechtslage vor, die mangelhafte Ausstattung seiner Einheit, die erbärmliche Verpflegung. Die Armeechefs, geübt, Vorgesetzte schonend zu informieren, schweigen entgeistert. Massig, das Monokel vorm Auge, bleibt Ludendorff freundlich, erfragt Einzelheiten. Der von Röhm als erforderlich gemeldete Nachschub erreicht zwei Tage später die bayerische Division.

Im Jahr 1920 zieht der General a. D. nach München. Ludendorffs Villa schützt ein 'Consul Eichmann' – unter dem Tarnnamen verbirgt sich Korvettenkapitän a. D. Ehrhardt. Die Mitglieder seiner Organisation Consul weisen sich durch politische Morde als Republikfeinde aus. Sie helfen auch Röhm beim Zusammentragen der in Bayern verstreuten Kriegsgüter.

Derartige Vorgänge fallen auf. Eine Anfrage im Landtag hakt nach: »In der Station Westerham liefen am 5. September 1921 zwei Eisenbahnwagen mit Maschinengewehren und Munition ein. Der erste Wagen sollte angeblich Wagenteile enthalten; der Inhalt des zweiten Wagens war deklariert als Umzugsgut ... Der Stationsvorstand erwiderte dem Betriebsrat, ... das gehe „von oben" herunter. Wir fragen die Bayerische Staatsregierung: 1. Gedenkt sie festzustellen, von wem diese Waffenverschiebung unternommen worden ist? 2. Ist sie gewillt, die Beteiligten zur Rechenschaft zu ziehen«? – Die Anfrage bleibt folgenlos. Ein spezifisch bayerisches Geflecht verbindet die Beteiligten im Hintergrund. Unter Infanterieführer Epp verwandelt sein Bewaffnungsoffizier Röhm überbliebenes Heeresgut, das laut Friedensvertrag zu vernichten wäre, in 'schwarze' Bestände. In Schulen, Scheunen, Klosterkellern oder toten Bergwerksstollen bringt er sie unter. Von Vorgesetzten und Behörden beschirmt, entstehen illegale Depots einer riesigen Feldzeugmeisterei. Röhm allein kennt alle stabsmäßig verteilten Lager. Gegen Kontrollen der Entente, der französisch-englischen Besatzer, baut er landesweit ein Transportnetz auf. In einer Kaserne unterhält er die scheinbar selbständige 'Mietautofirma Faber' mit zwanzig LKW, die Waffen umlagert, wenn Überprüfungen bevorstehen.

Röhm sieht sich im *zähen, dem Auge und Ohr der Öffentlichkeit entzogenen Kampf mit der Entente und ihrem Gesinnungslumpenanhang.* Plakate fordern auf, Waffenverstecke anzuzeigen. Was in dem Fall geschieht, stellt General Epp klar: Zur Feldzeugmeisterei gehört eine »Gegenspionage-Abteilung, die eng mit der Polizei zusammenarbeitete«. Bürger, die Anzeige erstatten, verfallen als 'Waffenverräter' der Feme. Ein Dienstmädchen, so belegen polizeiliche Ermittlungen, kommt in einem Kraftwagen der Einwohnerwehr um. Der Röhm-Angestellte Leutnant Schweighart gilt als hauptverdächtig; er setzt sich über die Grenze ab.

Der Frieden findet als Nachkrieg statt. Ein Vertrag beschränkt die deutsche Armee, die Reichswehr, auf 100 000 Mann. Bayern bietet Zuflucht für viele verbotene Wehrverbände. Mit seiner Brigade, die beim Kapp-Putsch 1920 das Berliner Regierungsviertel besetzt hat, erhält Kapitän Ehrhardt dann in München Unterschlupf. Seine neue Organisation Consul stellt Ausbilder, als die NSDAP eine 'Turn- und Sportabteilung' aufbaut. Feldzeugmeister Röhm versorgt diese *Sturmtruppe, die in manchen Versammlungskämpfen ihren Mut und ihre Kraft* zeigt. Am 4. November 1921 gerät sie als Saalschutz im Hofbräuhaus mit sozialdemokratischen Zuhörern aneinander, was künftig als 'Geburtsstunde der SA' gilt. Die MÜNCHNER NEUESTEN NACHRICHTEN geben Aufschluss über den Abend: »Es wurde mit Maßkrügen geworfen und mit Stühlen zugeschlagen; es fielen auch mehrere Schüsse.«

Der Offizier Ernst Röhm schätzt die Reichswehr als *Kristallisationskörper für alle Organisationen.* Er führt, verbotenerweise, selbst eine kleine Truppe. Von Nürnberg aus organisiert Hauptmann Heiß die Reichsflagge und gewinnt den dienstlich überlasteten Röhm, eine Münchner Ortsgruppe aufzustellen: *Als ich mir eine kleine Gefolgschaft geschaffen hatte und deren treue Anhänglichkeit sah, ging ich in der Sache ganz auf.*

Im Süden Deutschlands entfalten sich Kräfte und Unternehmungen, die planmäßig Nachkriegsverträge brechen. Auf Misstrauen bei der Entente stoßen Freiwilligenverbände wie die Einwohnerwehren. Sie zu entwaffnen, ist die Reichsregierung verpflichtet. Bayern trotzt der deutschen Republik, die es vom 'roten', 'kapitulationswilligen' Preußen gesteuert wähnt. Der bayerische Ministerpräsident Kahr ignoriert Reichsgesetze ein Jahr lang, bevor er Waffen und Gerät abliefern lässt – scheinbar. Ein Sanitätsrat Pittinger gründet den Bund Bayern und Reich, der den Großteil der Freiwilligen und des Inventars der Einwohnerwehren aufnimmt. Der Infanteriestab nimmt teil, General Epp weiß: Röhm erfüllt »eine Doppelstellung. In der Verwaltung der Reichswehrwaffen unterstand er mir«, für die »Bestände der Organisation Pittinger unterstand er dieser«, auch dem Umstand geschuldet, dass »in der Reichswehr zur Bergung, zur Umlagerung, Instandhaltung ... keine Mittel vorhanden waren«. Aus der Höhe der dafür benötigten Summen ist die Größe der Bestände zu erschließen:

Epp bezieht – »unter dem Ersuchen, die Herkunft für mich zu behalten« – vom bayerischen Innenminister zehn Millionen Mark. Weiter werden *Mittel durch Verkauf nicht benötigten Geräts und durch Vermietung und Verkauf von Kraftwagen geschaffen,* legt Röhm dar. *Von August 1921 bis Januar 1923 betrugen die Ausgaben der Feldzeugmeisterei: 23 933 489.– Mark. Die Organisation Pittinger überwies hiezu ... 6 344 000.– Mark. Es kann also nicht die Rede davon sein, daß die Organisation Pittinger die Mittel zur Erhaltung der Bestände ganz oder zum überwiegenden Teil gegeben hat.*

General Epp, Infanterieführer des bayerischen Wehrkreises:
Das zum Unterhalt erforderliche Geld kam von der Organisation Pittinger. Es reichte mit dem wachsenden Umfange und ... rapid fortschreitenden Sinken der Mark immer weniger aus ... Röhm schritt nun dazu, eigenmächtig Lastkraftwagen und ... nicht unmittelbar notwendige Gegenstände, die aber nicht aus Beständen der Org. Pittinger stammten, zu verkaufen ... Ich nahm damals Hauptmann Röhm gegenüber dem Verdachte, dass mit den Verkäufen etwas Unrechtes geschehen sei, in Schutz, überzeugte mich von dem Eintrag des Erlöses in die Buchführung ... zu Beginn ... der Verwaltung der schwarzen Waffen hatte Hauptmann Röhm alle Anweisungen zu größeren Auszahlungen ... vorgelegt ... Nach und nach unterblieb das Vorlegen der Anweisungen ... Röhm schaltete in der Verwaltung vollkommen selbständig.

Leutnant Fritz Otto Henrich, Mitglied der Organisation Consul:
Zuerst wurden wir bei den Waffen-Erfassungskommandos ... beschäftigt. Bei Nacht und Nebel luden wir Gewehre auf ... und fuhren ... zu Klöstern

und Schlössern, wo wir die Waffen in riesigen tiefen Kellern stapelten ... Meine Verhaftung erfolgte wegen des Verdachtes, »in den Plan, der sich auf die Ermordung [des 'Erfüllungspolitikers'] Erzberger bezog, eingeweiht gewesen zu sein« ... Ende November ... feierten wir ... Freiheit und Wiedersehen ... Röhm prostete mir zu und frug mich, ob ich schon eine Wohnung hätte. Er bot mir an, vorläufig bei ihm zu wohnen ... Da es sich auch bei uns herumgesprochen hatte, daß Röhm homosexuell sei, erwartete ich – auf dem Sofa im Salon liegend – seine Annäherung. Aber nichts dergleichen geschah. Am nächsten Morgen ein gutes Frühstück, worauf ich verschwand.

Ein Streit zerreibt Deutschland: Müssen die Forderungen der Siegerstaaten erfüllt oder soll dem Friedensvertrag entgegengewirkt werden? 'Erfüllungspolitiker' und 'Nationalisten' trennt eine innerdeutsche Grenze, die sich zwischen Bayern und der deutschen Republik zu befestigen scheint. Im Juni 1922 wird – unter Beteiligung der Organisation Consul – Reichsaußenminister Rathenau erschossen. Die Berliner Regierung erlässt ein Gesetz zum Schutz der Republik, beruft ein außerordentliches Staatsgericht. Hauptmann Röhm zweifelt nicht, welche Konsequenz zu ziehen ist: *Von Bayern, als dem letzten Anker Deutschlands ... muß nunmehr offen mit Berlin gebrochen werden ... Das große Ziel ist: Wiederherstellung eines starken, nationalen Bayerns als nationaler Kristallisationspunkt Großdeutschlands.*

Eine Truppenübung im August 1922 vereint die Offiziersfreunde Röhm, Hofmann und Heiß. Sie überzeugen Infanterieführer Epp, einen Putsch zu versuchen; *durch einen politischen Druck sollte eine Reichsregierung eingesetzt werden, die der Erfüllungspolitik ein Ende machte.* Bayerns Landeskommandant Möhl sucht Rückendeckung und schickt Röhm zu Geheimrat Heim: Der Gründer der regierenden Volkspartei erwidert Röhm nur unklar auf den Umsturzplan, worauf der bayerische Befehlshaber ebenfalls abwartet.

Zur Truppenübung erscheint indessen ein Abgesandter Pittingers, der seinen Gönner Kahr als Diktator einsetzen will. *Da wir ... eine kraftlose Durchführung befürchteten, lehnten wir bestimmt ab, uns zu beteiligen.* Röhm argwöhnt, bei diesem Putsch ginge es um die Feldzeugmeisterei, um das *alleinige Verfügungsrecht über die Waffen*, da Pittinger *während meiner Abwesenheit ... die Bereitstellung von Kraftwagen, Waffen und Gerät anordnete.* Pittingers Bund wartet im Münchner-Kindl-Keller, Hitler stößt dazu. Abends um elf, laut Polizeibericht, erklärt »Hitler (als scheinbarer Hauptführer)«, »es gäbe zwei Möglichkeiten einer Aktion: die eine sei, daß

die Polizei ihre Pflicht verletze, die andere die des Blutvergießens. Beide seien zu verwerfen; infolgedessen fordere er auf, ruhig heimzugehen«.
Im nationalen Bayern brechen die Widersprüche auf wie Geschwüre. Röhm wirft Pittinger Feigheit vor: *Er hat – Zeugen stehen zur Verfügung – ... im Münchner Kindlkeller an Händen und Füßen gezittert und war nicht fähig, einen Entschluss zu fassen.* Pittinger kontert: »Ich habe bei aller Erregung, die ... herrschte (ich erwähne nur, daß z. B. Hitler weinte) keinen Augenblick mich von anderen als rein sachlichen Erwägungen leiten lassen.«

Röhm drängt auf Pittingers Rücktritt. Ein Kleinkrieg zieht sich in die Länge, erreicht die Berliner Front. Der Reichswehrminister weist an, Röhm vom Infanteriestab zu versetzen: auf *besonderen Wunsch des Reichspräsidenten* Ebert (SPD), vermutet Röhm. Neben dem Verdruss, eine geschätzte Position zu verlassen, quälen ihn sachliche Bedenken, nun Dienst im Wehrkreiskommando zu tun: *als vorgesetzte Stelle ... bisher eine Art feindliche Behörde, vor der wir, d. h. der General [Epp] und ich, den Schleier über unsere letzten Geheimnisse nicht gern lüften wollten.* Als schmachvoll empfindet er, dem politischen Feind zu unterliegen: *Ziel der Sozialdemokratie war, sich die Kontrolle über die Waffenbestände in Bayern zu verschaffen* und deshalb *die Männer, die den Hort hüteten,* zu trennen.

Aus der bayerischen Art, Berliner Befehle zu erfüllen, folgt: Nach der Versetzung soll Röhm, so schreibt der Wehrkreisbefehlshaber, seine bisherige Tätigkeit »in vollem Umfang in seinen bisherigen Räumen und im engen Zusammenarbeiten mit General von Epp fortsetzen«. Doch ihre dienstliche Trennung bringt zutage, was sich im Unterstellungsverhältnis angestaut hat: Über vier Jahre hat General Epp Anerkennung geerntet für etwas, das auf der Arbeit von Hauptmann Röhm beruht. Und *General von Epp empfand meine Zusammenarbeit mit der neuen Behörde peinlich ... Das restlose Vertrauen war erschüttert.*

Insgesamt beginnt 1923 *wie ein rechtes Unglücksjahr*: Röhm, mit Stolz auf die von ihm geschaffene Feldzeugmeisterei nicht zurückhaltend, sieht sich einer *Meute von Neidern und Feinden* gegenüber. Er bekämpft üble Nachrede unter Offizieren, als sein Mitarbeiter Salcher verhaftet ist: *Hauptmann v. Radlmaier erklärte ... Röhm meine, er allein sei der Alleinseligmachende und Tonangebende in Bayern ... Röhm habe offenbar Salcher eine Falle gestellt ... Frau v. Radlmaier ... beklagte sich über die Verhaftung des Leutnants Salcher ... Sie wurde besonders gegen Hauptmann Röhm ausfallend und verdächtigte ihn ... Er brauche mit Weibern viel Geld und das müsse er auch irgendwo hernehmen.* Röhm beantragt bei Wehrkreiskommandeur Lossow eine Untersuchung, die »auch nicht den Schein unehrenhafter Handlungen« ergibt. Als dem Berliner Wehrministerium ein Bericht zugeht, wonach er unlauter mit 'schwarzen Waffen' handelte, protestiert Röhm: *Der hier ausgesprochene Vorwurf des Landesverrats ist der schärfste, der je gegen meine Ehre erhoben wurde.*

Seit kurzem ist der Großreeder Wilhelm Cuno Reichskanzler; er unterbricht deutsche Reparationslieferungen. Im Januar 1923 besetzt Frankreich, wie angedroht, das Ruhrgebiet. Der Kanzler verkündet 'passiven Widerstand', gestützt von der SPD. Dieser Einheitsfront verweigert sich die NSDAP. In München strömen 100 000 Menschen zusammen, Wehrführer Pittinger und Landespolitiker halten antifranzösische Reden. Adolf Hitler tritt nicht auf; sein Förderer Röhm erkennt *eine Kräfteverschiebung: Die Nationalsozialisten marschieren aus dem Verband vaterländischer Vereine ab.* In ihrer Sicht verlangt der Nachkrieg *eine Klärung der inneren Frage*: Nicht nieder mit Frankreich, nieder mit den Novemberverbrechern!

Als unvereinbare Haltungen scheiden sich für Röhm 'Nationalaktive' und 'Politiker', also 'ewige Vorbereiter'. Er trennt sich von Pittingers Bund und geht daran, Kämpfer für eine radikale Lösung zu formieren. Mit seiner Reichsflagge, der SA und drei weiteren Korps gründet er eine Arbeitsgemeinschaft der vaterländischen Kampfverbände. Röhm gibt vor: Wenige strebten mit Kanzler Cuno den rückhaltlosen Kampf an, dafür müssten sie eine militärische Stoßkraft bilden. Röhm sucht ihren Führer aus: Oberstleutnant Kriebel hat als Stabschef der Einwohnerwehr Unnachgiebigkeit bewiesen. Die illegale Arbeitsgemeinschaft berät in Diensträumen von Röhm. Im Wehrkreiskommando, von seinen neuen Vorgesetzten befragt, gibt er Auskunft über die Geheimdepots. Röhm erreicht, dass die Feldzeugmeisterei dem Wehrkreisbefehlshaber unterstellt wird – damit behält er die Kontrolle über die Waffenvorräte und Pittinger kann nicht mehr direkt darauf zugreifen.

General Lossow, bayerischer Wehrkreisbefehlshaber:
Im Februar [1923] kam ein offizieller Bote von Berlin, der ... auseinander setzte ..., dass der passive Widerstand an der Ruhr nach entsprechender militärischer Vorbereitung in den aktiven übergeleitet würde ... und ... Reichskanzler Cuno wie der Chef der Heeresleitung diesen Plan ganz sicher zur Durchführung bringen wollen. Es wurden ... – wenigstens ... in Bayern ... – diese Vorbereitungen mit Volldampf betrieben ... Von dieser Zeit stammt das Zusammengehen zwischen Reichswehr und Verbänden.

Hermann Kriebel, militärischer Führer der Arbeitsgemeinschaft vaterländischer Kampfverbände:
Dass es ernst gemeint war, geht aus einer Äußerung hervor, die General Epp selbst gemacht hat, wonach ... man mit dem Ausbruch der Feindseligkeiten in einigen Tagen rechnete ... Darum haben wir ... unsere Leute ausbilden ... lassen, ... versucht, etwas in unsere Jugend, die nicht mehr durch die Schule des alten Heeres geht, hereinzubringen, nämlich die Disziplin.

Das Wehrkreiskommando nimmt 'schwarze Waffen' der Freiwilligenkorps in Verwahrung; alle sollen bestätigen, sich im Mobilmachungsfall dem Landesbefehlshaber zu unterstellen. Nach Diskussionen lässt Röhms Arbeitsgemeinschaft wissen, »daß eine Gewähr für den Weiterbestand der gegenwärtigen bayerischen Regierung nicht übernommen wird«. Letzten Endes unterschreiben sämtliche Verbände die erwartete Verpflichtung. Die Reichswehr geht verstärkt daran, alle Freiwilligen militärisch auszubilden – zum baldigen Einsatz.

Die sozialdemokratische MÜNCHNER POST macht öffentlich, dass Offiziere des Heeres mit illegalen Korps Übungen abhalten. Der Berliner Minister wird aufmerksam und Röhm übergibt die Führung der Reichsflagge München offiziell seinem Vertrauten Josef Seydel.

Die SPD lässt sich ihren Beitrag zum passiven Widerstand als *nationale Einstellung amtlich bescheinigen. Den Gipfel der Herausforderung erklomm ihr Verhalten, als sie für den 1. Mai zu großen Demonstrationen gemeinsam mit den Kommunisten ... aufrief* – Röhms Unmut reibt sich zugleich an Teilen der eigenen Freiwilligen, die zweifeln, ob »die Waffen gezeigt werden« sollen. Unterdessen verbietet die Landesregierung einen Massenumzug. Genehmigte kleinere Aufmärsche der SPD will die Arbeitsgemeinschaft der vaterländischen Kampfverbände verhindern: »Hitler, [der neu berufene SA-Führer] Göring, Oberland verlangen aggressives Vorgehen ... Beschluß: Die Aktion wird bewaffnet gemacht. Der Landeskommandant wird verständigt« und soll die 'Schwarzen Waffen' herausgeben.

Hermann Kriebel, militärischer Führer der Arbeitsgemeinschaft:
Für die Vorbereitung des Überganges vom passiven Widerstand an der Ruhr in den aktiven ... stellten sich die zur Arbeitsgemeinschaft gehörenden Verbände ... zur Verfügung ... wie es sich darum handelte, dass die Waffen, die wir jahrelang gesammelt hatten, ... die Reichswehr übernimmt, ... hat von Lossow erklärt, es muss mein Wort genügen, dass die Verbände die

Waffen, die sie hergaben, wiederbekommen. Und ... am 30. April ... sagte von Lossow: Es ist mir wurst, ob Ihr mich für einen Meineidbauern haltet, die Waffen kriegt ihr nicht mehr.

General Lossow, bayerischer Wehrkreisbefehlshaber:
Ich hätte ein Tor oder ein Verbrecher sein müssen, wenn ich als Träger der obersten Machtmittel des Staates ... den Leuten, die am nächsten Tag sich gegen den Staat auflehnen wollten und das ganz öffentlich erklärt hatten, Waffen in die Hand gegeben hätte ... ich (habe) rundweg abgelehnt und sofort ein diesbezügliches Verbot an den Stadtkommandanten ... und den Waffenreferenten des Wehrkreiskommandos Hauptmann Röhm erlassen.

Landtagsausschuss zur Untersuchung der Vorgänge vom 1. Mai 1923:
Hauptmann Röhm war der Befehl persönlich von Lossow eingeschärft worden. Er teilte ihn seinen Leuten, Faber und Seydel mit dem Bemerken mit, daß er ... als ... Reichswehroffizier ... ihnen nunmehr nichts weiter anzuordnen habe ... Seydel und Faber haben den Wink ihres Vorgesetzten verstanden ... von 5 Uhr an wurden von auswärts Kraftwagen mit Waffen zur Firma Faber gefahren ... Während der Nacht beschäftigten sich die Leute der Reichsflagge mit dem Gurten von Maschinengewehrmunition ... Ein Oberwachtmeister der Feldartillerie erstattete am Morgen des 1. Mai der Stadtkommandantur Meldung ... Sofort wurde Befehl gegeben, alle Zivilisten hinauszuschaffen und keinerlei Waffen mehr hinauszulassen.

Oberstleutnant Endres, 1. Generalstabsoffizier im Wehrkreiskommando:
Etwa 5.00 Uhr standen auf dem Oberwiesenfeld in nächster Nähe der Kasernen etwa 3 000 bewaffnete Nationalsozialisten ... Stadtkommandant General von Danner schickte ... den Hauptmann ... Baumann, dessen nationalsozialistenfreundliche Gesinnung ... bekannt war, in Zivil auf einem Fahrrad zu Hitler ... Hitler solle die Waffen an Ort und Stelle ablegen, dann dürfe er ... mit Musik in die Stadt zurückmarschieren. Und so geschah es.

Über Nacht hat die Arbeitsgemeinschaft ihr verweigertes Kampfgerät in München an sich gebracht; auch mit der SA Niederbayern hat Gregor Straßer Waffen beschafft. In der Folge löst Wehrkreisbefehlshaber Lossow seinen Waffenreferenten ab. Er begründet: Röhm hätte die Ausrüstung der Verbände zwar nicht veranlasst, aber auch nicht unterbunden. Um ihm den Austritt aus der Reichsflagge zu erleichtern, würde eine dienstliche

Versetzung erfolgen. Einen Einsatz als Kompaniechef in Bayreuth hätte er nicht als Bestrafung zu betrachten.

Fakten vermengen sich mit Stimmungen. Röhm und Helfer wie Faber beantragen ihren Abschied. Röhm weigert sich, die Waffenlisten herauszugeben und lässt Faber brieflich erinnern: »Sämtliche Organisationen (einschl. 'Bayern und Reich') gaben nur unter ehrenwörtlicher ... Erklärung Euer Hochwohlgeboren und mir ihre Zustimmung zur Bestandsaufnahme ... unter der Bedingung, dass die Listen mit Angabe der Lagerorte nicht der Reichswehr übergeben werden dürfen.« Ferner besäße das Wehrkreiskommando Listen, um Instandsetzungen in den Truppenwaffenmeistereien zu veranlassen. Die »wichtigsten ... Arbeiten: Instandsetzung und sichere Unterbringung des Geräts ... laufen weiter.«

Aus Fabers Schreiben geht hervor, wie vertraut illegale Verbände und Reichswehr zusammengewirkt haben – vermittelt durch eine Person: Ernst Röhm. Sein Abschiedsgesuch aktiviert alte Gegner. General Lossow befiehlt, Gerüchte zu untersuchen, die – so befindet eine Offizierskommission – »nicht auf Tatsachen, sondern auf ... Äußerungen des Sanitätsrats Dr. Pittinger« beruhen. »Der Vorwurf der persönlichen Gewinnsucht zerfließt ... in Nichts«. Die Kommission kann sich »des Eindrucks nicht erwehren, daß an sich ... zulässige Vorgänge so hingestellt wurden, daß sie den Beigeschmack des Unzulässigen erhielten«.

General Lossow gibt das Abschiedsgesuch zurück und schreibt an Röhm, der eine Kur in Anspruch nimmt: »Sie und die Mitglieder der Feldzeugmeisterei sind im Dienste des Staates ... Ihre Arbeiten gehören ... nicht Ihrer Person«. Ein »Gebrauch der Machtmittel des Staates« hätte leicht »zur Beschlagnahme der Listen und ... zu peinlichen Consequenzen für die Beteiligten geführt ... Auch diese Sache legt mir den Schluß nahe, daß Ihre nervenzermürbende Tätigkeit der letzten Jahre, die ich immer voll anerkannt habe ..., eine gewisse Trübung oder Verwirrung der Begriffe zur Folge hatte.«

Was Lossow Verwirrung nennt, bedeutet für Röhm Konsequenz. In einer Denkschrift beruft sich er auf den Herbst 1918: *Ich war vor und während der Revolution im Felde lebensgefährlich an Grippe erkrankt ... Trotzdem brennt die Schmach auf meiner Seele ... Daß wir Offiziere an dem Gelingen der Revolution schuldig sind, steht für mich fest; wir müssen als erste diese Schuld wiedergutmachen.* Als Leutnant ausgezogen, als Hauptmann bringt er die Kompromisslosigkeit der Front heim, die er im Nachkrieg weiter ausprägt – auch für Kämpfe im eigenen Lager. Über die Waffen der Feldzeugmeisterei zu verfügen, heißt, für einen Putsch gerüstet zu sein.

Der versuchte Putsch

Ernst Röhm hat den Ersten Weltkrieg als höchste Mannesprobe begrüßt. Im Nachkrieg empfindet er weiter glühende Begeisterung für das Militär; was in Deutschland vorgeht, stößt ihn ab. September 1923: Seit neun Monaten ist das Ruhrgebiet besetzt. Weder die bayerische noch die Reichsregierung denken an einen Krieg. *Mein Ziel wäre es gewesen, das ganze Volk aufzurufen zum Widerstand gegen den Erbfeind.* Ernst Röhm stimmt nicht mit den herrschenden Personen und Ideen seiner Zeit überein. Streiks haben Kanzler Cuno gestürzt; eine neue Koalition, mit der SPD unter Stresemann entscheidet, den 'passiven Widerstand' abzubrechen – *damit die Unterwerfung unter Frankreich.* Für Röhm verdichtet sich als Grunderfahrung des Jahres 1923: Das Vaterland erstarrt im Dulden. *Die Preisgabe der Kämpfer im Ruhrgebiet löste lange unterdrückte Spannungen im ganzen Reich aus.*

Anfang September nehmen Hitler und Ehrengast Ludendorff in Nürnberg eine Parade ab. SA, Oberland und Röhms Reichsflagge – da sie bei der bisherigen Arbeitsgemeinschaft Aggressivität vermissen – vereinen sich im Deutschen Kampfbund: »Wir sind ... keine Partei ..., sondern wollen Kämpfer sein und Kämpfer sammeln auf dem Weg in die deutsche Freiheit ... Durch Kampfgemeinschaft zur Volksgemeinschaft!« Der Reichswehroffizier Röhm drängt, Marschbereitschaft herzustellen. Darüber spricht Hitler in München vorm neu geschlossenen Kampfbund und bittet, ihm die politische Leitung zu übertragen. Hauptmann Heiß für die Reichsflagge wie Oberland-Führer Weber verpflichten sich ihm. *Auch mir traten Tränen in die Augen, vor innerer Erregung bebend,* berichtet Röhm. Am 26. September 1923 beschließt er den Einschnitt seines Lebens: den endgültigen Abschied aus der deutschen Armee.

Der Deutsche Kampfbund plakatiert Versammlungen mit Hitler. Die Landesregierung baut vor und ernennt einen 'Generalstaatskommissar': Am 26. September erhält Gustav von Kahr diktatorische Vollmachten. Diese Berufung wird im Kampfbund als *Kriegserklärung an uns* begriffen. Kahr verbietet alle Kundgebungen der Linken wie die Auftritte Hitlers.

Am 27. September wird der Ausnahmezustand für das ganze deutsche Reich verhängt; die Macht in den Ländern vollzieht der

Wehrkreisbefehlshaber. General Lossow beschließt, angesichts von zwei Ausnahmerechten, sich dem Generalstaatskommissar unterzuordnen. Das Bündnis Kahr-Lossow stärkt den Eindruck, Bayern würde mit dem 'roten' Berlin brechen und die Wegrichtung Hitlers einschlagen: Damit wäre dessen Lager gezwungen mitzulaufen.

In Bayern beginnen zwei Gruppierungen zu wetteifern. Einig sind sich der Kampfbund und Kahrs Gefolgsleute über die Beseitigung der 'roten' Republik, sie streiten über den Weg: Taktieren oder Losschlagen. Der VÖLKISCHE BEOBACHTER greift an, schmäht den deutschen Heereschef Seeckt als Anhänger der Republik; manche sähen in ihm den künftigen Diktator Deutschlands, sie sollten wissen, dass »Seeckts Frau, gleich der Stresemanns, eine Jüdin« wäre. Dies passt zu dem in München verbreiteten Antisemitismus. – Der Reichswehrminister befiehlt, die NSDAP-Zeitung zu verbieten. Der ihm unterstellte Lossow erklärt, in Absprache mit Generalstaatskommissar Kahr, den Befehl für unausführbar. Als der Minister auf dem Verbot beharrt, ringt sich der Bayer Lossow zu fortgesetzter Befehlsverweigerung durch.

Kahr zieht aus Salzburg – den mit reichsdeutschem Haftbefehl gesuchten – Kapitän Ehrhardt heran, dessen neuer Wehrbund Wiking angeblich die Grenze zum linksregierten Thüringen und Sachsen schützen soll. Wikings echter Auftrag kann nur sein, meint oder hofft Röhm, *den Aufmarsch für den Kampf gegen Berlin zu decken. Zur bloßen Abwehr allenfalls zu erwartender roter Vorstöße gegen Nordbayern hätten die bayerischen Polizeikräfte vollauf genügt.* Landespolizeichef Seißer rückt auf ins Machtzentrum. Über Bayern herrscht im Herbst 1923 das Dreigestirn Kahr-Lossow-Seißer.

1923 rast die Inflation. Bei einer Feldübung hat Röhm Kommandogeld, vier Millionen Mark bezogen, eine Woche später 150 Millionen. Auf dem Münchner Viktualienmarkt bricht Krawall aus. Bergarbeiter streiken, Proletarier stürmen das Rathaus in Gelsenkirchen. In mitteldeutschen Regierungen sitzen kommunistische Minister. Solche Zeichen des Zerfalls erfordern Gegenmaßnahmen. Das Berliner Wehrministerium befiehlt, für eine »Reichsaktion in Sachsen«, bayerische Einheiten bereitzustellen, überliefert General Lossow: Mit Kahr ist er einig, dass diesen »Anforderungen des Reichs entsprochen werden müsste«, doch parallel planen sie, »Ersatz für die abzugebenden Truppen [zu] schaffen«.

Als Herbstausbildung getarnt, formieren sich Freiwilligenkorps. Kurzzeitig verbietet Kahr den VÖLKISCHEN BEOBACHTER, der zum Bürgerkrieg aufruft. Kampfbundführer Kriebel entwirft dennoch »im Einverständnis mit Oberst Seisser einen einheitlichen Befehl über den Grenzschutz«, »in der Durchführung des Wortes 'Auf nach Berlin'«: »Aufmarschgebiete und Vormarschstreifen« werden den »einzelnen Verbänden auf Kartendurchschlag« am 16. Oktober mitgeteilt, nach Billigung durch einen Mitregenten. Kahrs Ansehen steigt, er schafft es, Verbandsführer Heiß der Reichsflagge abzuwerben, dem ein deutscher Haftbefehl droht. Ins Kahr-Lager überzutreten, verweigern die Ortsgruppen Augsburg, Memmingen, Schleißheim, München. Röhm sammelt sie unter dem Namen Reichskriegsflagge und weist an, *militärisch verwendbare Einheiten zu schaffen, die auf den Aufruf zur Erhebung zur Fahne eilen.*

Der Deutsche Kampfbund erhält über Ludendorff 100 000 Goldmark, die Thyssen als Spende westfälischer Industrieller vermittelt. Bei Exerzier- und Waffenübungen fiebern die Kämpfer dem Aufmarsch entgegen. Welches Endziel aber verfolgt Kahr? Berichte besagen, er hört auf Putschpläne in Berlin, wo er für das Direktorium einer Diktatur vorgesehen sein soll. Als Lossow vom Wehrminister suspendiert wird, nimmt die Landesregierung »den bayerischen Teil der Reichswehr ihrerseits als Treuhänderin des deutschen Volkes in Pflicht« und beauftragt Lossow mit der weiteren Führung. – Die Staatseinheit bricht: Bayerns Truppen folgen nicht mehr dem deutschen Heereschef, sondern der Kommandogewalt Lossows, das heißt Kahrs. Der Richtungsstreit in Bayern nähert sich der Entscheidung.

Derweil marschiert die Reichswehr und beseitigt die Linksregierungen in Thüringen und Sachsen. Damit entfällt der Vorwand, Landesgebiet verstärkt zu sichern. Lossow bestellt alle Wehrführer: Wenn Bayerns Division allein bleibt, „wird sie erledigt, dann geht es aber den Verbänden ebenso an den Kragen". Lossow verdeutlicht sein Vertrauen in die Freiwilligen und, wo es endet. Im Klartext: Keine wilden Putsche! Anhand vorbereiteter Pläne erfährt jeder Verband, wo er sich „im Falle eines Vormarsches" Bayerns Division zuordnet. Zur Herbstübung befiehlt Lossow, sie zu vergrößern. Die gesetzte Frist zeigt Eile an: Zum 3. November sollen die Stäbe melden, welcher »Aufstellungstag frühestens in Frage kommt«.

Friedrich von Schirach, Vereinigte Vaterländische Verbände München, Bezirksführer:
In den ersten Tagen des November erhielt ich ... ein[en] Auszug aus dem Befehle des Wehrkreiskommandos ... Wir waren hocherfreut, ... daß durch

die Hinzuziehung auch von Kompanien der Nationalsozialisten offenbar eine Einigung zwischen den Nationalsozialisten ... und dem Wehrkreiskommando herbeigeführt sei ... von unserem Geschäftsführer (wurde) gesagt –, daß wir jetzt schleunigst bereitgestelltwerden müßten für eine Aktion gegen Berlin.

Edmund Heines, Führer des 2. SA-Bataillons:
Es wurde uns ... Anweisung gegeben, unsere Verbände in die Reichswehr für den Fall Herbstübung 1923 einzureihen. Ich wurde zur Ausbildung dem Pionierbatl. 7 zugeteilt ... Waffen wurden in und ausserhalb der Kaserne mit Erlaubnis des Pionierbatl. zu Uebungen verwendet. Aufgrund dieses Zugeständnisses ... bestand für mich kein Zweifel mehr, dass die ... Herbstübung Hand in Hand mit der Reichswehr und den verschiedenen vaterländischen Verbänden vorbereitet wird.

Wilhelm Brückner, Führer des SA-Regiments München:
Hauptmann Hanneken, der Generalstabsoffizier bei Lossow ist ... (hatte) mir gesagt ...: „Beschleunigen Sie die Ausbildung Ihrer Leute! ... Wir brauchen in allernächster Zeit eine schlagfertige Truppe" ... ich war jeden Abend in der Pionier- und Infanteriekaserne ... und ... (hatte) unbedingt den Eindruck, daß ... die Offiziere selbst unzufrieden waren, weil der Marsch nach Berlin nicht losging ... Die Leute sind jeden Abend stundenlang durch Dreck und Schnee gewatet ... Ich habe auch Herrn Hitler persönlich gesagt: „Es kommt der Tag, da kann ich die Leute nicht mehr halten ..." Sie müssen bedenken, daß sehr viele Erwerbslose darunter waren und viele Leute, die gesagt haben, jetzt tun wir unser letztes Gewand, unsere letzten Schuhe, unser letztes Zehnerl an die Ausbildung; es geht jetzt bald los, dann werden wir in die Reichswehr eingestellt und sind aus dem ganzen Schlamassel heraus.

Der bekannte Freikorpsführer Roßbach bekämpfte in Schlesien polnische Rebellen. Ihm hat das Republikschutzgesetz acht Monate Haft beschert. Im Oktober 1923 stößt er in München zum Kampfbund. Roßbach wirbt an der Infanterieschule für einen Putsch, bei den angehenden Leutnants stößt er auf offene Ohren. Hitler treibt die Infanterieschüler weiter an. Er »sprach so zündend«, bezeugt Roßbach, »daß er alle ... mitriß ... Hitler ließ eine Anwesenheitsliste herumgehen ... Alle erklärten sich bereit, am Marsch nach Berlin mitzumachen.«

Oberleutnant Roßbach begleitet den frühen Hitler: »ein Bohémien, der Soldat werden mußte, wenn er wirklichen Soldaten imponieren wollte ...

Röhm zog diesem Intelligenten, Weichen, aber Besessenen die hohen Stiefel der SA an und setzte ihn in Marsch.« General Epp indes meint, Röhm wäre »nach und nach der geistige Knappe Hitlers« geworden.

Im Nachkrieg hat der Stabsoffizier Röhm mittels Reichswehr den Gefreiten Hitler und die nationalsozialistische Bewegung aufgepäppelt. Der Untergebene ist ein Freund geworden. Nun, im Krisenjahr 1923 kehrt sich ihr Verhältnis um. Röhm bleibt die Stube in der Kaserne die liebste, gesteht er gern. Er erkennt an, was Hitlers Vorrang ausmacht: Keiner sonst treibt, allein durch Reden, Massen voran. Hitlers Raum ist die Arena, hier beschleunigt er politisches Handeln und steigert Kundgebungen bis zur letzten Entschlossenheit. Im Zirkus Krone rüttelt er Tausende auf: „Für mich ist die deutsche Frage erst gelöst, wenn die schwarzweißrote Hakenkreuzfahne vom Berliner Schloß weht ... und deshalb werden wir ... wie Soldaten im Felde dem Befehle folgen: Tritt gefaßt, deutsches Volk, und vorwärts, marsch!"

In den letzten Tagen der Inflation, während Milliarden- auf Billionenbeträge steigen, weilen Boten der Reichsregierung wie Republikfeinde in München. 'Nationalaktive' beraten mit Ludendorff oder Kahr über eine Diktatur ohne den zaghaften Seeckt. Der Heereschef, hört man, hofft auf ein von Präsident Ebert (SPD) verfügtes Notdirektorium. Mit Seeckt wartet Kahr, dass Berliner 'Vaterländische' den Putsch eröffnen. Aber ist es wesentlich, ob der Herr Mut fasst? Zum Staatsstreich werden Bayerns Truppen benötigt. *Lossow und Seisser* haben *in mehrfachen Unterredungen schon gemeinsame Wege und Ziele* gebilligt, ermutigt sich Röhm: *Lossow sagte zu, bei jedem Putsch, der 51 % Wahrscheinlichkeit habe, sich zu beteiligen.*

Im Warten verbraucht sich Thyssens Spende; das Hitlerlager zermürbt Geldmangel und Gemunkel: Wer schlägt zuerst los? Wird Ehrhardt Wiking allein nordwärts führen? Strebt Pittinger zur Monarchie zurück? Von den Verbänden unterstellt sich nur Hitlers nicht dem 'Verwaltungsbeamten' Kahr, doch ohne Bayerns beziehungsreichsten Politiker ist kein Putsch möglich. Welche Rolle soll er künftig spielen? Landesverweser wäre eine Art Staatspräsident, meint Hermann Kriebel: »Die wirkliche Diktatur« gehörte in die Hand »eines mit der Verantwortung hiefür ausgestatteten Mannes«. Als einziger Älterer steht Kriebel (47 Jahre) mit Hitler (34), Röhm (35), Göring (30) den Regenten Kahr (61) – Lossow (56) – Seißer (49) gegenüber. Es ist nicht nur ein Streit um Wege und Wagnisse, sondern auch der Generationen.

Kahr ruft die Wehrverbände zum Appell: Vordringlich wäre, eine nationale Regierung einzusetzen. Die Aktion begänne, wenn die Machtmittel

– Reichswehr, Polizei, Verwaltung – gesichert wären. Lossow verwahrt sich gegen Putschaufrufe, die seinen Name missbrauchten. Trotzdem fühlt sich Röhm bestärkt: *Am 6. 11. 1923 erklärte Lossow, zum Staatsstreich entschlossen zu sein. Der Generalstaatskommissar fügte dem an, daß zwei Wege, ein normaler und ein anormaler Weg, dazu führen könnten. Kahr schloß seine Ausführungen: „Den Zeitpunkt bestimme ich ... Gegen ein Vorprellen werde ich einschreiten."*

Weniger optimistisch ist Kampfbund-Militärführer Kriebel; ihn bekümmert, »dass die grosse Not, in der gerade unsere Mitglieder als hauptsächlich dem verhungernden Mittelstand angehörend, zu Unbesonnenheiten hinreissen könnte, dass es auch schlechterdings unmöglich sei, unsere Leute bei Teuerungsunruhen gegen das hungernde Volk zu verwenden«. Kriebel zweifelt, ob Kahr »den Entschluss zur Tat fände«, hört aber, dass bald »im Bürgerbräukeller eine wichtige Versammlung sei, bei der ... eine wichtige Rede ... von Kahr gehalten würde ... es handle sich darum, am Jahrestag der Revolution diese Schandrevolution zu beenden ... deutsche und ausländische Presse sei eingeladen ... Eingeladen ... waren die Vertreter des ... Handwerks und Gewerbes, des Handels und der Industrie.« Weil »der grosse Saal ... voll sein müsse«, bäte man die »verschiedenen Organisationen für einen reichlichen Besuch ... Sorge zu tragen« und »könne die angenehme Mitteilung machen, dass es Freibier gebe«.

Wozu benötigt Kahr eine Rede im größten Saal Münchens? Hat er ein Signal von Berliner Putschisten empfangen? Will er als alter bayerischer Beamter die Monarchie beleben? Selbst wenn er nicht zur Tat schreitet, will er als Mann der Stunde dastehen und versuchen, den Kampfbund niederzuhalten. Nur ein Befreiungsschlag scheint zu helfen.

Wie geplant wird, den Festabend zu sprengen, ermittelt später die Staatsanwaltschaft: »Wahrscheinlich war Röhm selbst zugegen, wenn wirklich nicht, so hat er zweifellos ... als Führer einer der maßgebenden Organisationen alsbald davon Kenntnis erhalten«. Vor Gericht dann leugnet Röhm, an der Vorbereitung beteiligt gewesen zu sein: Ihn hätte Kriebel für die Reichskriegsflagge militärisch vertreten. *Ebenso war ich mit Hitler nicht nur sehr innig befreundet, sondern habe auf ihn in politischen Dingen ein derartiges Vertrauen gesetzt, daß ich ihm lediglich erklärt hatte: ... Du brauchst mir bloß zu sagen, z. B. am X.ten steht die Reichskriegsflagge ... am Siegestor, dann steht sie dort. Darauf kannst du dich verlassen.*

Ernst Röhm, noch Stabsoffizier im Wehrkreis Bayern, setzt auf den Deutschen Kampfbund. *Hitler übermittelte uns als Eindruck seiner*

Unterredungen, daß Lossow und Seisser vollendete Tatsachen erwarteten, selbst aber nicht den Absprung machen wollten. Soll also einer zur Tat blasen, will es Hitler übernehmen. Im Bürgerbräu werden sie den Saal stürmen und auf Kahrs Leute treffen, um den gemeinsamen Putsch auszulösen. SA, Oberland und Reichskriegsflagge holen getarnt ihre Mannschaften heran. Röhm sieht sich vorm Ziel seiner Wünsche: *Ich war ursprünglich der Vermittler ... und ich habe mich ... besonders gefreut, daß ein meiner Anschauung nach wirkliches Vertrauensverhältnis zwischen Hitler und Lossow zustande gekommen ist. Lossow hat mir wenigstens gesagt, ich kann Hitler ausrichten, er ist für ihn jederzeit zu sprechen.*

Am Donnerstagabend, am 8. November 1923, füllen zweitausend Gäste den Münchner Bürgerbräukeller. Unter dem Motto „Vom Volk zur Nation" hält Generalstaatskommissar Kahr einen Vortrag. Er begründet „die sittliche Berechtigung der Diktatur, denn sie bietet die einzige Möglichkeit, die Grundlage des neuen Geschlechts freier Deutscher zu schaffen."
Ebendas hat Adolf Hitler im Sinn, als er jetzt mit einem bewaffneten Trupp eindringt. Was folgt, ist ein misslingender Putsch. Was hätte folgen sollen, wäre ein Vorstoß von Bayern aus gewesen. Hier gilt seit Wochen der Ausnahmezustand; er richtet sich gegen die 'preußisch-jüdische' Reichsregierung, gegen eine Republik, die Deutschlands Niederlage verkörpert. Gustav von Kahr hat Vormarschpläne erarbeiten lassen. Hitler hält seine Einheiten marschbereit. Jetzt im Bürgerbräu werden Generalstaatskommissar Kahr, Landeskommandant Lossow sowie Polizeichef Seißer in ein Seitenzimmer geführt und Hitler bittet Kahr, die Macht als Landesverweser anzutreten. Wer rebelliert hier – verläuft ein Putsch so?
Die gezückten Pistolen verschwinden, die Debatte im Nebenraum dauert an. Nach einer Stunde im Saal zurück, gibt Kahr seine Bereitschaft bekannt, als „Statthalter der Monarchie" in Bayern tätig werden; als Ministerpräsident soll Oberlandesgerichtsrat Pöhner amtieren. Danach wird eine deutsche Nationalregierung verkündet: Reichskanzler Hitler – Führer der Nationalarmee Ludendorff – Wehrminister Lossow – Reichspolizeiminister Seißer. In Beifall und Hochstimmung löst die Versammlung sich auf. Hitler fährt zu seinen Truppen. Der Weltkriegsgeneral Ludendorff entlässt Herrn von Kahr und dessen Stützen.

General a. D. Ludendorff, Schirmherr des Deutschen Kampfbunds:
Ich traf am Donnerstag Nachmittag ... mit Kahr, Lossow und Seisser zusammen ... Es war dabei immer vom Norden die Rede ... für mich somit kein Zweifel, dass es sich nur um die Neubildung einer Reichsregierung handeln könne ... Im Bürgerbräukeller ... bat (Hitler) mich ausdrücklich, den Posten des Chefs einer nationalen Armee zu übernehmen. Ich ... fragte ... v. Lossow und v. Seisser, ob sie bei dieser nationalen Armee mittun wollten. Die beiden Herren erklärten sich ... nach kurzem Zögern bereit ... Meines Erachtens war es notwendig, ungesäumt die unterstellten Truppen und die Beamten der Landespolizei von der Bildung der neuen Regierung und von der Stellungnahme ihrer Befehlshaber zu benachrichtigen ... v. Lossow und v. Seisser erklärten ..., sie wollten die notwendigen Anordnungen sofort treffen.

Anklageschrift des I. Staatsanwalts beim Volksgericht München I, 8. 1. 1924:
Die Reichskriegsflagge hatte für den 8. 11. 23 abends 7 Uhr 30 Min. zu einem »kameradschaftlichen Festabend ...« im Löwenbräukeller eingeladen ... Auswärtige Mitglieder hatte man ... besonders eingeladen ... Noch am Nachmittag des 8. 11. 23 wurde eine Reihe von Angehörigen des Kampfbundes telegrafisch und telefonisch ... herangeholt.

Gerhard Binz, Referendar, Abteilungsführer der Reichskriegsflagge:
Am späten Nachmittag wurde ich dringend in die Wohnung Leutnant Oßwalds, des Führers der Sturmabteilung ... der Reichskriegsflagge gerufen ... Oßwald ... begrüßte mich mit den Worten, daß es gleich „losgehen" würde! Die Entscheidung des Kampfbunds sei gefallen. Kahr und Lossow seien mitbeteiligt ... Die für den Abend angesetzten Massenveranstaltungen ... sollten die Ausgangsstellung für den Angriff gegen das Novembersystem bilden ... Im Löwenbräukeller herrschte überall gehobene, erwartungsvolle Stimmung ... Die Mitglieder der Reichskriegsflagge waren unbewaffnet gekommen ... Um so größer war die Überraschung, als ... unauffällig Pistolen und Patronenrahmen verteilt ... wurden.

Kriminalkommissär Joseph Werner:
Mein Sohn war Mitglied der Reichskriegsflagge. Ich wollte mich an dem Abend aufnehmen lassen ... Hauptmann Röhm (ist) ... stürmisch begrüßt worden ... als dann von rückwärts ein Chauffeur ... in den Saal hereinstürmte, auf den Vorstandstisch zuging ... und den Herren etwas zuflüster-

te ... da hörte ich also auch, dass die Regierung abgesetzt und die neue Regierung gebildet worden sei ... Ich habe den Eindruck gehabt, dass es Röhm mit seinem Stab unvorhergesehen kam ... ich habe bemerkt, dass Röhm so ein Kopfschütteln und so ein momentanes Ratlossein, eine förmliche Ratlosigkeit hatte ... Der Jubel war groß, alles stand auf, alles stand auf dem Tisch, die Musik spielte.

Ernst Röhm, Führer der Reichskriegsflagge:
Ich ... habe Hauptmann Seydel beauftragt zu telefonieren, der ... die Bestätigung brachte ... Es war eine außerordentliche Begeisterung ... Ich habe mir doch durch einige Trompetenrufe Ruhe verschafft und gesagt, daß ich die Versammlung auffordere, zur Huldigung der neuen Regierung an den Bürgerbräukeller zu ziehen ... Wir sind dann unter Vorantritt einer Musikkapelle ... die Brienner Straße hineinmarschiert ... Ich erinnere mich noch eines unheimlichen Gastes mit schwarzem Bart und finsteren Blicken, der plötzlich neben mir marschierte und auf mich einsprach, ich sollte mich vorsehen ... ein Kraftfahrer ... hat mir den Befehl vom Bürgerbräukeller übermittelt, ich solle in das Wehrkreiskommando rücken ... In der Prinz-Arnulf-Kaserne wurde ... die völkische Revolution von Offizieren und Mannschaften der Landespolizei mit Jubel aufgenommen. Nur einige Offiziere, persönliche Freunde von mir, waren mir gram, daß ich sie nicht verständigt hatte ... ich hatte es versprochen ... Aber auch ich selbst war durch den raschen Gang der Dinge überrascht.

Anklageschrift des I. Staatsanwalts, 8. 1. 1924:
Röhm war wohl schon bei der ... Beschlußfassung über das Unternehmen vom 8. 11. 23 beteiligt ... Der ... im Löwenbräukeller veranstaltete kameradschaftliche Abend ... gab ihm Gelegenheit, zur Unterstützung der Aktion im Bürgerbräukeller unauffällig und sicher möglichst viele Kräfte zusammenzufassen ... um 9 Uhr teilte Röhm den Anwesenden mit, daß eine nationale Reichsregierung Hitler-Ludendorff-Seisser und eine neue bayerische Regierung Kahr-Pöhner gebildet sei, ließ seine Leute sammeln und führte sie zum Wehrkreiskommando ... unter Führung Röhms (wurde) das Wehrkreiskommando bald nach 9 Uhr abends besetzt.

Ernst Röhm, Führer der Reichskriegsflagge:
Ich bin dann in das Zimmer des Hauptmanns Daser hinein, der Offizier vom Dienst war, und habe ihm mitgeteilt, es ist eine neue Regierung gebildet, ich habe den Auftrag, die Ehrenkompagnie für General Lossow zu übernehmen ...

und bis zum Eintreffen des Generals Lossow übernehme ich hier das Kommando. Hauptmann Daser hat gesagt, er weiß nichts davon. Ich habe gesagt, ja, dann erkundigen Sie sich, ich stelle Ihnen alles zur Verfügung, telefonieren Sie in den Bürgerbräukeller und verschaffen Sie sich die Bestätigung ... Er hat dann der Wache den Befehl gegeben, die Reichskriegsflagge hereinzulassen.

Johann Sebastian Will, Banklehrling, Mitglied der Reichskriegsflagge:
Etwa um ¾8 Uhr traf ich im Löwenbräukeller ein ... [Mein Batterieführer] Lembert war dort anwesend ... gegen 9 Uhr sprach Esser ... und hielt sich .... im Rahmen vaterländischer Ausführungen. Während derselben unterbrach Hauptmann Röhm ... Daraufhin hat Herr Esser die nationale Regierung und deren Männer bekanntgegeben ... Die Reichskriegsflagge marschierte ... zum Wehrkreiskommando ... Nach sehr kurzen Verhandlungen wurden wir ... eingelassen. Die so Eingelassenen schätze ich auf einige Hundert.

Walter Lembert, Landwirt, Batterieführer der Reichskriegsflagge:
Richtig ist, dass in dem [Einladungs-]Brief ... der kameradschaftliche Charakter bezüglich der Versammlung angeführt war, desgleichen, dass ... die Leute ... bei Nichterscheinen bei eventuellen späteren Ereignissen nicht berücksichtigt werden können, dass ... sie für 2–3 Tage Lebensmittel mitzunehmen hätten ... die Ausrufung einer nationalen Regierung ... (löste) grosse Begeisterung aus ... anwesend gewesene Reichswehrangehörige ergingen sich in Heilrufen, entfernten von ihren Mützen den republikanischen Adler und traten auf diesem herum. Sie machten auch den erwähnten Zug mit ... Zugführer war Hauptmann Röhm und auf dessen Befehl rückten wir im Wehrkreiskommando ein ... Mir ... gab Röhm den Befehl, ... zur Verstärkung der Reichswehrmannschaften die dortige Wache zu übernehmen.

Herbert Müller, Führer des Nachrichtenzugs der Batterie Lembert:
Lembert teilte uns im ... Hofe mit, dass wir nunmehr Reichswehr wären ... Nach etwa einer halben Stunde wurde zum Korpshaus 'Palatia' marschiert, woselbst wir ... Karabiner, Pistolen, Seitengewehr und Munition fassten ... Nach Rückkunft ... erhielt ich von Lembert Befehl, mit zuverlässigen und ausgebildeten Leuten die Telefon-Zentrale des Wehrkreiskommandos zu besetzen ... Ich kann mich an folgende Gespräche erinnern: etwa um 12 Uhr frägt Hauptmann Röhm den Hauptmann Göring nach der Stärke der ... Truppen aus den Kampfverbänden. Die Antwort lautete: Etwa 2 500 Mann – militärisch ausgebildet – stünden momentan zur Verfügung, am nächsten Tag würden Verstärkungen erwartet.

Gerhard Binz, Abteilungsführer der Reichskriegsflagge:
Ich sollte ... nach unserem Depot marschieren, um dort Waffen und Munition zu fassen ... da hält unvermittelt ein Kraftwagen vor dem Wehrkreiskommando ... Ich sehe: Hitler! Kurze Meldung, er stutzt, er sieht mich in Reichswehruniform, er scheint fast erregt, aber der Inhalt der Meldung befriedigt ihn. Ich ziehe mit meinen Kameraden los, nicht ohne nachhaltigen Eindruck darüber, daß Hitler hier, so mutterseelenallein, plötzlich erschienen war.

Anklageschrift des I. Staatsanwalts, 8. 1. 1924:
Hitler ... versammelte im Lichthof des 2. Stocks die anwesenden Verbände ... Hitler dankte den Verbänden für ihre Mitarbeit und forderte zu weiterer Pflichterfüllung auf; er dankte noch besonders Röhm für seine treue Waffenbrüderschaft.

Ernst Röhm, Führer der Reichskriegsflagge:
Kein Schrank, keine Schublade wurde geöffnet, kein Aktenstück berührt. Ich hatte im Vorzimmer des Landeskommandanten die Befehlsstelle errichtet; das Zimmer des Generals von Lossow wurde von niemandem betreten ... Als längere Zeit General von Lossow nicht eingetroffen war, bat ich telegrafisch im Bürgerbräukeller sein Eintreffen zu beschleunigen. Ich erhielt die Antwort, von Lossow befinde sich in der Stadtkommandantur und den Befehl, mich sofort zu melden ... Mein Versuch, dort [in der Stadtkommandantur] vorzusprechen, scheiterte, da nicht geöffnet wurde, obwohl die Büros besetzt waren ... Ich bin dann zurückgegangen, und wie ... Exzellenz Ludendorff und Oberstleutnant Kriebel kamen, habe ich die beiden darauf aufmerksam gemacht, ... daß es mir doch etwas verdächtig vorkomme, daß ich nicht in die Stadtkommandantur hinein könne ... Hitler sowohl als Ludendorff bezeichneten ... meine Bedenken als vollkommen unbegründet, nachdem von Lossow Handschlag, Ehrenwort und feierliche Erklärung vor aller Öffentlichkeit abgegeben hatte.

General a. D. Ludendorff, Schirmherr des Deutschen Kampfbunds:
Über den Verbleib des Generals von Lossow waren wir lange Zeit nicht unterrichtet ... (Ich) hörte aber ..., dass sich ... Reichswehroffiziere beim Infanterieregiment 19 versammelt hätten und der neugebildeten Regierung Schwierigkeiten bereiten wollten. Ich nahm an, dass sich General von Lossow zu diesen Herren begeben habe, um der Schwierigkeiten Herr zu werden.

Hermann Kriebel, Stabschef des Deutschen Kampfbunds:
Ich hatte ja so meine Erfahrungen ..., dass es ... Zureden braucht ... längere Verhandlungen ... in der Nacht vom 13. zum 14. März 1920 saß ich auch in einem Vorzimmer, da waren mindestens auch 20 bis 30 Herren da, zum Teil Reichswehroffiziere, im anderen Zimmer saßen von Kahr, Escherich, Pöhner und berieten ..., wie es wohl zu machen sei, dass man den [Wehrkreiskommandeur] General Möhl dazu bringe mitzutun ... Dass so etwas nicht glatt abgehen konnte, war mir ... nichts Neues ... Ich dachte sogar längere Zeit daran, dass es nicht ausgeschlossen wäre, dass Lossow geradezu von seinen Untergebenen verhaftet worden wäre, ein Vorkommnis, zu dem ich auch eine Parallele im Jahre 1920 wusste.

Lässt sich die Geschichte nachahmen? Gleicht 1923 dem Jahr 1920? Im Januar 1920 tritt der Versailler Vertrag in Kraft, den Berlins Befehlshaber Lüttwitz nicht hinnehmen will. Er verbündet sich mit dem Politiker Kapp, der schon die deutsche Kapitulation zu verhindern suchte. Putschwillige Soldaten befehligt Kapitän Ehrhardt; seine Brigade liegt unweit von Berlin. Doch von norddeutschen Plänen erfahren bayerische 'Nationalaktive' nur stückweise. Der Röhm unterstellte Reichswehroffizier Mayr trifft, nach seinem Zeugnis,»privatim einmal Kapp, einmal Lüttwitz«. Anfang März 1920 informiert ein Beauftragter Kapps über das Vorhaben, eine Militärregierung einzusetzen. Röhm begrüßt dies *natürlich außerordentlich*, wird aber *sehr besorgt*, als er *einen bedenklichen Mangel an Vorbereitung* feststellt.

Am 13. März flieht die Berliner Regierung. Ehrhardts Brigade hisst Kaiserfahnen, ruft Kapp zum Diktator aus. Arbeiter aller Parteien treten in den Generalstreik. Nach vier Tagen endet der Staatsstreich, auch, weil ihn die meisten Wehrkreiskommandeure nicht unterstützen (wobei Heereschef Seeckt keine Truppen gegen die Putschisten beordert). Das Scheitern in Berlin führt Röhm zurück auf die *„Besonnenheit"*, oder sagen wir besser *Unentschlossenheit der Generale*. Gleiches deutet sich in seiner Heimat an, denn der Befehlshaber befiehlt nichts: *Die bayerische Division hielt zu Kapp und hielt zu [Reichspräsident] Ebert – sie wartete ab.*

Am 14. März flammt in einer Münchner Kaserne Empörung auf. Reichswehrsoldaten und Zeitfreiwillige versetzt die Meldung, die Landesregierung hätte eine Kundgebung von Sozialisten und Kommunisten zugelassen, in Kampfbereitschaft. Oberst Epp und Hauptmann Röhm eilen in die Kaserne und befördern einen Beschluss, der um Mitternacht feststeht: Der bayerische Befehlshaber Möhl soll gebeten werden, die Macht in seine Hände zu nehmen.

Dass der Putsch in Bayern gelingt, hängt wesentlich von Epp und Röhm ab. Über ihre Verbindung zu Stabschef Kriebel bei den Einwohnerwehren gewinnen sie Landesführer Escherich wie dann Oberbayerns Regierungspräsidenten Kahr, Landespolizeichef Seißer und Münchens Polizeipräsidenten Pöhner, bei Möhl vorzusprechen. Der Divisionskommandeur lehnt lange ab, in die Staatsgewalt einzugreifen; Hauptmann Mayr telefoniert sogar mit seinem Vorgesetzten Röhm, um *Unterstützung zur Beseitigung Möhls* zu erhalten. Schließlich führt der General eine Abordnung zum Ministerpräsidenten, der im Morgengrauen das Kabinett zusammenholt. Vor einer Mehrheit von SPD-Ministern fordert Möhl, ihm, – wie bei Unruhen vorgesehen – die vollziehende Gewalt zu übertragen. Seine Begleiter verbürgen: Anders wären radikale Zeitfreiwillige nicht zu bändigen. Das Kabinett erteilt Möhl Sondervollmachten und stimmt den widerstrebenden Ministerpräsidenten nieder. Ihn löst der bisherige Verwaltungschef Kahr ab und regiert dann anderthalb Jahre.

Das ist das Vorbild: ein Zusammenspiel von Freiwilligenverbänden und Reichswehr. Dem Kapp-Putsch verdankt Bayern eine *bessere Regierung,* fasst Röhm zusammen: *Immerhin ein mageres Ergebnis, wenn man bedenkt, daß in München wieder einmal die Geschicke des Reiches hätten entschieden werden können.* Das Muster von 1920 bedarf der letzten Entschlossenheit, um den Erfolg auf ganz Deutschland auszudehnen. Immerhin sind es doch die Männer von 1920, die aufs Neue zusammenwirken, und ihre Truppen marschieren.

9. November 1923: Nach dem Putsch riegelt die Reichswehr das von Röhms Reichskriegsflagge besetzte Wehrkreiskommando ab

Flaggenträger in Röhms eingekesseltem Wehrverband:
der damals 23-jährige Heinrich Himmler

Der Prozess zum Putsch beginnt im Februar 1924. Die Hauptangeklagten finden sich zum Gruppenfoto zusammen (von rechts nach links): Leutnant Robert Wagner, Ernst Röhm (Reichskriegsflagge), Wilhelm Brückner (SA), Adolf Hitler (politischer Führer des Deutschen Kampfbunds), Erich Ludendorff (Schirmherr des Deutschen Kampfbunds), Hermann Kriebel (militärischer Führer des Deutschen Kampfbunds), Wilhelm Frick (Polizeidirektion München, Informant Hitlers), Friedrich Weber (Oberland), Heinz Pernet (Stiefsohn Ludendorffs)

Verbündete und Verräter

Münchner Zeitung, ausgeliefert am 9. November 1923, 10.30 Uhr: Soeben ... wird uns durch die Politische Abteilung der Polizeidirektion Folgendes mitgeteilt: »Kahr hat sein gestern gegebenes Wort zurückgezogen, da es ihm durch List und Trug und unter Wortbruch abgezwungen sei. Kahr ist nach wie vor Generalstaatskommissar ...« Eine Nachprüfung dieser neuen Lage war uns infolge der Kürze der Zeit und der begreiflichen Schwierigkeiten, mit den verantwortlichen Stellen in Verbindung zu kommen, nicht möglich.

Diese Nachricht erscheint auf Seite zwei; auf der Vorderseite liest man eine Proklamation Kahrs gegen den Putsch – die eine Meldung lässt Zweifel an der andern zu. Was liegt der seidenweichen Berichterstattung zugrunde? Die Münchner Zeitung wird vom Pressechef des Generalstaatskommissars geleitet. Falls Kahr sich öffentlich festlegen wollte, hätte er es bestimmt vollbracht, sein Sprachrohr zu nutzen. Folglich drängt sich auf: Am Morgen des 9. November hält der Generalstaatskommissar sich eine letzte Hintertür offen.

Obwohl Hitlers Verband sich formal nie zu Kahr bekannt hat, ist er dessen Truppen-Planung und Ausbildung gefolgt. Teile des Kampfbunds sind einer Notpolizei eingegliedert. Der Generalstaatskommissar hat nicht die SA verboten, sondern die weit schwächeren SPD-Sturmgarden. Hitler wie Kahr denken auf einen Umsturz deutscher Machtverhältnisse zu. Aber je näher das Ziel scheint, desto weniger kann oder will eine der beiden Seiten verdecken, was sie einschätzt: Der Verbündete gefährdet das gesamte Vorhaben und muss, notgedrungen, bekämpft werden. Von nun an bezeichnet jede Seite die andere als Verräter.

Röhm hält das Wehrkreiskommando – das alte bayerische Kriegsministerium, wo er als Stabsoffizier jahrelang diente – in der Nacht zum 9. November besetzt. Misstrauen regt sich, als er beim Meldegang abgewiesen wird – an der Stadtkommandantur. Hier, erfährt Röhm nachher, treffen die Generale Kreß und Ruith erste Abwehrmaßnahmen: Kreß ist seit Lossows Abberufung offiziell als Befehlshaber ernannt; auf seine Order hin sammelt Stadtkommandant Danner Truppen: *Als General von Lossow in* den Kreis der in der Stadtkommandantur Versammelten kam, stand er vor der Frage, die getroffenen Anordnungen Danners ... zu übernehmen oder als Gefangener seiner Generale zurückgehalten zu werden.

General Lossow, Landeskommandant in Bayern:
In der Stadtkommandantur ... kamen mir General von Kreß und General von Ruith ... entgegen ... Ruith meldete mir, dass die Truppen ... gegen den Putsch alarmiert seien ... General von Danner ... empfing mich mit der für die ... Offiziere sehr charakteristischen Frage: „Exzellenz, das war doch alles nur Bluff?" ... Ich ... betonte, daß meine Erklärung (im Bürgerbräukeller) ... nur zum Schein und unter dem Zwang der Gewalt abgegeben war. Ich erklärte mich mit den bereits getroffenen Maßnahmen völlig einverstanden.

Staatsanwaltschaft beim Volksgericht München, 3. 3. 1924:
Dass Röhm nach Mitternacht starke Bedenken hatte, geht auch aus der Aussage des Majors Schwandner hervor, der ihn ... niedergeschlagen das Chefzimmer betreten sah ... Im Zusammenhang damit steht, dass Röhm um 1 Uhr 15 morgens zu Daser äußerte: „Lossow scheine Schwierigkeiten zu machen, er müsse die Herren bitten, im Nebenzimmer Platz zu nehmen und dasselbe nicht mehr zu verlassen." Vor dem Zimmer wurde ... ein Posten mit aufgepflanztem Seitengewehr aufgestellt.

Major Schwandner, Stabschef des bayerischen Artillerieführers Kreß:
Hauptmann Daser ... winkte ... mir und sagte leise, die Sache sei faul, von Lossow sei mit Kahr und Seisser ... in der Infanteriekaserne und würde bestimmt nicht hereinkommen. Kurz darauf erhielt Daser ... aus der Infanteriekaserne den Befehl, die nächstgelegenen Reichswehrbataillone von Augsburg, Kempten, Ingolstadt, Amberg, Regensburg und Landshut ... nach München hereinzuholen ... Wir konnten das ungestört bewerkstelligen, weil Röhm es versäumt hatte, die Telefonzentrale des Wehrkreiskommandos zu besetzen.

Johann Sebastian Will, Mitglied der Reichskriegsflagge:
Müller Herbert gab mir und meinem Kameraden Schiller den Auftrag, die Wache in der Telefon-Zentrale ... unter seiner Leitung zu übernehmen ... Es sind dann ... sehr viele Verbindungen gewünscht worden, die nicht Herrn Hauptmann Röhm galten. Solche Verbindungen ... haben wir verhindert ... General Ludendorff ersuchte mehrfach um Verbindung ... Er wollte von Lossow und auch von Kahr sprechen, was nie gelang.

Leutnant Roßmann, Reichswehr, 1. Bataillon des Infanterieregiments 19:
... ich (erhielt) ... den Befehl ... auszukundschaften, ob vom Kampfbund ein Angriff ... geplant sei ... Im Wehrkreiskommando habe ich ... Hauptmann Röhm ... gesagt, dass General von Lossow in der Infanteriekaserne sei ... Nun stellte Exzellenz Ludendorff an mich die Frage, warum General von Lossow nicht in das Wehrkreiskommando komme. Ich sagte ..., dass es für die Reichswehroffiziere etwas Schreckliches wäre, wenn sie auf andere nationale Männer schießen müssten, aber wenn der Kampfbund die Kaserne angreife, dann müssten wir ... unser Haus bis zur letzten Patrone verteidigen. Ludendorff gab mir die Hand und sagte: „Ich versichere Sie, ... ich werde nie die Kaserne angreifen, auch nicht die Reichswehr."

Hermann Kriebel, Stabschef des Deutschen Kampfbunds:
Ich hatte von vornherein damit gerechnet, dass die 3 Herren [Kahr-Lossow-Seißer] Schwierigkeiten haben würden, sich bei ihren Untergebenen rasch durchzusetzen ... Ich dachte, ... Lossow wird auf seine Unterführer beschwichtigend einwirken müssen. Ich wusste ja, dass ... Ruith und Kreß bei der Vereidigung der Division [auf Bayern] nicht mitgemacht haben ... Inzwischen fand sich Major Siry, ein alter Freund und Regimentskamerad von mir ein ... Ich sagte ihm, ... ich halte Lossow für absolut loyal, aber ... ich wäre ihm sehr dankbar, wenn er einmal hinausführe zu Lossow.

Major a. D. Alexander Siry:
... in einer Baracke ... (waren) Lossow, Kahr und Seisser mit ihren Herren versammelt ... Ich sprach zu Lossow ...: „Exzellenz, ich komme im Auftrag der Herren Hitler und Oberstleutnant Kriebel, um mich zu erkundigen, welche Haltung die Truppen Seiner Exzellenz ... einnehmen" ..., bekam aber keine Antwort ... Ich habe mich dann an Herrn von Kahr ... gewendet ...: „Ich befinde mich doch bei der nationalen Regierung, von der Euer Exzellenz Staatspräsident sind?" Darauf sagte Kahr: „Davon ist keine Rede. Die mit der Pistole erpreßten Zusicherungen sind null und nichtig." ... Nach einiger Überlegung erkannte ich keine andere Mission als die, ... daß wenigstens Ludendorff und Hitler ... rasch aufgeklärt werden ... Lossow sagte: „Nein, Sie bleiben da. Sie sind festgenommen." ... (ich) stellte ihm noch einmal vor, daß, wenn eine Benachrichtigung unterbliebe, die Folgen unausbleiblich die wären, daß möglicherweise Kämpfe und Schießerei entstünden ... Darauf sagte mir General Lossow: „Mit Rebellen wird nicht verhandelt."

Johann Sebastian Will, Mitglied der Reichskriegsflagge:
Im Laufe der Nacht hat sich nichts ereignet ..., woraus man hätte annehmen ... können, dass das Unternehmen missglückt, sogar Maßnahmen zur Niederschlagung getroffen worden seien ... früh gegen 4 Uhr wurden wir ... eingekleidet ... In der Kammer des Wehrkreiskommandos wurden ... Hosen, Waffenröcke, Schuhe, 3 Hemden, 3 Unterhosen, Socken, Tornister, Handschuhe und Seitengewehrtaschen verpasst ... Ludendorff (hat) angeordnet, dass die Mannschaften gut verpflegt werden sollten, dass sie möglichst wenig auf der Straße verwendet werden sollten, um ausgeruht zu sein und dass für die Nacht des 9./10. um Stroh ... gesorgt werden sollte.

Walter Lembert, Batterieführer der Reichskriegsflagge:
Aufgehalten habe ich mich die ganze Nacht über als Wachkommandant im Wachlokal ... je ein Reichswehr-Angehöriger und ein solcher der Reichskriegsflagge (standen) gemeinsam auf Posten. Die Einteilung erfolgte ... mit dem ... Reichswehrunteroffizier. Nachts ... erklärte mir dieser, er wolle ... zwecks Erlangung weiterer Befehle in die Kaserne fahren ... Nach etwa einer Stunde erschien dieser wieder und erklärte, er hätte ... mit der Wachmannschaft in die Kaserne einzurücken. Er übergab mir die Wachschlüssel sowie Inventar und scharfe Handgranaten. Er ließ nichts verlauten, dass Reichswehr eventuell gegen uns gehe.

Josef Seydel, Adjutant bei der Reichskriegsflagge:
In den frühen Morgenstunden ... erschien Oberst Leupold ... und erzählte, Lossow habe erklärt, daß er sich nicht an sein Wort gebunden halte, da er unter Pistolenzwang gestanden habe. Um 7 Uhr 30 ... begab sich General Ludendorff zum Bürgerbräukeller zurück. Als Hauptmann Seydel ihn zum Kraftwagen geleitete, wandte sich der General plötzlich um ...: „Glauben Sie wirklich, daß ein deutscher General so ein Wort brechen kann?"

Ernst Röhm, Führer der Reichskriegsflagge:
Zwei junge Studenten des Zeitfreiwilligenkorps Lenz meldeten sich bei mir ... Ich teilte ihnen mit, daß ihr Führer nach meiner Kenntnis nicht auf unserer Seite sei ... Gerade deshalb bäten sie nun, bei der Reichskriegsflagge eingereiht zu werden, um uns die Treue bis zum Tod zu beweisen! ... Dann rief mein wackerer Pferdewärter Fritz Pfaller aus der Kaserne an ... Lachend dankte ich dem braven Burschen ... Aber angesichts der Lage wollte ich ausnahmsweise heute doch auf den gewohnten Morgenritt Verzicht leisten.

Hildolf von Thüngen, Abteilungsführer der Reichskriegsflagge:
Gegen 8 Uhr bekam ich von Hauptmann Röhm den Befehl, in der Nähe des Wehrkreiskommandos eine Werbestelle für die nationale Armee zu errichten ... Von mir wurde ... eine Wirtschaft in der Schönfeldstraße als hiezu geeignet befunden ... Es mag nach 10 Uhr gewesen sein, als Hauptmann Röhm die Führer der Reichskriegsflagge zu sich berief ...: „Die Gerüchte scheinen wahr zu sein, Kahr, Lossow und Seisser sind anscheinend umgefallen, wir haben jedoch von der Oberleitung den Befehl, das Wehrkreiskommando zu besetzen und solange kein Gegenbefehl einläuft, kommen wir diesem nach."

Gerhard Binz, Abteilungsführer der Reichskriegsflagge:
Die Möglichkeit einer Belagerung zwang dazu, an die Beschaffung von Verpflegung zu denken ... Ich erhielt deshalb die Weisung, ... nach dem Bürgerbräukeller zu fahren, um Geld zu holen und Befehle entgegenzunehmen ... Überall standen bereits Absperrungen ... Allerdings kam mir meine Adjustierung als Reichswehroffizier ... zustatten, während meine beiden Begleiter ihre Reichskriegsflaggen-Mützen abnehmen mußten ... Im Bürgerbräukeller herrschte ungeheures Treiben. Man rüstete ... zum Demonstrationsmarsch ins Stadtinnere. Befehle für die Besatzung des Wehrkreiskommandos waren nicht zu bekommen ... Also wurde eine Kiste mit Inflationsscheinen gegen Quittung 'gefaßt', und fort ging's ... Im Kriegsministerium war der Eingang ... inzwischen mit spanischen Reitern abgesperrt.

Ernst Röhm, Führer der Reichskriegsflagge:
Nachdem ... eine nicht mehr zu behebende Telefonstörung eingetreten war, blieb ich nur auf die Mitteilungen angewiesen, die mir von Anhängern persönlich überbracht wurden. Aus diesen Meldungen ging hervor, daß das Kriegsministerium durch ... militärische Kräfte genommen werden sollte. Als tatsächlich gegen Mittag die Annäherung von Tanks gemeldet wurde, ließ ich das Kriegsministerium in Verteidigungszustand setzen.

Oberstleutnant Endres, Reichswehr, 1. Generalstabsoffizier im Wehrkreiskommando:
Als etwa 11 Uhr ... ein Reichswehrpanzerauto ... in die Ludwigstraße einbog ..., ertönte sofort von Seiten der Putschisten der Ruf: „Achtung, es wird geschossen!" Das MG ... schoß aber nicht, wohl weil am ... Bürgersteig eine Menge Zivilpersonen ... kreischend in die Haustore hineindrängten. Die tap-

feren Verteidiger des Drahtverhaues ..., darunter der theatralisch in Pose stehende Himmler mit der Reichskriegsflagge, verschwanden beim Erscheinen des Panzerautos schleunigst hinter die nächste Gebäudeecke.

Karl Oßwald, Student, Abteilungsführer der Reichskriegsflagge:
Röhm (gab) ... den Befehl an mich, das Wehrkreiskommando in den Verteidigungszustand zu versetzen. Auf das hin ließ ich meine Unterführer ... zusammenkommen ... und gab ihnen ... Weisung ... Wir sahen dann mit verschränkten Armen zu, wie die Reichswehr vor unseren Augen Maschinengewehre, Minenwerfer und Geschütze in Stellung brachte.

Walter Lembert, Batterieführer der Reichskriegsflagge:
Hauptmann Röhm gab ... den strikten Befehl, unter keinen Umständen auf Reichswehr und Landespolizei zu schießen, diese hätten den ersten Schuss. Er erklärte mir weiter, er werde sich an die Spitze des Kampfbundes beim Drahtverhau an der Schönfeldstraße aufstellen und wenn die Reichswehr den Mut aufbringe, ... dann sollen sie ihn über den Haufen knallen.

Adolf Hitler, politischer Führer des Deutschen Kampfbunds:
Es war bestimmt – dies geht auch aus den Befehlen hervor –, daß im Augenblicke der Mobilmachung unsere Leute ... von der Reichswehr gelöhnt werden ... Nun ist bekanntlich am 8. November um 12 Uhr nachts die Verbindung mit Lossow abgerissen ... Ich habe ... erfahren, daß die Firma Parcus Geld drucke. Ich habe mir nicht das geringste Gewissen daraus gemacht, Geldscheine ... augenblicklich zu verwenden, um wenigstens ... den Leuten, die die Nacht hindurch gehungert hatten, die Möglichkeit zu geben, sich ein Frühstück zu kaufen.

Ernst Röhm, Führer der Reichskriegsflagge:
Der Antrag auf Beschlagnahme der Gelder ist auch von mir ausgegangen durch die Angehörigen der Reichskriegsflagge, weil das Bedürfnis bestanden hat, den Leuten Geld zu geben, damit sie sich ein Frühstück einkaufen konnten. Außerdem war es notwendig, die vielen Freiwilligen, die sich gemeldet hatten, mit Gebühren zu versehen. Die Gelder kamen aber erst ein, als der Waffenstillstand abgeschlossen war ... es konnte nicht mehr verteilt werden. Dreiviertel des Geldes wurden geplündert ... von ... Reichswehr und Landespolizei.

Hauptmann Kraußer, Reichswehr, Stabsoffizier in der bayerischen Division:
Auf dem Odeonsplatz stand inmitten einer großen Menschenmasse, die entblößten Hauptes das Deutschlandlied sang, ein mit MG bewaffnetes ... Lastauto mit schwarzweißroten Fahnen. Überall sah man freudig erregte Gesichter. Je näher wir zur Kaserne kamen, desto stiller wurden die Straßen ... In der Kaserne selbst bereitgestellte Truppen, Panzerauto ... Lossow rief gleich im Ton höchster Erregung: „... Gegen dieses Gesindel kann man nur mit Gewalt vorgehen." ... Als später die Meldung kam, daß ... es mehrere Tote gegeben habe und daß unter diesen General Ludendorff sein soll, als dann im Stab die Äußerung fiel: „Dies wäre die beste Lösung"; da stand in mir der Entschluß fest, den Soldatenrock auszuziehen und die schwarzrotgelbe Kokarde nie mehr zu tragen.

Oberstleutnant Endres, Reichswehr, 1. Generalstabsoffizier im Wehrkreiskommando:
Gegen Mittag erteilte General von Lossow den Befehl zur Wegnahme des Wehrkreiskommandos an den Stadtkommandanten ... Die Vorbereitungen dauerten geraume Zeit ... Im übrigen war der Verkehr in der Ludwigstraße noch nicht gesperrt. Plötzlich schritt ... General Ritter von Epp in Zivil, eine wehende Automütze auf dem Haupt, über die Straße, rechte Hand hoch, um in letzter Minute noch zu vermitteln.

Ernst Röhm, Führer der Reichskriegsflagge:
General von Epp und als offizieller Parlamentär Oberstleutnant Hofmann (kamen) ... Epp sprach auf mich ein, ... ich dürfte doch nicht gegen die Reichswehr kämpfen, worauf ich sagte, ich ... habe sogar meiner Truppe befohlen, nicht zu schießen, wenn also die anderen nicht schießen, wird es ja nicht zu einem Blutvergießen kommen. Ich muß da einfügen, daß diese Aufstellung des II. Bataillons 19 mir gegenüber in der Ludwigstraße ganz unmöglich gewesen wäre, wenn ich das hätte verhindern wollen; denn ich habe die ganze Front mit Maschinengewehren besetzt gehabt, ich habe zugesehen, wie sie alle vorgekrabbelt sind ... Oberstleutnant Hofmann ... ist mit den Worten gekommen, was wollen Sie noch da, was Sie wollen, ist ja erreicht ... Ich komme im Auftrage von Lossow und soll Ihnen mitteilen, es ist in Berlin eine neue Regierung ausgerufen worden!

Josef Seydel, Adjutant der Reichskriegsflagge:
Hauptmann Röhm (erwiderte) ungefähr ...: „Es ist für mich sehr schwer, hierauf sofort eine Antwort zu geben, da ich ja gar nicht weiß, ... was außerhalb des Wehrkreiskommandos vorgeht, und da ich vor allem ... keinerlei Nachricht von General Ludendorff bekommen habe ..." Hierauf wurde ihm erwidert, er solle ... mit General Danner persönlich sprechen. Hauptmann Röhm fragte ...: „Habe ich auch die Sicherheit, daß, während ich hier weggehe, meinen Leuten nichts passiert?", was ihm ausdrücklich bejaht wurde.

Oberstleutnant Endres, Reichswehr, 1. Generalstabsoffizier im Wehrkreiskommando:
In der Türkenkaserne ... erschien General von Epp und brachte Hauptmann Röhm ... General von Danner ... wandte sich an Röhm ...: „... Sie wissen, daß Sie von der Reichswehr mit überlegener Macht eingeschlossen sind. Wir schreiten zum Angriff, wenn Sie nicht sofort die Waffen strecken. Sie tragen die volle Verantwortung, wenn es zum Blutvergießen kommt." Hauptmann Röhm antwortete ...: „Ich habe von General Ludendorff den Befehl, das Wehrkreiskommando zu besetzen ... Ich bitte, daß zu General Ludendorff geschickt wird, damit er den Befehl aufhebt." In diesem Moment bringt ein Polizeioffizier die ... Nachricht von der Schießerei an der Feldherrnhalle, General Ludendorff sei gefallen oder gefangen. Große Erregung bei den Anwesenden! ... Empörung herrschte darüber, daß ... Ludendorff, Hitler usw. mit Waffengewalt gegen den Staat marschieren, Männer, denen die bayerische Regierung die Hände zur Mitarbeit entgegengestreckt hatte, mit denen uns nur der gleiche Wunsch verband, unserem deutschen Vaterland zu helfen ... als ... Nachricht eintraf, daß der Entsatzversuch abgewiesen und General Ludendorff unverwundet in Gefangenschaft der Polizei sei ... erleichterte General von Danner dem Hauptmann Röhm seinen Entschluß, durch das Zugeständnis, daß seine Angehörigen nach Niederlegung der Waffen freien Abzug erhalten sollten. Er selbst als Führer habe sich ... zu stellen und werde festgenommen.

Johann Sebastian Will, Mitglied der Reichskriegsflagge:
... zwischen ½ und 1 Uhr wurde dann plötzlich von Seite der Reichswehr auf unsere Leute geschossen. Eine Warnung ist nicht erfolgt. Kamerad Faust wurde sofort tödlich getroffen, ich sah ihn selbst fallen; er trug hiebei seinen Karabiner rechts geschultert ... Faust fiel ... auf den dritten Schuss und diesem folgten noch etwa 15 Schüsse.

Ernst Röhm, Führer der Reichskriegsflagge:
Ich habe es nicht verstanden, wie das ganze Offizierskorps ohne weiteres die Meuterei eines Generals [Lossow] billigen konnte. Ich habe ... meine Stellungnahme nicht vorenthalten, daß ich persönlich eine Verpflichtung auf Bayern und so weiter niemals machen werde. Zu dieser Tat sind merkwürdigerweise alle Offiziere ihrem Führer gefolgt. Sie haben aber ... zuwege gebracht, am 8. November ihren ehemaligen Kameraden mit der Waffe in der Hand gegenüberzutreten ... Als Oberleutnant Braun ... zur Rede gestellt wurde, warum die Reichswehr auf die vaterländischen Verbände geschossen hat, gab er Folgendes zur Antwort: Das geht mich gar nichts an, wenn die Reichskriegsflagge zwei Tote hat, ich bin Soldat, dafür werde ich bezahlt.

Oberleutnant Braun, Reichswehr, Führer der 2. Kompanie des Regiments 19:
Meine Kompanie ... hatte ... die Nordfront des Wehrkreiskommandos zu stürmen ... Plötzlich fielen zwei Schüsse. Nach einstimmiger Aussage sämtlicher ... Mitzeugen kamen die Schüsse aus dem Gebäude des Wehrkreiskommandos. Zwei Pioniere, die mir zugeteilt waren, wurden verwundet. Daraufhin eröffnete Unteroffizier Ertel selbständig ... das Feuer, wie er meldete nur Schreckschüsse auf das Pflaster im Hofe ... und auf einen Holzstoß. Bei einem der letzten Schüsse lief ein Mann ... in die Maschinengewehrgarbe hinein, warf die Hände hoch und brach zusammen ... Ich gab Befehl, das Feuer einzustellen.

Karl Oßwald, Abteilungsführer der Reichskriegsflagge:
Ich hörte einige Gewehrschüsse, deren Abgabe ich im hinteren Teil des Wehrkreiskommandos vermutete ... Als ich dorthin ankam, wurde Leutnant Casella gerade ... in eine ... gegenüberliegende Krankenanstalt (Josephinum) getragen ... Kurze Zeit darauf wurde ich zu Casella ins Josephinum gerufen. Casella war sich bewusst, dass er sterben muss und äußerte u. a., dass ihn der Reichswehroberleutnant Braun erschossen hätte.

Ernst Röhm, Führer der Reichskriegsflagge:
Die Bedingungen der Übergabe lauteten: 1. Ehrenvoller Abzug mit militärischen Ehren der Reichskriegsflagge, 2. Abgabe der Waffen ... 3. Ehrenvolle Stellung des Führers ... Nach kurzem inneren Kampf befahl ich die Unterführer zu mir und ... habe hauptsächlich unter dem Eindruck der zwei Toten gesagt ..., daß ich entschlossen bin, diese Bedingungen anzuneh-

men ... Gleichzeitig traf Oberstleutnant Hofmann mit dem Bescheid General Ludendorffs ein, der mir mit Rücksicht auf die veränderten Verhältnisse freie Hand ließ ... Ich habe mich von jedem Einzelnen meiner Leute verabschiedet, die Abteilungsführer ... haben den Befehl zur Waffenabgabe gegeben ... Ich habe mich bei General von Danner gemeldet ... Danner hat dort ebenfalls eine unschöne Bemerkung gegen mich gemacht, die ich ebenso erwidert habe.

Hildolf von Thüngen, Abteilungsführer der Reichskriegsflagge:
Wir hielten die ... Stellung des Führers für unannehmbar ... worauf Hauptmann Röhm kategorisch erklärte: „Ich befehle die Annahme auch dieser Bedingung."

Johann Sebastian Will, Mitglied der Reichskriegsflagge:
Müller (gab uns) den Befehl, die Uniformen wieder auszuziehen und [wir] stellten uns im Hofe auf, woselbst wir entwaffnet wurden. Hauptmann Röhm drückte jedem von uns noch die Hand und wir trugen unseren toten Kameraden auf einer Bahre in seine elterliche Wohnung ... Am 9. 11. 1923 ... abends 7 Uhr 10 ... fuhr ich mit Müller und Meister nach Schongau zurück.

Anklageschrift des I. Staatsanwalts, 8. 1. 1924:
Gegen Mittag am 9. 11. 23 wurde ... im Bürgerbräukeller ... beschloss[en] ..., einen großen Zug in die Stadt zu veranstalten ... Hitler und Ludendorff setzten sich ... an die Spitze ... An der Ludwigsbrücke sperrte ... Landespolizei den Weg ... Als die Landespolizei sich anschickte, von der Waffe Gebrauch zu machen, stürzte eine Anzahl von Stoßtruppangehörigen mit ... Pistolen und Gewehren auf die Landespolizeibeamten ... Der Hitlerzug ... stieß ... unweit der Feldherrnhalle erneut auf eine starke Kette Landespolizei.

Leutnant Godin, Bayerische Landespolizei:
Ich trat ... mit dem Befehl „2. Stationsverstärkung marsch, marsch" ... an. Beim Einbruch in den Gegner wurden wir mit gefälltem Bajonett und entsichertem Gewehr und vorgehaltenen Pistolen empfangen ... Plötzlich gab ein Hitlermann, der einen Schritt halblinks von mir stand, einen Pistolenschuß auf meinen Kopf ab. Der Schuß ... tötete hinter mir Wachtmeister Hollweg ... Noch bevor es mir möglich gewesen war, einen Befehl zu geben, gaben meine Leute Feuer ... Zu gleicher Zeit nahmen die Hitlertruppen das Feuer auf.

Hermann Kriebel, Stabschef des Deutschen Kampfbunds:
In der Residenzstraße sah ich vor mir eine schwache Kette Landespolizei ... Wir riefen wieder: Heil! Nicht schießen! Ihr werdet doch nicht auf Ludendorff schießen! ... auf der Höhe der Stirnmauer der Feldherrnhalle ... kam ... ein dicker Haufen Landespolizei gelaufen. An der Spitze anscheinend ein Offizier ... Wie dieser Offizier losstürmt und zum Schlag ausholt, fällt der erste Schuss ... von der Landespolizei. Er ging zwischen mir und Hitler durch ... Dann ging eine wahnsinnige Schießerei los ... Ob von unseren Leuten geschossen wurde, weiß ich nicht ... Dass sie sich nicht wie einen Haufen Schafe abschießen lassen, ist selbstverständlich.

General a. D. Ludendorff, Schirmherr des Deutschen Kampfbunds:
Am Marienplatz wurden wir umjubelt ... Am Fuß der Feldherrnhalle tauchten plötzlich Landespolizisten auf und das Feuer begann ... Auf der Residenzwache hörte ich von ... Vorgängen vor dem Wehrkreiskommando. Ich gab Hauptmann Röhm die Weisung, den Widerstand aufzugeben.

Ernst Röhm, Führer der Reichskriegsflagge:
Die Reichskriegsflagge habe ich ... auf rein militärischer Grundlage aufgestellt ... Daß diese Tatsache auch offenbar anerkannt worden ist, das glaube ich daraus zu ersehen, daß der kleine Verband der Reichskriegsflagge ... am 9. November 1923 ... von nicht weniger als zwei Infanteriebataillonen, einem Pionierbataillon, einer halben Artillerieabteilung, einer Minenwerferkompanie, acht Panzerkraftwagen, von der gesamten Landespolizei mit wenigen Abstellungen und acht Hundertschaften auswärtiger Landespolizei umstellt wurde. Ich bin sehr stolz auf diese Tatsache.

Gerhard Binz, Abteilungsführer der Reichskriegsflagge:
Daß von Seiten der Reichskriegsflagge schärfster bewaffneter Widerstand ... erwartet wurde, bewies u. a. auch die Bereitstellung von Minenwerfern, mit denen wir wohl ausgeräuchert werden sollten ... (plötzlich) hörte man ... ein kurzes, salvenartiges Dröhnen in Richtung aus der Feldherrnhalle ... Jeder glaubte zunächst, es wäre nur eine blinde Salve gewesen, bis ein, zwei, drei Kraftwagen, auf denen hintenübergestreckte blutüberströmte Männerkörper lagen, die Ludwigstraße nach Schwabing daherrasten ... freilich ... wuchs die Erbitterung auch gegen die Reichswehr riesengroß. Die Enttäuschung über das verratene Befreiungsunternehmen ... Ich ... hatte ... wochenlang mit eben diesen Offizieren und Mannschaften auf dem Truppenübungsplatz zusam-

mengelebt ... Wir wechselten keine Worte und sahen starr aneinander vorbei ... die Reichskriegsflagge (wurde) zum geschlossenen Abmarsch formiert. Das Ziel war die Wohnung des gefallenen Faust ... von sechs Kameraden getragen, begleitete uns der Tote und wir ihn ..., während überall die Menschen zurückwichen ... Leutnant Oßwald hatte noch einen Achtungsmarsch vor dem Hause des toten Faust befohlen ... zugleich der letzte Dienst der Reichskriegsflagge. Wir waren entlassen.

Oberleutnant Braun, Reichswehr, Führer der 2. Kompanie des 19. Regiments:
Röhm ... befahl, daß die Waffen abgegeben werden. Ich hatte den Auftrag, die Ablieferung ... zu vollziehen ... Einige Leute ... warfen diese auf das Pflaster, daß es nur so krachte, mit höhnischen Blicken und Gesten. Ich ... sagte: „Ich bin nicht da, um mich verhöhnen zu lassen und werde, wenn das nicht aufhört ..., meine Kompanie antreten lassen." Darauf taten sie, was ich befohlen hatte mit verbissenen Zähnen ... Kompaniefeldwebel Rotlehner ... brachte mir einen Zivilisten ... Der Mann ging auf mich zu mit den Worten: „Jawohl, Ihnen sag ich es ins Gesicht: Der General Lossow ist der feigste Hund, den ich kenne". Daraufhin habe ich ihm eine Ohrfeige gegeben, daß er zurücktaumelte. Nach diesen Zwischenfällen verlief das Weitere ruhig ... Ich habe gestattet, daß die Reichskriegsflagge geschlossen abmarschiert ist und daß sie ein dreimaliges Hoch auf Ihren Führer ausgebracht hat.

Heinrich Himmler, Landwirt, Fahnenträger der Reichskriegsflagge:
Ich lege ... Wert auf die Konstatierung, dass die Kompagnie Braun gelegentlich der Entwaffnung im Wehrkreiskommando ... sich nicht so betrug, wie sie es selbst einem auswärtigen Feinde gegenüber verpflichtet wäre. Ich stelle fest, dass bei dem Hinaustragen des Gefallenen Faust, soweit ich sehen konnte, nicht ein Mann der Reichswehr Ehrenbezeugung machte, wie es sonst dem toden Feind gegenüber doch üblich ist.

Ernst Röhm, Führer der Reichskriegsflagge:
Die Abzugsbedingungen sind selbstverständlich nicht erfüllt worden. Weder bin ich von Danner ehrenvoll behandelt ..., noch ist die ganze Abteilung ehrenvoll verabschiedet worden ... (Abschluß:) Am 9. November weiß General von Lossow, daß ich Auftrag habe, im Wehrkreiskommando auf ihn zu warten. Als mein Vorgesetzter unterläßt er es, mich irgendwie zu verständigen, sondern läßt mich umstellen. Unglaubliche Verletzung der

Vorgesetztenpflicht. Zur Übergabe läßt er mich durch einen Parlamentär ... mit falschen Angaben (Nationale Regierung in Berlin ...) verleiten. Die Zusage, daß nichts gegen meinen Verband unternommen wird, wird gebrochen. Seydel, Faber verhaftet. Graf du Moulin Haftbefehl, Oßwald unter Verfolgung. Reichskriegsflagge aufgelöst.

DIE VERHANDELTE WAHRHEIT

Ein Mann ist Bayer mit Leib und Seele. *Wir Nationalisten lieben unsere Heimat Bayern leidenschaftlich; aber unser Vaterland heißt Deutschland.* Gerade der heimatliebende Bayer kann die Erkenntnis nicht unterdrücken, dass seinem Stamm eine Vorreiterrolle versagt zu sein scheint, wenn er alle versäumten Gelegenheiten zusammenzählt, die einem zielbewussten Staatsmann die Führung in Deutschland nahezu aufgezwungen hätten. Dafür standen mehrmals Kämpfer bereit, doch die Einwohnerwehren wie nun Hitlers Verbände hat der bayerische Politiker Kahr auflösen lassen. Dass der Marsch nach Berlin stets nur vorbereitet wird, besiegelt eine historische Schwäche. *Es kam der 8. November, an dem sich die Nationalisten erhoben, um die Reichswehr mit sich fortzureißen ... Der „Staat" aber gab den Feuerbefehl.* Ein bayerischer General hat Truppe gegen Truppe kämpfen lassen. Ernst Röhm bestärkt das Fehlschlagen des Putsches in seiner *bewußt einseitigen* Weltsicht.

Ein Teil der Putschisten flieht. Röhm stellt sich und legt Beschwerde ein gegen seine Festnahme: *weil ich mir einer strafbaren Handlung nicht bewußt bin.* In den ersten Hafttagen, in der Monotonie der Einzelzelle schreibt er sich mit langen Reflexionen die Erbitterung von der Seele: *Alle Gazetten tönen ..., daß Kahr durch die Unterdrückung des „Hitlerputsches" das Vaterland gerettet habe.* Röhm zieht ein anderes Fazit: *Nicht die patentierte sogenannte Weisheit soll dieses Land regieren, sondern der unbändige Wille, Deutschland zur Macht zu führen.* Allen Nachrichten von draußen zum Trotz, nach dem Verbot der Kampfverbände lautet Röhms inständige Botschaft an die Reichskriegsflagge: *Euch allen, liebe Kameraden, danke ich für die Treue, Manneszucht und Tapferkeit ... Der Stolz auf euch, Kameraden, wird mich in den Mauern des Gefängnisses, in das ich nun geworfen bin, glücklich sein lassen.*

Die Polizei spürt den Reichskriegsflaggen-Führer Oßwald auf. Er hat einen Brief geschickt: »Sehr geehrter Herr Hauptmann! Lieber Röhm! Entschuldige die saudumme Anrede. Aber da ich ... dienstliche Meldungen mit privaten mischen muss, bezieht sich die erste Anrede an meinen verehrten Kommandeur, die zweite an meinen Röhm ... Zunächst habe ich dir zu melden, dass die Reichskriegsflagge nicht nur in München, sondern auch in Augsburg, Schleissheim, Memmingen, Nürnberg vollkommen wieder geschlossen ist.« Vom Krach zwischen den Verbänden und ihrer »Neuzusammenfassung« erfährt so schriftlich die Staatsanwaltschaft. Belastendste Kampfbund-Unterlagen sind nicht sicherzustellen, da sie in einem Tresor des Wehrkreiskommandos lagern. Röhm leugnet wortkarg, an der Putschvorbereitung mitgewirkt zu haben, und lehnt bald jede Äußerung ab.

Eltern, Verwandte, ehemalige Unterstellte und Vorgesetzte, Mitkämpfer der Reichskriegsflagge besuchen ihn. Freunde wie der Wirt des Bratwurstglöckls, Karl Zehnter, und Bekannte schicken Würstl, Nürnberger Lebkuchen, Wein und Geschenke, zumal Röhms 36. Geburtstag und Weihnachten zu feiern sind.

Trotzdem, und trotz verhaltenen Zuspruchs der Wärter, entlädt sich Röhms Groll in vielerlei Beschwerden. Vor Heiligabend, als er mit seiner Entlassung rechnet, wird er nach Neudeck verlegt. Dem Volksgericht geht der Protest zu, *daß ich nunmehr sechs Wochen in unwürdiger Haft gehalten werde, während beispielsweise der General von Lossow immer noch frei ist. Ich kann aber jedenfalls verlangen, daß ich nicht in eine enge, übel riechende Zelle gesperrt werde.* Da Neudecks Oberverwalter den tobenden Insassen loswerden möchte, kehrt Röhm am nächsten Morgen in die Strafanstalt Stadelheim zurück. Er ist so befriedigt über den Erfolg, dass er sogar ein Epos anfertigt: *Nenne mir, Muse, den Tag, der in Neudecks Mauern uns festhielt/ Flink und sicher geführt aus Stadelheims lieblichen Fluren ...* Weitere ähnliche Dichtwerke helfen, die Zeit zu vertreiben. Nach Auskunft des Stadelheimer Vorstands benimmt sich Röhm »sehr anmaßend, so hat er kürzlich das Brot beanstandet, das täglich die Gefängnisbeamten auch essen«.

Beim Gericht beschwert Röhm sich über den I. Staatsanwalt. Er hat mehr Aufenthalt an frischer Luft und Gemeinschaftshaft beantragt. Zugebilligt ist ihm, mit einem Leutnant der Infanterieschule *2 Stunden in der Zelle beisammen sein und nachmittags mit ihm sprechen* zu dürfen. Röhm bemängelt ferner Behinderungen beim Hofgang: *Während wir bisher ... uns bei Sonne an einer sonnigen Stelle und bei Regen oder Schnee an einer geschützten Stelle zusammenstellen konnten, wurde ersteres am 1. 2. 24, letzteres am 3. 2. ... untersagt.*

Ein II. Staatsanwalt teilt dem I. mit: Röhm dürfte wegen Verdunklungsgefahr keine andern Putschisten treffen. Offenbar hätte er einige verbotswidrig im Hof gesprochen. Die »Einhaltung der bestehenden

Trennungsvorschriften hat Röhm in Erregung gebracht«. Seinetwegen wird extra Leutnant a. D. Heines nach Stadelheim überstellt. Die beiden kennen sich, aber erst ihre Kriegs- und Nachkriegseinsichten begründen hier eine Freundschaft.

Edmund Heines hat mit dem Freikorps Roßbach an Gefechten im Baltikum und an der Ruhr teilgenommen. Für das Korps vollzieht er 1920 die Aufgabe zu 'richten'; so erschießt er auf einem Gut in Pommern einen Landarbeiter, der Waffentransporte ausgeplaudert haben soll. Wieder in München, bringt Heines seine Roßbach-Gruppe in die SA ein und wird Bataillonsführer. Zum 9. November 1923 setzt er zwei Entente-Offiziere aus Frankreich und Belgien gefangen, bis die Putschleitung anweist, sie wieder freizulassen.

Als das Gerichtsverfahren naht, widersetzt sich Röhm Versuchen *einer möglichsten Beschränkung der Verhandlungen* unter dem Motto: *„Um Schlimmeres zu verhüten". Mit dieser Politik sind wir glücklich zu dem Scherbenhaufen gekommen, vor dem wir heute stehen ... Aber auch rein persönlich bin ich gar nicht gewillt, irgendwelche Konzessionen zu machen.*

Ernst Röhm hat sein Leben neu zu regeln. Praktisch steht er vor dem Nichts. Sein Abschiedsgesuch aus der Armee ist, mit Wirkung vom 16. November, bewilligt. Nach seinem Prozess wird er als vorbestraft gelten; in der Haft sieht er das, was sich Recht und Gesetz nennt, schärfer und lässt ihm abwegig erscheinen, eine zivile Existenz aufzubauen: *Die bürgerliche Gesellschaftsordnung ächtet notorische Lumpen und Volksschädlinge nicht; ihr Reichtum, mag er noch so zweifelhafter Herkunft sein, verschafft ihnen Geltung ... Angesichts der ... inneren Unwahrhaftigkeit der ... Bourgeoisie kann es nicht wundernehmen, daß in- und außerhalb der Volksvertretung beinahe ausschließlich Marxisten ... den Forderungen einer neuen Zeit entgegenzukommen suchen ... Zu allen Zeiten sind Wegbereiter und Erneuerer in den Gefängnissen gesessen ... Es trennt uns sehr viel von den Kommunisten, aber wir achten an ihnen und es eint uns mit ihnen die Überzeugungstreue und die Bereitschaft, für die eigene Sache Opfer zu bringen. Und das ist deutsch und deutsch auch an den Kommunisten.*

Röhm summiert seine Erfahrungen in der Lebensbeschreibung von 1928: *der Großteil der Jugend, d. h. also heute besonders die proletarische Masse, ... diese Jungen finden sich in der doppelten Moral der bürgerlichen Philister nicht zurecht ... Der Kampf gegen Heuchelei, Trug und Scheinheiligkeit*

... muß aus dem ureigensten, dem Menschen in die Wiege gelegten Triebleben heraus seinen Ausgang nehmen ... Ist der Kampf auf diesem Gebiete erfolgreich, dann kann der Verstellung auf allen Gebieten der menschlichen Gesellschafts- und Rechtsordnung die Maske heruntergerissen werden.

Der Hochverrats-Prozess gegen zehn Hauptbeschuldigte beginnt Ende Februar 1924. Das Volksgericht tagt im Gebäude der Infanterieschule (der Röhm sein Offizierszeugnis verdankt). Schon vor Monaten hat er seine Freilassung beantragt: Wäre er wegen Verdunklungsgefahr in Haft, dann müssten es Kahr, Lossow und Seißer gleichfalls sein.

Die nun verfeindeten Parteien sind vor Gericht verkettet. Er wird *manche Punkte im vaterländischen Interesse nicht anschneiden*, lässt Röhm die Staatsanwaltschaft wissen. Auch die Zeugen Kahr-Lossow-Seißer begrenzen ihre Aussagen. Trotzdem enthüllt sich der Streit darüber, was dem Vaterland dient, im Licht der Öffentlichkeit wie im Schatten etlicher Geheimsitzungen. Jeder Angeklagte gibt seine Teilnahme am Putschversuch zu und bestreitet den Hochverrat. Im Rückblick verwirft Röhm Kritik, sein Lager hätte schlecht geplant: *Der „Putsch" Hitlers war mindestens genau so gut vorbereitet, wie der für einige Tage später beabsichtigte Putsch des Herrn von Kahr. Beide Putschisten hatten die staatlichen Machtmittel in ihre Berechnung eingestellt. Mit den Führern der Reichswehr und der Landespolizei waren bis ins Einzelne gehende Vereinbarungen getroffen ... Ein Kampf gegen die Reichswehr und Landespolizei war deshalb überhaupt gar nicht in Erwägungen gezogen.*

Hier liegt der Grund, weshalb das Verfahren in sich zusammensackt: Entweder müsste die Anschuldigung des Hochverrats auf Kahr-Lossow-Seißer ausgedehnt oder verworfen werden. Der ranghöchste Jurist im Saal, der angeklagte Oberlandesgerichtsrat Pöhner bringt es auf den Kern: „Wenn der Herr Staatsanwalt der Meinung ist, daß das, was ich ... als Polizeipräsident in München getan habe, Hochverrat sei, so kann ich ihm nur sagen, daß ich dieses Geschäft mit voller Überlegung seit fünf Jahren treibe." Hier verschwimmen Anklage und Verteidigung ineinander. Das Urteil sprechen beim Münchner Volksgericht neben zwei Berufsrichtern drei Laien. Letztere sind – getragen von der Münchner Stimmung – durchaus nicht dem Generalstaatskommissar zugetan. Kahr hat eine Darstellung fixiert, die er, Lossow und Seißer teilweise wortgleich im Zeugenstand vortragen. Diesem Gleichklang begegnen die Angeklagten nicht einheitlich, jeder tritt mit einem eigenen Rechtsbeistand auf. Darin erblickt Röhm letztlich die Ursache, dass überhaupt eine Verurteilung zustande kommt.

Nach Hitler, Pöhner und Ludendorff sagt am 1. März 1924 Röhm aus. Mehr als für andere Angeklagte markiert der Prozess seinen Wendepunkt. Als Offizier, der den Beruf, seinen Lebensmittelpunkt verloren hat, zieht er Bilanz und rechnet auch mit Vertretern seines Stands ab. Er greift Oberleutnant Braun an, den der getötete Casella als Mörder genannt hat, und schürt den Konflikt im Gerichtssaal wie außerhalb. Einer Zeitung zufolge ermuntert Bataillonskommandeur Berchem seine Soldaten, jedem Zivilisten, der Kompanieführer Braun verleumdet, „derartig über den Mund zu schlagen ..., daß es ihm das nächste Mal vergeht."

Justizrat Schramm, Verteidiger Röhms, 4. 3. 1924:
Ich halte diese Sachdarstellung für so ungeheuerlich, daß ich noch zu Gunsten des Oberstleutnants von Berchem annehmen möchte, daß sie in dieser Form jedenfalls nicht wahr ist ... Casella ist weder in den Armen des Oberstleutnants von Berchem, noch in denen Brauns, noch sonst eines Angehörigen der betreffenden Kompanie gestorben ... Es ist absolut unverständlich, wie Oberstleutnant von Berchem dazu kommt, die Behauptung des Hauptmanns Röhm nicht etwa nur als objektiv unwahr zu bezeichnen, sondern aus ihr auch noch den ganz gemeinen Vorwurf der niederträchtigen Verleumdung abzuleiten.

Generalleutnant Kreß, Reichswehr, amtierender Wehrkreisbefehlshaber, 7. 3. 1924:
Ich biete dem Gerichte den Eid sämtlicher Angehöriger der Kompanie des Oberleutnants Braun an. Sie werden übereinstimmend bekunden, daß Oberleutnant Braun im Laufe des 9. November nicht einen Schuß abgegeben hat ... Es ist richtig, daß sehr starke militärische Kräfte eingesetzt wurden ... Man hoffte, dadurch ein Blutvergießen verhindern zu können, daß man dem Hauptmann Röhm ... deutlichst vor Augen führte, wie aussichtslos für ihn jeder Widerstand sein würde.

Oberleutnant Braun, Reichswehr, Infanterieregiment 19:
Ich versichere ..., ich habe den Leutnant Casella nicht erschossen ... Ich habe weiter den schmählichen Ausdruck: „Was gehen mich die Toten der Reichskriegsflagge an, ich bin Soldat und werde bezahlt" nicht gebraucht. Ich habe vor dem dreckigsten Neger im Kriege Respekt gehabt, wenn er für sein Vaterland gefallen auf der Erde lag; niemand ... bringt es fertig zu glauben, daß ich vor einem deutschen Offizier, der für sein Vaterland gefallen ist, eine Verachtung zum Ausdruck brin-

gen kann ... Von der ganzen Anklage des Hauptmanns Röhms bleibt also nichts übrig als der traurige Ruhm, einen untadligen Offizier vor Gericht des Mordes leichtsinnigerweise bezichtigt zu haben.

Um gerichtlich über die Anklage – Putsch und Hochverrat – zu urteilen, müsste nicht jede Einzelheit zu Casellas Tod geklärt sein. Dass Zeugen geladen werden und ihre Positionen immer starrer vertreten, macht klar: Es geht nicht um Unschuld, sondern um Unehre. Die Ehrenfrage lautet: Wer sind die Verräter? Hitlers Leute, die am 9. November unerwartet allein dastehen – oder Kahr und Lossow, die seit September Rebellion gegen Berlin betrieben haben? Zur Prozesseröffnung ist von Hitler die Brandfackel entzündet worden: General Lossow hat „dem Chef der Reichswehr gegenüber den Gehorsam verweigert ... Ein militärischer Führer ..., der gegen seinen Chef sich aufbäumt, muß entschlossen sein, entweder zum Letzten zu gehen oder er ist ein gewöhnlicher Meuterer".

Röhm wirft die Brandfackel weiter und stört militärische Dienststellen auf. Er schickt seinem früheren Vorgesetzten Berchem eine Pistolenforderung. Wehrkreisbefehlshaber Kreß untersagt das Duell, ordnet einen Ausgleich an. Die Schuld Brauns wäre durch gerichtliche oder militärdienstliche Untersuchungen *in entscheidenden Punkten bisher nicht zu beweisen*, lässt Röhm in einer Erklärung gelten: *Ich wollte die Reichswehr nicht beleidigen, sondern glaubte zum Zwecke meiner Verteidigung Kritik an dem Verhalten des Oberleutnants Braun, so wie es sich mir seinerzeit darstellte, üben zu müssen.* Er hätte sich *nunmehr überzeugt, daß ich in einigen Punkten nicht zutreffend informiert war.* Hierauf nimmt Berchem den Vorwurf der niederträchtigen Verleumdung zurück, da seine »Hauptmann a. D. Röhm beleidigende Äußerung zum Teil auf unrichtiger Wiedergabe des bei der Verhandlung Gesprochenen, zum Teil auf Voraussetzungen beruhten, die sich nicht als richtig erweisen lassen«.

Am 1. April 1924 fällt das Volksgericht sein Urteil, wobei es den »reinen vaterländischen Geist und edelsten selbstlosen Willen« aller Angeklagten unterstreicht. Es spricht Ludendorff frei und erkennt für Hitler, Weber, Kriebel, Pöhner auf fünf Jahre Festungshaft. Röhms Freiheitsstrafe von einem Jahr und drei Monaten wird zur Bewährung ausgesetzt.

Am Schluss preist Hitler ihren Kampf: „Und so hat mit mir gearbeitet mein Freund Röhm. So hat seine Reichskriegsflagge in die Herzen dieser

Jungen wieder die Vaterlandsliebe in der Form hineinzugießen versucht, daß es nicht nur darauf ankommt, vielleicht 'Hurra Deutschland!' zu schreien, sondern daß sie wieder bereit sind, hinauszutreten, sich bespucken zu lassen, ... sich schlagen zu lassen, aber immer wieder zu betonen: Wir sind Deutsche, wir sind stolz darauf".

Der Staatsanwalt rät einer begeisterungsfähigen Jugend „harte, zähe, eiserne Geduld" an, „die in der Stille arbeitet, ... die mit zusammengebissenen Zähnen wartet, bis die Saat reif und die Stunde gekommen ist." Dieses Plädoyer, als hätte ihm der Staatsanwalt die Richtung des Gleichgesinnten gewiesen, zitiert Hitler in seiner Schlussrede, um sich selbst als den kommenden Mann aufzustellen. Er fordert für „die Führung derjenigen Organisation, die wir alle ersehnten und die auch Sie innerlich genauso ersehnen, meine Herren, daß die der Held erhält, der in den Augen des ganzen jungen Deutschland nun einmal berufen ist hiezu."

Röhm ergänzt: „Nach den Ausführungen meines Freundes und Führers Adolf Hitler verzichte ich auf jedes weitere Wort." In seinen Erinnerungen fügt er allerdings an, dass ihm *von den Reden der Angeklagten die Worte Ludendorffs den tiefsten Eindruck* machten.

Vieles, was Röhm 1928 in seiner GESCHICHTE EINES HOCHVERRÄTERS festhält, hat er bereits beim Prozess nach dem Putsch vorformuliert: *Ich bin Offizier und Soldat und bitte, daß von diesem Gesichtspunkt aus meine Handlungen einer Würdigung unterzogen werden.* Diese Aussage als Beschuldigter von 1924 klingt vier Jahre später hart entschlossen: *Ich bin Soldat. Ich betrachte die Welt von meinem soldatischen Standpunkt aus. Bewußt einseitig.*

Eindeutig auch gegen jene, die den Putsch abgewürgt haben: *Als General von Lossow in den Kreis der in der Stadtkommandantur Versammelten kam, stand er vor der Frage, die getroffenen Anordnungen ... anzuerkennen ... oder als Gefangener seiner Generale zurückgehalten zu werden ... Lossow entschied sich für die Anerkennung der gegebenen Verhältnisse. Hätte ich, als ich ... in der Nacht an das Tor [der Stadtkommandantur] ... pochte, mir den Eintritt gewaltsam erzwungen, ... dann hätte ich die Zusammenhänge wohl rechtzeitig erkennen und ihren schädlichen Folgen vorbeugen können.*

Ein Selbstvorwurf klingt an. Ein Nachsinnen steigt auf über einen ebenso schweren Selbstvorwurf: Als der Kriegsheimkehrer Röhm im revolutionären München eintraf, hätte er – wäre er nicht von Grippe geschwächt gewesen – versuchen können, mit Fronttruppen gegen die Arbeiterräte vorzugehen. Vor Gericht schildert Röhm, wie er *im Oktober 1918 noch – und ich teile diese Auffassung noch heute – zu den unbelehrbaren Leuten gehört, die der*

Anschauung waren, daß wir den Krieg gewinnen werden ... Die 12. bayerische Division hatte nach dem verheerenden Angriffe der Engländer (in Flandern) den größten Teil ihrer Leute ... verloren; aber ... in der vordersten Linie, die wenigen Helden, die durchgehalten hatten ... jeder einzelne Mann, jedes einzelne Maschinengewehr ... hat ... die Engländer kompanieweise zur Flucht veranlaßt. Und: Im *Lazarett Hall bei Brüssel ... habe (ich) ... gesehen, daß dort in der Etappe die Disziplin der Truppen anders zu werden begann wie an der Front.* Es ist die Einsicht, dass das Vaterland nichts mehr gilt, das Röhms Lebenssinn ergeben hat. Jetzt spürt er den endgültigen Schnitt. Röhm räumt ein, dass *durch Hitlers Losschlagen der von Herrn von Kahr beabsichtigte Putsch ins Wasser gefallen ist ... Die Völkischen hätten mittun dürfen, sie sollten ihre Büttel und schließlich die Betrogenen sein.* Röhm teilt nun *die Menschen in zwei Klassen ein, in solche, die Putsche machen, und solche, die keine machen.*

Justizrat Schramm – Geheim! – an das Volksgericht München, 27. 3. 1924:
Röhm hatte s. Z. bei der Reichswehr keinen leichten Stand. Dieses sein Arbeitsgebiet war nicht etwa ein ordentliches oder geduldetes Referat im Wehrkreiskommando, sondern über sein ihm zugeteiltes Arbeitsgebiet hinaus hat er all dies geleistet. Er saß ja auch fast täglich bis tief in die Nacht im Büro. S. Z. ergingen an die Reichswehr immer wieder Befehle, die vollkommen ernst gemeint waren, die Waffen zu vernichten ... Es war ... nicht damit getan, daß die Waffen in Lager geschafft wurden, denn alle Augenblicke wurden diese Lager an die Franzosen verraten und bei Nacht und Nebel mußte ... geräumt werden. Junge, begeisterte, opferwillige Leute arbeiteten unter seiner Führung. Über unfahrbare Wege mußten oft die schwersten Geschütze gezogen werden ... Das Pulver wurde in Kellern eingemauert und damit es wieder umgeschüttet werden kann, mußte diese Mauer bei Gefahr des eigenen Lebens wieder aufgemeißelt werden. Viele junge Leute ließen bei diesem Dienst fürs Vaterland ihr Leben, viele wurden schwer verwundet. Es war ein stilles Heldentum, von dem das Volk nichts weiß ... Röhm erhielt durch seine Tätigkeit dem Staate Bayern nach einwandfreier Schätzung [Waffen im Werte von] drei bis vier Goldmilliarden.

Franz Halder, bayerischer Offizier, Generalstabschef des deutschen Heeres 1938–1942:
Nach dem Zusammenbruch von 1918 entwickelte er [Röhm], eine vitale energische Persönlichkeit, nicht nur politischen Ehrgeiz, er leistete auch eine

wertvolle Arbeit für das Volksganze. Was nach 1945 unterblieb, organisierte er klug und sicher, die Bewahrung des plötzlich herrenlosen Heereseigentums vor Plünderung und Versickern auf dem schwarzen Markt. Als ich später dieses von Röhm gesammelte und gerettete Heereseigentum übernahm und der gesamten deutschen Reichswehr überschreiben ließ, wurde mir meine Haltung von nicht wenigen als eine Art Landesverrat an meiner bayerischen Heimat ausgelegt ... das Material, das bei der Heeresvermehrung nach Hitlers Machtantritt benötigt und herbeigeschafft wurde, (bestand) zu einem Drittel aus dem von Röhm 'geretteten' Heeresgut.

Mit Blick auf Röhms Tod 1934 betrachtet, befinden sich viele Hauptbeteiligte schon 1923 in den Reihen der putschenden Nationalsozialisten:

Adolf Hitler ist politischer Führer des Deutschen Kampfbunds.

Zum Kampfbund gehört die Sturmabteilung (SA). Ihr Befehlshaber, auch im Bürgerbräukeller, heißt Hermann Göring. Während Hitler mit den bayerischen Offiziellen verhandelt, postiert Göring ein Maschinengewehr im Saal und sorgt für Ruhe. 1934 ist er preußischer Ministerpräsident, damit untersteht ihm beispielsweise die Geheime Staatspolizei.

Als Adolf Hitler in die Reichskanzlei einzieht, heißt einer seiner Adjutanten Wilhelm Brückner. Brückner kommandiert beim Putsch das SA-Regiment München. Seine Männer gewährleisten die Abriegelung des Bürgerbräukellers. Das 2. SA-Bataillon unter Edmund Heines umstellt das Gasthaus und blockiert die Zufahrt. Elf Jahre später wird Heines als einer der wichtigsten Röhm-Freunde erschossen.

Zur Zeit des Putsches befehligt Rudolf Heß die SA-Studentenkompanie, er stürmt mit Hitlers Vortrupp den Saal. Zehn Jahr später, als die NSDAP regiert, wird er Hitlers Stellvertreter in der Partei.

Der 'Stoßtrupp Hitler', der 1923 beim Absperren und Besetzen des Bürgerbräukellers vorangeht, verdankt seine Aufstellung Hitlers Chauffeur Julius Schreck. Schreck wird 1934 noch immer Kraftfahrer und zusätzlich SS-Oberführer an Hitlers Seite sein, wenn dieser in einem Hotel am Tegernsee Röhm und andere SA-Führer aus dem Bett heraus verhaftet.

Beim Putschversuch 1923 ergreift der Kampfbund an einer einzigen Stelle die Macht. Seine kleinste Formation, geführt von Ernst Röhm, vereinnahmt das Wehrkreiskommando. Die Fahne der Reichskriegsflagge trägt ein Dreiundzwanzigjähriger namens Heinrich Himmler – er befehligt, als Röhms Tod beschlossen ist, die Geheime Staatspolizei und die SS.

EXKURS

DENUNZIERTES LEBEN

FALLBEIL FÜR
MARINUS VAN DER LUBBE
ODER: WIE DIRIGIERE ICH
DEN ZEITGEIST?

»Die 'Ordnung', von der der Staatsanwalt sprach, kann für ihn zwar in Ordnung sein, für uns Proletarier aber bedeutet sie Unordnung. Tausende in Ihrer heiligen Staatsordnung sind ohne Arbeit, haben nichts zu essen, stecken in tiefem Elend! Wir, meine Herren Richter, werden gegen Ihre Ordnung kämpfen! So lange, bis Ihre Talare und weißen Halskrausen im Reichsmuseum ausgestellt werden!!«

So ruft Marinus van der Lubbe in den Gerichtssaal von Den Haag, als er 1931 nach Arbeitslosenprotesten zu einer Woche Gefängnis verurteilt ist. Jene Klassen-'Ordnung' fordert für ihn Klassenkampf, der sich nicht im Nationalen begrenzt.

Als am 27. Februar 1933 das deutsche Parlament – der Reichstag – angezündet wird, wartet am Tatort ein Einzelner: Der 24-jährige Holländer van der Lubbe lässt sich am brennenden Plenarsaal verhaften. Für ihn ist es eine revolutionäre Tat. Noch in der Brandnacht bekennt er sich dazu und verlangt seine Verurteilung. Wie sein Vernehmer mitteilt, »erklärte er freudig, daß er vor dem Reichsgericht eine flammende kommunistische Rede halten werde«. Flammend, dafür steht er wohl, doch nach jahrelangem Zweifeln hat er sich durchgerungen: Mit Parteikommunisten lässt sich nicht gemeinsam kämpfen.

Sein Steckbrief könnte Folgendes plakatieren:

Marinus van der Lubbe. Geboren 1909 als jüngstes von sieben Kindern. Vater: Hausierer. Mutter: Krämerin, Gelegenheitsarbeiterin.

1916 Weggang des Vaters. 1921 Tod der Mutter. Frühe Jugend: Marinus wächst bei seiner ältesten Halbschwester auf.

1924, mit fünfzehn selbständig: Maurerlehre. Beitritt zum kommunistischen Jugendverband. Beteiligung an Straßenkämpfen mit der Polizei.

Augenleiden: chronische Schleimhautentzündung. Durch Kalk und Splitt auf dem Bau zusätzlich Schädigungen der Hornhaut. Zuletzt auf dem rechten Auge nur ein Fünftel Sehkraft, links noch geringer. Invalidenrente.

Ab 1928 meist arbeitslos. Politische Radikalisierung: Redner unter jungen Arbeitern, führt Protestmärsche zum Sozialamt an. Verfasst antikapitalistische Flugblätter und Aufsätze. Gründet für Arbeiterkinder eine Pioniergruppe, liest mit ihnen Marx oder übt kleine Stücke ein. Training für ein Durchschwimmen des Ärmelkanals (Preisgeld: 5 000 Gulden), um politisch-soziale Aktionen durchzuführen. Zunehmend Differenzen mit der Kommunistischen Partei, 1931 endgültiger Austritt. Anschluss an die Internationalen Rätekommunisten.

Der erste Versuch, die UdSSR kennenzulernen, scheitert 1931 schon in Berlin an den Visa-Kosten (160 Reichsmark). Nächste Fußreise bis zum Balkan an die rumänische Grenze. 1932 Wanderung von Holland über Ungarn, Tschechien bis Polen, wo er festgenommen wird, bevor er die Sowjetunion erreicht. Im Februar 1933 erneuter Aufbruch nach Berlin.

Aus dem Protokoll der polizeilichen Vernehmung van der Lubbes am 2. März 1933:
Von vornherein erkläre ich, daß meiner Handlung ein politisches Motiv zugrunde liegt ... Als jetzt Hitler die Regierung übernahm, erwartete ich in Deutschland eine Begeisterung für ihn, aber auch eine große Spannung ... Ich selbst bin linksorientiert und gehörte ... der Kommunistischen Partei in Holland an. Mir gefiel an der Partei nicht, daß sie innerhalb der Arbeiter die führende Rolle spielen und nicht die Arbeiter selbst an die Führung heranlassen will. Ich sympathisiere mit dem Proletariat, das den Klassenkampf betreibt. Seine Führer sollen an der Spitze stehn. Die Masse soll selbst beschließen, was sie zu tun und zu lassen hat. In Deutschland hat sich jetzt eine nationale Konzentration gebildet, und ich bin der Meinung, daß das zwei Gefahren bildet: 1. werden die Arbeiter unterdrückt und 2. wird sich die nationale Konzentration niemals von den anderen Staaten ducken lassen, so daß es schließlich doch zum Kriege kommen wird. Ich habe noch einige Tage die Entwicklung der Dinge abgewartet und dann den Entschluß gefaßt, ... mich hier zu informieren ... Ich habe festgestellt, daß die Anhänger der nationalen Konzentration volle Freiheit in Deutschland haben, der Arbeiter aber nicht. Weiter ist der Kampf der Organisation der Arbeiter nicht der richtige, um die Arbeiter zum Kampf für die Freiheit aufzurütteln ... Ich habe z. B. aufgefordert, eine Demonstration zu machen. Da wurde mir gesagt, man müsse sich zuerst an die Organisation, die KPD, wenden ... Ich habe eingesehen, daß die Arbeiter ... in der heutigen Zeit vor den Wahlen nicht bereit sein (werden), aus sich selbst heraus gegen das System anzukämpfen ... Da nun die Arbeiter nichts unternehmen wollten, wollte ich eben etwas tun. Für ein geeignetes Mittel hielt ich irgendeine Brandstiftung. Ich wollte nicht Privatleute treffen, sondern etwas, was dem System gehört ... den Reichstag (habe ich) gewählt, weil das ein Zentralpunkt des Systems ist ... Zu der Frage, ob ich die Tat allein ausgeführt habe, erkläre ich, daß das der Fall gewesen ist. Es hat mir niemand bei der Tat geholfen ... In Rußland bin ich nie gewesen ... Im Jahre 1931 hatte ich beim Sowjetkonsulat in Berlin vergeblich um Papiere nachgesucht.

Das vorgegebene Urteil

Auf der ersten Regierungsberatung nach dem Reichstagsbrand – die NSDAP ist erst vier Wochen an Macht – eröffnet Kanzler Hitler, jetzt wäre »eine rücksichtslose Auseinandersetzung mit der KPD dringend geboten«. Laut offiziellem Protokoll äußert Hermann Göring, dass »ein einziger Attentäter die Brandstiftung unmöglich habe inszenieren können ... Er, Reichsminister Göring, rechne mit mindestens 6-7 Attentätern.« Damit ist fixiert, was die Ermittlungen ergeben sollen.

Wie richtet man Beschuldigte zu, um ihr Urteil von vornherein festzulegen? Sofort, stetig richtet man sie vor der und für die Öffentlichkeit. Morgens die Meldung, der Holländer hätte sich als Kommunist bekannt. »Diese Brandstiftung ist der bisher ungeheuerlichste Terrorakt des Bolschewismus in Deutschland«, verbreitet der Amtliche Preussische Pressedienst. Vom internationalen Terrorismus bedroht, lautet die Schlagzeile: Wir müssen unsere Bürger schützen! Der Völkische Beobachter der NSDAP nennt die Zielrichtung: »Das Maß ist voll! Jetzt wird rücksichtslos durchgegriffen«.

Berlins Polizeipräsident setzt 20 000 Mark Belohnung aus für Angaben, die »zur Ermittlung der Mittäter, Anstifter und Hintermänner des Brandstifters führen«. Ermittlungen und Vernehmungen erfolgen unter Zeitdruck, denn am Wochenende wird der Reichstag neu gewählt. Schon steht in allen Zeitungen: »Gegen zwei führende kommunistische Reichstagsabgeordnete ist wegen dringenden Tatverdachts Haftbefehl erlassen worden.«

Wem sie die Schuld zuweist, verkündet die nationalsozialistische Führung offensiv. Argwohn, sie hätte den Brand selbst vorbereitet, regt sich bald. Dazu passende Planungen zur juristischen Verwertung sind jedoch nicht erkennbar. Gezieltes Eingreifen in die Ermittlungen zeigt sich allerdings von Anfang an, denn Göring unterstehen auch die Machtorgane vor Ort.

»Der Reichskommissar für das Preußische Ministerium des Innern, Reichsminister Göring, verfügte sofort nach seinem Eintreffen an der Brandstelle sämtliche Maßnahmen und übernahm die Leitung aller Aktionen«, so der amtliche Pressedienst am 28. Februar 1933. Eine »Sonderkommission für den Reichstagsbrand« besetzt Göring mit Kriminalisten der Politischen Polizei und unterweist sie persönlich.

Formaljuristisch müsste spätestens am nächsten Tag gegen van der Lubbe richterlicher Haftbefehl ergehen und ein Staatsanwalt beginnen zu ermitteln. Diesmal ist die Politische Polizei vorgeschaltet: Die ersten Aussagen – nur scheinbar in direkter Rede, polizeisprachlich geformt – erfassen Görings Kommissare. Sie führen den Brandstifter in den Reichstag, um den Tathergang festzuschreiben. Van der Lubbe verbringt drei Tage in »Überhaft«, bis er am 2. März protokollarisch bestätigt: »Ich bin bereit, bis morgen freiwillig in Polizeihaft zu bleiben, und damit einverstanden, daß ich erst morgen dem Richter vorgeführt werde.«

Das gibt Kriminalkommissar Dr. Zirpins noch Zeit, seine Vernehmungen in einem »Abschlussbericht« zu bündeln:

»I. Die Frage, ob van der Lubbe die Tat allein ausgeführt hat, dürfte bedenkenlos, zu bejahen sein.«

»II. Wesentlich anders aber liegt die Frage, ob Lubbe zu seiner Tat von dritter Seite angestiftet worden ist ... Daß er aus der CPH (Kommunistische Partei Hollands) ausgetreten ist, liegt nur an kleinen persönlichen Vorfällen«.

Es ergäbe den Eindruck, »daß L. über eine (allerdings sicher einseitige) Intelligenz verfügt; er ist ein sogenannter „fixer Junge", obwohl er seinem Äußeren nach das Gegenteil zu sein scheint ... Er verbesserte (besonders bei den „Motiven") die niederzulegenden Wendungen, die ihm nicht richtig gewählt erschienen, selbst.« Zwei Tage vor der Reichstagswahl zieht Kommissar Zirpins das Fazit: »So ein Bursche, der schon von sich aus bereit ist, umstürzlerische Machenschaften vorzubereiten, konnte der kommunistischen Partei für ihre Ziele nur zu willkommen sein. In ihren Händen war Lubbe ein vorzügliches Werkzeug, das in dem Glauben, selbst zu schieben, geschoben wurde.« – »Der dringende Verdacht gegen van der Lubbe, daß er im Auftrage der KPD gehandelt hat, ist also gegeben.«

Worauf sich dieser Verdacht stützt, ist den protokollierten Aussagen nicht zu entnehmen und verdreht sie geradezu. Solchermaßen 'fundiert', mit antikommunistischer Begleitpropaganda kann nun das amtliche Prozedere zur Anklage voranschreiten. »Die polizeilichen Ermittlungen über Marinus van der Lubbe sind abgeschlossen. Die weiteren Ermittlungen werden vom Oberreichsanwalt und dem Untersuchungs-Richter geführt«, heißt es z. B. in der Frankfurter Zeitung am 4. März, einen Tag vor der Reichstagswahl.

Indessen stellt es sich als schwierig heraus, Geständnisse und belastende Indizien zu erbringen, die einem öffentlichen Gerichtsverfahren standhalten. Zirpins führt namentlich die KPD-Reichstagsabgeordneten

173

Koenen und Torgler als »Anstifter« auf. Obwohl ihnen nichts nachzuweisen ist, werden dann Torgler sowie drei in Berlin aufgegriffene Mitglieder der bulgarischen KP in Untersuchungshaft gehalten; alle bestreiten, an der Tat beteiligt zu sein.

Wie weiter? Vorerst veranlasst Göring, den bereits benannten Untersuchungsrichter zu ersetzen. Reichsgerichtsrat Paul Vogt übernimmt und bekommt schon in der Regierungssitzung vom 15. März bescheinigt, er »sei der Aufgabe durchaus gewachsen«. Seine Untersuchung betrifft einen einzigen geständigen Brandstifter, Marinus van der Lubbe, der sich freilich von den Kommunisten distanziert; immerhin lässt er nach Geständnis und Beweislage einen sicheren Schuldspruch erwarten, insofern sticht er von den Andern ab. Auch scheint er bereitwillig, beteiligt sich an Verhören und Lokalterminen – zunächst.

Wie führt er sich im Gefängnis? Wie allen Verdächtigen sind ihm Tag und Nacht breite eiserne Handschellen angelegt. Er kündigt einen Hungerstreik an, wenn die Fesselung bestehen bliebe. Mittlerweile stimmen drei Sachverständige darin überein, dass ein Einzeltäter undenkbar wäre, weil »die Inbrandsetzung des Plenarsaals einer umfangreichen Vorbereitung bedurft habe«, vermerkt Richter Vogt: »Am Dienstag, dem 25. 4. 33, vormittags haben in der Küche des Reichstagsrestaurants ... Brandversuche stattgefunden. Dazu wurde Lubbe ... aufgefordert, noch einmal vorzumachen, wie er das Tafeltuch in Brand gesetzt und brennend hinter sich hergeschleift habe. Lubbe erklärte darauf, ich lehne es ab ... Ich werde keine Erklärung mehr abgeben, mich interessiert die ganze Sache nicht, ich will damit nichts mehr zu tun haben.« Es drängt sich der Eindruck auf, Marinus van der Lubbe hat nun gänzlich jene 'Ordnung' satt, die sich Justiz nennt. Seinen Hungerstreik, um den Prozess rascher herbeizuführen, soll eine Zwangsernährung begrenzen, wogegen er sich mit aller Kraft wehrt.

Im August erlässt das Reichsgericht drei Inhaftierten die Fesseln. Für zwei bleibt es »mit Rücksicht auf ... Angriffe van der Lubbes auf Beamte des Untersuchungsgefängnisses und den Selbstentleibungsversuch Tanevs bei den bisherigen Anordnungen«.

Für das Gerichtsverfahren gelten alle nationalsozialistischen Bemühungen einem vorgefassten Urteil, dem nur die rechtliche Begründung fehlt. »Eilt!« schreibt – fünf Tage vor Prozessbeginn – 'Führerstellvertreter' Rudolf Heß an die Oberste SA-Führung: »Im Hinblick auf die Weltmeinung ist dieser Prozess von ausserordentlicher Wichtigkeit. Es liegen bereits eine Reihe von Beweisen dafür vor, dass die K.P.D. seit längerem systematisch, beinahe mobilmachungsmässig Terrorakte als Auftakt zu ihrer Machtergreifung vorbereitet hat ... Je grösser das Beweismaterial jedoch ist, desto grösser die Wirkung. Ich bitte daher, sofern in Händen der Obersten SA-Führung sich entsprechendes Material befindet, dieses umgehend an mich zu leiten, und ... festzustellen, ob im Rahmen der SA ehemalige Kommunisten sind, welche in der Lage und bereit sind, gegebenenfalls zu bezeugen, dass Brandstiftung usw. zu den vorgesehenen Methoden der K.P.D. im Rahmen entsprechender Aktionen gehören«.

DAS BRAUNBUCH

Die Zerstörung des nationalen Parlaments durch einen Brand kennzeichnet – auch von allen Zeitungen dazu erklärt – ein historisches Ereignis. Der Zeitgeist ist hitzig: Auf zum letzten Gefecht! Die NSDAP an der Regierungsmacht, die KPD in der Illegalität, Kommunisten wie Nationalsozialisten beobachten sich wechselseitig als Hauptfeinde. Wie in Deutschland der Goebbelssche Apparat (Ministerium für Volksaufklärung) heißläuft, sammeln sich in Europa die Gegenkräfte zu einer Propagandaschlacht, die das ganze Jahr 1933 durchtönt.

»Als der Verlag seine Absicht bekannt gab, ein dokumentarisches Buch über Reichstagsbrand und Hitler-Terror zu publizieren, da meldeten sich Hunderte ... Schriftsteller, Arbeiter, Aerzte, Rechtsanwälte, die der Hitler-Terror aus Deutschland vertrieben hatte«. In Paris vonseiten der KPD geplant und redigiert, entsteht es als »Kollektivarbeit ... von Kämpfern innerhalb und ausserhalb Deutschlands, die geeint sind in dem Gedanken, für den Sturz des Hitler-Faschismus und für ein sozialistisches Deutschland zu wirken«. Mit dem Einheitsfrontgedanken leiten die Herausgeber das BRAUNBUCH ein.

Die Eröffnung des Reichsgerichtsprozesses Mitte September hat eine kurze Frist für das Erscheinen gesetzt. Ab 1. August 1933 wird es in schließlich zwanzig Sprachen ausgeliefert. Als Gegen-Anklage gedacht, die Anlage als Kampfschrift ist ausdrücklich betont – welche Art der Dokumentation folgt daraus im BRAUNBUCH, wo liegt der Schwerpunkt?

Bekannt ist, wer die Brandstifter sein sollen: Georgi Dimitroff und weitere bulgarische Funktionäre sowie Ernst Torgler, Leiter der KPD-Fraktion im Reichstag. Vier von den fünf Angeklagten sind Mitglieder kommunistischer Parteien. Übrig bleibt Marinus van der Lubbe, ein Abweichler, der der KP Hollands vorwirft, sie wollte bürokratisieren und die Arbeiter dirigieren, die doch von sich aus zur revolutionären Aktion drängen müssten.

Etwa ein Drittel des BRAUNBUCHS widmet sich dem Reichstagsbrand. Ein Kapitel befasst sich ausschließlich mit »Van der Lubbe, das Werkzeug«. Zunächst werden mit seinem Lebenslauf zwei Eigenarten festgemacht:

Ein sechzehnjähriger, »untersetzter, gedrungener Junge ... demonstriert seine Kraft bei jeder Gelegenheit. Umso unerklärlicher ist den

Maurergesellen, mit denen er jetzt zusammen arbeitet, dass Marinus van der Lubbe eine solche Scheu vor Frauen hat.

... sie erzählen alle vom Drang des Marinus van der Lubbe, sich hervorzutun, abzustechen von den andern ... Die Berichte sind so eindeutig – sowohl der Arbeitsgenossen, als der Schulkameraden, als auch seiner Verwandten –, dass kein Zweifel daran bestehen kann. Der junge Marinus van der Lubbe war von Eitelkeit und Ruhmsucht besessen.«

Sein Augenleiden, so wird die Tendenz fortgeschrieben, »muss notwendig zu einer Verstärkung seiner hervorstechendsten Eigenschaften führen«. Bei den Jungkommunisten hätte er mitgetan, um zum Führer aufzusteigen. Im übrigen hielten Leidener Bürger das Haus in der Uiterste Gracht, wo er zeitweise wohnte, für eine »Lasterhöhle« mit homo- oder bisexuellen Mietern. Das müsste »hervorgehoben werden, weil die Homosexualität van der Lubbe bei seinen späteren Reisen mit den Nazis in Verbindung brachte«. Beiläufig ist die Gleichung Nazi = Schwuler eingeführt, um anzuschließen: »Die Homosexualität van der Lubbes hat neben seinem Geltungstrieb sein Leben entscheidend beeinflusst.« Der Reichstags-Brandstifter erscheint nun nicht nur politisch, ebenso moralisch minderwertig. Dies, die Schlussfolgerung ist rasch gezogen, macht ihn benutzbar für die Nationalsozialisten.

Wie geht die KPD mit einem Abtrünnigen um, der die holländische Bruderpartei öffentlich kritisiert hat? Kann er überhaupt zum Kämpfer taugen? »Seine Art ist weibisch, seine Zurückhaltung und Scheu Frauen gegenüber ist durch viele Aussagen erhärtet, sein Anlehnungs- und Zärtlichkeitsbedürfnis Männern gegenüber notorisch.« Laut Braunbuch fehlt ihm »die Standhaftigkeit, welche die kommunistische Partei von ihren Mitgliedern verlangt«. Zugleich wird ihm bescheinigt, ohne es als Widerspruch zu sehen, er ließe sich in Diskussionen äußert schwer zu einem andern Standpunkt bewegen. Alles in allem: »Parallel mit dieser Verbohrtheit geht eine merkwürdige Weichheit, wie sie bei Homosexuellen oft zu finden ist. Daneben ein Hang zu lügen und zu übertreiben«, was auch bezeugt worden wäre.

Dass er als Wanderer in Männerheimen und Herbergen übernachtet, hat als weiterer Beweis seines 'perversen' Charakters zu gelten. Daraus ergibt sich nahtlos, schon beim ersten Fußmarsch nach Deutschland, der direkte Kontakt mit der SA, »die Bekanntschaft mit einem Manne ..., die für Lubbes Schicksal von entscheidender Bedeutung war«. Jener entscheidende Mann soll Dr. Georg Bell gewesen sein. Die BRAUNBUCH-Verfasser geben einen »W. S.« an, der diese Bekanntschaft schriftlich bezeugt, und behaupten: »Seit dieser Zeit blieb van der Lubbe mit Dr. Bell in ständigem Briefverkehr« – ohne es mit einer einzigen Zeile zu belegen.

Die Karriere des realen Georg Bell barg sicher Zwielichtiges, samt einer Betätigung als Geldfälscher, um die Sowjetunion zu schädigen, was im BRAUNBUCH unerwähnt bleibt. Seit 1931 hatte Bell für SA-Stabschef Röhm nachrichtendienstliche wie geheime Aufträge erledigt, bis es im Frühjahr 1932 zwischen ihnen zum Bruch kam – soweit die Tatsachen.

Ab hier überwiegt gezielter Bluff. Wie Bells Lubbe-Geschichte sich fortsetzte, erfährt, laut BRAUNBUCH, ein »deutscher Jungarbeiter« in einer Herberge: »Der Holländer erzählte mir, wie gut es ihm in München ergangen sei.« Ein »Dr. B. (habe) sich seiner angenommen« und ihn bei »einflussreichen Menschen« eingeführt. Ferner will jener Jungprolet ohne Namen unsittliche Handlungen »energisch« abgelehnt haben, denn »der holländische Arbeiter ... versuchte mehrere Male, meinen Geschlechtsteil zu berühren« – und wieder ist, sozusagen als Muster van der Lubbes, die Verquickung von Geltungs- und Geschlechtstrieb betont.

Nach Logik des BRAUNBUCHS schließt sich der Kreis: Bell, nicht nur in Röhms Diensten, »war auch sein Vertrauter in Liebesdingen«. Und Initial-Zeuge »W. S.« liefert das nötige Detail, aus Bells »Geheimschrank. Er wies auf einen Bogen hin und sagte: ‹Das ist Röhms Liebesliste. Wenn ich die einmal veröffentliche, ist Röhm ein toter Mann.› Er liess mich die Liste sehen ... ungefähr 30 Namen ... Ich erinnere mich genau an einen Vornamen ‹Rinus›, hinter dem in Klammern ein holländischer Name, beginnend mit ‹van der› stand.« Als würde es an Eindeutigkeit fehlen, folgt prompt: »‹Rinus› ist die Abkürzung für Marinus«, der sich damit unter die Geliebten Röhms einreihen soll.

Wem es noch nicht genügt, dem wird eine wissenschaftliche Stütze nachgereicht: Der wandernde Holländer erzählte vom »Handwerksburschen«, »dessen Schwester in einem Budapester Bordell lebte«, woraus er sie retten wollte. »Sie aber habe von ihm Liebe verlangt. Er habe eine Nacht mit ihr in einem Zimmer geschlafen, ohne sie zu berühren ... Die Erzählung vom Mädchen, das erlöst werden soll, ist typisch homosexuell und wird nach Freud von den Homosexuellen ‹Parsifal-Komplex› genannt.«

Was immer das sein mag, 'typisch homosexuell', es lässt althergebrachte Vorurteile hochkommen – auf die Weise gerüstet, weiß der typische Leser nun, wen er sich vorzustellen hat: Weibisch, weich, anlehnungsbedürftig verfällt van der Lubbe den schwulen Nazis. Mehr noch, der politische Herumtreiber dient als 'Lustknabe'. Ungeachtet dessen, dass SA-Chef Röhm sich zwar als Homosexueller bekennt, doch weder Freund noch Feind ihn ernsthaft beim Reichstagsbrand verdächtigt, soll nahe liegen, dass er selbst im Bett den Täter gefügig gemacht hat – offenbar war das 1933 glaubhaft.

Obendrein, wie gesagt, ist der 'Perverse' falsch: Seine Schilderung, man hätte ihn beschossen, als er die Grenze zur UdSSR durchschwimmen wollte, tut er vor Gericht ab: „Ich habe das bloß so gesagt!" Im BRAUNBUCH folgt daraus, Derartiges wäre – seinen Freunden zufolge – »für Lubbes Lügenhaftigkeit und Grosssprechertum charakteristisch«. Eine typische Fehlentwicklung: Seit der Kindheit nimmt er an Diskussionen teil, die bestehende Ordnung zu stürzen, er »nimmt sie auf, aber er verarbeitet sie nicht«. Ja, er ist kein Kommunist. Und, genau besehen, kann er nicht einmal Arbeiter sein, »er bleibt Kleinbürger«.

Vor dem international gespannt erwarteten Brand-Prozess ist er gezeichnet: Das Bild, so die Absicht, zeigt »eine gerade Linie in dem Verhalten van der Lubbes nach seiner Loslösung von der Kommunistischen Partei Hollands. Er steigert seine Angriffe gegen sie« und seine Argumentation wäre »deutlich von n a t i o n a l s o z i a l i s t i s c h e r Denkweise beeinflusst«. Zeugen würden »berichten, dass er in seinen Reden a n t i s e m i t i s c h e Bemerkungen eingeflochten hat«. Es bestünde kein Zweifel, er wäre, »jedenfalls in den letzten Monaten 1932, den nationalsozialistischen Lockungen erlegen«.

Die BRAUNBUCH-Agitation flankiert ein Untersuchungsausschuss, ein 'Gegenprozess' in London. Juristen verschiedener Nationalität, vom englischen Kronanwalt Pritt präsidiert, befragen auch in Holland Zeugen und legen – kurz vorm deutschen Verfahren – einen Bericht vor, der ein Urteil zu van der Lubbe enthält: »Vom Charakter her scheint er labil und leicht beeinflußbar, in der Tat eine Person zu sein, die gut als ein Werkzeug für die Verübung von Terrorakten benutzt werden könnte.« Aussagen bestätigten, seit seiner Trennung von der holländischen KP, »sein Eintreten ... für individuelle Terrorakte. Von 1927 bis 1933 lebte er in einem Milieu von mehr oder weniger anarchistischen Elementen, von Homosexuellen«.

Einen Einzeltäter verneint der Ausschuss. »Endgültige Schlußfolgerungen« aus seiner Untersuchung lauten, dass die Tat für die NSDAP »von großem Vorteil war« und »gewichtige Grundlagen für den Verdacht« bestünden, der Reichstag wäre »durch führende Persönlichkeiten der Nationalsozialistischen Partei oder in ihrem Auftrag in Brand gesetzt« worden.

Initiiert von der KPD-Führung, die Zeugen beibringt, urteilt das Londoner Juristenforum nahezu deckungsgleich mit dem BRAUNBUCH, mit großer internationaler Wirkung. Für dieses Vor-Urteil steht einer am Pranger:

Ein gewissen- und sittenloser Mensch entwickelt sich zum Antikommunisten und Brandstifter; die Nazis wählten ihn für ihre Hetze aus, so schließt das BRAUNBUCH, um »den Reichstagsbrand als ein internationales Komplott darzustellen ... Das Werkzeug war ein kleiner, halbblinder Lustknabe: Marinus van der Lubbe.« Er erscheint als Abhängiger, wenn nicht Handlanger deutscher Nationalsozialisten, außerdem antisemitisch – die hierfür erwähnten Zeugen bleiben im Dunkeln.

Den Begriff des Werkzeugs verwendet auch die Gegenseite, z. B. der Vernehmer der Politischen Polizei, ihr Leiter des Referats Kommunismus, Dr. Zirpins. Anscheinend decken sich hier Interessen von NSDAP und KPD insofern, dass das 'Subjekt' van der Lubbe herabgesetzt werden soll als fremdgesteuert – nur jeweils von der anderen Seite.

DAS ROTBUCH

Ließ die Propagandaschlacht um den Reichstagsbrand neutrale, objektive Erwägungen zu? Der Londoner Ausschuss prüft auch die »Frage der Beziehungen zwischen van der Lubbe und einem gewissen Georg Bell«. Der im BRAUNBUCH genannte »W. S.« sagt hier aus, Bell hätte Röhm Homosexuelle vorgestellt und diese in einer Liste erfasst, darunter »Marinus van der Subbe oder Marinus van der Lubbe, ergänzt durch das Wort „Holland"«. Dem Ausschuss – es sind immerhin Juristen – leuchtet nicht ein, »warum dem Zeugen damals der betreffende Name aufgefallen sein sollte, es sei denn, weil die Nationalität angegeben und der Name holländisch war. Außerdem deckte der Zeuge diese Angelegenheit vor niemandem bis zur Zeit nach dem Brand auf, als er den Namen van der Lubbes in der Zeitung las«. Der Ausschuss befindet, dass »die Aussage wenig Beweiskraft besitzt«.

Fast zeitgleich mit dem Londoner Untersuchungsbericht erscheint, auf Holland beschränkt, das ROODBOEK. VAN DER LUBBE EN DE RIJKSDAGBRAND. Schon der Titel macht Front gegen das BRAUNBUCH. Marinus van der Lubbe, ein erbärmlicher Provokateur und Homosexueller – auf welcher Grundlage sind solche Bezichtigungen erhoben? Das ROTBUCH zeigt beispielhaft auf, wie Zeugen 'gedeutet' werden.

BRAUNBUCH: »Izak Vink hat unserem Berichterstatter erzählt, dass er mit van der Lubbe oft in einem Bett geschlafen hat.«

ROTBUCH, Izak Vink: »Ich habe mit van der Lubbe oft in einem Bett geschlafen, ohne etwas von homosexuellen Neigungen bei ihm bemerkt zu haben.«

Sieben Zeugen mit Name und Adresse bekunden, Homosexualität nicht festgestellt zu haben. Ansonsten wäre der Parsifal-Komplex, »laut Freud, auch bei sexual normalen Jungen häufig«. An dieser Stelle greift das ROTBUCH mit zurück auf gängige Vorurteile gegen Schwule, durch die »Nazipäderasten« leichter herabzusetzen sind. Sich nur an eine sachliche Argumentation zu halten, erschien wohl – dem Zeitgeist geschuldet – als zu wenig.

Wieder eine Kampfschrift: Indem sie eigene rätekommunistische Positionen rechtfertigen, treten die Verteidiger van der Lubbes einem

»Gebinde aus Unwahrheiten, Lügen und Tatsachenverdrehungen« – in biografischer wie politischer Hinsicht – entgegen.

BRAUNBUCH: »Wir besitzen Zeugnisse von van der Lubbes Kampf gegen die Kommunisten. Er nahm am 6. Oktober 1932 in der Getreidebörse zu Leiden an einer Versammlung teil, deren Hauptredner der Führer der holländischen Faschisten I. A. Baars war ... einige Besucher dieser Versammlung, unabhängige Männer, (haben) in einem notariellen Protokoll die Haltung van der Lubbes ... geschildert ... Er wandte sich gegen alle Versuche der im Saal anwesenden Antifaschisten, Baars zu unterbrechen«.

ROTBUCH: »Was haben die 5 Unterzeichner dieses Protokolls über den Faschisten van der Lubbe auszusagen? ... warum soll er den Faschismus nicht völlig abgelehnt haben? Weil er ... (wir zitieren wieder aus dem Protokoll) erstens: als zahlreiche ... Arbeiter ihr Mißfallen über den Auftritt des Faschistenführers Baars kundtaten, ... diese ermahnte, den Sprecher in Ruhe anzuhören;
zweitens: durch seine zögernde Haltung in der Debatte ... jedweden direkten Angriff auf die Faschisten vermied, die, wie er sich ausdrückte, „doch auch Arbeiter seien."
... Nur weil van der Lubbe tat, was jeder andere vernünftige Mensch, der eine einigermaßen fruchtbare Diskussion führen will, an seiner Stelle auch getan hätte, indem er Redefreiheit für seinen Widersacher forderte, ist er ... Faschist«, weil er »(aufgepaßt, jetzt wird die Katze aus dem Sack gelassen) „keineswegs im Namen der CPH spricht", sei er ein Faschist«.

BRAUNBUCH: »während einer Versammlung streikender Chauffeure im Haag im Dezember 1932 ... ging van der Lubbe noch weiter ... er forderte die streikenden Chauffeure auf, gegen den Willen der Kommunistischen Partei Terroraktionen zu begehen«.

Hieran knüpft sich die Interpretation, van der Lubbe hätte antikommunistische Angriffe immer weiter gesteigert und er wäre den »nationalsozialistischen Lockungen erlegen«. Das hätten auch »unabhängige Teilnehmer« beglaubigt mit Unterschriften unter einen Bericht für die TRIBUNE, der im KP-Organ allerdings nicht erschienen war.

Jenem Bericht mit seinen Unterschriften geht das ROTBUCH nach. »G. Nieuwkuyk 2 de Callandstraat 24, Den Haag« erklärt, dass »die im Braunbuch wiedergegebene Darstellung, ich hätte bestätigt, daß van der Lubbe auf der ... erwähnten Fahrerversammlung im faschistischen Sinne oder mit ebensolcher Tendenz gesprochen habe, falsch ist ... Ich habe erklärt, daß er als Rätekommunist debattierte ... Van der Lubbe betonte die

Notwendigkeit des selbständigen Auftretens der Arbeiter, unabhängig von Partei und Gewerkschaften.«

Es folgen zehn Mitteilungen von politischen Mitkämpfern wie von Andersdenkenden; sie ergeben ein Spektrum, nach dem van der Lubbe »vehement gegen den Faschismus Stellung bezog«, bis dahin, dass er »zwar wirre, aber keine faschistischen Ideen hatte«.

Ans van Zijp, Vermieterin in der Uiterste Gracht: »Wenn er mit uns sprach, war er ein netter, guter Junge, aber wenn er mit der Politik anfing, sagte ich: ‚Rinus, du weißt, daß ich das gar nicht gerne mag, da sollst du mit mir nicht drüber sprechen!' Das fand er dann auch in Ordnung und tat's nicht mehr. Deswegen verstehe ich überhaupt nicht, wie der große Herr Otto Katz [BRAUNBUCH-Redakteur des Reichsbrand-Teils] schreiben kann, daß ich ihm gesagt hätte, daß Marinus so unheimlich lügt. Ich habe ihn niemals gesehen, also auch nicht persönlich mit ihm gesprochen.«

Ort und Datum: Kleve, 7.9.:
Nachdem ich heute morgen mir auf der Gracht den Ranzen vollgegessen habe, bin ich um halb 9 aus Leiden gezogen. Obwohl ich mich an diesem ersten Tag ziemlich traurig fühle und ein bißchen einsam fühle, bin ich doch gut vorangekommen und habe viel Glück mit dem Mitfahren gehabt.

10. Sept. Coblens ... Inzwischen (durch ein Auto) bin ich meinen gerade erst gefundenen Kameraden wieder los. War wirklich ein flotter, gemütlicher proletarischer Typ. Ich habe viel von ihm gelernt.

Eine Woche, Montag, 14. Sept. 31 ... Ich habe heute ein Paar gute Schuhe in einem Zigarrengeschäft bekommen, ... während ich etwas weiter eine Karte von halb Europa finde, die ich so unterwegs gut gebrauchen kann. Über München noch kurz folgendes gesagt: es ist eine große Stadt, bekannt wegen seines Biers. Weiter noch, daß während der Bayerischen Revolution am härtesten gekämpft wurde, und man erzählte mir, daß die Arbeiter damals mit Kanonen geschossen haben.

Sonntag, 27 Sept. 31 ... Heute bin ich in Jugoslawien, wohin ich auf einem Umweg gekommen bin, weil die Zöllner einen auf der Straße nicht durchlassen. Auch habe ich noch einen Kameraden unterwegs getroffen, der auch vorhat, in die Türkei zu gehen. Ob ich ihn aber ganz bis dahin mitnehme, weiß ich noch nicht. Der gibt zu sehr an. Das tun wir natürlich alle ein bißchen, aber nicht auf so schlimme Art. Beispielsweise lacht er nun schon den ganzen Mittag darüber, daß die Leute ihn hier nicht verstehen können, gerade deshalb findet er es witzig, jeden anzureden.

4. Woche 29. September 1931 Ptrij ... Die Bauern hier haben oft viele Kinder, die über den Hof oder Weg krabbeln oder gehen und auf den Wiesen spielen. Auch habe ich jetzt schon zweimal Wein getrunken – wo ich erst dachte, daß es Limonade war, ich habe mich also geirrt ... Es ist wohl herrlich erfrischend, aber ich trinke das nie wieder, weil's mir an diesem Tag nicht so gut bekommen ist. Das Volk ist wie mir scheint nicht so entwickelt, aber durchaus lustig. Überall auf dem Lande in den Häusern hört man sie viel singen. Was in dieser traurigen Zeit schon einiges bedeutet ... Das ist schon typisch, daß man die Frauen hier auch als Lohnarbeiter auf den Feldern von Großbauern arbeiten sieht und daß sie um 12 Uhr wie Arbeiter in Restaurants oder beim Bauern mitessen.

Mittwoch, 7. Okt. 1931, Mitrowitsa
Eigentlich finde ich mein Tagebuch immer unwichtiger. Ich schreibe nur deshalb jeden Tag meinen Bericht, weil ich es mir nun einmal vorgenommen habe ... Ich habe schon gesagt, daß es hier viel Ackerbau gibt ... Kühe sieht man hier selten. Und die Bauern, die welche haben, kaum mehr als 4 oder 5, die sind meistens so mager wie ‚ne Heuschrecke ... doch ist es schön, die Kühe abends nach Hause gehen zu sehen ... Selbst die Schweine tippeln am Abend seelenruhig über die Straße nach Hause.

Donnerstag, 8. Okt. 1931, Ruma ... so wie in Deutschland oder Österreich ist es hier nicht, daß man bei allen Bauern, bei denen man schläft, etwas zu essen kriegt ... Aber die Menschen haben's hier im allgemeinen auch selbst nicht und essen auch selbst viel trockenes Brot ... Dann komme ich so ungefähr in der nächsten Woche nach Serbien ... Jetzt noch ein bißchen Wasser getrunken und dann vorwärts marsch, unterm Gesang oder Mundharmonikaspielen eines Liedes „Vorwärts ist unser aller Parole Freiheit oder Tod". Welche Weise das ist, wissen sie hier doch nicht, und wenn sie's wissen, ist es auch egal. Aber viele andere Lieder wie die „Internationale" kann ich noch nicht spielen.

Freitag, den 9. Okt. 1931
... Seltsam, daß man hier in diesem Land auch viele Leute auf Wanderschaft sieht. Ich habe sogar ein verheiratetes Paar und mehrmals Männer mit Frauen angetroffen. Es ist doch traurig, wenn man sich das gut überlegt. Auch erlebe ich oft ..., daß sie mir anbieten, zu zweit weiterzuziehen ... ich gehe lieber al-

leine ... wenn man zu zweit geht, ist man so gebunden und ich befürchte, daß dann von meinem Reiseplan nichts übrig bleibt ... Meine Tageszeitung vermisse ich sehr, oft denke ich, wie wird es in Europa aussehen? Um schlafen zu können, habe ich gestern in Ruma lange suchen müssen ... fast unvorstellbar, wie unangenehm das ist und was für Beschimpfungen man dann nach allen Seiten hin ausstößt. So will man dann den Kampf in sich selber gegen diese Gesellschaft und ihre Besitzer anheizen. Aber nicht bloß solche Momente! Denn es gibt auf dieser Reise so viele schöne und besondere Augenblicke ... Ein ... Mal fahre ich mit einem Wagen mit. Zufällig ist die Schule gerade aus, zwei Jungen drauf und gleich war es voll. Viele laufen hinterher. Doch einer nach dem anderen gibt auf. Einer aber, ein kleines Kerlchen von etwa sechs Jahren, hält sich am Wagen fest und läuft so mit, bis ich ihn hochhebe ... Wahr ist, daß man Kinder wirklich lieben kann. Man kann solche Kinder kennenlernen, daß man selber spürt, daß alles auf der Welt einmal anders gehen muß und einmal anders gehen wird. Das liegt sozusagen alles schon in ihren Augen verborgen. Und der Refrain „Wir sind die junge Garde des Proletariats" klingt für sie alle, denn das sind sie ja. Als er heruntersprang, ... winkte er mir noch von weitem zum Abschied zu. Und ich hatte doch wenig mit ihm gesprochen ... Es ist auch typisch ..., daß die Leute, Bauern und andere, mich immer fragen, ob ich Student oder Meister sei oder ob ich von der höheren Schule komme. Ich bin in ihren Augen sicherlich bewundernswert: Man merkt jetzt hier auch, daß man sich der Türkei nähert. Die Leute tragen ... alle diese hohen Turbane ... Sie gucken zumindest verwundert, daß ich nichts aufhabe.

Donnerstag, 15. Okt. 1931
Ich will doch wieder bald zurück, denn ich überlege mir auch ernsthaft, nicht über Rußland zu reisen. Vielleicht gelingt's nicht und dann bin ich wieder einige Wochen umsonst gelaufen ... Ich gehe jetzt anstatt nach Bukarest, was ich gestern wollte, nach Budapest und dann nach Wien.

Sonntag, 18. Okt. 1931
... Im Augenblick befinde ich mich in einer Dorfherberge 35 km von Negotin entfernt ... Heute mittag hielt mich noch eine Gruppe Bauern an, um mich nach meinem Ausweis zu fragen. Ich, jetzt nicht mehr auf den Mund gefallen, da ich wußte, daß alles in Ordnung war, fragte sie meinerseits nach ihrem Ausweis. Den hatten sie natürlich nicht und zum großen Vergnügen der anderen Dorfbewohner ließ ich sie stehen und ging trotz ihres großen Geschreis einfach weiter. Weiter trifft man hier ständig Zigeuner, und es

ist schon faszinierend, solche typischen, interessanten und geselligen Menschen unter ihnen anzutreffen. Man trifft wirklich bewußte Menschen unter ihnen an. Ich muß auch noch schreiben, wie traurig und einsam ich mich auf dem Rückweg fühle. So daß einem alles gefühllos vorkommt. Doch geht das zum Glück wieder vorbei und morgens kann man wieder glücklich sein. Auch wenn die Leute plötzlich ihre Güte offenbaren, stimmt es doch wieder wohler. Jetzt höre ich auf zu schreiben, weil die Bauern hier in der Herberge derart lärmen, daß dir Hören und Sehen vergeht.

Dieser Reisebericht ist nachzulesen im ROTBUCH, das rätekommunistische Freunde veröffentlicht haben. Jetzige Genossen wie ehemalige aus der KP Hollands beschreiben einen konsequenten, ehrlichen, kampfbereiten, solidarischen, selbstlosen Menschen. Auch dieses Tagebuch vom Herbst 1931, als er zu Fuß halb Europa kennenlernt, vermittelt den Eindruck: Mitfühlend, doch nicht naiv in der Einschätzung seiner Bekanntschaften – Marinus van der Lubbe wählt aus, mit wem er sich verbündet und wann er allein bleibt, besonders, da es ihm unablässig um Lebens- und Kampffragen geht.

ERKLÄRUNGEN, GUTACHTEN

Zentralkomitee der KPD, 3. März 1933:
Daß die Kommunistische Partei ebenso wie alle anderen Sektionen der Kommunistischen Internationale, insbesondere auch die Kommunistische Partei Hollands, nicht das mindeste mit der Brandstiftung im Reichstag zu tun haben, war vom ersten Augenblick an für jeden Denkenden klar ... Selbstverständlich hat weder der Abgeordnete Torgler noch irgendein anderer Funktionär der KPD irgendwelche Verbindung mit dem im Reichstag verhafteten Brandstifter ... je unterhalten noch von seinen Plänen Kenntnis gehabt.

Dr. Karl Bonhoeffer/Dr. Jürg Zutt, Psychiatrisches Gutachten, 30. März 1933:
Auf Veranlassung des Herrn Untersuchungsrichters des Reichsgerichts haben wir den Angeklagten Marinus van der Lubbe ... am 20., 23. und 25. III. 33 ... untersucht(,) ... weil mit der Möglichkeit gerechnet werden muß, daß im Hinblick auf das Ungewöhnliche der Tat im weiteren Verlauf des Verfahrens Zweifel an der geistigen Gesundheit des Angeklagten erhoben werden könnten ... Er zeigte keinerlei Niedergedrücktheit, sondern eher eine gehobene Stimmungslage ... Er habe die Tat allein vollbracht. Er wolle, daß das Verfahren beschleunigt werde, auch damit die andern, die unschuldig verhaftet seien, befreit würden ... Versucht man mit ihm über seine Überlegungen vor der Tat im einzelnen zu sprechen, so ... tut (er) derartige Fragen in seiner etwas überlegenen, selbstbewußten Weise ab: „Was werde ich gedacht haben? Ich dachte, umhergehen, essen und schlafen, das ist doch keine Aktion." ... Wir fassen unser Urteil folgendermaßen zusammen: Es haben sich keinerlei Anzeichen für eine geistige Erkrankung ergeben. V. d. Lubbe macht den Eindruck eines ganz intelligenten, willensstarken und recht selbstbewußten Menschen ... Manche Ungereimtheiten in seiner Vorstellungswelt erklären sich aus der starken kommunistischen Tendenz und dem relativ jugendlichen Alter des Angeklagten. Eine ungewöhnliche Bestimmbarkeit durch fremde Einflüsse liegt sicher nicht vor. Im Verlauf der psychiatrischen Untersuchung ergab sich nicht der Eindruck rückhaltloser Offenheit, sondern bewußter Zurückhaltung.

Simon Harteveld, Rätekommunist, Leiden, 1933:
Vor ungefähr 9 Jahren machte ich zum ersten Mal die Bekanntschaft von Marinus van der Lubbe, das war auf den Neubauten von Oegstgeest ... Ich rühme mich nicht der Hellsichtigkeit, ... doch fiel der offene und ehrliche Charakter des damals 15jährigen Jungen schnell ins Auge. Marinus unterschied sich von anderen Jungen seines eigenen und höheren Alters durch seine frühreifen Gedanken, sein Ernstsein, was den Denker in ihm kennzeichnet.

Igor Cornelissen, Mitglied der Kommunistischen Partei Hollands (CPH):
Der frühere CPH-Genosse Henk Gortzak ... erzählte mir ... Es war 1927 nach einer gemeinschaftlichen Agitationstour in Haarlem ... Während des Verkaufs des ‹Jungen Kommunisten› war da auch eine Auseinandersetzung mit der Polizei gewesen, und als ... alle wieder in einem kleinen Saal versammelt waren, ... kam van der Lubbe, einen Säbel schwingend, hereingerannt, den er von einem Polizisten erobert hatte.

Freek van Leeuwen, 1933 Redakteur bei DE TRIBUNE (CPH):
Es waren Jungsozialisten, junge Kommunisten aller Schattierungen, Anarchisten, Wehrdienstverweigerer und Vegetarier ... Es war die Zeit der Spaltung in der Kommunistischen Partei ... Abends zogen wir in die Arbeiterviertel ein, um ... Flugblätter zu verbreiten, in denen die Sache Sacco und Vanzetti dargelegt und zu Protestaktionen aufgerufen wurde ... Ich war mit Rinus van der Lubbe zusammen ... Er erzählte ... über seine Jugend und von ... seiner Arbeit auf dem Bau und von dem Unglück, das ihn dabei getroffen hatte und das ihm allmählich das Augenlicht kosten würde. Das war ein anderer Rinus als der Rinus, der auf den Versammlungen und Zusammenkünften das große Wort führte ... Meistens kamen wir in der großen Küche von Juffrouw van Zijp zusammen, die alle Tagesstunden mit Täßchen Wasserschokolade für uns bereitstand. In der Zeit war es, daß Rinus van der Lubbe sich in Leiden einen Namen zu machen begann. Wie beinahe alle Genossen von der Uiterste Gracht hatte er lediglich minimale persönliche Bedürfnisse, lebte von der allernotwendigsten Nahrung und lief praktisch in Lumpen. Demgegenüber aber stand, daß er im Verhältnis zu seinem doch allzu geringen Einkommen einen unverhältnismäßig großen Teil seines Geldes für Mitgliedsbeiträge und Propagandazwecke ausgab.

Ans van Zijp, 1933:
Rinus van der Lubbe ... kam hin und wieder zu mir rauf, weil da einige Kameraden von ihm wohnten ... Er hatte auch einmal mit Flugblättern vor all den Fabriken gestanden. Da mein Mann dies aber nicht sehr gerne sah, sagte er zu Rinus: ‚Ich will dich nicht mehr in meinem Haus haben, weil ich keiner Partei angehöre und deshalb keinen Ärger deinetwegen kriegen will.' Ein anderer Junge wäre deswegen vielleicht sehr böse geworden, aber er ... sagte: ‚Nun, van Zijp, ich will nicht, daß Sie meinetwegen Ärger kriegen; aber darf ich dann vielleicht doch noch mal klingeln, um mit meinen Kameraden vor der Tür zu sprechen?' ... eines Morgens ... tat er mir so leid, denn er war vor Kälte ganz blau angelaufen. Ich fragte ihn, ob er nicht eben auf eine Tasse Warmes hereinkommen wolle, da sagte er: ‚Aber nein, Frau Zijp, das ist nicht nötig!' Ich sagte: ‚Los, komm, dann kannst du dich am Ofen aufwärmen und ich werde meinem Mann sagen, daß ich dich wieder ins Haus geholt hab.'

Jan van der Lubbe, Bruder von Marinus, März 1933:
Daß er der Täter ist, glaube ich nicht, doch das wird die Zukunft zeigen ... und ist er einer der Täter, dann wird er seine Mitschuldigen nie verraten, sondern die gesamte Schuld auf eigene Rechnung nehmen.

Strafsache gegen van der Lubbe und Genossen, Anklage, 24. Juli 1933:
Der Angeschuldigte van der Lubbe hat erklärt, daß seine Angaben über den bei der Tat zurückgelegten Weg zum Teil auf Kombinationen beruhten. Jedenfalls glaube er, zur Durchführung der Tat im ganzen etwa 15 bis 20 Minuten gebraucht zu haben. Wie ein später mit dem Angeschuldigten ... unternommener Versuch gezeigt hat, ist es möglich, in dieser Zeit den von ihm beschriebenen Weg im Laufschritt zurückzulegen und dabei die von ihm bezeichneten Brandstellen anzulegen. Van der Lubbe hat weiter angegeben, er sei von vornherein entschlossen gewesen, einen sehr großen Brand zu entfachen.

Weltkomitee für die Opfer des Hitlerfaschismus, Kriminalistisches Gutachten zur Anklageschrift im Reichstagsbrand-Prozeß, Paris 1933:
Völlig unerklärlich ist es ..., daß Lubbe bei der geschilderten Handhabung brennender Tücher, mit denen er durch Fenster geklettert, durch eine Drehtür gegangen und durch brennende Vorhänge gelaufen ist, nicht s c h w e r s t e Brandverletzungen davongetragen, ja nicht einmal seine H a a r e v e r s e n g t   hat ... Die Anklagebehörde unterläßt es auffälligerweise, durch

eine medizinische Expertise die Brandwunden feststellen zu lassen. Diese scheinen nicht einmal polizeilich festgestellt zu sein. Auch Schuhe, Hosen und Hosenträger Lubbes sind nicht angebrannt; sonst wäre dies ja festgestellt worden. Lubbe ist auch wiederholt durch zersplitterte Glasscheiben gestiegen, ohne sich geschnitten oder auch nur seine Kleidung zerfetzt zu haben. Zweimal hat er mit den Schuhen Fensterscheiben zertreten. Die Untersuchung hat nicht festgestellt, daß die Schuhe zerschnitten wären.

Dr. M. C. Bolten, Psychiater, Den Haag, 18. 10. 1933:
Das einzige, was man bei van der Lubbe wie einen roten Faden verfolgen kann, ist sein Hass gegen den Kapitalismus; doch zu einer systematischen Entwicklung seiner Ideen und Ansichten befähigt sein wirrköpfiges Hirn ihn nicht ... er lebte äußerst mässig, trank nicht und hatte nur sehr geringe materielle Bedürfnisse; ferner war er freigebig und häufig sogar weichherzig. So konnte er von dem wenigen, das er besass, immer noch etwas für kranke oder gebrechliche Kinder entbehren (z. B. Obst) ... Nachtragend war er am allerwenigsten; dass die Polizei ihn wiederholt verprügelt hatte, nahm er gar nicht übel. „Die Menschen konnten nicht anders handeln, aber es war ein Jammer, daß sie ihn nicht verstehen konnten, denn wenn sie ihn verstünden, würden sie ganz anders handeln!" (Aussage eines seiner Freunde).

Dr. Philipp Seuffert, Offizialverteidiger van der Lubbes, Plädoyer, 15. 12. 1933:
Er hat mir gesagt: „Ich weiß, daß das deutsche Gesetz eine Verteidigung vorschreibt ..., aber ich unterschreibe nicht, was meine Verteidiger sagen." ... Lubbe ist an sich nicht dumm, er faßt auf, er hat insbesondere ein gutes Gedächtnis, und da merkt er sich die schönen Phrasen, insbesondere die kommunistischen ... und nun merkt er, daß er damit bei seinen Jugendgenossen kolossalen Eindruck macht ... es zeichnen sich die beiden Grundzüge seines Charakters, die ... seine Tat bestimmen, deutlich ab: die dauernde Sucht zum Widerspruch, zum Protest, zu Demonstrationen, zur Bekanntgabe an die verhaßten Nichtproletarier, daß er ... mit ihnen unzufrieden ist; und das zweite und meines Erachtens das weit überwiegende Motiv ...: der herostratische Zug, der Zug seines Charakters unbedingt nach Geltung, nach Aufsehen ... Außerdem ist ... gesagt worden, Lubbe habe wiederholt betont, Menschen dürften nicht verletzt werden. Dies war ein Grundzug seines Wesens. So ist, glaube ich, mein Schluß gerechtfertigt, daß Lubbe, dieser gegen öffentliche Sachen gewalttätige, gegen die Polizei, gegen die

Staatsgewalt zum Widerspruch geneigte Mensch, auf der andern Seite ein weicher Charakter gewesen ist ... Als er vorgestern aus den Worten des Herrn Oberreichsanwalts hörte, daß dieser den Angeklagten Torgler für schuldig erkläre und die Todesstrafe ... beantrage, da hat van der Lubbe, wie mir einer der ihn bewachenden Beamten berichtete, geweint, während er vorher, als von ihm die Rede war, sich keineswegs weich zeigte.

Georgi Dimitroff, Mitangeklagter, Mitglied der KP Bulgariens, 16. 12. 1933:
So ist diese Tat meiner Ansicht nach eine verdeckte Zweiheit zwischen politischer Verrücktheit von van der Lubbe und politischem Provokatorentum ... Der Vertreter der politischen Verrücktheit ist da, ist geständig, der Vertreter des politischen Provokatorentums, der Feinde der deutschen Arbeiterklasse fehlt ... Meiner Auffassung nach ist van der Lubbe ein rebellierender Lumpenproletarier, ein rebellierender deklassierter Arbeiter ... Und wie kommt es, meine Herren Richter, daß mit diesem gemißbrauchten Werkzeug der Feinde des Kommunismus ... wir Kommunisten als Mitangeklagte hier auf dieser Bank sitzen?

Angeklagter van der Lubbe

Wie bereitet man Anklagen vor, damit das härteste Urteil feststeht? Im Fall van der Lubbe dadurch, dass man erst die Rechtsgrundlage schafft. Vier Wochen nach dem Reichstagsbrand wird das »Gesetz über Verhängung und Vollzug der Todesstrafe« erlassen und gilt (§ 1) »auch für Taten, die in der Zeit zwischen dem 31. Januar und dem 28. Februar 1933 begangen sind«. Rückwirkend droht Schuldiggesprochenen die Hinrichtung.

Wie verhält sich der Hauptbeschuldigte während der Voruntersuchung? Richter Vogt und seinen Beamten fällt auf, »daß er den Fragestellungen in den vorigen Vernehmungen genau gefolgt war und sich im einzelnen überlegt hatte, ob, in welchem Umfang und wie er eine Frage beantworten müsse. Wir ... haben uns wiederholt darüber ausgesprochen, daß van der Lubbe ein ganz eminentes Gedächtnis hatte für alle die verschiedenen Vorfälle in seinem Leben, vor allem die Erlebnisse auf seinen Wanderungen«.

Ein wacher Kopf, ein wachsames Mitwirken am Protokoll seines Lebens – um so auffälliger, dass beim Prozess seine Stimme wegbleibt. Kein tatendurstiger Revolutionär nutzt den Gerichtssaal für politische Appelle. Nach ersten Befragungen zur Person und zum Brand verfällt er dauerhaft in Schweigen, wirkt weitgehend abwesend. Sein Rückzug ins Innere geht zuletzt soweit, dass er schläft, als der Oberreichsanwalt für ihn auf Todesstrafe plädiert.

Als er, am 42. Tag, doch für Stunden aus der Passivität erwacht ist, verlangt er vor allem: »Wir haben einmal den Prozeß in Leipzig gehabt, dann das zweite Mal in Berlin und jetzt zum dritten Mal wieder in Leipzig. Ich möchte nun fragen, wann endlich das Urteil gesprochen wird. Ich will in das Gefängnis kommen.«

Der stenografische Bericht gibt die Verhandlungsatmosphäre wieder:

»RA. Seuffert: Es hat Ihnen niemand geholfen?

Angekl. van der Lubbe: Nein! - Die Entwicklung von dem Prozeß wurde sehr umständlich, und ich sage von dem Präsidium, --- die Entwicklung wurde umständlich.

Dolmetscher Meyer=Collings: Die Entwicklung des Prozesses wird zu umständlich. Ich verlange hier vom Präsidium, - jetzt hat er den Satz abgebrochen und noch einmal gesagt: der Gang und die Entwicklung ist zu umständlich.

Präsident: Ja, sagen Sie einmal: das liegt aber mit an ihm, wenn er nicht sagt, mit wem zusammen er diese Brandstiftung gemacht hat.

Angekl. van der Lubbe: Hier sind auch andere Angeklagte, aber die bestätigen doch selbst im Prozeß, daß sie den Reichstag nicht angezündet haben ... Auch durch die Entwicklung von diesen acht Monaten, die in Haft sein gewest, ist auch erklärt, wo ich gewesen bin ..., wo ich mich aufgehalten habe. Das glaube ich doch.«

»ORA. Dr. Werner: Ich bitte, ihm noch einmal ganz ausdrücklich die Frage zu stellen, ob er irgendeinen Helfer bei der Tat gehabt hat oder ob er die Tat ganz allein ausgeführt hat.

Präsident: Also, van der Lubbe, ich habe Ihnen das schon wiederholt gesagt, daß das Gericht Ihren Angaben, daß Sie es allein ohne Hilfe gemacht haben, eben nicht glauben kann, und zwar vorwiegend nach den Bekundungen der Sachverständigen ... Nun sagen Sie jetzt einmal, mit wem Sie das gemacht haben oder wer Sie dabei unterstützt hat.

Angekl. van der Lubbe: Ich habe vielemal gesagt und kann es jetzt wiederum sagen, daß ich diese Tat von dem Anstecken ganz allein gemacht habe.

Präsident: Ja, das ist eben - -

Angekl. van der Lubbe: Und die Beweise dafür sind auch hier jetzt gegeben, daß Dimitroff, Popoff und die anderen auch gesagt haben, sie haben das nicht gemacht, die sind allein in Prozeß betroffen ... Das ist auch bewiesen. Ist es nicht so? Also klärt sich die Frage.

Präsident: Bitte Übersetzung!«

»ORA. Dr. Werner: Ich habe ihn dahin verstanden, daß er jetzt sagen wollte, Dimitroff, Popoff und die übrigen seien nicht beteiligt.«

»RA. Seuffert: Und Herr Torgler?

Angekl. van der Lubbe: Ja, auch nicht! Das haben sie doch selbst erklärt ... - daß sie mit dem Reichstag nichts mitgemacht haben und daß sie jetzt in Freiheit auf die Menschheit kommen, daß sie eigene Verteidigung - -«

»Angekl. van der Lubbe: Weil ich Angeklagter bin, ich kann nun nicht mehr übereinstimmen mit der Entwicklung von diesem Prozeß. Ich bin Angeklagter, und ich will ein Urteil haben, daß ich zwanzig Jahre Gefängnis oder den Tod bekomme. Ich finde, daß die Entwicklung verkehrt geschieht.«

»Angekl. van der Lubbe: Ich kann nicht mehr übereinstimmen, auch mit dem Symbolismus. Ich bin hineingekommen in den Symbolismus ..., daß man, - na ja ... symbolisch den Reichstagsbrand erklären will. Ich glaube, daß darin ausweisig ist ... (Zum Dolmetscher:) Hast Du mich gut verstanden?

- In diesen acht Monaten Entwicklung, die ich jetzt im Gefängnis gemacht habe, erst von die Bande und Schlösser und jetzt von das Essen und jetzt von die Kleider, daß man stets andere Kleider ankriegt, - ich kann da nicht übereinstimmen, und ... ich hätte nicht die Kraft, es ist jetzt wieder eine Woche hingegangen und ich bekomme wirklich da nicht lange mehr mithalten. Ich will in ein Gefängnis.«

»RA. Seuffert: Sie sagen eben: es ist ein Irrtum; es hat niemand mitgewirkt?

Angekl. van der Lubbe: Die Tat nicht! Ich muß auf das schärfste sagen, daß die Entwicklung von dem Prozeß, daß man nach dem Bewerten von den Beamten und den Personen, also in dem Gefängnis und auch hier im Prozeß in Bande gelegt wurde, - -

Präsident: Was hat er eben gesagt?

Dolmetscher Meyer=Collings: Ich muß aufs schärfste Widerspruch erheben, daß man so gemäß den Werturteilen von Beamten in Bande gelegt wird, in Fesseln gelegt wird, im Gefängnis und auch hier im Prozeß.«

Sein Erscheinungsbild vor Gericht hat längst öffentlich zu Fragen geführt. Nicht nur, dass er schweigt. Das Publikum erlebt, nach einem Journalistenwort, »ein geistiges Wrack«. Er sabbert, die Nase tropft, ohne dass er sich daran stört, so scheint es: Die Außenwelt hat van der Lubbe aufgegeben, entzieht sich ihr in Verinnerung, spricht einmal selbst von »Stimmen hier in meinem Körper«, kurz darauf, dem Dolmetscher zufolge, von »Stimmungen«.

Den Verdacht auf Pharmaka oder psychische Misshandlung wiesen deutsche Ärzte zurück. Zugelassene Besucher, ein schwedischer Kriminalist, ein Amsterdamer Reporter, verneinten äußerliche Hinweise. Laborbefunde von Blutuntersuchungen fehlen. Sollte van der Lubbe manipuliert worden sein? Bekanntlich ist er auf dem Leipziger Südfriedhof beerdigt; eine Ausgrabung und Obduktion der Leiche ließ sich bisher nicht verwirklichen.

Seither ist viel gemutmaßt worden: Wieso verfällt im Haftverlauf ein „fixer Junge" in jene Stumpfheit, dass er beim Prozess nur den Kopf hängen lässt, im wörtlichen Sinn wie im übertragenen – was auch eine Deutung enthält. Vergebliche Versuche, das Verfahren zu beschleunigen, ein Dreivierteljahr in Eisenfesseln, bürokratische Endlosschleifen, immergleiche Fragen nach kommunistischen Komplizen: Eine reibungslose Staatsmaschinerie hat Marinus van der Lubbe zugerichtet, hat ihm den Hals gebrochen, noch vor der Guillotine.

Ungebeugt bleibt er bei der Beteuerung, den Brand aus eigener Initiative und allein gelegt zu haben. Er bekennt sich bewusst dazu und fordert seine Verurteilung; gleichermaßen konsequent lehnt er Verteidiger nach bürgerlichem Rechtssystem ab. An jenem 42. Verhandlungstag, als er sich zum letzten Mal selbst erklären will und kann, soll er wieder nur bestätigen, was er in Protokollen unterschrieben hat, auch, was sein Motiv betrifft.

»Landgerichtsdirektor Rusch: Und es sollte ein Fanal sein, ein Signal, sollte die deutschen Arbeiter aufrütteln? Ist das alles richtig, was er früher gesagt hat?

Angeklagter van der Lubbe (Dolmetscher): Das habe ich früher gesagt, - oder vielmehr nein, ... ich habe gesagt, daß es so sein könnte oder sein würde.

Landgerichtsdirektor Rusch: Sein sollte Herr Präsident!

Präsident: ... Sie haben sich so geäußert - das haben ja verschiedene Zeugen mitgeteilt -, die Arbeiter müßten sich befreien, sie müßten aufgerüttelt werden, und es müßte was geschehen. Daß Sie das Letztere gesagt haben, haben Sie früher selbst zugegeben. Ist denn das nicht richtig?

Angeklagter van der Lubbe: Ja, da habe ich gerade die Kraft dazu gehabt, zu sagen: Ja, und jetzt kann ich wieder sagen: Ja.

Präsident: Also danach haben Sie doch die Absicht gehabt, durch die Brandstiftung die Arbeiter aufzurütteln, wie Sie selbst gesagt haben.

Angeklagter van der Lubbe: Nein, das habe ich nicht -

Präsident: Was haben Sie denn sonst bezweckt?

Angeklagter van der Lubbe antwortet unverständlich.«

Ein getrübtes Bewusstsein? Sichtbar leidet Marinus van der Lubbe bis zur Erschöpfung; zeitweise, das sind seine Worte, fehlt es ihm an Kraft. Jetzt, wo er sie hat, leitet Logik die Berichtigungen, auf denen er dem Gerichtspräsidenten gegenüber beharrt – was Unbeteiligte als Momente oder Zustand der Verwirrung auslegen können. Anwälte und Richter, in zähem Nachfragen – verzögert durch unverständlich Gesprochenes, abgerissene Sätze, Missdeutungen zwischen holländisch und deutsch – halten daran fest: Als Einzeltäter wäre der Brand nicht zu bewerkstelligen gewesen.

Diese Auffassung eint die Juristen in Leipzig und ihre Kollegen vom Londoner Ausschuss; aber auch, dass beim Reichsgericht wie zum 'Gegenprozess' parteiische Kräfte im Hintergrund drängen. Tatsachen, die Hintermänner oder Helfer van der Lubbes gültig bestätigen, kann keine Seite vorweisen.

»Im Namen des Reichs« verkündet Dr. Wilhelm Bünger, Präsident des IV. Strafsenats des Reichsgerichts, am 23. Dezember 1933 folgendes Urteil: »Die Angeklagten Torgler, Dimitroff, Popoff und Taneff werden freigesprochen. Der Angeklagte van der Lubbe wird wegen Hochverrats in Tateinheit mit aufrührerischer Brandstiftung und versuchter einfacher Brandstiftung zum Tode und dauernden Verlust der bürgerlichen Ehrenrechte verurteilt. Die Kosten des Verfahrens fallen, soweit Verurteilung erfolgt ist, dem verurteilten Angeklagten, im übrigen der Reichskasse zur Last. Von Rechts wegen«.

Der Antiheld

1929

Werte Genossen, auf eine unerklärliche Weise hat ein bestimmter Pessimismus sich meiner bemächtigt. Ich versuche, auf jede Art und Weise dagegen anzukämpfen – aber es klappt nicht. Das alles beweist, daß ich kein guter Bolschewik bin. Ich fühle, daß ich im Augenblick meiner Sache nicht sicher genug bin (obwohl ich dem Kapitalismus und allem, was damit zusammenhängt, noch genauso radikal gegenüberstehe.) Vielleicht werde ich es auch nie. Im Augenblick fühle ich mich zuweilen als Fremder im Lager der Partei. Darum ist es besser, daß ich mich vorläufig als Mitglied und Leiter der Jugendgruppe zurückziehe. Rinus

Berlin, 22. April 1931

W[erter].K[amerad]. ... Die Bourgeoisie, heute verkörpert in der faschistischen Partei (Hitler-Partei) und sicherlich auch in der Sozialdemokratischen Partei Deutschlands und da gegenüber steht die proletarische Klasse am Vorabend der proletarischen Revolution, verkörpert in der KPD und all den ihr hilfeleistenden revolutionären Arbeiterorganisationen ... Genosse, sag doch, daß Du's verstehst und daß die Arbeiter nicht nur durch die Worte der Führer dem Faschismus Widerstand leisten werden, sondern überall in ganz Deutschland spontan als Klasse hinter der KPD – und sie jubeln ihr deshalb nur zu, was dies beweist – sich als Arbeiter für ein Sowjet-Deutschland entscheiden werden und nicht für eine faschistische Diktatur, erst recht auch im Namen der für diesen Kampf durch den mordlüsternen Faschismus gefallenen Arbeiter.

Berlin NW 40, den 8. Juni 1933

Lieber Kamerad/ Ich will Ihnen heute lediglich einige Worte schreiben, ich habe schon so viel geschrieben, aber ich weiß doch nicht, ob es ankommt ... Mein Bruder schreibt noch über Klamotten, die ich hatte. Es ist alles unwichtig und die Gedanken darüber müssen weg, vielleicht kannst Du dies J. L. mitteilen. Die paar Bücher die ich besitze, stehen für jeden der zufällig vorbei kommt zum Lesen zur Verfügung und jeder der ein bestimmtes Buch gut findet darf es behalten. Der Rest kann stehen bleiben oder weggetan werden. Die Trommel und ein paar kleine Dinge könnt Ihr behalten. Wenn die

Trommel nicht benutzt wird, dann gebt sie doch Baart, wenn der nicht will, dann erst an Jan L., denn er benutzt sie doch nicht. Dann nur noch Tisch, Stühle, ist ja nicht viel. Darf Jan haben, falls es etwas wert ist, sonst Ihr oder lasst's stehen oder tut's weg.

Da er bei den ersten Untersuchungen »gesprächig« gewirkt hatte, während in der Haft »ein vollkommener Wandel« auftrat, räumen auch die deutschen Psychiater ein, dass »jemand, der den van der L. auf der Anklagebank zum ersten Male sah, wie er ohne jegliches äußere Zeichen der Teilnahme den größten Teil der für ihn über Leben und Tod entscheidenden Verhandlung vorübergehen ließ, an seiner geistigen Gesundheit zweifelte«.

Dagegen setzen die Ärzte ihren Eindruck von einer »Persönlichkeit, die weiß, was sie will«: ein noch Jugendlicher »mit einer erstaunlichen affektiven Unerbittlichkeit, ja Verbissenheit, konsequent gehalten bis zu seiner Hinrichtung«. Abschließend sehen sie darin »eine erstaunliche menschliche Leistung. Aber er war eben auch ein ungewöhnlicher Mensch: Er war von brennendem Ehrgeiz, daneben bescheiden und kameradschaftlich, ein Wirrkopf, ohne rechtes Bedürfnis nach intellektueller Klarheit, dabei aber doch einer unbeugsamen Entschlossenheit fähig, für widersprechende Argumente einsichtslos ... gegen alle Autorität lehnte er sich auf. Diese grundsätzliche aufrührerische Tendenz« hätte »seinen verhängnisvollen Weg« bestimmt. Im amtlichen Protokoll der Vernehmung nach dem Brand steht als Religion: »Dissident«. Ein Ungläubiger. Einer außerhalb des herrschenden, öffentlichen Selbstverständnisses. Ein Einzelgänger. Ein Antiheld.

Mit dem Versprechen, nach dem Sieg der Revolution würde es allen besser gehen, disziplinieren Deutschlands wie Hollands kommunistische Parteien ihre Mitglieder gegen spontanen Aufruhr. Als Marinus van der Lubbe unbeirrt öffentlich Protestaktionen fordert, spürt er den wachsenden Groll seiner früheren Genossen. Er büßt nicht nur Mitkämpfer ein, sondern als Verräter zieht er die Abwehr des Parteiapparats auf sich – eine Frontalstellung gegen das kapitalistische System wie gegen die Führer antikapitalistischer Parteien und Verbände. Damit doppelt verfeindet, programmiert diese Stellung zwischen den Lagern vor, wer zur Zielscheibe im Reichstagsbrand-Prozess wird.

Wer Öffentlichkeit polarisiert, hemmt Fürsprache. Das ROTBUCH allein bleibt wirkungslos gegen die meinungsbildende Vormacht des hunderttausendfach aufgelegten, europaweit vertriebenen BRAUNBUCHS ÜBER REICHSTAGSBRAND UND HITLER-TERROR. Die NSDAP regiert in Deutschland, die KPD kämpft illegal: Freiheit oder Tod, vorwärts ist die Losung. Die Zukunft ein Schlachtfeld. Die Hauptfeinde bringen ihre Kräfte in Stellung. Wer zwischen den Fronten auffällt, wird benutzt – um im Bild zu bleiben – als Munition.

Politisch isoliert, steht Marinus van der Lubbe auch persönlich als Außenseiter da. Ob er homosexuell lebt oder nicht, lässt nicht auf seine Weltanschauung oder sein Handeln schließen. Doch das BRAUNBUCH der KPD propagiert ihn als Werkzeug deutscher Faschisten. Der Renegat und nun Angeklagte vorm Reichsgericht hat obendrein, als 'Puppenjunge' der SA, moralisch anrüchig zu sein, in der Mischung von schwul, verlogen und bestechlich: »Van der Lubbes homosexuelle Beziehungen zu nationalistischen Führern, seine materielle Abhängigkeit von ihnen, machten ihn dem Willen der Brandstifter hörig und gefügig.«

Ebenso auf ihn eingeschossen, nur seitenverkehrt, agieren Goebbels gleichgeschaltete Presse und Rundfunksender. Von nationalsozialistischer Seite wird alles Gegnerische der KPD zugeschlagen wie von kommunistischer Seite der NSDAP. In hochgeheizter Atmosphäre unterliegt alles Politische dem Machtkampf.

Parteien, die vorm Volk beanspruchen zu führen, können sich ebendarum nicht an die Masse halten. Marinus van der Lubbe aber geht in ihr auf, leidet mit jedem. Er gehört so zur Masse, dass er alle versteht, die dazugehören, auch den Polizisten, der aus eingebläuter Pflichttreue auf seinen Nachbarn einschlägt. Ja, sogar Nationalsozialisten oder Mitläufer, die als Arbeiter plötzlich im Faschismus etwas sehen, das sie aus dem Elend erlöst, mit ihnen fühlt er. Diesen Teil der Masse abzutun, ihn zu verachten oder gar gegen ihn zu hetzen ('Lumpenproletariat'), das ist Marinus van der Lubbe von Herzen zuwider. Mit der Masse ihre Sicht von unten durchzusetzen, nicht im Ideen-Überblick alles dem Kampf Faschismus gegen Kommunismus einzuordnen, das ist seine Sache. Folglich, der, auf den beide Hauptgegner propagandistisch einschlagen, dieser Einzelne bleibt auf der Strecke. Der Antiheld. Der, von dem die Regierung ihre Macht und die Gegenpartei ihre Ideologie, ihren Führungsanspruch bedroht sieht.

Der unbeirrte Dissident. Der Antiheld. »So ist er in der Kindheit geworden«, plädiert sein Offizialverteidiger Seuffert, »der Zeuge Jahnecke ... hat es uns erklärt: „Der Mensch ist absolut disziplinlos." Ueber das Wort „Staatsautorität" konnte van der Lubbe sich totlachen.«

Auch beim Prozess, schon am ersten Verhandlungstag kann er sich nicht mehr halten, wie der stenografische Bericht überliefert:

»Präsident: Ist Ihnen schlecht, oder was ist mit Ihnen? Sie dürfen aber hier nicht lachen!

ORA. Dr. Werner: Er hat sich vor Lachen geschüttelt!

Präsident: Lubbe, stehen Sie einmal auf! Was bedeutet denn das, daß Sie hier, während Sie, wie ich sagen muß, sonst ganz ernsthaft sind, jetzt mit einem Male lachen? Wie erklärt sich das? Liegt es an dem Gegenstand dieser Verhandlungen, oder hat es gar einen anderen Grund? - der Angeklagte schweigt - Sagen Sie es einmal ganz offen! Erscheint Ihnen das, was hier eben erörtert wird, lächerlich? Oder nicht?

Angeklagter van der Lubbe: Nein.

Präsident: Hören Sie überhaupt alles? Verstehen Sie die Verhandlung?

Angeklagter van der Lubbe: Nein.

Präsident: Also ist nicht der Gegenstand der Verhandlungen und das, was wir zu besprechen haben etwas, was Sie zum Lachen bringt. Was ist es denn? Warum lachen Sie? Sagen Sie es uns doch!

Angeklagter van der Lubbe: Wegen der Verhandlung!

Präsident: Erscheint Ihnen das komisch?

Angeklagter van der Lubbe: Nein.

Präsident: Wenn es nicht komisch ist, dann lacht man doch nicht.

ORA. Dr. Werner: Ob es ihm etwa besonders komisch vorkommt, daß er mit den Nationalsozialisten in Zusammenhang gebracht wird und deswegen lacht?«

Sein Lachen, wann überfällt es ihn? Es irritiert, auch den Torgler-Verteidiger Sack: »Sonderbar wirkte auf alle Beobachter sein Lächeln. Und mehr noch sein plötzliches Auflachen. War es bewußt oder war es ein Affektlachen?« Situationsbedingt, wie bereits im ersten medizinischen Gutachten vermerkt, »kam es zu richtigem Lachen. Als er z. B. aus verschiedenen Fragen erkannte, daß es sich um eine psychiatrische Untersuchung handelte, mußte er lachen und sagte: „Ach so! Man sagt: Erst hat er das Haus angezündet, dann macht er Hungerstreik, also muß er verrückt sein!"«

Obwohl er dann die Nahrung nicht mehr verweigert, verliert van der Lubbe 12 ½ kg Gewicht in vier Monaten Gefängnis. Vorm Reichsgericht erscheint er nicht nur als geistiges, auch als körperliches Wrack. Sein Lachen am Anfang des Prozesses, bevor er sich bald ins Schweigen zurückzieht, deuten die Psychiater so, dass ihm »manche Verhandlungsformalitäten und Vorkommnisse bei der Beweisaufnahme aus seiner Auffassung der Dinge heraus wirklich komisch vorkamen«. Sie nehmen eine »gewisse emotionelle Schwäche« an, die »sich nicht, wie meistens, in leichtem Weinen äußere, sondern bei seiner Eigenart darin, daß er leicht ins Lachen gerate.«

Ganz ohne Zweifel: Marinus van der Lubbe findet die kapitalistische Gesellschaft lachhaft. Zum Totlachen. Hieraus folgt, dass er mit Enthauptung zu bestrafen ist.

Nun passt es, wie abnorm, wie abstoßend er aussieht während des Gerichtsverfahrens, wo ihm der Kopf »am Schluß der Sitzung buchstäblich zwischen den Knien liegt und der hinter dem Rücken der Verteidigung fast unsichtbar gewordene Angeklagte das Bild eines vollständigen Zusammenbruches bildet«. Marinus van der Lubbe duckt sich zusammen, nicht nervenkrank, doch sichtbar genervt: Was er wollte, hat er ausgeführt. Was sich nun hinauszögert, der Prozess, den er nutzen wollte für seine Sache, den benutzen nun – gegen ihn – zwei entgegengesetzte Seiten.

Alleinschuldiger oder vorgeschobener Teil einer Gruppe? Was die Täterschaft betrifft, werden seit 1933 drakonisch zwei Meinungen verfochten, die unmittelbar politische Linien erkennen lassen. Wenn das Ergebnis vorgegeben ist, statt nach Wahrheit durch Fakten zu suchen, macht das weder die eine noch die andere Seite glaubwürdiger. Eingriffe in die Ermittlungen und Justiz sind nur aus nationalsozialistischem Blickwinkel für gerechtfertigt zu halten. Gleichermaßen wird die Dokumentation des Reichstagsbrands im BRAUNBUCH nicht frei von Fälschung und Spekulation, weil es Leute schrieben, die auf der richtigen Seite standen – von heute aus betrachtet. Welche Seite ist die richtige? Hinterher, schon bald kann sich's ändern für den Einzelnen, wenn sich die belichteten geschichtlichen Zusammenhänge im Horizont des Siegers neu zurechtrücken.

Vieles bleibt historisch unterirdisch. Auch beim Fall Reichstagsbrand ruht, nach wie vor, ein Stück im Dunkeln. Insofern waren es nach 1945 weniger Meinungen, sondern interessengeprägte Positionen, die sich festsetzten: Antifaschisten gegen solche, die der NSDAP-Herrschaft und hinterher weiter dem Staat dienten, der nur eben ein anderer war. Der kalte Krieg der westdeutschen Geschichtswissenschaft fand auf den Trümmern des ausgebrannten Reichstags statt. Einen kommunistischen Anschlag behauptet keiner mehr. Dauerhaft hält sich, was erstmals das BRAUNBUCH verbreitete: Dass SA-Männer Brennmaterial ins Haus brachten und entzündeten, also die NSDAP-Führung dahintersteckte.

Einzeltäter oder mit Hintermännern – weder das eine noch das andere Urteil lässt sich zweifelsfrei, durch Fakten beweisen. Marinus van der Lubbe verstand seine Tat als revolutionäre. Er hielt sie für notwendig, im Bewusstsein, dass die Nationalsozialisten auf den Krieg zusteuerten. Ein bewusster Täter. Ein Einzelgänger. Für ihn bleibt es im Grunde gleich, ob er benutzt wurde, und sei es von Nationalsozialisten, oder ob er allein handelte. In seiner Sicht hat er ganz rein das verwirklicht, wovon er innerlich überzeugt gewesen ist.

Marinus van der Lubbe hat die Tat gestanden, nur er. Wer außer ihm wurde identifiziert am Brandort Reichstag? Worauf verweisen Indizien? Die Wahrscheinlichkeit ist nicht immer ein guter Ratgeber. In der Geschichte haben sich schon die unwahrscheinlichsten Tatsachen bewahrheitet, zum Beispiel, dass die Erde um die Sonne kreist, und nicht umgekehrt.

Gedenkstein auf dem Leipziger Südfriedhof für Marinus van der Lubbe in der Nähe seines Grabs: Er wurde 1934 anonym – in doppelter Tiefe – bestattet; über seinem Sarg befindet sich inzwischen ein Urnenfeld.

III.
UNTER FÜHRERN

Verwalteter Terror

Was radikale Sinnesart, Betätigung und Zielrichtung betrifft, konnte ich stets wohl nur von wenigen überholt werden. Als im Mai 1919 die Räterepublik niedergeworfen wird, marschiert Röhm mit einem Freikorps in München ein. Er verlässt seine Heimatstadt als Arbeitsloser, um in Bolivien wieder als Offizier zu dienen. Ende 1930 holt Hitler ihn zurück; es ist offenbar nur Röhm zuzutrauen, die öfter meuternde SA auf Disziplin zu drillen, so dass sie Versammlungs- und Pflasterschlachten gegen KPD und SPD besteht, ohne den Legalitätskurs zu gefährden.

Ende Januar 1933 hat die Republik in Deutschland ausgedient. Die Nationalsozialisten sprechen von Revolution. Künftig wird ihre Partei herrschen. Ernst Röhm, Stabschef der SA der NSDAP, lässt das Spalier seiner Braunhemden am Bahnhof zurück. Er fährt nach Berlin.

Im Zug feiert er Wiedersehen mit einem alten Bekannten. Sie sind sich während des Sommers 1922 begegnet. Ernst von Salomon, noch schlank wie ein Kadett, gehörte zur Organisation Consul, die am Rathenau-Mord beteiligt war. Er büßte fünf Jahre Zuchthaus ab. Seitdem hat er seine Erlebnisse zu literarischen Erfolgen verarbeitet. »Die Geächteten« – das waren sie unter der Weimarer Republik, jeder auf seine Art. Röhm zieht den als Romanschreiber feist Gewordenen, geradezu Aufgequollenen in sein Abteil. Salomon bewundert die seidenen braunen Hemden und tadellos geschneiderte geschweifte Hosen.

„Ja, die Zeiten sind vorbei, in denen wir rumliefen wie die Lauser", sagt Röhm freudig. Sein Geleit bringt Sekt, immer mehr Sekt. Salomon schlägt mit die Flaschenhälse ab und trinkt. Röhm will ihn sogleich befördern:

„Sie kommen zu uns! Solche Leute wie Sie kann ich brauchen!"
„Wozu?"
„Ich ernenne Sie zum SA-Standartenführer!"
„Das ist ein schöner Posten. Aber ich suche eine Aufgabe."
„Na was denn, Sie kommen in die Oberste SA-Führung!"

Auch ein betrunkener Röhm sieht, was los ist mit diesem Schriftsteller, der am warmen Ofen über Posten oder Aufgabe sinnieren will, der Gefolgsleute verachten will, die zackig auftreten, was er vielleicht beflissen nennt.

Röhm muntert seine Adjutanten auf, wippt mit dem Kopf gegen Salomon und schreibt den verfetteten Künstler ab:

„Das ist ein Intellektueller, mit denen ist nichts anzufangen. Ganz können wir nicht verzichten auf die Intellektuellen. Sie werden Regierungsrat und haben ansonsten die Schnauze zu halten!"

„Jawoll, Stabschef."

Dieser Salomon verbeugt sich, hebt die nächste Flasche an den Mund. Er bemüht sich wohl, die Herablassung zu verbergen, fühlt sich über Soldatentum und Landsknechte erhaben und hat doch einmal bei ihnen mitgetan. Das erschüttert einen Röhm nicht – die eigenen Reihen wird er davor schützen, dass ihre Revolution zwischen Bürgern und Beamten erstickt.

Seit dem 30. Januar 1933 ist Adolf Hitler deutscher Kanzler. Am 5. März wird der Reichstag neu gewählt. Fünf Wochen lang ordnet die NSDAP alles dem Ziel unter, bald das Parlament niederzustimmen. Um zusätzliche Abgeordnetensitze zu gewinnen, zügelt sie ihre SA-Männer. Umgeformt wird vorerst der Machtapparat:

Preußens Polizei hat vierzehn Jahre SPD-Interessen gedient; der neue Innenminister Göring verfügt, das Treiben »staatsfeindlicher Organisationen« mit der Schusswaffe zu unterbinden. Nach Ausschreitungen besonders von kommunistischer Seite könnte auf die »Unterstützung geeigneter, als Hilfspolizei zu verwendender Helfer« nicht verzichtet werden.

Ein Schreiben erhellt, wer diese Unterstützung leisten soll: »Sehr geehrter Herr Röhm! In der Anlage übersende ich Ihnen drei Exemplare des Erlasses über die Hilfspolizei«, »schließlich einen Entwurf eines Aufrufs für Sie an die Kameraden der SA ... Ihr Grauert«. Ludwig Grauert, bislang Generalsekretär beim Rheinisch-Westfälischen Arbeitgeberverband, ist neuerdings preußischer Polizeichef – der SA arbeitet ein Staatsbeamter zu und dessen Minister Göring ist dabei, die Polizei auf Terror auszurichten.

Ich begreife die lange verhaltene Wut und den Gedanken an Sühne, vergattert Röhm seine Stürme und verbietet *auf das Schärfste Übergriffe.* Im laufenden Wahlkampf dürften Gegner nicht die Möglichkeit erhalten, *angebliche Terrorakte zu ihrer Verteidigung auszuschlachten.*

Die Nationalsozialisten treten zu ihrer Diktatur keineswegs geschlossen an. Um Reichskanzler zu werden, hat Hitler die bürgerlichen

Minister für Äußeres, Finanzen, Justiz und Verkehr übernehmen müssen. Dazu kommen Vizekanzler Papen, der deutschnationale Wirtschaftsminister Hugenberg und Arbeitsminister Seldte vom Stahlhelm. Die NSDAP stellt Reichsinnenminister Frick und Minister Göring (ohne Geschäftsbereich), der auch im preußischen Innenministerium amtiert. Wo findet sich ein Goebbels wieder? Oder was gewinnt Röhm – das ihm von Hitler versprochene Wehrministerium nicht. An die Spitze der Armee tritt einer aus ihrem Dienstbereich: Generalleutnant Werner von Blomberg.

Am Montag vor den Wahlen, am 27. Februar 1933 wird abends in Berlin der Reichstag angezündet. Morgens berät die Reichsregierung: Der verhaftete Marinus van der Lubbe ist als Kommunist eingestuft. Seine Aussage, er wäre der einzige Brandstifter, bezweifelt Göring: „Es entsteht die Frage, warum die Kommunisten das Attentat angezettelt haben." Das Kabinett, somit Hitler verordnet sich Generalvollmachten und Reichspräsident Hindenburg bestätigt »Beschränkungen der persönlichen Freiheit ... außerhalb der sonst hierfür bestimmten gesetzlichen Grenzen«, Schutzhaft ohne richterliche Kontrollen und die Todesstrafe für politische Gegner. Die NSDAP, keineswegs mit geschlossener Planung vorbereitet für ihre Diktatur, verankert sie im zivilen Ausnahmezustand. Damit geht die Gewalt an das Innenministerium über – nicht an die Armee.

Wem nützt der Reichstagsbrand? Die Frage rührt an politische Gründe: Wofür steht der Täter? Ist der Täter auch Initiator? Diesen vermuten sogar Nationalsozialisten im eigenen Lager. Der VÖLKISCHE BEOBACHTER verbreitet: Parlamentspräsident »P[artei]g[enosse]. Göring ..., der gleichzeitig mit der Feuerwehr am Reichstag eintraf, begab sich in das brennende Gebäude, alle Begleitung ablehnend.« Was will, was tut er dort drinnen, weshalb unternimmt er den Alleingang? Hat Göring das Haus einäschern lassen, dem er vorsteht?

Kanzler Hitler eröffnet seinem Kabinett, nach der Brandstiftung „zweifle er nicht mehr daran, daß die Reichsregierung ... bei den Wahlen 51 % erobern werde." Demnach plagten ihn Zweifel. Hat er Stimmverluste wie im unlängst im November befürchtet und eine Absicherung gesucht? Ist ihm ein 'Befreiungsschlag' ins Blickfeld gerückt (worden)? Wer befindet sich zur Tatzeit bei ihm? Es ist Rosenmontag: Hitler verbringt den Abend bei Goebbels; gemeinsam fahren sie vor, um das angezündete Haus zu besichtigen. Zeitgleich mit ihnen erscheint ein Berliner SA-Führer: Karl Ernst, ein Vertrauter Röhms. Röhm wiederum traut alles nur einem zu, will man Görings Pressechef glauben: »Röhm fragte erstaunt, was denn Göring damit zu tun gehabt hätte. Auf meine Gegenfrage: „Wer denn sonst?" sagte er wütend: „Na dieser Teufel, der Jupp!"« – Joseph Goebbels.

Wem nützt der Brand? Der KPD sicher nicht. Nützt er der NSDAP? Die unabsehbare Wirkung weltweiten Aufsehens, unklare Folgen für die Wahl sollten jede Partei abschrecken, ein solches 'Flammenzeichen' zu setzen. Erscheint deshalb ein Einzelentschluss glaubhaft?

Am Sonnabend vor der Reichstagswahl organisiert Goebbels den 'Tag der erwachenden Nation'. Hitler spricht im Rundfunk über die bolschewistische Gefahr. In der Woche darauf wird ein Minister für Volksaufklärung und Propaganda ernannt: Joseph Goebbels steigt in die Reichsregierung auf, er hat sich in Erinnerung gebracht.

Am 5. März stimmen 12 Millionen Deutsche für SPD und KPD. 17 Millionen wählen nationalsozialistisch: 43,9 %. Diese Prozentwerte werden im Rahmen des Ausnahmezustands auch den Landtagen zugewiesen; 'Reichskommissare' – später Statthalter – sollen regieren. Für die Bayerische Volkspartei weigert sich Ministerpräsident Held zurückzutreten.

SA-Chef Röhm fordert ihn auf, die Amtsgewalt „von sich aus dem General von Epp zu übertragen." Unschwer ist das Muster des Kapp-Putsches erkennbar, die Landesregierung zum Rücktritt zu drängen. Ministerpräsident Held fragt bei der Reichswehr nach: Wird sie den Freistaat stützen? Bayerns Division, auf Befehl des Wehrministeriums, bleibt untätig. Dennoch teilt Held mit: Sein Kabinett erhielte die Ordnung aufrecht, ließe sich nicht unter den Druck der SA setzen. Zum Abend nehmen Röhms Männer die Straßen ein. SA und SS stürmen das Gewerkschaftshaus, verwüsten Einrichtungen und Druckereien der sozialdemokratischen MÜNCHNER POST wie der katholischen Zeitung GERADER WEG. Röhm erzwingt, dass Reichsinnenminister Frick eingreift: »die Befugnisse oberster Landesbehörde« gehen über an General Epp, der umgehend Röhm zum Staatskommissar »für besondere Verwendung« ernennt. SA-Trupps zerren nachts den abgesetzten Innenminister aus dem Bett. Andere dringen in Gefängnisse ein und öffnen Zellen, in denen sich Hitleranhänger befinden.

Am 21. März 1933 hat Münchens Jugend schulfrei, um einer Parade zuzuschauen: Reichswehr im Gleichschritt, gefolgt von der Sturmabteilung der NSDAP. Zum Abend schallt Militärmusik durch die Innenstadt. Trotz Schneetreibens strömen Zuschauer zum hell erleuchteten Königsplatz. SA und Stahlhelm ziehen heran. Kriegsversehrte stellen sich auf. Von der Freitreppe der Galerie spricht Röhm, erinnert an den März 1918: Deutsche Truppen brachen an der Westfront zum Angriff vor, während daheim

Munitionsarbeiter streikten und einen Dolchstoß in den Rücken des Heeres führten. Die feldgrauen und die braunen Soldaten würden gemeinsam den endgültigen Sieg der nationalen Revolution erstreiten, gelobt Röhm.

Für diese Revolution ist München ein Ort unter andern – nur von fern fügt Röhm den Aufzug seiner SA einem Staatsakt hinzu; Braunhemden fehlen, wo Hitler heute den 'Tag von Potsdam' abhält: In der Garnisonkirche, am Grab Friedrichs des Großen, tritt der Reichstag zusammen. „Nun danket alle Gott" erklingt. Vaterländische Töne sollen die Gefühlswelt der Kriegsveteranen vereinen mit dem Nationalsozialismus. Vor sieben Wochen erst hat der kaiserliche Feldherr Hindenburg widerwillig den Nazikanzler ernannt. In Potsdam versöhnt ihn Hitler mit einer Huldigungsrede und verbeugt sich anschließend tief. Aus ernstem Grund:

Der Reichspräsident kann Kanzler entlassen und einen Ausnahmezustand verhängen, durch den das Militär regiert. Hitler ringt um Hindenburgs Gunst, ohne untätig auf dessen Tod zu warten. Nach dem Potsdamer Festakt kündigt er wirtschaftlichen Aufschwung, politische „Entgiftung" an, und ein Ermächtigungsgesetz. Das deutsche Parlament, einen Monat nach dem Brand, tagt in der Krolloper. Reichstagspräsident Göring mustert durch ein Opernglas die Reihen. Schon sind 81 gewählte Kommunisten ausgesperrt, die meisten festgenommen. 9 SPD-Abgeordnete sitzen in Haft. Hitler spielt die außenpolitische Karte, ächtet den Versailler Vertrag, der Deutschland knebelt, droht mit Krieg oder Frieden. Dem beschworenen Zusammenhalt beugen sich alle Parteien, außer die SPD. Mit 441 gegen 94 Stimmen wird das Ermächtigungsgesetz gebilligt: Ohne parlamentarische Bestätigung darf die Regierung nun die Verfassung ändern. Der Reichstag ermöglicht selbst, ihn auf kaltem Weg auszuschalten.

Wie wird die Macht im Nationalsozialismus geteilt, wie soll der Staat sich gliedern? Wo rangiert zukünftig die SA? Adolf Hitler wäre nicht deutscher Kanzler ohne sie. Die Stürme wirken in der Masse: Arbeitslose sind hier untergekommen. In SA-Heimen, meist alten Fabrik- oder Turnhallen, hat es Suppe für den Tag und ein Bett für die Nacht, es hat Kameradschaft und eine Aufgabe gegeben. In der Weimarer Republik sind bei Kämpfen mit linken Organisationen beiderseits Opfer hinterblieben. 227 getötete Männer zählt die SA. Der Kanzler Hitler gibt ihr Deutschland zur oft versprochenen Vergeltung frei.

Am Anfang des Nationalsozialismus verschränken sich Machtergreifung von oben und Aufruhr von unten. SA- und SS-Führer werden Polizeipräsidenten, so Heines in Breslau oder Helldorf in Potsdam. Speziell in Berlin, Preußen und Bayern ist die SA nun als 'Hilfspolizei' eingesetzt. Damit erreicht das Doppelspiel von formaler Gesetzestreue und Straßengewalt die Staatsebene. Drangsalierungen befiehlt nicht der Stabschef. Es ist Minister Göring, der durch Schießerlass und Reden die SA anspornt. Bei Razzien in Berlins Arbeitervierteln koordinieren Polizeiämter die Suche nach Sozialdemokraten und Kommunisten. Wer auf Fahndungslisten steht, landet bei der Politischen Polizei. Die Übrigen fallen der SA und SS zu, die ihre Rache in Sturmlokalen, SA-Heimen, auch in Kellern städtischer Anstalten austobt. Eine gezielte Verfolgung gilt früher hochrangigen Beamten wie Berlins Vizepolizeichef Weiß, dessen Wohnung ein SA-Kommando plündert und zertrümmert. Manche Tat geht auf höchste Weisung zurück: Der Kommunist Albrecht Höhler – der den tödlichen Schuss auf Horst Wessel abgab – wird in einem Wald bei Berlin von SA-Leuten umgebracht. Gruppenführer Ernst vollstreckt, als ihm Stabschef Röhm erklärt, Hitler hätte Standrecht befohlen.

Terror als Staatsprinzip setzt ein, indem SA-Trupps wüten. 'Rollkommandos' können jeden abholen. Nach den Märzwahlen beginnt die Verbannung und Vernichtung politischer Gegner in so genannten Konzentrationslagern; die ersten legen die Berliner SA und SS an. Nach Protesten lässt SA-Führer Ernst seinen Rechtsberater »Umfang und Verhältnisse jener KZs« erfassen: »Ganz besonders wilde Lager befanden sich in der Friedrichstraße 131 (altes Fabrikgebäude) und in der Hedemannstraße ... Häftlinge wurden übel geprügelt und dabei halb tot oder tot geschlagen ... von SA-Formationen, die ihre privaten Gegner hier konzentrierten und mit Peitschen 'umschulen' wollten«, protokolliert der Jurist: »Ich wurde dann beauftragt, für die Auflösung dieser Lager zu sorgen« – die 'wilde' Phase geht zu Ende.

Von nun an werden die KZ amtlich verwaltet; ab 1934 unterstehen sie einer SS-Inspektion. In Bayern zeigt sich bereits früh der systematische Ansatz. Als Referent im Innenministerium leitet Himmler die Politische Polizei. Am 20. 3. 1933 gibt er in Zeitungen bekannt, dass bei Dachau »das erste Konzentrationslager mit einem Fassungsvermögen für 5000 Menschen« entsteht: »Hier werden die gesamten kommunistischen und, soweit dies notwendig ist, Reichsbanner- und sozialdemokratischen Funktionäre ... zusammengezogen«.

Die angesagte Rache verleitet, mit Feinden Deutschlands auch persönliche zu strafen. Im Münchner Polizeigefängnis erzählt ein Bauer, wieso

211

er in Haft ist: „Da sag i zu mei'm Nachbarn im Wirtshaus: 'Wissen S', daß die den Röhm zum Ehrenbürger g'macht ham?' ... Der liebt doch bloß junge Burschen ... des is scho in der Zeitung g'stand'n' ... na, und am nächsten Tag bin i abg'holt worden ... Wissen S', i hab' damals seine Liebesbrief' g'lesen, die er an ganz junge Burschen g'schrieben hat ... pfui Deifi, sag i ... Das Gericht hat festg'stellt, daß die Brief echt war'n ... na, pfüat di Gott, wann ma nimmer sag'n darf, was ma denkt".

Der Adressat von Röhms früher in Wahlkämpfen zitierten Briefen, der Psychologe Dr. Heimsoth verschwindet eines Tages. Seine Mutter erfährt, er soll in Breslau erschossen worden sein; Heimsoths NSDAP-Akte verzeichnet: »Starb Bln 7/34«, also kurz nach Röhm.

Ein anderer alter Bekannter schreibt dem Stabschef. Karl Horn erinnert daran, wie er von Parteigenossen zur Mordintrige angestiftet und aus seiner »beruflichen sowie politischen Tätigkeit geworfen wurde«. Sein Verlangen nach Entschädigung bleibt unbeantwortet. 1933 wird er für einen Monat verhaftet; nach Röhms Tod lässt ihn Heydrich in ein KZ sperren.

Agent Bell hatte, wie später gerichtlich bestätigt, »Ende 1932, Anfangs 1933 der Zentrumszeitung Der gerade Weg und der Münchner Post ... Material gegen Röhm« geliefert. Nun will die SA – parallel zu Heydrich, dem neuen Chef der Münchner Politischen Polizei – Bell aufspüren. Dessen Braut Hildegard Huber schildert, dass »ungefähr 7 Männer ... in unser Haus in Krottenmühl« eindrangen. Zuletzt »ersuchte meine Mutter die Täter, sie möchten eine Bestätigung darüber dalassen, daß das Haus ergebnislos durchsucht worden sei.« Eine solche Bestätigung stellt Graf Spreti aus, der jetzt den SA-Nachrichtendienst leitet. Angeführt von Spreti und Röhms Wachkommandanten Uhl nimmt ein Fahndungstrupp dann Paul Konrad fest: Er hält Kontakt zu Bell, der sich längst abgesetzt hat. Im Verhör bietet er an, zu Bell zu fahren, und nennt dessen Aufenthaltsort: Walchsee bei Kufstein. Zwei Autos begeben sich nach Österreich. SA- und SS-Leuten wie auch Polizisten Heydrichs ist befohlen, Bell in ihre Gewalt zu bringen. Ein bayerisches Gericht sieht 1948 einen SS-Mann unter erheblichem Verdacht, der zugegeben hat, dass er eine Pistole vom Kaliber 7,65 mm – dem der Tatwaffe – mitführte und der sich nach Hörensagen selbst als Täter rühmte.

Das Rechtsverfahren belegt nicht, dass Bells Tötung von Röhm gewollt war. Sein Freund Martin Schätzl glaubte, dass »in der engsten Umgebung Röhms eine Gruppe« eigenmächtig handelte: Zwischen »Bell, Standartenführer Uhl, Brigadeführer Schmidt, Leutnant Heines ... war bereits das Los gezogen, wer Hitler ermorden soll, und das Los war auf ...

Uhl gefallen, der auch zur Tat fest entschlossen war ... Uhl, der zu befürchten hatte, daß Bell in einem Reueanfall Röhm von der Verschwörung zur Ermordung Hitlers informieren würde, fuhr sofort an den Walchsee ... Uhl war es, der Bell niederschoß.«

Von einem Nebenort fällt Zwielicht auf Bells Tod. Seinen ehemaligen Chef im SA-Nachrichtendienst, du Moulin, trifft ebenfalls ein Anschlag. Auf Druck Hitlers aus München versetzt, dient er bei der SA in Wien. In einem Lokal ruft man ihn ans Telefon, er hört aber nur, wie eingehängt wird. Du Moulin trinkt den Kaffee aus, der auf dem Tisch gestanden hat. Taumelnd, mit Herzschmerzen erreicht er seine Dienststelle; der herbeigeholte Arzt stellt eine Arsenvergiftung fest. »Am Tag darauf rief mich aus München Graf Spreti ... an, und warnte mich, ... daß man mir von Seiten Heydrichs ... nach dem Leben trachte.«

Grundsatz nationalsozialistischer Ideologie ist die Verfolgung einer ganzen Volksgruppe, der Juden. Antisemitismus indes ist im Münchner rechten Bürgertum alltäglich. Beispielsweise legt 1922 der Bund Bayern und Reich in seinem Statut fest, »Juden oder Judenabkömmlinge und Anhänger des Marxismus ... rücksichtslos auszuschließen«. Röhm entstammt einer Mittelschicht, die ihn gelehrt hat, jüdische Deutsche zu verachten. Weil maßgebliche Linke Juden sind – von Rosa Luxemburg bis zum Münchner Revolutionsführer Eisner –, sieht er sein Vorurteil bestätigt. Für ihn steht fest, zu den Gegnern des Ersten Weltkriegs hätten viele Juden gehört, auch gilt ihm der Geschäftemacher im Hinterland als Jude schlechthin. *Ich bin sicher der letzte, der nicht entschlossen wäre, den Kampf gegen die jüdische Vorherrschaft zu führen.* Diese in der NSDAP übliche Denkweise teilt Röhm, mit einer Zielrichtung: *Ich bin hier mehr für praktischen Antisemitismus als für fades Geschwätz und widerliche Heuchelei ... Die Lebensgrundsätze sind heute eben nicht deutsch, sondern jüdisch. Nicht das „Dienen", sondern das „Verdienen" ist heute der Leitsatz der Staatsverbundenheit.*

Er will die 'Geldsäcke' entmachten, so versteht Röhm 'praktischen Antisemitismus'. Er hetzt nicht zu Pogromen, als die NSDAP regiert. Doch als die Parteiführung zum Boykott jüdischer Geschäfte aufruft und am 1. April 1933 überall Schilder verkünden: Kauft nicht bei Juden!, schüchtern SA-Männer vor den Geschäften mögliche Kunden ein.

Mitunter rettet Röhm Bekannte, die bedroht sind. Er ermöglicht dem Münchner Anwalt Königsberger, ins Exil zu fliehen. Das Berliner

SA-Quartier bewirtschaftet Wilhelm Stölzle, Generalbevollmächtigter der Kempinski-Kette; Röhm schreitet ein, berichtet Stölzle, als Kempinski angegriffen wird und Polizeipräsident Helldorf ein Hotel durch SA besetzen lässt. Ein weiterer Fall: Den Auftrag, Signalhörner für die Wagen der Obergruppenführer zu liefern, erhält eine jüdische Firma. »Röhm war es wichtiger, die Belegschaft in Brot und Arbeit zu halten, als den jüdischen Unternehmer kaltzustellen«. Er könnte, meint Stölzle, »den Beweis erbringen, dass Röhm in seiner Einstellung zu den Juden gegen die überspannten Verfolgungen einzelner Partei-Fanatiker stets eine befriedigende Lösung gefunden hat.«

Politische Polizei und SA eint der Standpunkt, 'Staatsfeinden' stünde kein Recht zu. Röhm hat keine Freude an Grausamkeiten, doch er will die SA *als staatlich anerkannte[r] Truppe der nationalsozialistischen Revolution* fest etablieren: *Ich ... verantworte gerne jede Handlung von SA-Männern, die zwar den geltenden gesetzlichen Bestimmungen nicht entspricht, aber dem ausschließlichen Interesse der SA dient. Hiezu gehört z. B., daß als Sühne für den Mord an einem SA-Mann ... bis zu 12 Angehörige der feindlichen Organisation, von der der Mord vorbereitet wurde, gerichtet werden dürfen.* In diesem Erlass vom Juli 1933 unterstützt Röhm Rache und besteht auf Disziplin. Einzelne SA-Angehörige hätten *unerhörte Übergriffe* verschuldet. *Hieher gehören: Befriedigung persönlicher Rachebedürfnisse, unzulässige Mißhandlungen, Raub, Diebstahl und Plünderung. Ich fordere, daß gegen solche Schänder des SA-Ehrenkleides mit der rücksichtslosesten Schärfe vorgegangen wird.*

Im Monatsbericht September notiert der Regierungspräsident von Oberbayern 13 schwere SA- und SS-Ausschreitungen. Neben Gegnern werden Diplomaten verprügelt und massenhaft Bürgermeister abgesetzt. Wie SA-Willkür den Staat aushöhlt, stößt auf wachsende Abwehr auch im eigenen Lager; der Widerspruch zwischen 'Revolutionären' und 'Politikern' treibt neu aus. Die Amtswalter der NSDAP streben nach Ruhe und Ordnung. Nun kündigt Göring in Preußen an, Gesetzesverstöße unnachgiebig zu ahnden. Doch »in Hindenburgs Auftrag« gebeten, »gegen das Terrorregiment der SA« vorzugehen, erklärt er, dass »Röhm, seine schützende Hand über seine SA-Leute halte und deren ... Bestrafung verhindere«.

Die Jagd auf 'Staatsfeinde' zerrüttet Deutschland. Aus SA-Sicht weist Gruppenführer Schmid die Schuld dem Parteiapparat zu: »Jeder verhaftet jeden ..., jeder droht jedem mit Dachau ... jeder ... politische Ortsgruppenleiter, politische Kreisleiter erläßt Verfügungen, die in die untersten Befehlsgewalten der Ministerien eingreifen ... Ich stelle ... einwandfrei fest, daß die heutigen Zustände in das Chaos führen müssen.« Wie die SA das Chaos verursacht, zeigt eine Aktion in Nürnberg: SA-Kommissar Obernitz lässt über hundert Juden auf einem Sportplatz zusammentreiben. Er greift Himmlers Polizei vor, die gleichfalls Festnahmen und die Aneignung jüdischen Vermögens geplant hat. Dass Himmler für derartige Übergriffe öfter die SA benutzt, verselbständigt sich hier.

Im KZ Dachau, das die SS bewacht, kommen im Frühherbst 1933 drei jüdische Häftlinge um. Himmler beantragt, alle Ermittlungen niederzuschlagen. Bayerns Justizminister Frank hat wiederholt verlangt, »Fragen der Schutzhaft« zu regeln, Gründe wären »oft nicht genügend festgestellt«. Nun beschließt der bayerische Ministerrat: Die Verfahren »sind mit aller Entschiedenheit weiterzuführen.« Himmlers Vorgesetzter Röhm lässt dem Justizminister vortragen, die Fälle wären politischer Natur. Untersuchungsbehörden hätten das Lager Dachau vorerst nicht zu betreten und Gefangene nicht zu vernehmen. Röhm lässt wissen: »Morgen werde ich mit dem Führer die Angelegenheit besprechen«. Am nächsten Tag ordnet Minister Frank an, bis auf weiteres keine Voruntersuchung zu eröffnen.

Der Stabschef der SA repräsentiert öffentlich wie privat

September 1933: Röhm und Göring als Trauzeugen bei der Hochzeit
des Berliner SA-Gruppenführers Karl Ernst

Juni 1934: Röhms letzte Großbildaufnahme
drei Wochen vor seiner Ermordung

Heinrich Himmler Gruppenführer Schreyer, Sie waren Berufsoffizier. Ich muss Sie nicht extra einweisen, wann Verschwiegenheit geboten ist. Das Gespräch führe ich nicht als Reichsführer SS, sondern in meiner Verantwortung für das Geheime Staatspolizeiamt. Sie geraten somit nicht in Konflikt mit Ihrer Stellung unter Stabschef Röhm. 1930 sind Sie zur SA-Führung gestoßen. Von wem ist das ausgegangen?

Karl Schreyer Röhm trat an mich heran und bot mir den erst sehr kleinen Posten des SA-Geldverwalters an. Er hatte erfahren, dass ich eine Stelle suchte. Wir kannten uns, weil wir Offiziere im gleichen Ingolstädter Infanterieregiment gewesen waren.

Himmler Sie passen in den, wie mancher sagt, Krämerbund von Röhm-Vertrauten aus alten Zeiten.

Schreyer Im Gegenteil. Wir waren nicht befreundet. Ich hatte nach einem persönlichen Zerwürfnis Röhm sogar jahrelang den Gruß verweigert. Er misstraute mir anfangs und setzte einen alten Divisionsintendanten vor meine Nase. Röhm war sich, nehme ich an, meiner Einstellung nicht sicher, als seine Briefe durch die Presse gezerrt wurden.

Himmler Wie sieht Ihre Einstellung diesbezüglich aus?

Schreyer In unserer gemeinsamen Zeit in Ingolstadt zählte Röhm zu den Draufgängern bei Frauen. Ich konnte auch später nichts wahrnehmen, was eine homosexuelle Veranlagung bestätigt hätte. Im Übrigen, Reichsführer, ist das gegen Röhm forcierte Ermittlungsverfahren 1932 mangels gesetzlicher Grundlagen nicht eröffnet worden.

Himmler Mittlerweile verstehen Sie sich auf das Beste?

Schreyer Ich lernte Röhm bereits 1919 im Offiziersverein als patriotischen, intelligenten und organisatorisch äußerst befähigten Mann kennen, unter dem daher sehr gut zu arbeiten ist.

Himmler Und für den Sie sich im Krisenfall entscheiden würden, wäre das so, Gruppenführer?

Schreyer Ich zähle weder zu Röhms alten Offiziersfreunden noch zu den Kampfgefährten vom Freikorps. Zu taktischen Übungen zieht er mich nie heran.

Himmler Krisenfall meint einen Putsch von Röhm, selbst gegen Adolf Hitler.

Schreyer Soweit mir geläufig ist, verbindet Hitler und Röhm seit Jahren ein tadelloses Einvernehmen. Mir ist dagegen zu Ohren gekommen, dass Schatzmeister Schwarz und Parteirichter Buch schon 1932 Röhm durch Rollkommando beseitigen lassen wollten.

HIMMLER Damals geisterten verschiedene Vermutungen herum, wer aus dem Braunen Haus Kontakt zur SPD-Presse pflegen könnte. Ihr Name fiel dabei, Gruppenführer Schreyer.

SCHREYER Sie wissen, wer solche Gerüchte in Umlauf brachte: ein längst verstoßener kleiner SA-Mann, der wilde Konstruktionen in sein Notizbuch gekritzelt hatte! Ich musste aber darauf bestehen, dass er mich im Zusammenhang mit der Münchner Post streicht.

HIMMLER Weswegen wurde der SA-Mann Hilpoltsteiner ausgeschlossen? Er war Hausmeister bei Bells Schwiegermutter in Krottenmühl. Hatte er eventuell Beweise gefunden, dass Bell für links und rechts spionierte?

SCHREYER Für wen hat der SA-Mann Hilpoltsteiner spioniert? Das ist in der Tat die Frage. Ich darf sie zurückgeben.

HIMMLER Gruppenführer, zurück ins Frühjahr 1934. Wie sähe Ihre Entscheidung aus, sollte der benannte Krisenfall eintreten?

SCHREYER Hitler hat sich treu verhalten, als diese Privatbriefe hochgespielt wurden. Er hat Röhm zum letzten Jahreswechsel mit einem sehr herzlichen Glückwunsch vor allen Mitkämpfern ausgezeichnet. Ich denke, ihre Meinungsunterschiede, sollten diese bestehen, werden sich wieder einrenken.

HIMMLER Gruppenführer, Sie haben für die SA als Münchner Residenz eine Villa am Prinzregentenplatz eingerichtet. Sie haben Mahagonny-Stühle vom Schloss Fontainbleau und auch Florentiner Spiegel beschaffen lassen, die aus dem 16. Jahrhundert stammen. Ziemlich luxuriös, finden Sie nicht?

SCHREYER Der Amtsstil der SA-Führung ist in aller Regel sehr unaufwendig. Allerdings, als zentrale gesellschaftliche Organisation, kann die SA ihre hochrangigen Besucher nicht in einer Nissenhütte empfangen.

HIMMLER Über den Diensträumen hat der Stabschef seine neue Wohnung genommen. Dem Umzug lag doch ein bestimmter Anlass zugrunde.

SCHREYER Bells Schwiegerfamilie besitzt das Haus, in dem Röhms vorherige Wohnung lag. Sogar seine Mutter wurde dort von Fräulein Huber aufgesucht und bedrängt, für ihren Verlobten etwas zu erreichen.

HIMMLER Zur neuen Wohnungseinrichtung haben Sie nicht beigetragen?

SCHREYER Reichsführer, Sie kennen Röhms bescheidene Lebensart. Ihm liegt nichts an Vermögen. Seine Ersparnisse aus Bolivien und die

Einkünfte von seinem Buch, sechzigtausend Mark hat er als SA-Führerfonds gespendet, während Parteifunktionäre an sich raffen, was möglich ist.

Himmler Ohne Beweise sind das Verleumdungen.

Schreyer Wenn ich nicht irre, hat nach der Machtergreifung der Leiter des Parteiverlags, Herr Amann, eine große Villa am Tegernsee bezogen. Ich glaube, er gilt auch bei der SS als eigennütziger Bonze. Und Gauleiter Wagner soll es in Unterammergau zum Gutsbesitzer gebracht haben. Oberbürgermeister Fiehler baut ein Haus in Grünwald.

Himmler Besprechen wir Ihre Geschäfte, Gruppenführer Schreyer. Sie spielen den Geldbriefträger zwischen der SA und Herrn Gattineau von der Berliner Geschäftsleitung der IG Farben.

Schreyer Ich pflege diesen Kontakt, da Herr Gattineau zwar Röhm in Wirtschaftsfragen berät, aber nicht allein deshalb nach München zieht.

Himmler Ihre Kontaktpflege soll sich nicht nur aufs Finanzielle erstrecken. Sie sollen Gattineau darauf hingewiesen haben, dass Röhm den radikalen Kurs der Partei gegenüber der Kirche wie auch bezüglich der Gewerkschaften nicht billigt. Finden Sie es nicht merkwürdig, wenn Röhm öffentlich zur permanenten Revolution treibt, eigentlich aber in religiösen oder rassischen Fragen ein gemäßigtes Vorgehen vertritt, und außenpolitisch eine Zusammenarbeit mit den Westmächten?

Schreyer Ich bin Verwaltungsfachmann, als solcher suche ich Herrn Gattineau auf.

Himmler Röhm soll einen Ausgleich mit den Westmächten im Sinn haben? Er trifft sich mit deren Botschaftern und erläutert seine Milizpläne. Er hat jetzt vorm Diplomatischen Korps viele Worte dafür aufgewendet. Er ist immer noch gegen Deutschlands Austritt aus dem Völkerbund.

Schreyer Dafür bin ich nicht im Mindesten zuständig.

Himmler Sie sind Verwaltungsfachmann! Sie kassieren von der IG Farben monatlich zehntausend Mark für die SA, auch eine Sonderspende von hunderttausend Mark.

Schreyer Das ist verglichen mit den Millionen von der Industrie, die Rudolf Heß für die Partei erhält, eher beleidigend. Nebenbei gesagt, waren die schwarzen Spendenfonds auch für die Partei vorteilhaft. Bis

1934 ist die SA ohne Parteigelder ausgekommen. Erst im März dieses Jahres hat Röhm mich beauftragt, mit dem Reichsschatzmeister Beihilfen zu besprechen, um die Verwaltung der SA finanzieren zu können.

HIMMLER Klären Sie mich über eine besonders schwarze Affäre auf. Stimmt es, dass sich die SA in diesem Januar eine Kreditzusage von dreißig Millionen Mark bei einer Großbank verschafft hat? Der Filialdirektor, zufällig Ihr Bruder, Gruppenführer, hat dafür seine Kompetenz überzogen. Die für die Rechtsgültigkeit nötige zweite Unterschrift hat er einem seiner Mitarbeiter abgezwungen. Eine Revision hat die Sache ans Tageslicht und der Bankleitung zur Kenntnis gebracht.

SCHREYER Das stimmt. Ich bestreite es nicht. Ich wollte der Partei nutzen.

HIMMLER Der Partei? Oder der SA? Wofür braucht der Stabschef eine so riesige Summe?

SCHREYER Wir sind eine riesige Organisation.

HIMMLER Erwirbt der Stabschef nicht viele alte Industriegelände, angeblich für die SA-Hilfswerklager?

SCHREYER Was heißt viele?

HIMMLER Wozu braucht der Stabschef so riesige Gelände? Um für die SA-Miliz Einrichtungen zu bauen?

SCHREYER Reichsführer, ich bin –

HIMMLER Sie sind Verwaltungsfachmann! Ich verwarne Sie, Gruppenführer Schreyer. Die SA zieht bekanntlich Truppen zusammen und häuft Waffen an. Sollten Sie etwas davon wissen und es verschweigen, gnade Ihnen Gott. Den Reichsschatzmeister der NSDAP haben Sie sich bereits zum Feind gemacht.

SCHREYER Das ist bei meinem Arbeitsgebiet nicht verwunderlich.

HIMMLER Sie brauchen keinen weiteren Feind! Wenn Sie etwas mitzuteilen haben, wenden Sie sich jederzeit an mich. Die Vorbereitungen für eine Regierung Röhm werden im obersten Stab der SA getroffen.

SCHREYER Das kann ich nicht bestätigen.

HIMMLER Hauptmann Schreyer, ich spreche hier zu Ihnen als einem Deutschen, der im Krieg das Leben für sein Vaterland aufs Spiel gesetzt hat. Es geht in diesen Wochen wieder um Überleben oder Untergang. Sollten Sie erfahren, dass sich Putschaktionen gegen den Führer richten, gebietet es Ihre Offizierspflicht, Meldung zu erstatten.

Neue Bestimmung der SA

Tief in monarchistischem Geist aufgewachsen, hat Röhm im Weltkrieg für Kaiser und König gekämpft. Das Kriegsende und die Revolution 1918 begreift er als Schande. Ihn treibt eine im Charakter angelegte Striktheit ins 'vaterländische' Lager, wo bald die NSDAP vorherrscht, nicht zuletzt dank Röhms Tatkraft. 1923 gibt er seinen Soldatenberuf auf für einen Putsch, der Deutschland aus der Erniedrigung führen soll. Nach dem Misserfolg der Nationalsozialisten ordnet Röhm ihren Wehrverband neu. 1925 tritt er als Kommandeur ab – erstmals offenbart sich ein Gegensatz zu Hitler. Die SA übergibt ihm Hitler, als ein legaler Machtantritt möglich erscheint. Die NSDAP nutzt demokratische Regeln und dazu Straßenkämpfe, das verhilft ihr zum Sieg. Als 1933 die 'nationale Revolution' zu verebben droht, hält die SA Gleichschritt.

> Es zittern die morschen Knochen
> der Welt vor dem roten Krieg.
> Wir haben den Schrecken gebrochen,
> für uns war's ein großer Sieg.
> Wir werden weiter marschieren ...

Röhm sieht die Revolution enden in einem Staat, der auf Gesinnung und Organisation der SA baut. Wie sie an der Macht teilhaben soll, zeigt ein Befehl vom Februar 1933. Berufen werden Sonderkommissare, *die mit den Regierungspräsidenten der preußischen Provinzen ... zusammenarbeiten.* Röhm beabsichtigt, in ganz Deutschland, bei Landesregierungen wie unteren Behörden die SA zu etablieren. In Bayern teilt er den sechs Kreisverwaltungen Kommissare zu, die bei 126 Bezirksämtern Vertreter ernennen. Ihr Auftrag: *Sie überwachen die sofortige und genaueste Durchführung* aller Regierungserlasse sowie die *politischen und Wehrorganisationen, die außerhalb der NSDAP stehen.* Röhm befiehlt seinen Kommissaren, sich *rücksichtslos durchzusetzen.* Dabei treten Fehlschläge ein; der Reichsstatthalter in Württemberg z. B. entfernt nach wenigen Wochen die SA-Kontrolleure wieder.

Schon zum Frühjahr 1933 deutet sich an, dass innerhalb der NSDAP die 'Politiker' vordringen. Doch im ersten Jahr des Nationalsozialismus geht es darum, die Macht nach allen Seiten zu sichern: Innere Widersprüche werden noch nicht ausgetragen, sondern angestaut.

Der Leiter des Parteiapparats, Straßers Nachfolger Robert Ley will NSDAP-Kader in Uniformen stecken. *Damit nicht neuerdings Spannungen zwischen Politischer Organisation und SA entstehen*, bittet Röhm, *von Spiegeln, Schulterriemen und Achselschnüren abzusehen*. Eine Antwort bleibt aus. Leys Funktionäre tragen also Dienstanzüge. Nicht nur das, die Partei bläht sich auf, massenhaft treten Beamte ein! Wollte die NSDAP nicht das Wohl des Volks über die Staatsräson stellen? Nun zerstört sie die Arbeitervertretungen. Berater Gattineau hat »den Eindruck, dass Röhm gegen [die] Auflösung der Gewerkschaften« ist. Die SA will sie »bestehen lassen als sozialistischen Faktor«, so der Anwalt der Gruppe Berlin. Schon werden alle Häuser der Gewerkschaften besetzt. An ihre Stelle tritt ab Mai 1933 die Deutsche Arbeitsfront. Ihr Chef: Robert Ley – Röhms Widersacher hat eine nächste Position errungen.

In der SA gärt es wieder. Stabschef Röhm hält Schatzmeister Schwarz entgegen: *Die Stimmung ist ernst und verbittert. Während die politischen Leiter die höchsten Staatsstellen erklimmen und auch die SS in der Lage ist, ... eine geregelte Finanzierung durchzuführen, hat die SA das Gefühl nach erkämpftem Siege zur Seite gedrückt und benachteiligt zu werden.*

Wovon sollen die meist arbeitslosen Männer leben? Bei seinen Maßnahmen gerät Röhm in die Mühen der Finanzierung. Für eine gesamtdeutsche SA-Hilfspolizei verweigert Hitler Geld aus dem Reichsetat. In Preußen löst Göring zum Sommer die Hilfstruppe wieder auf. Bayern erhält mehrmals Aufschub, dann endet diese Funktion der Sturmabteilung.

Röhm befiehlt als Urlaubsmonat den Juni 1933, eine Atempause. Als Urlaubslektüre für seine Männer wie als Kampfansage rundum veröffentlicht er den Artikel *SA und deutsche Revolution*. Er sichtet das politische Gefüge: *Die Reichswehr hat ihre unbestrittene eigene Aufgabe: ihr obliegt die Verteidigung der Grenzen ... Die Polizei soll die Rechtsbrecher niederhalten. Neben ihnen steht als dritter Machtfaktor des neuen Staates ... die SA und SS.* Spießerseelen fragten, was SA und SS eigentlich noch wollten. *Ob es ihnen paßt oder nicht – wir werden unseren Kampf weiterführen. Wenn sie endlich begreifen, um was es geht: mit ihnen! Wenn sie nicht wollen: ohne sie! Und wenn es sein muß: gegen sie!*

Ernst Röhm richtet am Prinzregentenplatz eine neue Wohnung ein. Er zieht wieder mit seiner Mutter zusammen.

„Sie bringt die vertrauten Möbel mit. Sie ist jetzt fünfundsiebzig. Meinem Privatleben hilft es natürlich nicht."

„Vielleicht dürfte ein Stabschef keine fleischlichen Bedürfnisse haben."

„Sie wissen, Lüdecke, mich zieht nichts zurück. Nur ab und zu denke ich an die frühen zwanziger Jahre, wo ich alles selber in der Hand hatte."

Kurt Lüdecke ist ein alter Kämpfer, ein Nachrichten- und Geldbeschaffer der Frühzeit. Er hat Hitler den Weg zu Mussolini geebnet, er besitzt Kontakte bis in die USA, bis zu Henry Ford. Jeder von ihnen ist in die Welt gezogen und findet nun daheim manches zu eng. Lüdecke braucht Hilfe unter den Nationalsozialisten. Göring hat ihn tagelang bei der Gestapo einsperren lassen. In höchster Not hat Lüdecke ein Verfahren gegen sich selbst beantragt.

Aber Parteirichter Buch ist vorerst kaltgestellt! Rasch war durchgedrungen, dass er bei Hitler einen Privattermin erbeten und was er angebracht hatte: Beschwerden häuften sich, in HJ und SA würden junge Kameraden belästigt; auf gleichgeschlechtlicher Grundlage würden SA-Führer sich verbrüdern, den neuen Staat bedrohen. Buch wollte empfehlen, den Stabschef abzulösen. Hitler ist kühl geblieben: Ich halte mich an Röhms Ehrenwort, dass diese Dinge nicht stimmen! Jetzt befindet sich Parteirichter Buch auf einem langen Urlaub in Südamerika.

Darüber reden sie. Röhm plagen scheinheilige Parteigenossen: „Ich habe genug gelitten! Eine natürliche Abweichung geht keinen etwas an. Ich tue, was mir gefällt in meinen vier Wänden, wie jeder. Wenn Päderastie der Stolperstein ist, kann ich mich zurückhalten. Habe ich nicht mein ganzes Leben für dieses Land gearbeitet? Wo wäre Hitler ohne mich?!"

Röhm wirft eine gelbe Broschüre auf den Tisch, die NATIONALSOZIALISTISCHEN MONATSHEFTE. In seinem Artikel greift er *Spießer und Nörgler* an, *mögen sie nun in den Reihen unserer unversöhnlichen Gegner stehen, mögen sie „gleichgeschaltet" sein oder auch das Hakenkreuz tragen.* SA und SS ließen nicht zu, dass *Halbe und Gleichgeschaltete sich wie Bleiklötze an des Führers heiliges sozialistisches Wollen zum Ganzen hängen.*

Lüdecke fragt nach dieser Drohung gegen Hakenkreuz-Biedermänner:

„Hat Hitler den Artikel gesehen?"

„Ja. Wenn er es bisher nicht gewusst hat, weiß er jetzt, dass ich unsere Revolution nie versiegen lasse. Natürlich, wie üblich, windet Hitler sich vor einem Entschluss."

„Sie fechten Ihren Konflikt mit der Reichswehr allein aus?"

„Mit der Reichswehr? Es stimmt, man rührt den Konflikt an. Ich brauche das Wehrministerium nicht, ich hab genug auf dem Buckel. Ich will nur, dass Hitler Wort hält und mir Entscheidungsgewalt gibt. Von Görings oder Blombergs Gnade will ich nicht abhängen."

Röhm merkt sehr wohl, wie die Reichswehr sich andient. In der ersten Woche unter Hitler hat der stellvertretende Minister Reichenau im VÖLKISCHEN BEOBACHTER kundgetan: »Niemals war die Wehrmacht identischer mit dem Staat als heute.« Obwohl identisch nicht steigerbar ist, müht sich die Armeespitze, 'am identischsten' mit dem Nationalsozialismus zu werden. Sie sucht sogar eine Brücke zur SA. Minister Blomberg hat ein Grußverhältnis verfügt: Armeeoffiziere sollen vergleichsweise ranghöhere SA-Führer grüßen. Ein Erfolg! Was jedoch will Hitler letzten Endes? Die SA wächst täglich. Ihre schweren Waffen gibt sie ans Heer ab, ihr bleiben nur wenige Gewehre und Pistolen, darin hat Röhm eingewilligt.

„Wird Hitler zusehen, wenn die SA immer weiter anschwillt?"

„Ich habe keinen Massenkomplex. Es ist leichter, kommunistische Elemente innerhalb der SA zu bewachen, als sie auszusperren. Ich mag ihre Radikalität. Die meisten, die sich uns anschließen, werden Nazi-Revolutionäre. Wir sind Hitlers Druckmittel gegen die Reichswehr und auch gegen die hohen Herrn im Ausland. Aber er kann mich nicht benutzen und eines Tages auf den Aschehaufen werfen. Die SA eignet sich, selbst auf Hitler aufzupassen."

Röhm spricht ausführlich über seine Pläne, für die er Lüdecke – hält man dessen später auf Englisch veröffentlichten Memoiren für glaubwürdig – als Verbündeten wirbt.

Deutschland rast in die Nazifizierung. Zum Ministerpräsidenten in Preußen steigt Göring auf. Er unterhält jetzt ein Geheimes Staatspolizeiamt, Rudolf Diels organisiert es bis zur untersten Ebene; in Bayern bündeln Himmler und Heydrich die Politische Polizei; das sind Grundsteine für die Gestapo, die bald in Stadt und Land jeden Widerspruchsgedanken beschattet.

Die Reste öffentlicher Gegenwehr tilgt Hitler in seinem ersten Sommer als Kanzler. Das linke Lager erledigt er am 22. Juni mit dem Verbot der SPD. Den Koalitionspartner treibt er dazu, seine Einflusslosigkeit zu erkennen: Die Deutschnationale Volkspartei teilt am 27. Juni ihre Selbstauflösung mit. Als die Bayerische Volkspartei aufgibt, sieht sich Polizeichef Himmler imstande, die meisten verhafteten Parlamentsmitglieder der BVP freizulassen. Die Hitler-Regierung erlässt das Gesetz über die Neubildung von Parteien: »§ 1. In Deutschland besteht als einzige politische Partei die Nationalsozialistische Deutsche Arbeiterpartei.«

> Es zittern die morschen Knochen
> der Welt vor dem roten Krieg.
> Wir haben den Schrecken gebrochen,
> für uns war's ein großer Sieg.
> Wir werden weiter marschieren
> bis alles in Scherben fällt,
> denn heute hört uns Deutschland
> und morgen die ganze Welt.

Am 1. Juli ist der SA-Urlaub vorbei. In Bad Reichenhall kommen SA und Stahlhelm zusammen. Bundesführer Seldte stimmt einer Abmachung zu: Er befehligt weiter die alten Frontsoldaten. Unter SA-Kommando treten die Wehrdienstfähigen des Jungstahlhelms. Auf dies Zerschlagen des Dauerkonkurrenten hat Röhm hingearbeitet. Auch bei der Armee scheint ein Durchbruch zu gelingen. „Das Reichsheer allein ist Waffenträger der Nation", verkündet Hitler und zugleich, dass ein Amt für Ausbildungswesen errichtet wird; ab jetzt leitet ein SA-Führer die vormilitärische Ausbildung. Hitler gibt vor: „Nur dann kann eine Revolution als gelungen angesehen werden, wenn sie neben ihren Trägern auch der Zeit den Stempel ihres Geistes und ihrer Erkenntnisse aufprägt ... Das ist die vornehmste Aufgabe der SA-Führung."

Bald folgt der Rückschlag. Innenminister Frick fordert, SA-»Kommissariate usw.« aufzulösen, »da jede Art von Nebenregierung mit der Autorität des totalen Staates unvereinbar ist«. Nur Bayerns Ministerrat bestallt noch »Sonderbeauftragte« für »polizeiliche und militärische« Fragen. Nach dem Abbau der Hilfspolizei verliert Röhm seine Kontrolleure der Verwaltung. All das deckt Hitler: „Revolution ist kein permanenter Zustand", er will „den freigewordenen Strom" ins „sichere Bett der Evolution hinüberleiten."

Seit Hitler Kanzler ist, fürchtet von den Mächten der Republik am stärksten die Armee um ihren Platz. Im Juni erklärt Minister Blomberg seinen Generalen: Hitler fasst Vertrauen, er hat verfügt, dass »in L[andesschutz]-Angelegenheiten alle Wehrverbände den Anordnungen des Reichswehrministers zu folgen haben.« Im Juli erlässt das Wehrministerium Richtlinien zum vormilitärischen Bereich: Männer zwischen 18 und 25 sollen verbindlich am 'SA-Sport' teilnehmen. Der frisch ernannte Chef des Ausbildungswesens, Obergruppenführer Krüger, legt fest, in 200 SA-Sportschulen jährlich 250 000 Männer zu trainieren.

Ein Nebeneinander mit der Reichswehr beginnt, das ein Referent des Ministeriums als »wachsam beobachtete Zusammenarbeit« bezeichnet: Die Armee stellt Ausbilder und Berater, auch die »verstärkte Beteiligung der

SA am Grenzschutz in den Ostprovinzen war vorgesehen ... Aber Röhm genügte dieses alles nicht.« Im Grenzschutz fordert die SA Kommandostellen; die Armee sieht sehr wenige SA-Führer als befähigt an. Beiderseits vertiefen sich Vorbehalte. Aktive Offiziere lassen spüren, dass sie SA-Leute nicht für richtige Soldaten erachten.

Röhm reist durch Deutschland, im Juli überprüft er die SA-Gruppen Baden und Sachsen, schwört Untergebene selbst auf kommende Kämpfe ein. Zu SS-Appellen ziehen in Saaleck 5 000, in Berlin 11 000 auf. Im August, als Hitler in Berchtesgaden mit Parteileitern tagt, lässt der Stabschef in Berlin-Brandenburg 82 000 SA-Männer antreten. Wie die dänische Zeitung POLITIKEN unterstellt, hätte Röhm ihnen zugerufen: „Wir kehren uns nicht einen Deut daran, was die hohen Herren in Berchtesgaden ausknobeln ... 800 000 Braunhemden sind eine Macht, die nicht forteliminiert werden kann" – der VÖLKISCHE BEOBACHTER dementiert eine »Herausforderung Hitlers durch den Führer des SA-Heeres«: Die Publikation derart bösartiger Lügen könnte eine Beschränkung deutscher Importe und Ferienreisen nach sich ziehen.

Energisch stärkt Röhm die SA. Er macht Geld im Staatshaushalt locker, von Mai 1933 bis Januar 1934 zahlt das Reichsinnenministerium knapp 21 Millionen Mark. Der Stabschef schart die Kommandeure um sich. Ab 1933 ersetzt er über die Hälfte seiner Gruppenführer, in Berlin beruft er seinen Freund Karl Ernst. Um seine *braune Armee* zu straffen, unterweist Röhm in Bad Godesberg die SA-Verwalter, die Stabsführer. Er befiehlt, den Frontsoldatenbund Stahlhelm zügig einzugliedern. Er rügt alle im Staatsdienst Eingesetzten, zuerst als SA-Führer aufzutreten, „nicht als Herren Polizeipräsidenten und dergleichen." Dann greift Röhm ein Thema auf, das nicht eben nah liegt: Das „Muckertum" nähme überhand, wo es darum ginge, ob „die deutsche Frau raucht oder nicht, ob sie sich pudert oder nicht ... Das Gleiche gilt von der Sittlichkeitsschnüffelei in den Badeanstalten, in allen möglichen Lokalen und sogar auf den Straßen." Röhm will „eindeutig festzustellen, daß die deutsche Revolution ... nicht von Spießern, Muckern und Sittlichkeitsaposteln gewonnen worden ist".

Das Berliner Polizeipräsidium hat »Treffpunkte der Mann-Männlichen« schließen lassen. Röhm beschwert sich darüber und »Hitler gab dem 'Stabschef' ... Recht«. Diels von der Gestapo soll dafür sorgen, »dass diese dumme polizeiliche Praxis ein Ende habe.«

Zum Herbst ergeht Röhms Aufruf gegen das Muckertum: Die SA hätte nicht über Anzug, Gesichtspflege und Keuschheit Anderer zu wachen.

»Ich verbiete daher sämtlichen Führern und Männern der SA und SS, ihre Aktivität auf diesem Boden einzusetzen.« Dennoch: Homosexualität ist nicht ins nationalsozialistische Weltbild einzufügen. Selbst Röhm auf der Höhe der Macht schafft es nicht: Öffentlich ist ein 'schwuler Nazi' nicht integrierbar. Im Staat zeigt sich sein Einfluss in dem, was unterbleibt, indem – trotz vieler abwertender Aussagen von Parteifunktionären – keine planmäßige Homosexuellenverfolgung stattfindet. In Bayern beginnt die erste Großrazzia drei Tage nach Röhms Tod.

In Nürnberg veranstaltet die NSDAP ihren Parteitag. Vor der Parade am 2. September streitet Röhm mit Gauleiter Streicher, der seinen Aufmarschplan durchdrücken will. Niemand macht der SA Vorschriften!, braust der Stabschef auf. 100 000 ziehen über den Hitler-Platz, den früheren Obermarkt. Der Parteiführer fährt voran, winkt, genießt den Zuschauerjubel. Röhm steigt ins Auto, die Hände im Gürtel, verzieht keine Miene, beteiligt sich an Grußerweisungen selten. DER SA-MANN betont die »Zeugenschaft«, dass »Hitler sich auf die bedingungslose Disziplin seiner politischen Soldaten verlassen kann, – wie ehedem, so heute und immer.«

Derweil kritisieren Partei- und Regierungsstellen die SA immer nachdrücklicher. Hitler sichert den Reichsstatthaltern zu, die „wilden Erscheinungen" der Revolution abzustellen. Im Oktober versendet Innenminister Frick einen Rundbrief: Übergriffe von unteren Führern und Mitgliedern der SA müssten nunmehr endgültig aufhören.

Und mögen die Alten auch schelten,
so lasst sie nur toben und schrein.
Und stemmen sich gegen uns Welten,
wir werden doch Sieger sein.
Wir werden weiter marschieren
bis alles in Scherben fällt,
denn heute hört uns Deutschland ...

In der SA verhärtet sich das Gefühl, abgeschoben zu sein. Die Arbeitslosigkeit beträgt im Reich 14 %, Münchens Stürme liegen bei 60 %. Röhm ordnet an, den Dienst entsprechend der Beschäftigungslage zu planen: *Wenn allemal die Angehörigen der SA Arbeit bekommen, darf nicht durch unzweckmäßiges Ansetzen von SA-Appellen und Übungen der Verdienst von Arbeitnehmern geschmälert* werden. Gegen das Massenelend lässt Röhm 'Hilfswerklager' gründen, in denen Arbeitslose bescheiden untergebracht, verpflegt und umgeschult werden.

Ernst-Röhm-Häuser entstehen, die SA vertreibt Röhm-Postkarten. Der Stabschef prägt seine Stürme mehr denn je. Im Amsterdamer ALGEMEEN HANDELSBLAD entwirft er einen Wehrstaat: *Wie die ersten Christen Träger und Kämpfer ihrer neuen Weltanschauung, eben des Christentums waren, so sind die SA-Männer die Träger und Kämpfer der nationalsozialistischen Weltanschauung ... „Militärische Drill" ist nichts weiter als ein – und zwar das beste – Mittel der Erziehung ... Adolf Hitlers Ziel war von Anbeginn, Deutschland in neuem Geiste auf der Grundlage der bewährten Zucht und Ordnung zu erneuern.*

Die SA marschiert in den Herbst 1933. Röhm besichtigt in Hamburg ein Ausbildungslager mit Wehrminister Blomberg, mit Vizekanzler Papen das historische Schlachtfeld Leuthen: Der Schauspieler Otto Gebühr hält als Friedrich der Große eine Ansprache zu Pferde. Vor der Breslauer Jahrhunderthalle richtet Röhm die 'Alte Garde' aus: „Ihr habt die gleichen Kameraden zu Grabe getragen; ihr habt die gleichen Kameraden in den Krankenhäusern besucht; ihr habt die gleichen Grüße zu euren Kameraden in den Kerker geschickt ... Und so, SA-Männer der Alten Garde frage ich euch: Seid Ihr bereit, weiterzukämpfen wie bisher und euer Leben weiter, wie ehemals, nicht zu achten? ... Wollt Ihr dem Führer die Treue halten, der euch die Treue hielt und der allein Deutschland von seinen Fesseln befreien wird? So sprecht: Ja!" – Hier im Osten, im Grenzschutz, unterstehen SA-Männer der Reichswehr. Offiziell besitzt die SA keine Waffen. Dass Einzelne zuhause Waffen lagern, wovon vorgesetzte Stellen offiziell nichts wissen, ist nicht auszuschließen.

Im Oktober begeht die türkische Republik ihren Jahrestag. Ihr Vertreter in Berlin, General Sami Pascha, schreitet mit Röhm einen SA-Ehrensturm ab. Dann ist zum Empfang geladen. »Viele der braunen Funktionäre« beobachtet die Reporterin Bella Fromm, wie »sie an die Bar stürzten ... Röhm, die Gruppenführer Gehrt, Ernst ... hatten solche Mengen von Champagner getrunken, daß sie eine Stunde nach Beginn ... bereits betrunken waren ... Plötzlich trat Alfred Rosenberg, der 'Parteipapst', auf. Gruppenführer Ernst war gerade dabei, einen von den braunen Jünglingen auf seinen Knien zu wiegen ... Ich konnte nicht verstehen, was der 'Parteipapst' ... hervorzischte. Ich hörte aber, was Röhm ... brüllte: „Seht nur dieses Baltenschwein! ... Und dann zu eingebildet, um Uniform zu tragen ... Göring hat schon vor Jahren gesagt, er würde herausfinden, was Sie von 1917 bis 1919 in Rußland getrieben haben. Die Russen haben bestimmt keinem Antibolschewisten erlaubt, in Moskau zu studieren." ... Rosenberg zitterte vor Wut und verschwand. „Schade, daß Heß nicht hier ist", sagte Robert Ley, „der würde die Sache Hitler berichten, ehe noch die Nacht zu Ende ist."«

Am 28. November 1933 feiert Röhm Geburtstag; er hat noch sieben Monate zu leben. Der Kanzler Hitler folgt Einflüsterungen der 'Politiker'; der Freund Hitler kommt nach München, Die SA zieht zum Zapfenstreich auf.»Die Front zur Wohnung des Stabschefs, stehen die schnurgerade ausgerichteten Kolonnen ... Trommelwirbel rollen, Pfeifen gellen«, »gewaltig setzen die Blechinstrumente ein. Mit einem Ruck entfalten sich die blutroten Seidentücher mit dem Hakenkreuz an den Fanfarentrompeten ... Weihevoll schwingt sich das bayerische Militärgebet in den nächtlichen Himmel.« Die SA und die Fackeln der SS ziehen ab.»Den bei ihm zurückgebliebenen Führern bietet Stabschef Röhm in seiner einfachen, schlichten, herzlichen Soldatenart ein Glas Bier, eine Zigarre und – als Bestes – ein paar Minuten voll gütiger oder humorvoller Worte«, berichtet DER SA-MANN.»Bald empfiehlt sich alles. Der Abend soll ganz dem verehrten Chef und Kameraden gehören. Ihm und seinen Allernächsten: Seiner schwärmerisch geliebten Mutter und Schwester. Dem Führer, der es sich nicht nehmen läßt, diesen Abend viele, viele Stunden mit seinem treuesten Paladin zusammenzusitzen«. Hitler bringt dem Freund ein Geschenk: Er nimmt ihn in sein Kabinett auf.

Am 1. Dezember werden Hitlers Stellvertreter in der NSDAP, Rudolf Heß, und der Stabschef der SA zu Reichsministern ohne Geschäftsbereich ernannt. Röhm sieht darin ein ausgeweitetes Wirkungsfeld: In seiner Person würde die SA in den Staatsapparat eingebaut. Offen bleibt, wozu sie real noch gebraucht wird.

Der Chef des Außenpolitischen Amts der Partei, Alfred Rosenberg, arrangiert Abende für Diplomaten und die Auslandspresse. Den ersten Vortrag – seine erste Rede als Minister – hält Röhm zum Thema: Warum SA? Vor diesem Publikum begründet er die eigene Sache international: Bisher hätte „allein dank der Tatsache, daß die SA im Herzen Europas ... seit langen Jahren als Schutzwall vor der Ruhe und Ordnung der Welt stand, der Bolschewismus sich nicht auch der westeuropäischen Länder bemächtigen können." Nationalsozialismus wurzelt in den Schützengräben des Kriegs, fährt Röhm fort: Doch Politiker, „die sich zur Durchsetzung ihrer Ziele oder Interessen des Schwertes bedienten, sah der Soldat nicht in der Zone des

Todes." Wären Politiker und „Börsenfürsten, wären die Industriekapitäne, wären die Ölmagnaten, wären die Kauffarteiadmirale – wären alle die, deren Interessenkämpfe auf den Schlachtfeldern des Weltkriegs ausgetragen wurden, selbst an die Front gegangen", „das wäre soldatisch gewesen!" Röhm schlussfolgert: Da der Soldat kämpfen und sterben müsste für eine gute oder schlechte Politik, wollte er diese auch bestimmen. Der Nationalsozialismus verträte den politischen Führungsanspruch des Soldaten. „Der SA-Mann ist der Bekenner der nationalsozialistischen Weltanschauung und ihr Sendbote, der das Gut des Nationalsozialismus bis in die entlegenste Hütte, bis zum letzten Volksgenossen trägt." Wie die Enttäuschung seiner Männer im nationalsozialistischen Staat wächst, steigert sich – mit einem quasireligiösen Pathos – Röhms Bekenntnis zu ihnen.

Der Minister Röhm bei einer Rede vorm Diplomatischen Korps
(vorn am Tisch - von links - der italienische Botschafter Cerruti,
der englische Botschafter Phipps und Propagandaminister Goebbels)

Der SA-Stabschef Röhm
(in der Uniform des Jahres 1932)

REINHARD HEYDRICH Gruppenführer Reiner, ich befrage Sie in meiner Eigenschaft als Leiter des Sicherheitsdienstes der SS. Sie haben schon vom SD gehört und werden eine Zusammenarbeit nicht abschlagen.
ROLF REINER Ich muss darüber ordnungsgemäß meinen Vorgesetzten, Stabschef Röhm, informieren.
HEYDRICH Als Gruppenführer der SS unterstehen Sie dem Reichsführer ebenso. Ich sage für das Protokoll: Wir schreiben den 24. Mai 1934. Sie sind vorgeladen, weil es um den Stabschef wie um Ihre Person geht. Sie selbst haben seit diesem Jahr vorrangig in Berlin zu tun.
REINER Als Chef des Ministeramts der SA, ja.
HEYDRICH Sie haben jetzt Pfingsten auf dem Gut Gontard in Groß-Wudicke verlebt, mit Röhms Familie. Ein vertrauter Umgang, wie es aussieht.
REINER Ich kenne Röhm seit meiner Kindheit. Wir waren auch zusammen im Ruhrrevier gegen die Rote Armee und jeder hätte die andere Familie benachrichtigt, falls einem etwas zugestoßen wäre. Unsere Mütter sind Jugendfreundinnen, das hat sich fortgesetzt zwischen den Familien.
HEYDRICH Röhm fühlte sich in Groß-Wudicke nicht gesund?
REINER Er konnte einen Arm kaum noch heben. Sofort als wir wieder im SA-Quartier gewesen sind, hat der Arzt kommen müssen.
HEYDRICH Nächste Frage: Sie sind nicht verheiratet, Gruppenführer?
REINER Bisher nicht.
HEYDRICH Sie fingen im Februar 1923 im bayerischen Wehrkreiskommando als Röhms Ordonanz an. Es gab nicht etwa private Aspekte dabei? Bekanntlich wurden sowohl Sie als auch du Moulin in der Münchner Post öffentlich der Homosexualität bezichtigt.
REINER Wir haben gegen diese Beleidigung Klage eingelegt.
HEYDRICH Und ein Dreivierteljahr später zurückgezogen.
REINER Auf Wunsch von Ernst Röhm.
HEYDRICH Wie man hört, gelten Sie als weich in den Händen von Frauen. Nehmen wir an, selbst wenn Sie nicht so empfinden, sind sie ebenfalls weich vor dem Stabschef, der bekanntlich einen starken Willen hat.
REINER Sachen nach § 175 sind zwischen uns ausgeschlossen.
HEYDRICH Seit kurzem ist Karl Ernst Führer der SA in Berlin-Brandenburg. Röhm hat demnach vollstes Vertrauen zu ihm. Woher rührt es?
REINER Karl Ernst ist verheiratet. Göring und Röhm waren Trauzeugen.

HEYDRICH Die Hochzeit hat Erstaunen erregt. Zieht Ernst nun, wo er dreißig ist, Frauen vor? Er wurde in gewissen Kneipen mit weiblicher Garderobe gesehen. Andererseits soll er dem Chef seiner Wache, als dieser im Gefängnis saß, die Freundin ausgespannt haben.

REINER Sehen Sie. Sowas macht kein Schwuler.

HEYDRICH Wie Sie meinen, Gruppenführer Reiner. Wenn es Ihnen lächerlich vorkommt, darf ich Ihnen sagen, Sie sind hier nicht zum Jux! Die nächste Frage: Sie haben jetzt einen Posten im Berliner Ministeramt der SA, mit Kontakten nicht zuletzt zur Industrie.

REINER Die Industrie! Sie hätten erleben müssen, Standartenführer, was für Briefe im Frühjahr 33 bei den SA-Gruppen ankamen. Berühmte Firmen baten, einen SA-Führer einstellen zu dürfen. In der Zeit haben sich die angebiedert, die einen Renommier-Goy suchten, weil sie weder rassisch noch politisch eine weiße Weste hatten.

HEYDRICH Meine Frage lautet: Ihr Kontakt war abgerissen, ab 1931 hatte Röhm andere Ordonanzen. Wieso hat er Sie wieder in seinen Dienst geholt? Mir wird berichtet, dass Sie in Ärger verwickelt waren. Führer-Stellvertreter Heß hatte Sie fristlos aus seinem Stab entfernt. Röhm, der nie einen alten Freund fallen lässt, steckte Sie ins Ministeramt der SA nach Berlin. Sie sind in die Reihe der Staatssekretäre aufgerückt.

REINER Ich zähle mich nicht zu Röhms engstem Kreis.

HEYDRICH Unsinn! Im Ministeramt gehen Ihnen die wichtigsten Schriftstücke zu. Ich hoffe, Sie sind sich über deren Bedeutung jeweils im Klaren.

REINER Soweit ein Adjutant etwas darüber wissen muss.

HEYDRICH Wie gehen die Arbeiten voran, die SA zur Miliz umzuwandeln? Sie unterhandeln mit westeuropäischen Vertretern. Mit welchem Ergebnis? Mit Ergebnis meine ich: Was ist bisher vereinbart?

REINER Soweit sind die Besprechungen noch nicht gediehen.

HEYDRICH Wie weit sollen sie getrieben werden?

REINER Röhm will mit Zustimmung der Westmächte aus der SA eine Miliz für den Friedenserhalt entwickeln.

HEYDRICH Verwundert Sie das nicht, wo Deutschland sich aus dem Völkerbund und von den Abrüstungsverhandlungen zurückgezogen hat? Gegen wen soll die Miliz eingesetzt werden, wenn mit dem Erzfeind Harmonie herrscht?

REINER Die SA führt ihre Gespräche mit den Militärattachés nicht hinter irgendwessen Rücken, die Reichswehr hat mitverhandelt.

HEYDRICH Ihnen dürfte nicht unbekannt sein, dass der Führer den Milizgedanken ablehnt?
REINER In seiner Rede im Wehrministerium hat Adolf Hitler Derartiges nahe gelegt. Er hält andere Reden, in denen sich kein abweisendes Wort findet.
HEYDRICH Eine Miliz kann auch Verschwörungen dienen. Wurde mit den Attachés nicht besprochen, wie Frankreich und England reagieren, wenn in Deutschland eine Regierung Röhm auftritt?
REINER Das ist unvorstellbar. Dem würde schon Röhms Treue zu Hitler entgegenstehen.
HEYDRICH Zu wem werden Sie halten, wenn es darum geht, sich für Hitler oder Röhm zu entscheiden?
REINER Ich kann einen so tiefgreifenden Konflikt nicht feststellen.
HEYDRICH Dann sind Sie für einen Gruppenführer ziemlich unüberlegt. Der Stabschef sollte wissen, mit wem er sich umgibt. Ihr Leumund besagt, Sie arbeiten unselbständig bis schludrig und umgehen sogar Röhms Instruktionen. Das ist strafrechtlich irrelevant, Gruppenführer Reiner. Mir macht Sorgen, dass Sie Ihre finanzielle Verantwortung freizügig zu Ihren Gunsten nutzen. Sie bezahlen für drei gut möblierte Zimmer im Stabsquartier keinen Pfennig Miete und verpflegen sich gratis. Sie beziehen Einnahmen als Chef des SA-Ministeramts sowie als SS-Gruppenführer, Zuschüsse als Aufsichtsratsmitglied der Reichsbahn, als bayerischer Legationsrat und sogar noch als peruanischer Konsul. Wollen Sie etwas davon als unwahr hinstellen, Gruppenführer?
REINER Das Allermeiste ordnet sich in die Buchführung ein.
HEYDRICH Überdies halten Sie Feiern auf Kosten des SA-Quartiers ab, etwa Lustfahrten auf dem Wannsee, wobei Ihre Gäste sichtbar nicht der SA angehören, Schauspielerinnen, leicht bekleidete Komparsinnen. Das ist kriminell, Gruppenführer. Für alles gibt es Belege, Fotografien, Sonstiges. Wie, denken Sie, soll das zu einem Abschluss finden?
REINER Ernst Röhm hat von den meisten Vorgängen Kenntnis.
HEYDRICH Ein Röhm kann Sie nicht mehr lange decken. Die Kontroversen mit der SA werden ihr Ende finden, sehr bald. Freilich wird Stabschef Röhm weder seine wahnsinnigen Forderungen zugunsten der SA gegen die Reichswehr aufgeben, noch von selbst weichen. Welche Konsequenzen das verlangt, können Sie ermessen.
REINER Was erwarten Sie von mir, Standartenführer?

HEYDRICH Sie waren in Groß-Wudicke früher dabei, als Röhm dem Reichsführer SS eine konservative Haltung vorgeworfen hat. Dem Sinn nach: Die SS schützt Reaktion und Kleinbürger, sie gibt der Armee und Bürokratie zu stark nach. Sie haben geschwiegen. Wie stehen Sie zu den Angriffen, die Röhm überall ausstreut? Immerhin sind Sie als Chef des Ministeramts de facto Röhms Berliner Statthalter. Alle wichtigen Vorgänge, einschließlich der finanziellen, Personallöhne und Schwarzer Fonds, laufen über Sie.

REINER Ich bin nur ein Adjutant. Beurteilungen der Lage trifft Röhm mit der Obersten SA-Führung.

HEYDRICH Das heißt, dass genau dort ein Exempel statuiert werden muss. Selbstverständlich teile ich Ihnen das nicht mit, damit Sie es brühwarm herumerzählen. Sie werden an diesem Ende für die bisherige SA beteiligt sein, Gruppenführer Reiner. Oder?

REINER Es gibt wohl kein oder.

HEYDRICH In der nächsten Zeit werden Sie mich über den Stabschef informieren, über alles, was er denkt und was er tut. Sie werden ausschließlich mich informieren.

REINER Wer garantiert mir, wenn die Aktion losgeht, dass ich nicht verwickelt bin?

HEYDRICH Dass Sie verschont bleiben? Ihre Frage zeugt von Weitsicht. Sie sind als Oberleutnant aus dem Krieg heimgekehrt? Sehen Sie, ich war übrigens Oberleutnant zur See, als ich aus der Marine hinausgedrängt wurde. Damals, vor drei Jahren, dachte ich auch, mein Leben wäre zu Ende. Mit den richtigen Verbündeten ging es weiter.

REINER Aber bei einer solchen Aktion läuft zwangsläufig manches drunter und drüber, nicht jeder Einzelfall kann sogleich überprüft werden. Der Reichsführer SS ist jetzt aus dem SA-Quartier ausgezogen und hat in der Nähe ein Gartenhaus gemietet. Er hat sogar den Wirtschaftsleiter um Möbel gebeten, weil es sich nur um eine Interims-Wohnung handeln würde. Dürfte ich mir auch eine Wohnung suchen?

HEYDRICH Sie werden im Stabsquartier übernachten, wenn Röhm in Berlin ist. Eine zusätzliche Wohnung können Sie damit rechtfertigen, dass Sie Frauen empfangen wollen, was im Stabsquartier unmöglich ist. Eigentlich. Wie mir gesagt wurde, scheren Sie sich bisher nicht darum, dass ein Verbot gilt für Frauen im Stabsquartier.

BELAUERUNGSZUSTAND

Das Soldatenhandwerk kann man lernen, das Soldatentum liegt im Blute. Nachdem Röhm die deutsche Armee verlassen hat, muss er es als glücklichste Wende seines Lebens ansehen, dass ihm Hitler den Neuaufbau der SA überträgt. Als folgenschwerer Gegensatz stellt sich heraus: Das Soldatentum erfüllt Röhm, er ist bodenständig, hält Kameradschaft und eigene Ursprünge hoch. Ihn interessieren die Windungen der Politik nicht, während Hitler völlig darin aufgeht: Im Handumdrehen wechselt er Verbündete, um heute Deutschland und morgen die Welt zu erobern. Hitlers Vision schien zeitweilig dem zu entsprechen, was Röhm wollte. Doch nach der Macht im Inneren denkt Hitler aufs zweite große Ziel zu: Den nächsten Krieg kann er mit dem halbmilitärischen Haufen SA nicht führen, er benötigt eine ausgebildete Armee. Das verschafft der Reichswehr den Vorzug im Gefüge des Nationalsozialismus.

Fraglich bleibt, wann Hitler es für nötig halten wird, sich öffentlich festzulegen. Die Rivalität treibt zu Aktivität. Der stellvertretende Wehrminister Reichenau begrenzt per Unterweisung »die staatspolitische Aufgabe der SA«: Sie wäre »Träger des Milizgedankens«, »des Gedankens der Landesverteidigung durch den Einzelnen«. Reichenau hofft, »die sicherlich zum größten Teil sehr brauchbaren SA-Leute ... von ihrer 'Rabaukeneinstellung' lösen zu können«. Im Herbst 1933 erachtet es die Armeespitze offenbar nicht als aussichtslos, sich mit der SA zu einigen – auf der Grundlage eines von Röhm vertretenen Milizkonzepts.

An den Gesprächen mit den Militärattachés Frankreichs und Englands nimmt für die Reichswehr Generalstabschef Beck teil. Die Attachés hätten Röhms Plan zugestimmt, aus der SA »eine 300 000 Mann zählende Miliz nach Schweizer Muster mit defensivem Charakter zum Zwecke der Landesverteidigung« zu bilden, berichtet SA-Brigadeführer Jüttner.

Neubauten sollen Kräfte konzentrieren. Schlesiens SA bezieht ihr Edmund-Heines-Haus. In Berlin, unweit vom Wehrministerium, repräsentiert nun ein Stabsquartier die SA. Am Jahresende 1933 gedenkt Hitler der »unvergänglichen Dienste«, die Röhm »der nationalsozialistischen Bewegung und dem deutschen Volk« leistete. Er dankt dem Schicksal, »solche Männer wie Du als meine Freunde und Kampfgenossen bezeichnen zu dürfen.«

Nach dem Gunstbeweis versucht Röhm, die SA staatlich zu versorgen. Hitler hätte pro Monat dreißig Millionen Mark bewilligt, behauptet er beim Finanzminister. Dieser gibt drei Millionen als Grenze an und fühlt sich in einem »wochenlangen Spiel« benutzt, Hitlers »Ablehnung der Wünsche Röhms zu verschleiern.« Vom Innenministerium erhält die SA bis Mai 1934 monatlich acht Millionen. Die Industrie zögert. SA-Verwaltungschef Schreyer nennt die IG Farben als einzige Firma, die »laufend Spenden gegeben hat«. Beim Kassensturz Ende 1934 buchen die SA-Verfolger als Gesamtspendensumme 860 084, 61 Mark.

Ende 1933 macht Röhm Urlaub. Der Berliner SA-Gruppenführer Ernst fordert seinen Juristen, den 27-jährigen Alfred Martin auf, nach Capri mitzufahren. Dabei sind noch: Gruppenführer Heines, HJ-Führer Schirach, Reichspressechef Funk, Jagdflieger Udet und Röhms Adjutant Spreti (»ständig geschminkt«). Alfred Martin bekommt mit, wie ein Einheimischer verbreitet, Röhm »habe seine sämtlichen Bräute mitgebracht.« Die Gruppe reist weiter nach Sizilien: In Ragusa »passierte dann die Sache mit den Fischerjungen, die viel Staub aufwirbelte.«

Zur Zeit dieses Urlaubs endet der Reichstagsbrandprozess. Als Täter sind angeklagt: van der Lubbe, Dimitroff mit weiteren bulgarischen Kommunisten und Ernst Torgler, Leiter der KPD-Fraktion im Reichstag. Das Leipziger Reichsgericht spricht die Beschuldigten frei, außer Marinus van der Lubbe: Er wird enthauptet. In allen Verhören ist er nicht davon abgewichen, allein das Feuer gelegt zu haben. Seiner Hinrichtung wohnen fast dreißig Personen bei, darunter Graf du Moulin. Röhm hat nach Auskunft seines Bruders »den Reichstagsbrand und die Ermordung ... van der Lubbes scharf verurteilt«.

Röhms Umgebung bewegt ein anderer Angeklagter: der Kommunist Torgler. Vor der Urteilsverkündung telefonieren Ernst und Heines wiederholt nach Leipzig, bis der genervte Röhm sich über ihren 'Torgler-Komplex' belustigt – ohne tiefer nachzufragen?

Als Reichstagsmitglied, aus gemeinsamer Arbeit im Haushaltsausschuss kennt ihn SA-Gruppenführer Ernst. Nach der Urteilsverkündung erhält der Kommunist Torgler Besuch im Gefängnis und vernimmt erstaunt, der SA hätte nichts an einem Todesurteil gelegen. „Ganz im Gegenteil! Wir waren glücklich, als wir hörten, dass Sie freigesprochen sind", behauptet Ernst. So beschreibt es Torgler (1948) in einem Zeitschriftenartikel und glaubt rückblickend, hier mit »den wirklichen Anstiftern des Reichstagsbrandes« gesprochen zu haben.

Der Nationalsozialist Ernst scheint sein Mitgefühl anders zu rechtfertigen:
„Im Übrigen sind wir ja gar nicht so weit auseinander. Sie wollen den Sozialismus, und wir wollen ihn ebenfalls."
„Glauben Sie denn wirklich, dass Hitler den Sozialismus will?"
„Noch glauben wir daran."
Dann wäre Ernst über Hitler hergezogen, der sich »viel zu sehr mit den Industriellen und Bankiers eingelassen hätte ... Die richtige Revolution müsse erst noch kommen!«

Ernst redet selbstbewusst, ohne auf den Begleiter zu achten, der ihm die Gefängnistür geöffnet hat: Gestapo-Chef Diels sammelt Material gegen die SA. Nach dem Krieg gibt er an, Hitler viele Straftaten gemeldet zu haben. Die »Menschenquälereien« der SA hätten einen dicken Katalog gefüllt, homosexuelle Ausschreitungen ihrer Führung nur eine dünne Akte.

Hitlers »radikale Wendung gegen die SA«, als er eine Vorlage »insbesondere über die Sittlichkeit der SA-Führer« forderte, erkennt Diels schon für den Januar 1934: »Als ich dann kurze Zeit später auf den Obersalzberg zu Hitler und Göring gerufen wurde, stand m. E. der Entschluss zu einem gewaltsamen Vorgang gegen die „oppositionellen Führungspersonen", wie sich Hitler ausdrückte, fest ... erklärte mir Hitler in höchster Erregung: „Ich werde die Söhne des Chaos ausrotten lassen, sie dürfen uns nicht länger die Nerven kosten."«

Wie wird die SA eingebaut in den Nationalsozialismus, welcher Platz steht ihr zu? »Gesprochen wurde unter unserem Kreis davon, daß Röhm die Sache selbst in die Hand nehmen wolle«, überliefert ein Mitarbeiter der Obersten SA-Führung. »Bekannt war, daß jeder Gauleiter usw. ... Kraftfahrzeuge verlangte«, »daß sich die Parteiorganisation zu sehr aufgebläht hat. Dies wollte Röhm unter allen Umständen abschaffen«.

Die Dauerfehde mit den 'Politikern' verschärft sich. Röhm greift den Parteidünkel an, zieht sich die Feindschaft vieler Gauleiter zu, etwa die von Jordan und Mutschmann in Mitteldeutschland: Er beauftragt Brigadeführer Jüttner, »einige Bergwerksdirektoren, die auf Veranlassung von Ley ihrer Stellung verlustig gehen sollten, weil sie sich nicht der Partei anschlossen«, »gegen die Maßnahmen Jordans bzw. Mutschmanns« zu schützen.

Aus dem KZ Oranienburg holt Röhm den alte Kämpfer Kurt Lüdecke heraus, der sich Hitlers Hass zugezogen hat. In einem nächtlichen

Gespräch zeigt Röhm sich selbstbewusst: „Voriges Jahr hätte Hitler mich übergehen können. Jetzt weiß er, ich führe drei Millionen, meine Männer sitzen auf Schlüsselpositionen. Ach, ich habe Freunde im Heer!"

Röhm zieht den zeitlichen Rahmen: Das nächste halbe Jahr entscheidet. Oder früher, wenn Hindenburg stirbt und Hitler sich mit der Reichswehr einigt. Bleibt er vernünftig, wird die Sache ruhig bereinigt. Falls nicht, muss man sich vorbereiten, Gewalt auszuüben.

„Ich brauche im Ausland einen, dem ich traue, der die Sachlage kennt, damit Hitler weiß, ich meine es ernst. Ich möchte, dass Sie für mich in die Schweiz gehen, Lüdecke."

„Wem wollen Sie für unsere Pläne trauen?"

„Man muss abwägen, wie man selbst Göring oder Goebbels benutzen könnte. Wir werden uns genauer unterhalten, Lüdecke. Es geht um die Revolution. Versuchen Sie, über Rosenberg etwas bei Hitler zu erreichen. Hier, vielleicht brauchen Sie ein wenig Geld extra."

Nach der Flucht aus Deutschland erinnert sich Lüdecke: »Wir trennten uns mit einem herzlichen „Auf Wiedersehen". Es sollte nie stattfinden.«

1934 sucht Röhm viele Kontakte, tauscht sich mit alten Kameraden aus. Im Berliner SA-Quartier erscheint ein einstiger Putschgefährte. Jetzt organisiert Roßbach den Reichsluftschutzbund, er sucht einen Präsidenten. Röhm nennt keinen ihm genehmen Anwärter. Soll er sich deshalb mit dem Wehrminister streiten? Worauf kommt es jetzt an? Auf eine Volksarmee. Wer soll sie schaffen und führen, etwa die alten Reichswehroffiziere?

„Höhere SA-Führer gehören als Generale in die Wehrmacht, und wenn Blomberg sich noch so sträubt."

„Stabschef, sind Sie tatsächlich davon überzeugt, dass Ihre Männer imstande sind, Divisionen zu führen?"

„Das werden sie können, wenn ich Kriegsminister bin. Hitler umgeben ebenso dumme wie gefährliche Subjekte. Aus diesen Fesseln werde ich ihn befreien. Und wo stehen Sie, Roßbach? In Görings Lager? Oder ziehen Sie einen eigenen Laden auf?"

Der Stabschef scheint, nach Roßbachs Eindruck, zum Handeln entschlossen.

Anfang 1934 bewaffnet Röhm mehrere tausend Mann; er verpflichtet jede SA-Gruppe, Stabswachen aufzustellen und sie mit Maschinengewehren sowie Karabinern zu bestücken.

Röhm treibt die Auflösung der Konkurrenz voran. Vom Stahlhelm werden die Älteren den SA-Gruppen zugeteilt, als Reserve I. Frühere

Regiments- und Kriegervereine zieht Röhm als Reserve II an sich: Die SA wächst auf drei, mit Reserven auf viereinhalb Millionen.

Dieser Zustrom trübt die Stimmung. *Der alte SA-Mann, der alle die Jahre her treu und brav ... seine oft schweren Pflichten erfüllt ..., fühlt sich mancherorts ... in den Hintergrund gedrängt.* Röhm verfügt, alle vor 1932 eingetretenen Mitglieder zu befördern. Märsche, Geländeübungen, zahlose Erlasse (über »schlechte Körperhaltung«, »Frechheiten in der Kritik« oder Verhalten im Straßenverkehr) sollen die SA disziplinieren. Ihre Führer tagen in Friedrichroda. Hier in Thüringen rüstete 1919 Epps Korps zum Vormarsch. Erinnerungen beflügeln Röhm: In Ohrdruf warten »Blumenspenden, welche die frischen, jugendfrohen Gestalten des Bunds deutscher Mädchen ihm darbrachten. Es ist unleugbar«, erklärt DER SA-MANN: »Nächst dem Führer selbst ist es der Stabschef, dem das ganze Vertrauen und die volle Liebe nicht nur der SA, sondern des Volkes«, »besonders der Jugend gehört.«

Hitlers Regierung legt fest, die Armee von den Finanzgesetzen auszunehmen, um Geld für die Aufrüstung zu beschaffen. Kriegssieger England signalisiert Zugeständnisse, hat zum Beispiel vorgeschlagen, Deutschland und Frankreich je ein 200 000-Mann-Heer zu gestatten, was die deutschen Streitkräfte verdoppeln und die französischen mehr als halbieren würde. Frankreich lehnt wiederholt ab und beanstandet vor allem, dass die SA eine riesige Wehrreserve bildet.

Am 21. Februar 1934 bietet Hitler dem englischen Lordsiegelbewahrer an, die SA um zwei Drittel zu vermindern und sie kontrollieren zu lassen; am selben Tag trägt Röhm dem französischen Botschafter sein Milizprojekt vor. Hitler setzt auf ein gemäßigtes England. Röhm misstraut dem alten englischen Kurs, Europa in möglichst gleichstarke Gegner zu spalten, und umwirbt Frankreich. Botschafter François-Poncet erinnert sich an die erste Begegnung als »wenig herzlich«, Röhm beim zweiten Treffen »war begleitet von sechs oder acht jungen Männern, die durch Schönheit und Eleganz auffielen ... Die Unterhaltung war in keiner Weise interessant. Röhm wirkte schwerfällig und verschlafen, wurde nur etwas lebhafter, als er sich über seinen Gesundheitszustand und seinen Rheumatismus beklagte.«

Deutschland hat den Austritt aus dem Völkerbund verkündet, da es in der Rüstung diskriminiert würde. Anfang 1934 berät die Reichswehr eine neue Konzeption. Ihr Stabschef plant die »Vorbereitung auf einen künftigen Krieg«; 300 000 Mann soll das Heer umfassen. General Beck entwirft die »Spitzengliederung«, er ordnet dem Kriegsminister ranggleich zu: Luftfahrtminister (Göring), Marine-, Heeresleitung und SA-Führung. Mit der allgemeinen Wehrpflicht soll die vormilitärische Ausbildung bei der SA gestrichen werden. Um Röhms Einverständnis zu erlangen, macht die Reichswehr Angebote, den Grenzschutz im Osten gemeinsam zu leiten. Minister Blomberg bekennt sich zur »gleichlaufenden Willensrichtung der SA und der Wehrmacht. Alle Spannungen können und müssen beseitigt werden.«

Das Taktieren der Militärs entspringt ihrer Sorge über Hitlers Haltung. Auch Stabschef Röhm will sich Stützpunkte sichern. Seinen höheren Führern hat er als Ziel dargelegt, der Reichswehr die vormilitärischen Lager abzunehmen. SA-Ausbildungschef Krüger sieht sich beiseite gedrängt und lässt Unterstellte zusammentragen, was in der SA vorgeht. Diese Berichte teilt er mit der Armee, bestätigt etwa der damalige Stabschef im Wehrkreis Berlin.

Um Hitler die »nötige Stoßkraft der SA gegenüber« zu geben, führt die Reichswehr an ihrer Uniform das Hakenkreuz ein. Vom Gesetz über das Berufsbeamtentum übernimmt sie den § 3, den 'Arierparagraphen'. Minister Blomberg befiehlt, Mannschaften und Offiziere, »die den Bestimmungen des ... § 3 nicht entsprechen, ... nicht in der Wehrmacht« zu belassen.

Das Reichswehrministerium bereitet ein Gipfeltreffen vor. Am 28. Februar sind die Befehlshaber einbestellt sowie SA- und SS-Führer geladen. Hitler spricht über nicht weniger als über einen Krieg, welcher „für den Bevölkerungsüberschuß neuen Lebensraum schaffe ... Eine Miliz, wie sie Röhm vorschlage, sei aber nicht einmal zur kleinsten Landesverteidigung geeignet ... Er sei daher entschlossen, ein Volksheer, aufgebaut auf der Reichswehr ... aufzustellen ... Diese neue Armee müsse nach 5 Jahren für jede Verteidigung, nach 8 Jahren für jeden Angriffskrieg geeignet sein ... Die SA müsse sich auf innenpolitische Aufgaben beschränken." Hitler hat seine endgültige Entscheidung ausgesprochen – gegen die SA.

Röhm scheint sich zu fügen; er und Blomberg unterzeichnen Richtlinien, die den militärischen Schutz des nationalsozialistischen Deutschlands durch die Wehrmacht festschreiben. Röhm lädt zum Bankett in sein Stabsquartier. Bei jedem General sitzt ein SA-Führer, laut Wirtschaftschef Stölzle »mit dem Auftrag, gutes Einvernehmen und gute Stimmung durch das Essen zu garantieren. Röhm verlangte nach der Verabschiedung der Reichswehroffiziere von den SA-Führern unbedingte Befolgung des Führerbefehls.«

Die Armeeseite dagegen kolportiert: Röhm hätte vor seinesgleichen über ein neues Diktat von Versailles getobt. General Weichs verbreitet, er wüsste von SA-Obergruppenführer Lutze, dass »Röhm die SA-Führer noch bei sich behielt und erklärte: „Was dieser lächerliche Gefreite erklärte, gilt nicht für uns. Wenn nicht mit, so werden wir die Sache ohne Hitler machen."« Lutze hätte darüber unter vier Augen mit Hitler gesprochen und dieser ihn beschieden: „Wir müssen die Sache ausreifen lassen."«

Statt sich im Nationalsozialismus festzusetzen, läuft die SA unerfüllten Erwartungen nach. Weiterhin drückt blanke Not die Stimmung. Röhm zieht ein Netz von Hilfswerklagern auf. »700 erwerbslose SA-Kameraden finden ein Heim«, berichtet DER SA-MANN aus Erfurt: Ein »Industriefriedhof wurde zu einem spartanisch einfach, aber zweckmäßig und hygienisch vorbildlich eingerichteten SA-Lager verwandelt ... Alle Räume sind in heller, dem Auge wohltuender Farbe gestrichen.« Röhm-Bilder schmücken das Lager.

Der Stabschef sucht die Nähe seiner Truppen. In Essen reitet er eine Stunde die Front von SA und SS ab, bevor er ihnen Mut zuspricht: „Nicht alle, meine Kameraden, lieben uns, weil wir ... festhalten an dem Geist, an dem Willen und an den Zielen, die uns einst in Deutschlands Not zusammengeführt ..., weil wir als die von Adolf Hitler bestellten Garanten wahrer deutscher Revolution es nicht dulden, daß wieder ein Geist des Bürokratismus und der Bonzokratie, der Feigheit und Unterwerfung Platz greift".

Bis in die Nacht sitzt Röhm beim Bier mit Essener Unterführern zusammen. Auf die Frage, wann sie denn zur Weiterführung der Revolution antreten könnten, entgegnet er: „Ich glaube, kaum vor Herbst!" – „Die Herren von der Ruhr sollen sich nicht in falsche Sicherheit wiegen, auch in Frankreich sind erst 1792 die ersten Guillotinen errichtet worden", veranschaulicht der Stabschef seinen Unterführern zum Morgenappell.

Röhm hetzt nach Bayern zurück. Bei einer Feier alter Kämpfer ruft Hitler aus: „Die Frühlingsrevolution ... die von dem Land hier ihren Ausgang nahm, diese Revolution muß weitergehen!" Ja, Hitler sagt gern, was das Publikum begehrt. Röhm gesteht: „Ich bin lieber dabei, wenn Revolution gemacht wird, als wenn sie gefeiert wird. Als ich mit dem Führer eben durch München fuhr, ist mir mein etwas grames Herz schon etwas aufgegangen ... Wenn wir nur so bleiben, wie wir gewesen sind, dann darf uns nicht bange sein –, auch nicht über manches, was uns in dem neuen Deutschland Adolf Hitlers heute noch nicht paßt ... Wenn es heute wieder heißt: SA angetreten! Meine alte Garde angetreten! Dann werden wir da sein."

Inzwischen sammeln die Widersacher Röhms ihre Kräfte:
Die Reichswehr zieht ihre Ausbildungsoffiziere ab und leiht an die SA keine Waffen mehr aus. Der Stahlhelm, verkündet Bundesführer Seldte Ende März, »gründet sich ... um in den 'Nationalsozialistischen Deutschen Frontkämpferbund'«. Damit erreicht der faktisch aufgelöste Stahlhelm wieder Selbständigkeit; seine Einverleibung durch die SA ist teilweise aufgehoben, Doppelmitgliedschaften sind erlaubt. Röhm muss diese 'Vereinbarung' mit unterschreiben. Nicht nur Hindenburg zeichnet als Schutzherr gegen, sondern auch Hitler.

Noch zögert Hitler, seine Entscheidung gegen die SA auf den Stabschef zu richten. Röhm scheint Signale zu seinen Gunsten zu erhalten. In Berlin begegnet er mit einem Begleiter »einer Gruppe politischer Leiter ... Röhm sah ihnen verächtlich nach ...: „Schauen Sie sich diese Kerls an. Die Partei ist eine Versorgungsanstalt geworden, aber kein politischer Faktor mehr ... Wir müssen sie bald loswerden" ... Aus weiteren Andeutungen ging hervor, daß Hitler ihn im April 1934 beauftragt habe, mit der SA die Partei aufzurollen, auch Hindenburg abzusetzen und Hitler zum Präsidenten zu machen.«

> Wenn die SS und die SA
> aufmarschiern mit Tschindrarassassa
> fest ist der Schritt, fest ist der Tritt,
> linkszwodreivier, jeder möchte mit
> und so marschiert man heut' in jedes Städtchen
> und davon träumt heut' jedes deutsche Mädchen
> denn die schwarze SS und die braune SA
> hat was jedem heut' gefällt
> und ist das Schönste auf der Welt.

Bei einem Konzert der SS zeigt Hitler sich zum letzten Mal mit dem Stabschef. Röhm hält seine letzte große Rede am 18. April vorm Diplomatischen Korps: „Das Gesetz der SA ist klar: Gehorsam bis zum Tode dem Obersten SA-Führer Adolf Hitler ... Die SA erkennt ... die offenen und versteckten Feinde des neuen Deutschlands durch alle Masken". Er endet: „Wir aber haben keine nationale, sondern eine nationalsozialistische Revolution gemacht, wobei wir besonderes Gewicht auf das Wort sozialistisch legen! ... Die SA ist die kämpferische Willensträgerin in dieser Revolution ... Die SA – das ist die nationalsozialistische Revolution!" Die SA – und nicht die NSDAP – ist die eigentlich gestaltende Kraft des Nationalsozialismus. Diese Botschaft trägt Röhm im Frühjahr 1934 überall hin.

Der Stabschef auf Kunstpostkarte in SA-Vertrieb
(der Kunstverlag Huber berechnete zwei Pfennige Stückpreis
beim Bezug von über tausend Karten)

An seinem Schreibtisch im Braunen Haus

Heinrich Himmler Herr Diels, Sie gelangten bereits 1930 unter SPD-Minister Severing ins preußische Innenministerium. Nicht gerade eine auffällige Referenz, um Sie im nationalsozialistischen Staat mit dem Aufbau des Geheimen Staatspolizeiamtes zu betrauen. Wie kam es dazu?

Rudolf Diels Ich war übrigens schon vor der Machtübernahme förderndes Mitglied der SA. Als nun Herr Göring das Innenministerium übernahm, schlug ich vor, aus allen Polizeibehörden die politischen Abteilungen auszugliedern und zentral zu führen, um wirksamer linke Staatsfeinde zu erfassen. Es war mein Arbeitsgebiet, das mir als Referent vertraut war. Ich leitete dann auch diese Zentralisierung.

Himmler Herr Diels, persönliche Animositäten spielen hier keine Rolle. Sie haben offiziell Ihre Dienstübergabe am 26. April geleistet. Da ich nun das Geheime Staatspolizeiamt führe, möchte ich mich rein sachlich bei meinem Vorgänger unterrichten. Andernfalls, das vermögen Sie sich auszurechnen, könnte ich Ihnen doch Unannehmlichkeiten bereiten, obwohl Ihr Gönner Göring Sie weiterhin beschirmt. Vorrangig erwarte ich Informationen, auch Vermutungen, die nicht auf der Hand liegen. Ich möchte dabei alles erfahren, was Sie in Bezug auf den SA-Stabschef Röhm festgestellt haben.

Diels Sie müssen mir nicht drohen, Herr Himmler, um meine Sachkenntnis in Anspruch zu nehmen! Seit der Machtergreifung habe ich im Auftrag von Ministerpräsident Göring wie auch Adolf Hitlers mehrere Denkschriften über Stabschef Röhm angefertigt.

Himmler Beschränken wir uns zunächst auf die dienstliche Seite.

Diels Der Führer hat Kenntnis von der Aufrüstung speziell in den SA-Wachkompanien. Wie ich hörte, hortet die SA allein in Berlin Maschinengewehre und Gewehre für eine Division. Hitler und die Reichswehr werden orientiert durch Gewährsleute aus der Obersten SA-Führung wie von der Schulenburg. Auch Obergruppenführer Krüger sucht als Chef der vormilitärischen Ausbildung engen Anschluss an die Armee.

Himmler Auch der Oberregierungsrat Diels wollte seinen Anschluss verbessern, nicht wahr? Als Sie mit dem Staatspolizeiamt anfingen, waren Sie durch den Reichstagsbrand derart beschäftigt, dass Sie es versäumten, Ihren Eintritt in die NSDAP vor dem Sperrtag im Mai zu vollziehen. Danach erschienen Sie im Berliner SA-Büro und scheuten sich nicht, Untergruppenführer Ernst materielle und ideelle Werte dafür zu bieten, wenn er Ihnen eine Mitgliedschaft ermöglichen würde.

Diels Haben Sie das von Ernst selbst?

Himmler Dazu müssen Sie mir nichts erzählen, Herr Diels. Aber Sie haben dann anscheinend aus Prinzip gegen die SA gearbeitet und ihre Maßnahmen vereitelt. Sie haben erwiesenen Feinden der SA nach der Machtübernahme das Exil ermöglicht.

Diels Der Berliner Gruppenführer wollte den früheren Polizeivizepräsidenten Weiß, in der Bewegung 'Isidor' genannt, in ein wildes KZ der SA einliefern. Außenpolitische Folgen waren unabsehbar. Ich ließ Weiß in Schutzhaft nehmen und ermöglichte ihm, in die Schweiz auszureisen, das ist wahr, um außenpolitischen Schaden abzuwenden.

Himmler Und entzogen ihn gerechter Bestrafung durch die SA! Herr Diels, von Ihnen verfertigt, existieren eine Reihe von Denkschriften, die sich mit so genannten SA-Vergehen beschäftigen.

Diels Eine umfangreiche Zusammenstellung hatte ich Ministerpräsident Göring unterbreitet, der mich zu Adolf Hitler brachte.

Himmler Weiter.

Diels Hitler brüllte. Dann sagte er zu Göring: „Diese Kamarilla um den Stabschef ist durch und durch verderbt. Darauf sollten Sie einmal schärfer achten! Nicht nur, was die SA treibt, vielmehr auf Röhm und seine Freundschaften." Hierzu sollte ich dann einen Bericht vorlegen.

Himmler Ach ja? Was hat Ihnen den guten Draht zum Führer und zu Göring verschafft? Mit welchem speziellen Wissen konnten Sie aufwarten?

Diels Mit keinem! Sonst hätte mir jetzt Göring nicht eröffnet, er sei entschlossen, sich von mir zu trennen und die preußische Polizei Ihnen anzuvertrauen.

Himmler Wie man hört, hat immerhin Hitler Ihre Entlassung rückgängig gemacht. Sie scheinen nach wie vor sein Vertrauen zu genießen.

Diels Der Führer vertraut in erster Linie sich selbst.

Himmler Er hat Sie wieder einsetzen wollen. Er hat Sie empfangen.

Diels Ihre Quellen, Herr Himmler, scheinen zu funktionieren. Ich sagte, ich sei krank, da es mich meine Nerven koste, die Übergriffe der SA zu bereinigen. Hitler fiel mir ins Wort: „Sie können mir glauben, dass das nicht mehr lange dauern wird." Trotzdem wollte ich meine Arbeit beim Geheimen Staatspolizeiamt nicht wieder aufnehmen.

Himmler Ich verdanke es Ihrer Ablehnung weiter zu machen, dass ich hier einziehe? Das verschafft Ihnen Genugtuung?

Diels Herr Himmler, Sie haben der Reihe nach die Politische Polizei aller deutschen Länder übernommen. Jetzt bringen Sie in Preußen die Geheime Staatspolizei an sich.

HIMMLER In Kampfphasen bedarf es zäher Entschlossenheit. Wie bewerten Sie die umlaufenden Gerüchte über einen Putsch? Bestätigen Ihre Informationen ein so wahnwitziges Vorhaben des Stabschefs Röhm?

DIELS Röhm machte zu mir im Winter die Bemerkung: „Ich lasse mir vieles gefallen, obwohl Hitler sich ohne die SA nie durchgesetzt hätte. Ich habe aber nicht vor, mich völlig an die Wand drücken zu lassen. Heute befehle ich dreißig Divisionen." Es besteht kein Zweifel, dass ähnliche Äußerungen Röhms und seiner SA-Führer zu Hitler dringen und ihn beeinflussen, unabhängig davon, welche Planungen sich dahinter verbergen.

HIMMLER Wie weit sind Ihrem Überblick nach konkrete Pläne gediehen?

DIELS Das hängt in jedem Fall davon ab, für wie entschlossen die SA ihren tödlichen Gegner, die Wehrmacht, einschätzt. Ihr Konkurrenzstreben und nicht nur Exzesse ihrer Führer vertiefen Hitlers Gesinnungswandel. Was ihn der Reichswehr menschlich nähert, entfernt ihn von der einst als Nachfolgetruppe gedachten SA. Röhms Maßnahmen dürften konkret davon abhängen, wieviel er von dieser Gegenströmung ernst nimmt.

HIMMLER In der Reichswehr hat Röhm Spione. Sie dürfen unterstellen, dass er alles erfährt. Jener Bericht über die SA, mit dem Hitler Sie beauftragt hat, wie hat er ihn aufgefasst?

DIELS Er stellte offenbar nicht das erste Mal Überlegungen zur Rolle der Homosexualität an, die historisch auch das alte Griechenland zugrunde gerichtet habe. Ihm schwebte anscheinend eine große Absicht und Aktion vor, für die er mich festlegen wollte.

HIMMLER Hat der Führer über Konsequenzen gesprochen?

DIELS Ich erwartete das Mandat, SA-Führer festzusetzen. Ich dachte sogar, die Einsicht Röhms zu erreichen, gegen den, bis auf einen Fall, nichts vorliegt. Aber Hitler geriet in Rage: „Solange die großen Verräter leben, richten kleine Halunken den Blick auf sie und rechnen mit einer Revolte." Er nannte Gregor Straßer und Schleicher, sie sollten verschwinden.

HIMMLER Alle drei leben immer noch. Aus welchem Grund sollte ich Ihnen Glauben schenken, Herr Diels?

DIELS Weil ich mich dem Auftrag verweigert habe und jetzt die

Konsequenzen dafür trage. Nicht umsonst befragen Sie mich, als mein Amtsnachfolger.

HIMMLER Daraus geht nichts hervor, was Ihren Angaben Wahrheit verleiht, angesichts Ihrer Karriere. Unter Severing haben Sie als Referent die Kommunisten überwacht. Nun tun Sie, was Sie unter dem Weimarer System für die Sozialdemokraten getan haben, bedenkenlos für die andere Seite. Sie spionieren gegen ehemalige Kameraden.

DIELS Und zu welchem Zweck befragen Sie mich, Herr Himmler?

Das Netz um Röhm

Galten unter Nationalsozialisten zunächst soldatische Tugenden als die höchsten, verbreiten sich nach dem Münchner Putsch feinere Fähigkeiten. Nach Jahren des Ansturms lenkt Hitler ein, um 'demokratisch' zu siegen. Für die neue Richtung steht Joseph Goebbels. Sein Gespür für Werbung entfaltet er als Berliner Gauleiter. Er beginnt, im roten Wedding aufzutreten, für Straßenterror nutzt er die SA. Er redet ihr Helden groß wie Horst Wessel („Kam'raden, die Rotfront und Reaktion erschossen, marschiern im Geist in unsern Reihen mit"). Die schwerste Krise seiner Gauleiterzeit übersteht er 1930 zur Reichstagswahl. SA-Führer fordern Plätze auf der Parteiliste, auch schlicht aus Geldnot ihrer Stäbe. Der folgende Zusammenstoß nimmt sozusagen örtlich vorweg, was 1934 zum Massaker führt. Die Politische Organisation der Partei setzt sich durch. Als die Wut losbricht, stürmt ein SA-Trupp die Gaugeschäftsstelle; sie muss nun durch die unentwegt von Goebbels geschmähte preußische Polizei geräumt werden. Diese Erfahrung wird ihn später kaum bewegen, ein Vorgehen gegen die SA aufzuhalten.

Hermann Göring – mit Verbindungen zur Industrie, Geschick zum Einschmeicheln und den Gewohnheiten genussreichen Lebens – strebt nach einer Stabilisierung und Ordnung, die sich auf Gestapo und KZ stützt. Preußischer Pressedienst: »Ministerpräsident Göring hat den Ministerialrat Diels am 20. April von seinem Amt als Inspekteur der Geheimen Staatspolizei entbunden ... Zum Leiter des Geheimen Staatspolizeiamtes hat der Ministerpräsident den Reichsführer der SS, Himmler, berufen.«

Mit dieser Berufung sind die Weichen gestellt. Um die SA auszuschalten, schließt Göring ein Zweckbündnis, wobei er sich unauffällig den Rückzug offenhält. Im April 1934 sucht er das Berliner SA-Stabsquartier auf, macht »einen sehr niedergeschlagenen Eindruck«. Wirtschaftsleiter Stölzle bringt eine Flasche Sekt, »da kein Diener im Hause wissen durfte, dass Göring anwesend war ... Am nächsten Morgen sagte mir Röhm vertraulich, dass Göring große Schwierigkeiten mit dem Führer hätte und Röhm ihm helfen wolle.«

Ein solches Lavieren deutet NSDAP-Wirtschaftsexperte Wagener: Bei einem von der SA bewirkten Umsturz, »da Röhm nicht nach der obersten

Staatsführung strebte, war Göring der Mann, der automatisch an die Stelle Hitlers trat. Und da sein Verhältnis zur Reichswehr wie auch zum Reichspräsidenten durchaus freundschaftlich war, konnte er damit rechnen, daß er alle Dienststellen und Behörden Deutschlands auf seiner Seite haben würde«.

Doch die Zeit des Lavierens läuft ab. Außer der SS befehligt Himmler die Politische Polizei in Deutschland. Er zieht Heydrich nach, übergibt ihm die Berliner Gestapo. Heydrich leitet bereits Bayerns Politische Polizei sowie den SD der SS. Diese personelle Verflechtung von nachrichtendienstlicher und Staatsmacht, gestützt durch ihre schwarze Elitestaffel, gibt Himmler und Heydrich Durchsetzungskraft, sogar gegen Hitler. »In fieberhafter Eile bauen« sie, so Himmlers Adjutant Wolff, mit »aus München mitgebrachten absolut zuverlässigen Mitarbeitern ... den Apparat zusammen, der für die Aktion benötigt wird.«

Der Schlag gegen Röhm wird planmäßig und stabsmäßig vorbereitet. Dazu bilden SD-Dienststellen eigene Abteilungen, die »besondere Vorkommnisse innerhalb der Partei« erfassen. Scharführer Kurreck vom Münchner SD etwa meldet, dass in einem Lokal »SA-Gruppenführer Schmid ... mit seinem Anhang Ausländer verprügelte ... Mein Vorgesetzter ..., Dr. Best, begab sich von Zeit zu Zeit nach Berlin zur Berichterstattung zu Heydrich«.

Im April verfällt Himmler nochmals alter Freikorps-Treue: Er »beschwört den Stabschef«, sich von Homosexuellen wie Heines oder Ernst zu trennen und »weist auf den staatsverderbenden Charakter einer Führerauswahl nach sexuellen statt nach leistungsmäßigen Gesichtspunkten hin. Röhm dankt Himmler unter Tränen für den Rat ... Eine eindeutige Orgie im Stabsquartier am gleichen Abend« überzeugt Himmler, »dass Röhm 'nicht zu retten' sei«, meint sein Adjutant und ist beteiligt an der weiteren Vorbereitung: Die »Zuspitzung der Lage erfolgte durch die Berichterstattung Himmlers ... – sekundiert durch die Berichterstattung der Reichswehr – bei Hitler. Aber Hitler lässt lange Zeit nicht erkennen, wie er sich die Lösung des Problems vorstellt. Er folgt seiner Neigung, Dinge bis zur Überreife anstehen zu lassen.«

Im April legt Röhm als Urlaubsmonat der SA den Juli fest. Unmittelbar zuvor ist folglich eine wenig kampfbereite Truppe zu erwarten. Anderseits würde einer beurlaubten SA kaum glaubhaft ein Putsch nachzusagen sein. SS- und Armeespitze erkennen weitere Gründe, beschleunigt zu handeln. Präsident Hindenburg ist krank; seinen Tod könnte jede politische Gruppierung für sich nutzen. Somit steuert der Zeitplan zwangsläufig auf Mitte-Ende Juni zu.

Welche Aktivitäten der SA treten im Frühjahr 1934 hervor, welches Selbstbewusstsein legt Röhm an den Tag? Er hat die SA-Männer als *Träger und Kämpfer der nationalsozialistischen Weltanschauung* bestimmt. In Feldafing am Starnberger See eröffnet er eine 9-klassige Oberschule für Führernachwuchs. Auch ein Bewerber aus Neumünster bittet »Herrn Stabschef«, ihn aufzunehmen: »Ich bin kein Musterschüler, aber schon drei Jahre Sprecher und Führer meiner Klassen ... Mein Klassenleiter, Herr Dr. Sch., sagt auch, ich habe das Zeug, ein Führer zu werden, wie unser Adolf Hitler sie haben will.«

In Holstein entsteht ein Erholungsheim für 320 Kinder und 50 SA-Führer. Röhms Presseorgan, DER SA-MANN, verdeutlicht: »Über sein kräftiges, gesundes Kind, das in Gottes freier Natur wieder lachen gelernt und Entbehrungen vergessen hat, soll der alte SA-Mann und Vater wieder von Herzen froh werden. So will es der Stabschef und jeder fühlt es: er ist in Wahrheit mein Führer, weil er mein bester Kamerad ist.« Die SA-Zeitung geht über zu purer Lobhudelei. Man liest unter anderm, dass »jüngst in Heidelberg beim spätabendlichen Vorbeimarsch der badischen SA jener alte Mann mit Tränen in den Augen sprach: „Und sag dem Stabschef, wie lieb ihn und seine braunen Soldaten das Volk eigentlich hat!"«

Anfang Mai versammeln sich in Regensburg SA-Führer aus Niederbayern und der Oberpfalz. „Nur der Geist der SA hat die Wandlung ... gebracht", drückt der Stabschef ihr gemeinschaftliches Gefühl aus: „Die SA ist zu Disziplin und schweigendem Gehorsam erzogen. So sieht sie auch heute schweigend, aber wachsam zu, wie Verräter und Ewig-Gestrige sich heimlich mühen, das rollende Rad der Revolution rückwärts zu drehen."

Röhm verfügt eine Aufnahmesperre und richtet eine Überwachung ein, dafür soll jeder Sturm bewährte Kämpfer einteilen. *Offene und versteckte Feinde der SA wagen es heute oft, die SA zu bekämpfen.* Jeder Stab *von der Standarte an* hat einen *Akt „Feindseligkeiten gegen die SA"* anzulegen: *Es kann die Zeit kommen, wo diese Feststellungen gebraucht werden.*

Röhm sucht Kräfte, die ihn stützen. Auch bei Hauptmann Römer, der einst Oberland befehligte, fühlt er vor: Die alten Freikorps sollten »enge Anlehnung an die Oberste SA-Führung« suchen, bald erfolgten wichtige Veränderungen – das wäre ihm bedeutet worden, sagt Römer später im Gestapo-Verhör; er hätte »den Abgesandten von Röhm, den Grafen Spreti, glatt abgewiesen, als er ... mich für die Idee der SA-Diktatur gewinnen wollte.«

Der Stabschef schafft Klarheit in der Reichshauptstadt; er erhebt Berlin-Brandenburg zur Obergruppe und macht seinen Freund Karl Ernst zum Obergruppenführer. Der Minister Röhm gibt im Mai einen Empfang. Seiner

Einladung folgen der päpstliche Nuntius, Spaniens und Japans Botschafter, Diplomaten aus England, Frankreich, Italien, Schweden, Rumänien, Persien und Bolivien. Es erscheinen Innenminister Frick, Justizminister Gürtner, Hitlers und Hindenburgs Staatssekretäre sowie Blomberg mit den Chefs von Heer und Marine. Ein Adjutant äußert danach, die zahlreich anwesenden SA-Führer hätten die Vertreter der Reichswehr respektlos behandelt. In der Wehrmacht zitiert man SA-Aussprüche wie: „Der graue Fels muss in der braunen Flut untergehen." Minister Blomberg würde vorgeworfen, sein Vorgänger Schleicher hätte mehr Verständnis für die SA gehabt.

Ende Mai fährt Röhm zur letzten großen Besichtigung. Stettin feiert ihn als Ehrenbürger. Deutsch-Krone übernimmt für das Kind eines alten SA-Kämpfers die Ehrenvaterschaft. In »allen Orten und Städten wartet eine freudig gestimmte Menschenmenge auf den Stabschef. In Köslin war die ganze Stadt auf den Beinen, um dem Gast einen würdigen Empfang zu bereiten« (VÖLKISCHER BEOBACHTER).

Oberst Manstein vom Wehrkreiskommando Berlin liefert die Gegensicht: Röhms »Rundfahrt ... durch Pommern machte den unerfreulichsten Eindruck. Er ... hielt, wie mir berichtet wurde, anmaßende Reden und veranstaltete wüste Zechgelage.«

Gewährsmänner der Armee spitzeln bei der SA und umgekehrt. Das Neben-Gegeneinander besteht fort. Admiral Patzig, Chef der 'Abwehr' im Wehrministerium, verdächtigt noch nach dem II. Weltkrieg die SA und setzt sie zugleich herab: »Im Frühjahr 1934 kaufte die SA im Freistaat Danzig und in der Schweiz ... Waffen aller Art – meistens alte Ladenhüter ... Hitler, der über diese Vorgänge von der Wehrmachtsführung laufend unterrichtet wurde, konnte sich noch immer nicht zum Eingreifen entschließen.«

Röhm leidet unter einer Nervenentzündung im Arm, eine Kur in Bayern soll abhelfen. Am 4. Juni 1934 meldet er sich in der Reichskanzlei ab, es wird ein langes Zwiegespräch. Er erzählt danach im Stabsquartier, Hitler wäre besonders freundlich gewesen und »bereitwillig auf verschiedene Vorschläge ... eingegangen ... Hitler schenkte Röhm an demselben Tag ein Original-Ölgemälde aus der Zeit mit dem Porträt von Friedrich d. Grossen.«

Den einträchtigen Abschied bestreiten andere. Reichskanzleichef Lammers hört von schweren Auseinandersetzungen. In die NSDAP-Leitung sickert durch: Fünf Stunden hätte Röhm grundsätzlich diskutiert und auf »radikale Veränderungen im Kabinett« gedrängt, um gegen die Reaktionäre in »Regierungsämtern, besonders aber in der Reichswehr« vorzugehen.

Ernst Röhm tritt einen Urlaub an, den er in Heidelberg beginnt. Sein Gefolge fällt durch »Käufe von Schminke und Puder« auf, erfährt der Journalist Konrad Heiden: »Im Hotel wurden große Mengen Alkohol hinabgeschüttet und in der Begeisterung Spiegel zertrümmert. Der Skandal wurde so groß, daß die schlagende Studentenverbindung Röhm sagen ließ: wenn er nicht Heidelberg verlasse, werde man ihn aus dem Hotel prügeln.«

Während der folgenden Kur fahren SA-Führer hinaus zum Tegernsee. In Bad Wiessee nimmt Röhm Jodbäder, er wohnt und arbeitet in der Pension Hanselbauer. Sein Presseamt »läßt der Stabschef erklären, daß er nach Wiederherstellung seiner Gesundheit sein Amt in vollem Umfange weiterführen wird.« Röhm schickt eine Botschaft für den dienstfreien Monat Juli hinterher: *Wenn die Feinde der SA sich in der Hoffnung wiegen, die SA werde aus ihrem Urlaub nicht mehr oder nur zum Teil wieder einrücken, so ... werden (sie) ... darauf die gebührende Antwort erhalten. Die SA ist und bleibt das Schicksal Deutschlands.* An der Botschaft erstaunt nicht eine inzwischen oft gehörte Kampfansage – wer soll sich als *die Feinde der SA* angesprochen fühlen? Ihre Schar wächst und reicht vom Vizekanzler Papen über die Reichswehr bis zu den 'Politikern' des eigenen Lagers.

Wie rüstet sich die SA zur Abwehr, bereitet sie im Juni 1934 Gegenmaßnahmen vor? SA-Führer Detten vom Berliner Ministeramt sucht Hilfe, um – »zur Vorlage durch Röhm an Hitler« – ein Wirtschaftsprogramm auszuarbeiten, berichtet NSDAP-Experte Wagener. Detten hätte auf Eile gemahnt: „Die Macht von Röhm steigt nicht von Tag zu Tag, sondern von Stunde zu Stunde!" Im Stabsquartier bemerkt Wirtschaftsleiter Stölzle Besprechungen hinter verschlossenen Türen. Die Angestellten flüstern, Hitler hätte Röhm beauftragt, »einen SA-Putsch gegen den alten Reichspräsidenten von Hindenburg zu organisieren ... [Röhm-Stellvertreter] Krauße sollte die bereits laufenden Verhandlungen weitertreiben.«

Hochgespannt ist die Stimmung in den Gauen. Bei der Sonnenwendfeier in Breslau treibt Obergruppenführer Heines zur Revolution gegen die Reaktion. Er endet mit dem Ruf „Kampf Heil!", und alle schwören, ihm „mit heißem Herzen zu jeder Stunde, in Not und Tod unwandelbar und unverbrüchlich die Treue zu halten." In Franken feuert Gruppenführer Obernitz seine Kämpfer gegen Versäumnisse der Partei an: „Die SA wird ... der Welt zeigen, wie man Revolutionen macht ..., die Waffen befinden sich bereits in München. Wir werden die Reichswehr erledigen, wir werden diejenigen, die jetzt im Auto fahren, unters Auto legen, wir werden die Pfarrer von der Kanzel herunterschießen, wir werden das Justizgebäude ausräumen und die Schädel der Richter an die Rinnsteine schlagen. Wenn Hitler nicht mitmacht, dann werden wir ihm sagen: Mein lieber Freund, dann machen wir es ohne dich!"

In Berlin beunruhigen Karl Ernst »vier Tage vor dem 30. Juni« Gerüchte über einen Putsch. Er spricht bei Minister Frick vor, ein Assessor bezeugt »diese originelle Unterredung, wie ein SA-Führer dem Innenminister des Reiches versicherte, nicht putschen zu wollen«.

In Schlesien, auf Vorwürfe von Wehrmachtsoffizieren, nennt es Obergruppenführer Heines einen Putschistentrick, den Andern zu beschuldigen, wenn man selbst zum Umsturz rüstet. Dazu »erfuhr Heines, dass die Wehrmacht in Breslau höchste Alarmstufe hat und dass im Keller des Generalkommandos bereits die spanischen Reiter zusammengebaut worden sind. Heines sprach deshalb mit General von Kleist, ... der ihn aber irreführte«, erinnert sich ein Adjutant und meint, »dass Heines die Hälfte des Hilfswerklagers und Stabswache am 29. Juni 1934 in Urlaub schickte, also er kaum einen Putsch geplant haben kann.«

Wann ist Hitler 'reif', den Schlag gegen Röhms SA zu führen? Der politische Gewinn, der ihm als Reichskanzler einleuchtet, genügt nicht. Die persönliche Hemmung Hitlers scheint nur durch einen letzten Anstoß überwindbar.

Gerade ist Hitler vom Besuch bei Mussolini zurückgekehrt, »man schien in Rom ... von den Plänen Röhms, sich gegen Hitler aufzulehnen, etwas gewußt zu haben«, so legt es Hindenburgs Staatssekretär aus: Der »Reichspräsident ermahnte den Kanzler ... erneut«, »sich den Röhmschen Absichten auf eine Politisierung der Reichswehr, über die er durch Reichswehrminister Blomberg unterrichtet war, entgegenzusetzen.« Von der Röhm-Gegnern prellt Vizekanzler Papen vor. In einer Rede befürwortet er „unbestrittene Staatsgewalt": „Mit ewiger Dynamik kann nicht gestaltet werden." Papen wirft der NSDAP demnach die SA vor, mit der Prognose, „daß, wer mit der Guillotine droht, am ehesten unter das Fallbeil gerät." Papen gilt als Liebling des Reichspräsidenten; will er alle 'Reaktionäre' um sich scharen, bildet jetzt ein Kreis um den Vizekanzler einen zweiten Unruheherd, neben der SA?

Hitlers löst sich soweit aus seiner Unschlüssigkeit, dass er einen Nachfolger des Stabschefs auswählt. SA-Obergruppenführer Lutze – seinem Tagebuch zufolge – bekommt erklärt, was Röhms Stab beabsichtigen würde: »Die Reichswehr sei reaktionär, stehe nicht hinter dem Führer ... Der

Führer selbst wüßte das, könne aber nach außen selbst nichts tun und nun müsse die SA den Führer wieder frei machen. Deshalb sei die SA völlig zu bewaffnen«. Das hält Hitler für eine »Tatsache, er hätte diese und noch ganz andere Nachrichten von der Gestapo.«

Offen gegen die SA treiben nun Hitlers Mitherrscher. Sein Stellvertreter in der Partei, Rudolf Heß warnt vor Provokateuren, „die Volksgenossen gegeneinander zu hetzen versuchen und dieses verbrecherische Spiel mit dem Ehrennamen einer 'zweiten Revolution' bemänteln." Hermann Göring droht: „Wünscht der Führer die zweite Revolution, dann stehen wir ... morgen wieder auf der Straße; wünscht er es nicht, werden wir jeden unterdrücken, der gegen den Willen des Führers eine solche macht."

Die letzten Tropfen, die Hitlers Zögern aufweichen, verabreicht ihm die Reichswehr. Sie legt einen Befehl Röhms »an alle Gruppen usw.« vor, wonach »nunmehr für eine beschleunigte Bewaffnung Sorge getragen werden müsse«. Nach dem Krieg will sich 'Abwehr'-Chef Patzig nicht erinnern können, wer ihm den Befehl zugespielt hat, dessen Echtheit er dennoch nicht anzweifelt. Unzweifelhaft ist: Das von der Reichswehr Gewünschte tritt ein. Als, so Patzig, der Befehl »für eine illegale Bewaffnung der einzelnen SA-Gruppen Hitler zur Kenntnis gebracht wurde, entschloß er sich zu handeln.«

Am 25. Juni 1934 fährt Hitler beim Kurhotel Hanselbauer vor. Er verpasst Röhm, der einen Spaziergang nach Bad Kreuth macht. Hitler kann die Örtlichkeit besichtigen, ohne auf neue Diskussionen eingehen zu müssen.

Die Armeespitze lässt die Meldung eines V-Manns (»Standartenpressereferent«) kursieren, der sächsische Gruppenführer Hayn hätte geäußert: „Hinter mir stehen 195 000 SA-Leute, und trotzdem drängen sich bei jeder Veranstaltung die Ehrenabordnungen der Wehrmacht ... in den Vordergrund ... Die Reichswehr ist überhaupt Scheiße". Am 25. Juni wird um das Ministerium in der Bendlerstraße Drahtverhau gezogen. Die Armee unterstellt eine Putschgefahr, das erhärtet der Berliner Stabschef Manstein: Auf die Mitteilung, dass ein »dem Wehrkreiskommando gegenüberliegendes Haus von der SA übernommen worden war und nächtlicherweise Maschinengewehre dorthin gebracht wurden, verstärkten wir die Wache ... von dem Potsdamer Polizeipräsidenten, Graf Helldorf, sowie aus dem Bereich des ... Ausbildungsstabes Krüger (lagen) Warnungen vor, dass die SA-Führung einen Gewaltstreich plane.« Für diese Behauptung finden sich im Nachhinein keine schlüssigen Beweise.

Dagegen überliefert Görings Staatssekretär, die Armee hätte »Heydrich soviel Material in die Hände gespielt ..., dass es ... zu dem

30. 6. 1934 kam ... Göring ... sagte, dass das gesamte Material gegen Röhm von der Reichswehr stammt.« Der Pressechef des Wehrministeriums, Foertsch, bestätigt: »was die Führung der Reichswehr politisch tat«, »war nicht viel, aber eigentlich doch alles, was zu den Ereignissen am 30. Juni selbst führte. Sie unterrichtete Hitler und sicherte sich in Göring und Himmler Bundesgenossen. Die treibende Kraft war hierbei der General von Reichenau, der seinen Minister ins Schlepptau nahm«.

Auf Betreiben Reichenaus schließt der Deutsche Offiziersbund am 28. Juni Röhm aus. Das offenbart, wie überlegen bereits die Reichswehr ihre Vorbereitungen trifft. Für Schlesien etwa weist Heereschef Fritsch an, die Division unauffällig zu alarmieren. Parallel sichert die Gestapo ab: Wie ein Untergebener des Breslauer SA- und Polizeichefs Heines mitbekommt, »erhielt der Vizepolizeipräsident ... unter 'streng geheim' den Auftrag, die Personalien von etwa 15 Männern zu melden«, darunter Heines, dessen Bruder und Adjutanten.

Nimmt Röhm wahr, was sich um ihn zusammenzieht? Trifft er Gegen- oder zumindest Vorsichtsmaßnahmen? Keinesfalls scheint er sein Leben für bedroht zu halten. Die Frau des Anwalts Betz erinnert sich: Röhm hatte »Dr. Königsberger, der Jude war, die Flucht ins Ausland ermöglicht. Etwa 4 Wochen vor der Ermordung Röhms kam Königsberger eigens von London ... und erklärte, ... in London ginge das Gerücht um, Röhm werde am 30. Juni 1934 ermordet. Dr. Betz erzählte dies [Chefadjutant] Bergmann, der Betz auslachte.«

Auf den 30. Juni ist eine SA-Führertagung in Bad Wiessee angesetzt. Am 26. Juni erläutert Röhm seinem Verwaltungschef Schreyer, warum er gegen Hitlers Politik und »gegen die Machenschaften seiner politischen Führer sei«. Am 30. Juni würde er versuchen, auf Hitler »einzuwirken, sich zu einer gemäßigten innen- und außenpolitischen Richtung umzustellen ... Da, wie mir Röhm versicherte, alle für ihn erreichbaren SA-Gruppenführer ... ihre Zustimmung bereits gegeben hatten, tat ich dasselbe ... Am Abend ... platzten plötzlich der SA-Sanitäts-Obergruppenführer Ketterer ... und SA-Gruppenführer Seydel herein mit der Mitteilung, Röhm sei von Hitler ... seines Postens enthoben und Lutze sei als Nachfolger ernannt. Röhm, tief erschüttert, ging sofort ... in sein Schlafzimmer.«

Am Tag darauf spricht Röhms Stellvertreter Krausser in der Reichskanzlei vor. Später erzählt er einem Haftgefährten: Hitler hätte betont, sich auf der geplanten Tagung »mit Röhm und den Gruppenführern gründlich auszusprechen ... und (er) bedaure, daß er sich um die alten SA-Männer zu wenig gekümmert habe und daß er dafür sorgen werde, daß diese ... endlich in den Arbeitsprozeß wieder eingegliedert würden. Hitler sei auch sehr versöhnlich gestimmt gewesen gegen seinen getreuen Mitkämpfer Ernst Röhm, der auch in seinem Posten bleiben werde.«

Am 28. Juni trifft Reichsstatthalter Epp am Tegernsee ein. Röhm rudert ihn für ein unbelauschtes Gespräch mit einem Kahn hinaus. Das Abendbrot, berichtet Epps Adjutant, stört ein Anruf: »Der Stabschef ... kam sehr zufriedengestellt zurück. Teilte mit, dass ... Hitler nach Wiessee käme. Er, der Stabschef, wolle dann Goebbels die Larve vom Gesicht reißen. Er wisse sich seiner SA und der Armee sicher.« – Sagt Röhm tatsächlich, er wäre sich der Armee sicher? Dann müssten Absprachen bis ins Wehrministerium hinein getroffen worden sein, wofür es nach Ende des Nationalsozialismus nicht einen Zeugen gibt.

Am 29. Juni, einem Freitag, »gingen wir zwei dann nach Bad Kreuth«, schildert Adjutant Bergmann: »Röhm war still ...; ich ... wusste, dass er sich vorbereitete, indem er seinen Gedanken nachhing. Wenn ich mich recht erinnere, kam ... Kraußer zu Besuch; wir spielten Tarock und Röhm war ganz ruhig ... Im Laufe des Abends kamen dann noch einige Gruppenführer mit ihren Adjutanten und Stabsleitern an ... Wir gingen bald zur Ruhe.«

Am Freitagabend wird in München Alarm ausgelöst; sein Urheber bleibt nachher im Dunkeln. „Im Auftrag des Standartenführers" erklärt ein Sturmführer die Lage für sehr ernst, da „sowohl Neben- wie auch Wehrorganisationen der Partei gegen die SA sind." Verwirrung keimt auf, schildert ein SA-Mann: »Um 22 Uhr stand die Kompanie einsatzbereit, Waffen und scharfe Munition waren ausgegeben. Zwei Stunden vergingen ..., bis der Regimentsführer ... uns im kleinen Kreis eröffnete«, »nach der ... Alarmierung (sei) nichts mehr gekommen ... Er wies uns infolge der unerklärlichen Lage an, ... über die Hinterhöfe auszusickern, doch hätten 30 Freiwillige das Heim [in der Von-der-Thann-Straße] bis zum Letzten zu verteidigen.«

Ein Stabsoffizier der Reichswehr hört »etwa 1 Uhr nachts auf dem Königsplatz«, wie ein SA-Obergruppenführer »seine Ansprache an etwa 1 000 SA-Leute mit dem Satz beendet: „Geht ruhig nach Hause und wartet auf die Entscheidung eures Führers. Was auch kommen mag, ob Adolf Hitler euch beurlaubt, ob er das Tragen der Uniform verbietet oder nicht, wir stehen rückhaltlos hinter ihm." Mit einem Heil auf den Führer traten die Leute weg.«

Adolf Hitler selbst bestimmt das kommende Blutbad. Am 28. Juni wohnt er in Essen der Hochzeit des Gauleiters bei. Am Nachmittag bemerkt ein Hitler-Adjutant »Anrufe und Berichte aus Berlin (Himmler, Göring), die immer ernster wurden«. Auf den künftigen SA-Stabschef Lutze wirkt es, »als wenn bestimmte Kreise ein Interesse daran hatten, gerade jetzt, wo der Führer von Berlin abwesend war ... die 'Sache' zu verschärfen«.

 Am 29. Juni entscheiden sich die Personalien. Hitler hat Göring nach Berlin beordert. In letzter Stunde drängt Goebbels unter die Macher: »Er bittet: „Mein Führer, lassen Sie mich mit! Mein Führer, nehmen Sie mich mit!" So wird er denn auch zum Männerunternehmen zugelassen« (hält Rosenberg im Tagebuch fest). Als Hauptquartier bezieht Hitler ein Hotel am Rhein. Wie sich letzte Schuldgefühle verflüchtigen, beobachtet Lutze: »Der Führer überlegte stark ... Als dann noch plötzlich [Görings Staatssekretär] Körner ... kam und allerhand Nachrichten brachte ..., stand der Führer auf und sagte: „Ich habe genug, ich werde ein Exempel statuieren."«

 Himmler hat angewiesen, SS-Standarten »bei Auslösung des Alarms in Kasernen zusammenzuziehen. Zu diesem Zweck verwies er mich auch an den Wehrkreisbefehlshaber«, erinnert sich SS-Oberabschnittsführer Eberstein. Damit ist die Katze aus dem Sack. Himmler und der stellvertretende Wehrminister Reichenau sind zum Du übergegangen, während sie ihren Angriff gegen die SA abgestimmt haben: SS-Männer formieren sich in Kasernen des Heeres, erhalten dort Waffen; sollte im weiteren Verlauf Unterstützung nötig sein, werden sich SS-Führer an die Reichswehr wenden. Am 29. Juni laufen die von der SS und Gestapo vorbereiteten Maßnahmen an, seit dem Morgen gilt höchste Alarmstufe. Heydrich unterweist seinen Münchner SD-Stellvertreter Oberg, ein Putsch der SA stünde bevor. Dem würde Hitler selbst mit SS, Reichswehr und Polizei vorgreifen. Für diese „Gegenaktion" ordnet Heydrich an: „Hier ist die Liste der zu Verhaftenden." Oberg überfliegt etwa dreißig Namen, viele sind mit einem Strich, einige mit einem Kreuz versehen. Himmler setzt ihm auseinander: „Alle, die ein Kreuz haben, sind durch die Kommandos sofort und wo sie angetroffen werden, zu erschießen ... Herr Oberg, wissen Sie, was Staatsnotstand ist?" ... „Zu Befehl, Reichsführer, und was soll mit den Personen geschehen, die das andere Zeichen haben?" ... „Die sind zu verhaften, und nach Dachau zu bringen." ... „Zu Befehl, Reichsführer."

 Über das Bündnis mit der SS sind im Münchner Wehrkreiskommando nur die Ranghöchsten informiert. Dass sich von Norden unangemeldet ein Militärzug nähert, bekommt der Transportoffizier Doerr mit: Weil vorgesetzte Dienststellen keine Auskunft gaben, »(wie sich später herausstellt, durften sie es nicht!), rief ich die Oberste SA-Führung an« und hätte »die ganze Aktion vereiteln können, wenn« dort »der richtige Mann den richtigen Verdacht geschöpft hätte.« Dem Transportoffizier wird zugetragen, nachts träfe die SS-Leibstandarte ein. Er benachrichtigt seinen Stabschef, der aufatmet: »"Sie nehmen damit einen Albdruck von uns. Denn die Tatsache, daß die Leibstandarte mit einer militärischen Fahrtnummer befördert wird, bedeutet, daß Hitler auf Seiten der Reichswehr und nicht auf der Seite Röhms steht." Kurze Zeit darauf rief von Berlin der Oberst von Reichenau an und teilte ... dienstlich diesen Transport mit.«

Himmlers Adjutant Wolff weiß: Die Armee stellt der SS »nicht nur Kasernen, sondern auch Waffen zur Verfügung ... Einzelheiten dieser Zusammenarbeit ... waren Gegenstand der mindestens zwei bis drei Gespräche, die Reichenau in den letzten Tagen vor dem 30. Juni mit Himmler ... geführt hat.« Geregelt ist unter anderm der Transport »jenes Teils der Leibstandarte«, der »von Berlin nach dem Lager Lechfeld verlegt und dort von einer Reichswehreinheit ... abgeholt wurde. Man war sich bei der Aktion vom 30. Juni darüber klar, daß der Anteil der Reichswehr ... nicht in Erscheinung treten dürfe, um auf alle Fälle den Vorgang als eine 'parteiinterne Familiensache' auszuweisen.«

Hier war scheinbar noch alles in Ordnung:
Hitler und Röhm beim Aufmarsch der SA-Gruppe Sachsen am Völkerschlachtdenkmal in Leipzig am 16. Juli 1933

Hitler und Röhm – im Hintergrund Heydrich

Der sächsische NSDAP-Gauleiter Mutschmann rechts neben Hitler

REINHARD HEYDRICH Herr Granninger, wir haben ein unerquickliches Thema abzuhandeln. Sie sind moralisch schuldig, strafrechtlich schuldig. Was es nach sich zieht, hängt wesentlich von Ihrer Bereitschaft ab, Ihr Wissen offen zu legen. Habe ich mich unmissverständlich ausgedrückt?
PETER GRANNINGER Ja.
HEYDRICH Ich darf Ihnen trotzdem zu Ihrem Geburtstag gratulieren, Herr Granninger.
GRANNINGER Danke.
HEYDRICH Sie sind am 23. Juni 1908 geboren, werden heute sechsundzwanzig Jahre alt. Sie sind im besten arbeitsfähigen Alter, aber ich nehme an, unter dem Weimarer System haben Sie Ihren Beruf als kaufmännischer Angestellter kaum ausüben können.
GRANNINGER Meistens war ich stellungslos.
HEYDRICH Sie wurden als Arbeitsloser mit Stabschef Röhm bekannt?
GRANNINGER Wir sind uns bei einem Standkonzert an der Feldherrnhalle begegnet. 1928. Er hat mich zu sich eingeladen und hat mir ein Buch geschenkt. In sittlicher Hinsicht ist noch nichts vorgefallen.
HEYDRICH Wann begann das?
GRANNINGER Ich bin 1931 durch eine Zeitung aufmerksam geworden, dass Ernst Röhm aus Bolivien zurück ist. Kurz vor Ostern habe ich ihn zuhause besucht. Er hat mich mit Kaffee und Likör bewirtet.
HEYDRICH Und?
GRANNINGER Er hat mich geküsst und an meinen Schenkeln gegriffen. Er hat an mir gesaugt, bis es passiert ist. Ich habe auch an ihm mit der Hand gerieben und gesaugt.
HEYDRICH Und?
GRANNINGER Ich habe erzählt, dass ich eine Arbeit suche. Ernst Röhm hat mir fünfzig Mark geschenkt und ich bin wieder zu ihm gegangen. Er hat mir dann gesagt, dass ich im Nachrichtendienst der SA angestellt bin.
HEYDRICH Sie haben daraufhin beim Grafen du Moulin gewohnt?
GRANNINGER Ab und zu. Ich habe mir dort Aufträge abgeholt. Kundschafterdienst. Personen beobachten.
HEYDRICH Sie haben anfänglich im Monat 100 Reichsmark erhalten?
GRANNINGER Ja. Als Graf du Moulin aus München weggezogen ist, hat mir der Ernst die Aufträge gegeben. Im Frühjahr 1932 habe ich dann einen Gehalt von 150 Mark bekommen, und ab dem Winter 200 Mark.
HEYDRICH Sie haben während der ganzen Zeit homosexuell verkehrt?

GRANNINGER Immer wie beim ersten Mal. Bis der Ernst es anders gewollt hat. Er hat mir erklärt, er kann nicht selbst die Suche angehen, weil er als Stabschef auf den Führer Rücksicht nehmen muss. Ich habe ihm Bilder von drei Freunden gezeigt und gesagt: Ich habe noch nichts mit ihnen gehabt und weiß nicht, wie sie auf so etwas reagieren.
HEYDRICH Und?
GRANNINGER Der Ernst hat gewollt, dass ich dafür ein Zimmer miete, in dem ich auch wohnen kann. Ich bin öfter umgezogen, damit wir ein Aufsehen vermeiden.
HEYDRICH Sie werden mir alle Jungen, außerdem die Adressen aller Zimmer aufschreiben. In allen ist der widernatürliche Verkehr abgelaufen? Wie alt sind die Jungen gewesen?
GRANNINGER Der Ernst hat immer Neue gewollt. Ich bin zum Schulschluss vor die Gisela-Oberrealschule gegangen, um mich mit den Schülern anzufreunden. Bei manchen habe ich viel reden müssen vorher und Andern habe ich gleich ein Geld geben müssen.
HEYDRICH Röhm hat sich das einfach besorgen lassen?
GRANNINGER Vorher bin ich mit ihnen ins Bett gegangen, dass sie nicht unerfahren sind. Ich hab sie nach und nach gewöhnt, denn nur mit der Hand reiben hat der Ernst nicht gewollt. Er hat saugen wollen und dann schon zu mehreren.
HEYDRICH Sie haben es in einer ganzen Gruppe veranstaltet?
GRANNINGER Die ersten Male zu dritt, dann öfter mit mehreren. Manchmal hat er sich vom Jungen in den Mund pissen lassen oder ihn im After geleckt. Bei mehreren ist es dem Neuen in der Masse leichter gefallen. Dreimal Befriedigung ist normal gewesen.
HEYDRICH Wieviele waren gewöhnlich dabei?
GRANNINGER Der Ernst hat an einem gesaugt, den ich mitgebracht habe. Meistens bin ich mit dem Mund zum Ernst gegangen, bis er befriedigt gewesen ist.
HEYDRICH Lassen wir einzelne Schweinereien. Wie haben Sie die Jungen heranbestellt?
GRANNINGER Manche haben sogar gebettelt, sie wollen zum Ernst, weil sie Geld brauchen.
HEYDRICH Gab es nie Widerstand, von keinem Einzigen? Ist nie einer davongelaufen?
GRANNINGER Den kleinen Alisi habe ich eingeladen, weil mir einer ausgefallen ist. Ich habe ihm zureden müssen, bis er sich ausgezogen hat.

Bei einmal ist es geblieben, weil Alisi gesagt hat, dass der Ernst eine Sau ist. Ernst ist auch nicht zufrieden gewesen.
HEYDRICH Was ereignet sich, wenn Röhm nicht zufrieden ist?
GRANNINGER Alisi ist nichts passiert. Müller hat einmal etwas herumerzählt, glaube ich. Ich habe ihn bestellen müssen zu Ernsts Adjutant Schätzl, der hat ihn von SA-Männern beim Prinzregentenplatz verprügeln lassen. Müller ist nicht mehr eingeladen worden.
HEYDRICH Wieviele Jungen sind es insgesamt bisher?
GRANNINGER An die zwölf werden es sein.
HEYDRICH Wie läuft das mit dem Geld ab? Bezahlt Röhm die Jungen aus?
GRANNINGER Es ist so gewesen, dass der Ernst mir Geld für den Abend insgesamt gegeben hat. Wenn ich einen gebracht habe, zehn Mark. Ich habe sieben weitergegeben und drei Mark behalten. Das habe ich gedurft, das ist vom Ernst so vorgesehen gewesen.
HEYDRICH Herr Granninger, der widernatürliche Verkehr fand nicht nur in Ihren Zimmern statt, sondern auch bei Röhm selbst und in der Wohnung des Grafen du Moulin.
GRANNINGER Aber nur selten.
HEYDRICH War du Moulin dabei?
GRANNINGER Bei den sittlichen Sachen nicht.
HEYDRICH Wer außer Röhm nahm an den Orgien noch teil, als zahlender Kunde?
GRANNINGER Das kann ich nicht sagen.
HEYDRICH Herr Granninger, ich lasse alle Jungen aufgreifen und die werden zittern und alles schlotternd ausplaudern, was Sie mir verheimlichen. Wer war bei den Orgien dabei?!
GRANNINGER Einer von Ernsts alten Offizierskollegen, der Gerhard.
HEYDRICH Wer noch?
GRANNINGER Öfter der Wirt vom Bratwurstglöckl, Karl. Und der Diener vom Ernst, Hans Holtsch. Bei ihm sind wir selten in die Wohnung gegangen. Das sind alle gewesen.
HEYDRICH Wieviele kamen in der SA unter?
GRANNINGER Alle. Die zu jung gewesen sind, hat die HJ genommen.
HEYDRICH Herr Granninger, wie sind Sie in die Schweinereien hineingeraten? Sind Sie auch verführt worden oder vielleicht selber widernatürlich?
GRANNINGER Ich gebe zu, bisexuell veranlagt zu sein.
HEYDRICH Kommen Sie aus zerrütteten Verhältnissen?

GRANNINGER Mein Stiefvater hat mir ständig erklärt, dass er keine Hand rührt, wenn er mich verrecken sieht. Er hat mich zum Stehlen verleitet. Wenn ich mich weigern wollte, hat er zugeschlagen. Mir ist eine Stelle im Deutschen Kaiser verloren gegangen, weil ich mich geweigert habe, ihm Geld zu geben für seine Saufereien. Er hat Krach geschlagen und dergleichen, so dass mir gekündigt worden ist.
HEYDRICH Wieso haben Sie sich auf die Straftaten eingelassen? Sie wissen, dass mann-männlicher Verkehr unter Strafe steht.
GRANNINGER Ich habe zu Ernst Röhm Vertrauen gefasst, weil ich ein Jahr arbeitslos gewesen bin. Ich bin schon ausgesteuert gewesen.
HEYDRICH Hat Röhm Sie zu den Straftaten genötigt?
GRANNINGER Ich habe geschaut, dass ich meine Anstellung nicht wieder verliere.
HEYDRICH Hat Röhm Sie erpresst, Sie irgendwie unter Druck gesetzt?
GRANNINGER Der Ernst hat mir ständig gesagt, dass ich nichts zu denken und nichts zu reden habe, sondern zu gehorchen.
HEYDRICH Trotzdem waren Sie Röhms Vertrauter.
GRANNINGER Der Ernst hat gesagt, ich soll die Jungen auch selbst nehmen, damit keine Schwätzereien entstehen und damit er sie besser in der Hand hat.
HEYDRICH Was geschah, wenn Röhm einen satt hatte?
GRANNINGER Zu mir sind trotzdem alle noch gekommen.
HEYDRICH Hatte Röhm Sie auch über? Was sagt Ihnen der Name Max Vogel?
GRANNINGER Das ist der persönliche Kraftfahrer vom Ernst.
HEYDRICH Wie persönlich? Gilt er nicht jetzt als Geliebter von Röhm? Waren Sie da plötzlich überflüssig? Oder wollten Sie ein bisschen mehr Geld herausschinden oder weshalb sind Sie bei ihm in Ungnade gefallen?
GRANNINGER Ganz plötzlich hat der Ernst gesagt, dass er mich in Dachau wegsperren lässt.
HEYDRICH Wann war das?
GRANNINGER Seit dem vorigen Jahr, im Herbst.
HEYDRICH Seit Herbst hat Röhm Sie bedroht und trotzdem sind Sie erst in diesem Jahr aus seiner Umgebung verschwunden?
GRANNINGER Ich habe an Gruppenführer Bergmann ein Gesuch schreiben sollen, damit ich in einer SA-Schule untergebracht werde.
HEYDRICH Was war das für ein Vorfall im Januar diesen Jahres, wo Jungen in Ihrer Wohnung zusammengeschlagen wurden?

GRANNINGER Jarosch und Henrich haben den Führer beleidigt, ist mir gesagt worden, und ich habe es dem Adjutanten Schätzl gemeldet. Der hat mit dem Ernst gesprochen. Es ist so gekommen, dass ich beide zu mir bestellt habe.
HEYDRICH Jarosch soll dann gesagt haben, dass er einsieht, dass ihm Prügel zusteht?
GRANNINGER Ihnen ist die Beleidigung vorgehalten worden. Ich habe gesagt, dass sie nach Dachau kommen, wenn sie schwätzen oder uns anzeigen, weil sie verprügelt sind.
HEYDRICH Und?
GRANNINGER Henrich habe ich in mein zweites Zimmer geschickt, wo die SA-Leute bereitgestanden sind, die ihn sich vorgenommen haben.
HEYDRICH Hatten Sie nicht eine persönliche Rechnung offen?
GRANNINGER Ich gebe zu, dass ich durch Henrich aus der Verbindung M.V. Gisela ausgeschlossen worden bin.
HEYDRICH Fassen wir zusammen, Herr Granninger. Sie haben seit 1931 unbescholtene Jungen zu widernatürlichen Unzucht herangeschafft, haben sie überredet und für Röhms Bedürfnisse abgerichtet. Dabei haben Sie mindestens bis Herbst 1933 ohne Zwangslage gehandelt. Kurz gesagt, für Sie geht es um Kopf und Kragen. Verheimlichen Sie mir noch etwas, dass Sie nicht ausgesagt haben über Röhm?
GRANNINGER Mir fällt nichts mehr ein.
HEYDRICH Welche Kontakte haben Sie noch zu Röhm?
GRANNINGER Im Moment keine.
HEYDRICH Seit März lernen Sie auf der SA-Schule Reichenbach in Schlesien, wo Sie jetzt immer noch sind.
GRANNINGER Ja.
HEYDRICH Sie kehren dorthin zurück. Sie werden nichts tun, was Röhm beunruhigen könnte. Verstanden? Sollte Röhm etwas von Ihnen wollen, werden Sie sofort Verbindung mit mir aufnehmen. Das könnte Ihnen helfen bei dem Prozess, der Ihnen bevorsteht.

NACHT DER LANGEN MESSER

Als Ernst Röhm aus dem Ersten Weltkrieg zurückkommt, ringen in ihm Liebe zum Soldatenberuf und Ekel vor der deutschen Republik. Er dient im Republiks-Heer, bis er, um seiner innersten Überzeugung zu folgen, den Abschied als Offizier nimmt. Diese Wende von 1923 erscheint als einschneidendste für ihn. Zehn Jahre später stellt sich heraus:
   Was Röhms Leben zerreißt, ist das Verwirklichen des Nationalsozialismus. Ob die SA (mit)bestimmt über Deutschland, damit über ihre eigenen Nöte und Probleme der Massen, entscheidet sich im Kampf um Positionen im Staat. Deckt Röhm deshalb prinzipiell Willkür, Morde, Gewalt – verliert er zeitweise-teilweise seine Klarheit, schwindet sein Urteilsvermögen? Was vermitteln Zeugen und Zeugnisse über ihn? Häufig fehlen Quellen, so dass etwa Selbstzweifel oder sein Privatleben sich kaum unmittelbar erschließen. Worauf verweisen die Lücken?

  In Publikationen wird die Person Röhm stets nur in Ausschnitten beleuchtet. Unaufgearbeitetes enthält sein Leben auch, weil es nicht zum politischen Gebrauch taugt. Zur Verherrlichung des Nationalsozialismus eignet er sich nicht, weil er als schwuler Führer das reine Bild verdirbt; und als Nazi bleibt er für die Schwulenbewegung tabu. Er ist für keine Gruppe, für keinen Gruppenkampf benutzbar. Röhm geht das Musterhafte ab. Norm-Wissen, Hörensagen münden in dreierlei: Er war der brutale SA-Landsknecht neben Hitler, er war ein Homo und hat er nicht einen Putsch angeführt?

  Wahrheit schwankt. Tatsachen liegen in Blickwinkeln, die aus Interessen entstehen. In einem Sinn des Echten können nur die, die es miterlebt haben und ihr Interesse vertreten, über ein Zeitalter etwas sagen. Röhm biografisch gerecht zu werden, bedeutet nicht, die Lehren folgender Generationen auf ihn zu stülpen. Wie vereinbart einer Homosexualität und nationalsozialistische Weltanschauung? Wie wird aus dem Sohn eines Münchner Eisenbahn-Oberinspektors der Stabschef von Hitlers 'Privatarmee'? Was war seinerzeit selbstverständlich? Welche Werte gelten? Was ist erlaubt, was verpönt – wie stellt Ernst Röhm sich dazu, quer oder angepasst – wie wirkt er dadurch auf Andere? Welche Gegner finden sich, im fremden und im eigenen Lager?

Hebt erst die Art, wie er stirbt, die Entfernung von sich selbst wieder auf? Die Innensicht ergibt sich aus Taten, die eine Lebenslinie punktieren. Röhm ist aus seiner Zeit zu erfassen wie aus seinem Körper, seiner Männlichkeit, aus Veranlagungen und Versagungen: Was treibt ihn, was reißt ihn mit? Welche Beeinflussungen, welche Einzelheiten, welche Einschnitte legen ihn fest? Im Juni 1934 steht Röhm nicht davor zu putschen. Anderthalb Jahre hat er zu den Herrschenden gehört, eins hat er nicht gezeigt: Machtgier. Beim Ausbau der SA ist er eisern, aber nicht zielstrebig. Eisern bringt er unter seinen Befehl, was neben der Armee an militärischen Verbänden existiert. Machtdrang hätte sich darin ausgedrückt, die SA unersetzbar zu machen: so dass, falls die SA putschen sollte, staatstragende Kräfte mitputschen müssten – Röhms SA ist nicht derart verankert, dass ihr Niedergang den Zusammenbruch Hitlerdeutschlands nach sich zieht.

Vom ersten Gestapo-Chef Diels stammt die Erkenntnis: »Zum Widerstand gehört die Konstitution zum Widerstand.« Die dafür im Nationalsozialismus nötige Wesensart fehlt Ernst Röhm. 1933 erbost ihn Hitlers österreichische Lässigkeit. Das trifft zu für Hitler als Organisator, nie in Machtfragen. Darin wirkt Röhm nicht zielstrebig, eher bayerisch stur: Als es um alles geht, fehlt ihm die Konstitution, Vorsätzlichkeit, Lust, gegen die 'Himmler und Anhimmler' zu intrigieren. Nach anderthalb Jahren Nationalsozialismus verschwindet Hitlers Stabschef im Frühsommer 1934. Wie geraten Sturheit und Staatsaktion ineinander bis zum tödlichen Ausgang? Weil Röhm es, schlicht gesagt, satt hat? Weil er am Tegernsee eigentlich zur Kur ist: mit 46 Jahren geplagt von hartnäckigem Rheuma und alten Verletzungen?

Den letzten Akt der Männerbeziehung, die Ermordung des Freunds, vollführt Hitler, indem er erregt beansprucht, alles persönlich anzuordnen und zu tun. Er gibt das Zeichen zum Abflug vom Rhein an die Isar. In München herrscht er Gauleiter Wagner an: „Was greifen Sie denn da vor. Ich allein entscheide, wie vorgegangen wird." In Bad Wiessee, als ihm in Röhms Hotel ein Begleiter die Flügeltür öffnen will, hastet er vorbei: „Das mache ich! Ihr bleibt zurück." Nur den letzten Vollzug, den Mord selbst, überlässt er zwei Männern von der SS, auf deren Dolch der Spruch steht: Deine Ehre ist Treue.

Hans Baur, Flugzeugführer:
Als wir gegen 4 Uhr morgens ... landeten, ... (war) Hitler ... außergewöhnlich erregt, fuchtelte dauernd mit seiner Nilpferdpeitsche ... und hieb sich dabei selbst mehrere Male stark auf den Fuß ... Flugleiter Hailer kam ... auf mich zu: „Du liebe Zeit, Baur ... Wo haben Sie denn eigentlich Ihr Flugzeug, die D-2600? Sie

sind ja mit einer ganz anderen Maschine geflogen ... Ich bin gestern abends spät vom Stabschef Röhm angerufen worden ... Er hat mich persönlich verlangt, um mir zu sagen, ... daß ich ihn sofort ... verständige, wenn Hitler ... nach München unterwegs sei." ... Die Tatsache, daß wir nicht als D-2600 ... gemeldet wurden, machte es ... unmöglich zu melden: Hitler ist auf dem Fluge nach München ... Röhm konnte keine Gegenmaßnahmen treffen und wurde von Hitler überrascht.

SA-Obergruppenführer Lutze:
Der Führer ... wird sofort von einigen Offizieren und SS-Führern ins Gespräch gezogen ... Dann kommt der Führer ... mit sehr ernstem Gesicht: „Den letzten Beweis haben mir die Verräter geliefert. Heute Nacht um 2 Uhr ist die SA ... vor der Feldherrnhalle aufmarschiert ..." ... Obergruppenführer Schneidhuber und der Gruppenführer Schmid ... sind nach Hause gegangen, nachdem die SA beruhigt war ... Sehr erregt fordert der Führer die Herbeischaffung der beiden ... Schneidhuber ... meldet sich beim Führer, der ... ihn mit den Worten: „Sie sind verhaftet und werden erschossen" abführen läßt ... Kommandos von SS (bekommen) ... die Namen der SA-Führer mit ..., die festgenommen werden sollen ... Indem diese abrücken, bestimmt der Führer, daß sofort er mit Goebbels und mir nach Wiessee fährt.

Erich Kempka (SS), Kraftfahrer:
Kurz vor Wiessee bricht Hitler plötzlich sein Schweigen: „Kempka", sagt er, „... warten Sie nicht ab, bis mir die Wache Meldung erstattet, sondern fahren Sie weiter ..." Und nach einer Weile tödlichen Schweigens: „Röhm will putschen." ... Vorsichtig ... fahre ich vor dem Hoteleingang vor. Hitler springt aus dem Wagen ... Gleich nach uns hielt ein zweites Fahrzeug mit einem in München zusammengestellten Begleitkommando der Kriminalpolizei.

SA-Obergruppenführer Lutze:
Der Führer ... geht ... die Treppe hinauf vor Röhms Zimmer ... Es dauert eine Zeit, dann öffnet sich die Tür ... der Führer mit der Pistole in der Hand ... nennt Röhm einen Verräter, was Röhm lebhaft abstreitet, befiehlt dann, daß er sich anziehe, und eröffnet ihm seine Verhaftung ... nach kurzer Zeit stehen wir vor Heines und einem anderen Mann, der in demselben Zimmer geschlafen hat ... „Lutze, ich habe doch nichts getan, helfen Sie mir doch", wendet sich Heines laut und wehklagend an mich ... Die Kriminalbeamten ... nahmen ihn fest.

Erich Kempka (SS), Kraftfahrer:
Zwei Kriminalbeamte bringen Röhm ins Vestibül des Hotels hinab, wo er sich in einen Ledersessel wirft und ... Kaffee bestellt ... Oben ... aus den Zimmern treten SA-Führer ... Jeden von ihnen herrscht Hitler an: „Haben Sie etwas mit den Machenschaften Röhms zu tun?" ... dann kommt seine Entscheidung: „Verhaftet!" Aber es gibt andere, die er freiläßt ... Plötzlich ... das Geräusch eines ankommenden Autos ... Ich sehe, wie Brückner mit dem Sturmführer der SA verhandelt. Der Mann scheint sich zu weigern ... Da tritt Hitler auf ihn zu: „Sie fahren augenblicklich nach München zurück!"

Robert Bergmann, persönlicher Adjutant Röhms:
In den frühen Morgenstunden des 30. 6. 1934 wurde ich durch ein großes Gebrüll aufgeweckt ... SS-Oberführer Schreck ... sagte zu mir: „Haben Sie eine Waffe? Sie sind verhaftet!" ... Hitler riss mir die Adjutantenschnüre ab. Wir wurden in die Kellerräume des Hotels verbracht ... Vom Fenster aus sah ich, dass in den Hof ... bewaffnete SA einfuhr; es war die 'Stabswache des Stabschefs' ... wäre der junge Führer der Befehlshypnose Hitlers nicht unterlegen, hätte dies vielleicht für uns eine Rettung bringen können.

Wilhelm Brückner, Adjutant Hitlers:
Ein voll besetzter Lastwagen mit der bewaffneten Stabswache ... wurde von Hitler persönlich ... zurückbeordert, verließ auch Wiessee, nahm aber außerhalb des Ortes wieder ... Stellung ein, so daß die Rückfahrt nach München über Eger-Tegernsee angetreten werden mußte.

Hans Ludin, Führer der SA-Gruppe Südwest, Karlsruhe:
Ich war ... nach Bad Wiessee befohlen ... Ich wurde mit einer Reihe anderer SA-Führer auf offener Straße durch die entgegenkommende Kolonne des Führers angehalten ... der Führer ging von einem zum andern, jeden betrachtend, mit einem Blick, den ich zum ersten Mal so empfand, wie er mir immer geschildert wurde, ... den ich nun auch als 'magisch' empfand ... als er bei mir angekommen war, sagte er ohne Betonung und gleichsam in Gedanken verloren: „Ludin",– und ich wußte nicht, ob ich damit zum Tode oder zum Leben verurteilt war.

SA-Brigadeführer Max Jüttner:
Früh ... ging ich ... an den Hauptbahnhof, um mich bei meinem aus Berlin kommenden Chef, Obergruppenführer von Kraußer, zu melden ... Kraußer

... in Begleitung von 2 Zivilpersonen ... erklärte, er sei verhaftet, ... gab mir den Auftrag, an seiner Stelle nach Bad Wiessee zu fahren ... halbwegs Tegernsee wurden wir ... angehalten ... Hitler erklärte im barschen Tone: „Ich ... habe Stabschef Röhm verhaften lassen. Dieser hat mit Schleicher einen Putsch gegen mich und die Staatsführung vorgehabt; alle beteiligten SA-Führer werden erschossen." ... Wir waren bestürzt und empört über die nach unserer Ansicht völlig haltlose Verdächtigung.

Deutsches Nachrichtenbüro, 30. Juni 1934:
In den letzten Wochen wurde festgestellt, daß der frühere Reichswehrminister ... von Schleicher mit den staatsfeindlichen Kreisen der SA-Führung und mit auswärtigen Mächten staatsgefährdende Verbindungen unterhalten hat ... Bei der Verhaftung ... widersetzte sich General a. D. Schleicher mit der Waffe. Durch den dabei erfolgten Schußwechsel wurden er und seine dazwischentretende Frau tödlich verletzt.

Reichspressestelle der NSDAP:
»Ich habe mit dem heutigen Tage den Stabschef Röhm seiner Stellung enthoben und aus Partei und SA ausgestoßen. Ich ernenne zum Chef des Stabes Obergruppenführer Lutze. SA-Führer und SA-Männer, die seinen Befehlen nicht nachkommen, werden aus SA und Partei entfernt bzw. verhaftet und abgeurteilt. Adolf Hitler. Oberster Partei- und SA-Führer.«

Willi Grimminger (SS), Kraftfahrer:
Röhm leistete keinen Widerstand, ... ging hinunter in die Hotelhalle, zündete sich eine Zigarre an und unterhielt sich so laut, daß man es im ganzen Haus hören konnte ... Vogel, der Chauffeur Röhms, war auch guter Dinge. Er sagte zu mir: „Jetzt könnt ihr uns ja verhaften, weil ihr uns überrumpelt habt. Aber morgen seid ihr dran." ... Ich mußte mit meinem Wagen ... den Stabschef Röhm abtransportieren. Das Ziel hieß Landsberg. Unterwegs aber erhielten wir ... einen neuen Befehl überbracht: Ziel Strafanstalt Stadelheim.

Wie aufwendig, genau und geheim die Vorbereitungen gegen die SA erfolgt sind, zeigen die Frühstunden des 30. Juni. Reichswehroffiziere empfangen am Münchner Flugplatz Hitler, der bald darauf nach Bad Wiessee rast. Im Hotel von Röhm übernachten etliche SA-Führer. Die Tagung mit ihnen ist kurzfristig angesetzt worden – von Hitler; jetzt will er die SA-Führer aus dem Schlaf heraus festnehmen. Dazu sind im Vorfeld folgende Befehle ergangen:

Am Nachmittag des 29. Juni stellt die SS-Wache des KZ Dachau alle im Dienst entbehrlichen Männer ab; Busse der Reichspost befördern sie zur Straße München – Wiessee, wo sie Posten beziehen bis zum Morgen. Um 4.30 Uhr wird in München eine Einheit kasernierter SS in Marsch gesetzt und vor Wiessee stationiert, um den Ortseingang abzuriegeln und Insassen von Autos zu kontrollieren. In der Nacht zum 30. Juni wird ein Verband 'österreichischer Flüchtlings-SS' auf Armeewagen verladen und zu Absperrungen in den Raum Wiessee überführt. Während Hitler gegen Röhm vorgeht, sind also im Umfeld zusammengezogen: das Gros der Wachmannschaft und zwei Kompanien Verfügungstruppe aus Dachau, 30 Mann kasernierte SS aus München sowie 800 Mann 'Flüchtlings-SS'.

Nach Hitlers Abfahrt rückt die Dachauer SS in eine Kaserne und soll (so ihr Führer) »eventuell auftretende Unruhen im Verein mit Polizei und Reichswehr unterdrücken«. Hitlers Hast bewirkt, dass die eigentlich als Schutz vorgesehene SS-Leibstandarte zu spät kommt; bei Landsberg stehen Militärfahrzeuge zum Transport bereit; den Weg nach Wiessee weist ihr der Chef des SD-Oberabschnitts Süd; danach bezieht die Leibstandarte Quartiere in Münchner Kasernen. Nur an einem Punkt tritt die Reichswehr hervor: Weil die NSDAP-Zentrale einen Angriff der SA befürchtet, befiehlt das Wehrkreiskommando »Luftschutz für Braunes Haus« und ein Zug Infanteriesoldaten geht mit schweren Maschinengewehren in Stellung.

Mittags spricht Hitler vor den überbliebenen SA-Führern. Er verkündet »seine unerschütterliche Verbundenheit mit der SA« wie »den Entschluss ..., disziplinlose und ungehorsame Subjekte sowie asoziale oder krankhafte Elemente von jetzt ab unbarmherzig auszurotten«. Er betont, »dass er jahrelang Stabschef Röhm vor schwersten Angriffen gedeckt habe«, »dass aber die letzte Entwicklung ihn zwinge, über jedes persönliche Empfinden das Wohl der Bewegung und damit des Staates zu stellen, dass er vor allem jeden Versuch, in lächerlichen Zirkeln ehrgeiziger Naturen eine neue Umwälzung zu propagieren, im Keim ersticken und ausrotten wird.« Diese von Hitler für die REICHSPRESSESTELLE der NSDAP formulierte Mitteilung gibt nur verhüllt seine Rede und gar nicht die wirre Atmosphäre wieder. Ein SA-Führer erlebt: Hitler stürzte »wie ein Verrückter zur Türe herein. Als er den Mund zum Sprechen öffnete, schoß ihm ein Ballen Schaum aus dem Munde ... Mit einer Stimme, die sich vor Aufregung mehrmals überschlug«, behauptete er: »Der größte Treuebruch der ganzen Weltgeschichte hätte sich bei Röhm und in seiner Umgebung abgespielt, Röhm ... habe ihn verhaften und töten wollen, um Deutschland an seine Feinde auszuliefern, François-Poncet sei auf der anderen Seite der Hauptakteur, er habe Röhm ... 12 Millionen Mark Bestechungsgelder gegeben«. Ein nächster Ohrenzeuge überliefert Hitlers Anklage: »In Wiessee habe er eine Lasterhöhle vorgefunden. Ein höherer SA-Führer, damit war Heines gemeint, mit einem Jüngling im Bett.« Wie später vorm Reichstag rechtfertigt sich Hitler, indem er Röhms Leben als »ausschweifend und volksschädigend« verdammt. Röhms ihm seit Jahren bekannte sexuelle Neigung – zur Schuld aufgebauscht – dient dazu, das blutige Gemetzel als große Reinigungsmaßnahme populär zu machen.

Während Hitler spricht, ist die Beseitigung der 'Verschwörer' in vollem Gang. Heydrichs SD arbeitet seine Liste ab. »Zunächst war angeordnet, daß die zu Verhaftenden nach Dachau zu bringen wären und dort exekutiert würden«, bemerkt SD-Oberabschnittsleiter Best: Bald kommt »aus Berlin der Befehl«, die Erschießungen beschleunigt, auf der Stelle auszuführen. Für die Grobarbeit des Hinrichtens lässt Best die 'österreichische Flüchtlings-SS' heranziehen. Seinen SD-Leuten droht die Todesstrafe, falls sie über ihre Kommandoaufträge reden. Scharführer Kurreck fällt am Nachmittag »ein Fernschreiben von Berlin bei der Gestapo in München« auf: »Wie ich ... Namen gelesen habe wie Kahr, Seisser, Dr. Gerlich, war mir klar, dass bei dieser Aktion alte Rechnungen mit beglichen werden«.

Ein SD-Mitarbeiter ist beauftragt, »die Villa Röhms ... zu durchsuchen, insbesondere das Aktenmaterial sicherzustellen und bei dieser Gelegenheit auch nach dem Frisör Röhms zu fahnden ... das vorgefundene Aktenmaterial ... wurde später von mir und anderen gesichtet und dann verbrannt. Belastendes gegen Röhm hat sich dabei nicht ergeben.«

Im Braunen Haus verbleibt eine kleine Runde: Heß, Goebbels, Röhm-Nachfolger Lutze, Gauleiter Wagner. Jeder hat Bekannte, die er retten, und Missliebige, die er loswerden will. Heß redet von seiner Pflicht, Röhm zu erschießen. Die in Wiessee übermannten oder in München aufgegriffenen SA-Führer sitzen im Gefängnis Stadelheim. Der Direktor liefert ein Verzeichnis von über 20 Verhafteten. Wer soll mit dem Leben büßen? Hitler bestimmt, sechs 'Hochverräter' sofort zu exekutieren: Edmund Heines, SA-Gruppenführer, Polizeipräsident in Breslau – Hans Hayn, Gruppenführer in Sachsen – Hans Peter von Heydebreck, Gruppenführer in Pommern – August Schneidhuber, Obergruppenführer, Polizeipräsident von München – Wilhelm Schmid, Gruppenführer in München – Hans Erwin Graf Spreti, Adjutant des Stabschefs. Am Schicksal von Ernst Röhm scheiden sich die Geister.

Hans Frank, bayerischer Justizminister:
Was war Röhm gestern noch für ein Name mit Macht, Kraft und Einfluß ... Ich ließ mir seine Zelle öffnen und trat ein. Er war sehr erfreut und sagte mir: ... „Herr Dr. Frank, ich bin Soldat, immer nur Soldat gewesen. Der Führer ist in den Händen des Einflusses meiner Todfeinde. Passen Sie auf, er zerstört jetzt die ganze SA! Mir geht es nicht um mein Leben, aber, bitte, kümmern Sie sich um meine Angehörigen, diese sind als Frauen völlig auf mich familiär angewiesen!" Seine Augen schauten mich ernst und flehend besorgt an. Ich fand sein Gesicht in diesem Augenblick geradezu jungenhaft-gutmütig ... ein Abschied fürs Leben. Röhm drückte mir meine Hände und sagte: „Alle Revolutionen fressen ihre eigenen Kinder."

Ferdinand von Ysenburg, Adjutant von Reichsstatthalter Epp:
Vor dem Abflug Hitlers fand auf dem Flugplatz eine letzte Besprechung statt. Hier hörte ich, dass Hitler Röhm wegen seiner Verdienste ... begnadige ... Epp ordnete noch persönlich an, dass man Röhm in Stadelheim stärkeren Kaffee geben solle.

An 30. Juni 1934 treffen die Röhm-Vernichter auf keine Gegenwehr. Der Ablauf verzögert sich nur ein einziges Mal – in der Haftanstalt Stadelheim: Hitler hat die zu Exekutierenden ausgewählt. SS-Führer Dietrich erhält einen Zettel ohne Unterschrift; der Gefängnisdirektor gibt die Häftlinge nicht heraus. Dietrich fährt wieder zum Braunen Haus. Dort stellt Gauleiter Wagner eine Art Erschießungsbefehl aus, indem er auf dem Gefangenenverzeichnis sechs Namen anstreicht und notiert: »Auf Befehl des Führers sind an SS-Gruppenführer Dietrich die Herren auszuliefern, die dieser des Näheren benennt.« Als Dietrich ins Gefängnis zurückkommt, hat der Direktor inzwischen Justizminister Frank zu Hilfe gerufen.

Robert Koch, Direktor des Strafgefängnisses Stadelheim:
Frank ... beauftragte Ministerialrat Dr. Meukel, im Braunen Haus anzurufen ... Meukel erklärte, dass Heß unwillig darüber gewesen sei, weil die Exekutionen noch nicht vollzogen waren ... Die 6 Gefangenen ... nahmen ... neben der Kirche Aufstellung ... SS-Gruppenführer Dietrich ... erklärte: „Sie sind vom Führer zum Tode verurteilt worden, Heil Hitler!" ... Schneidhuber beteuerte noch, als er an der Wand stand und der ... SS-Dienstgrad bereits die Befehle gab, seine Unschuld.

Zugführer Franz K., bayerische Landespolizei:
Als dann das Kommando ... gegeben wurde, rief Heines noch: „Kameraden, schießt gut." ... Ich bekam ... den Sonderauftrag ..., im Falle die SA das Gefängnis stürmen sollten oder wollten, Röhm sofort zu erschießen. Den gleichen Auftrag erhielten ... die anderen Zugführer.

SA-Gruppenführer Karl Schreyer:
Um ½12 Uhr nachts kamen vier Gestapo-Beamte mit schußbereiten Pistolen zu uns ins Schlafzimmer und verhafteten mich ... Daß ich ... noch lebe, beruht darauf, daß ich von zwei wartenden Autos in das unrichtige eingeladen wurde, nämlich in das, welches zum Flughafen fuhr ... In Berlin, im Columbia-Gefängnis ... traf ich mit Obergruppenführer von Kraußer, Gruppenführer von Detten und Oberführer von Falkenhausen zusammen ... Ich schaute hernach in die Zellen ... in der Zelle Kraußers lag seine SA-Führermütze, darin die Orden ... An der Türe dieser drei Kameraden war bemerkt (mit Kreide) »erschossen – Lichterfelde«.

Minna Ernst, Frau des Berliner SA-Führers Karl Ernst:
Mein Mann wurde am 30. Juni 1934 ... in Bremen ... festgenommen ... Ich habe von dem ... Fahrer meines Mannes ... erfahren, daß die Kriminalbeamten bei ihrer Verhaftung meines Mannes offenbart hatten, daß sie auf direkte Anweisung Görings handelten.

Martin K., mitverhafteter Begleiter von Karl Ernst:
Wir wurden in rasendem Tempo nach Groß-Lichterfelde zur Kaserne der Leibstandarte ... gefahren. Hier mußten wir, wieder unter den wildesten Anpöbeleien und Schlägen durch ein Spalier laufen und kamen ... in einen Raum, wo eine größere Anzahl hoher SS-Führer versammelt war ... sofort stürzten sich 2 bis 3 SS-Banditen auf Ernst und rissen ihm in rohester Weise seine Rangabzeichen und Auszeichnungen ab ... Ernst (konnte) sich wegen seiner Fesselung nicht wehren ... Ernst habe ich nicht wiedergesehen und hörte nur, daß er ... erschossen worden ist. Ebenso sein Adjutant, der 19-jährige von Mohrenschildt.

Polizeifunkdienst 30. 6. 1934, 16.20 Uhr:
an alle – wagen roehm a 24959 horch dunkelblau cabriolet 5sitzer sicherstellen insassen und fahrer festnehmen zur politischen polizei münchen verbringen – politische polizei münchen

SS-Brigadeführer Wolff, Chefadjutant Himmlers:
Das Hauptquartier Himmler befand sich während der Aktion vom 30. Juni in der Villa Göring (Eingang Leipziger Platz 11a). Heydrich saß ..., kaum zweihundert Meter davon entfernt, in der Prinz-Albrecht-Straße (Gestapo). Von der Villa Göring aus sind in der Zeit vom 30. Juni bis 2. Juli 7 200 Telefongespräche geführt worden.

Am 1. Juli 1934 tritt Hermann Göring in Berlin vor die deutsche Presse: »Seit Wochen und Monaten« würden verantwortliche Dienststellen, »meine und die des Reichsführers der SS«, beobachten, »daß ein Teil der obersten SA-Führer sich von den Zielen der Bewegung und des Staates abgewandt haben und ihre eigenen Interessen, ihren eigenen Ehrgeiz und zum Teil auch ihre unglückliche Veranlagung in den Vordergrund stellten«. Der Führer hätte in München und in Wiessee »kurzen Prozeß gemacht. Vor Tagen hat er mir den Befehl gegeben, auf Stichwort hier zuzuschlagen ... Das war das Verwerfliche, daß die Oberste SA-Führung das Phantom einer zweiten Revolution gegen die Reaktion errichtete und selbst mit ihr eng verbunden war.« Zum »Hauptmittelsmann« erklärt Göring »General Schleicher, der die Verbindung knüpfte zwischen Röhm, einer ausländischen Macht und zu jenen ewig unzufriedenen gestrigen Gestalten. Ich habe meine Aufgabe erweitert, in dem ich auch gegen diese Unzufriedenen einen Schlag führte.«

Görings Darstellung zeichnet aus, dass er die Hauptsache übergeht. Kurzer Prozess bedeutet Ausrottung wesentlichen Widerstands nicht nur der SA. Ohne Bezug zum so genannten Röhm-Putsch werden in Dachau Kommunisten hingerichtet. Andernorts nutzen Partei- oder SS-Führer die Situation, um persönliche Feinde auszumerzen. Sie folgen darin ihren obersten Herrn. Während Göring seine 'Aufgabe erweitert', beenden Himmler und Heydrich ihr Vernichtungsprogramm. Neben dutzenden SA-Leuten betrifft es Oppositionelle aus Berliner Regierungsstellen. Der frühere preußische Polizeichef Klausener und Mitarbeiter aus Papens Vizekanzleramt werden unterm Vorwand des Staatsnotstands erschossen.

Die Listen erfassen noch einen Kreis, der verschwinden soll: Genossen, also Zeugen, aus der Frühzeit der Bewegung. Hans Schweighart, zuletzt Adjutant bei Röhms Stellvertreter Kraußer, kennt viele Einzelheiten von Femeforden der zwanziger Jahre. Gefälschte Pässe für Fluchten und Grenzübertritte besorgte Bernhard Stempfle, einst Herausgeber des Miesbacher Anzeigers; Stempfles Redakteurslaufbahn gelangte zum Höhepunkt, als ihm Hitler die Korrektur von »Mein Kampf« anvertraute.

Das Sterbebuch von Dachau verzeichnet (als Nr. 22 und 27) Schweighart und Stempfle am 1. Juli 1934. Am Vortag ist Gregor Straßer getötet worden. Ihm hatte als Sekretär der junge Himmler, dann Goebbels gedient. Straßer, zweitmächtigster Führer der NSDAP, ist von sich aus zurückgetreten. Im April 1934 hat Hitler sich verständigen und ihn in die Regierung holen wollen; Straßer soll seine Zustimmung daran geknüpft haben, dass Goebbels und Göring entmachtet werden.

Im Polizeigefängnis sitzt Hauptmann Paul Röhrbein, seit Frontbann-Zeiten mit Röhm verbunden und mit dem Berliner SA-Führer Ernst. Vor Mitgefangenen prahlt Röhrbein, »nicht nur beim Reichstagsbrand, ... überhaupt bei der Aufstellung der nationalsozialistischen 'Rollkommandos' führend beteiligt« gewesen zu sein. Die SS exekutiert ihn in Dachau.

Ein weiterer Röhm-Freund wird durch Genickschuss beseitigt: Gastwirt Karl Zehnter vom Bratwurstglöckl.

SA-Obertruppführer Erich Schieweck stirbt, weil er seinen Vorgesetzten Heines begleitet, da dessen Bursche in Breslau verschlafen hat.

Ein SS-Kommando ermordet im württembergischen Ellwangen Polizeipräsident Mattheiß, der sich als SS-Führer einmal Himmler widersetzt hatte, was nun als Treuebruch geahndet wird.

Einem anderen Racheakt dieses Wochenendes sind namhafte Münchner ausgesetzt. Der Journalist Fritz Gerlich schien 1923 Hitler zu unterstützen, entschied sich aber im Jahresverlauf für Generalstaatskommissar Kahr, der zunächst am Hitler-Putsch teilzunehmen schien und ihn dann niederschlug. Bei der Vergeltung 1934 werden sowohl Gerlich als auch Kahr nach Dachau verschleppt und kommen dort um.

Völkischer Beobachter, 1.7.1934

Röhms Grab auf dem Münchner Westfriedhof – »Sämtliche Erschossene wurden seinerzeit im Perlacher Friedhof bestattet ... Die Leiche Röhms wurde später exhumiert und ... im Familiengrab beigesetzt. Ich erfuhr dies von der Schwester Röhms, die einmal zu mir kam und mit Erlaubnis der Gestapo die Zelle, in der Röhm erschossen wurde, besichtigen durfte.« (Robert Koch, 1934 Direktor des Gefängnisses Stadelheim) Nach einer anderen Quelle wurde die exhumierte Leiche Röhms verbrannt.

Karl Leon Graf du Moulin schreibt im Mai 1938 an Himmler: »Lieber Heini! Nachdem ich dir bei meiner letzten Audienz mitteilen konnte, dass die Kreisleitungen Neuburg und Waldmünchen mir gegenüber einwandfrei sind, platzte heute eine Bombe ... Frl. Dr. phil. Pressmar wird ... vorgeworfen mit mir ... verkehrt zu haben. Nachdem ich zwei Jahre in Dachau war, wird durch den Verkehr mit mir ihre politische Zuverlässigkeit unter Beweis gestellt, so dass ihre Dienststelle es für notwendig fand eine Mitteilung an die ... Kreisleitung Neu-Ulm zu machen ... Bei meiner vorletzten Audienz ... frug ich ..., ob Frl. Dr. Pressmar durch mich irgendwelche Schwierigkeiten entstehen könnten. Dies wurde von dir verneint, ja sogar der Umgang mit einer Vorgeschichtlerin begrüßt. Am 1. April ... rief ich Frl. Dr. Pressmar in ihrer Dienststelle ... an, mit der Bitte nach Eintritt des Todes meines guten Vaters, die Totenmaske abzunehmen. Dieses Telefongespräch fand im Zimmer ihres Vorgesetzten Herrn Dr. Eberl – Katholischer Geistlicher – und hauptamtlich Gauheimatpfleger von Schwaben Neuburg, statt. Nachdem das Gespräch im „Du" geführt wurde, so wurde daher von seiner Seite eine ganz schwere Infektion politischer Unzuverlässigkeit angenommen, die vorstehende Meldung verursachte. Ich bitte dich von ganzem Herzen mich unter deine schwarzen Fittiche zu nehmen und ganz besonders zu veranlassen, dass Frl. Dr. Pressmar weiterhin keine Schwierigkeiten entstehen ... In aufrichtiger Dankbarkeit für deine stetige Hilfe mit Heil Hitler! Dein alter, bereits grauhaariger Leu«.

Du Moulin hat den angeblichen SA-Putsch nur durch Glück überlebt. Seit 1932, seit dem parteiinternen Mordplan begleiten ihn Attentate. Zunächst wird ein Rad seines Opels gelockert. Anfang 1933 erfährt er, sein Leben wäre bedroht; er sucht Zuflucht beim mit ihm befreundeten argentinischen Konsul. Im März 1933 nimmt du Moulin den SA-Dienst in Wien wieder auf. An dem Tag, an dem jemand versucht, ihn mit Arsen zu vergiften, entzieht Hitler ihm die Untergruppe Wien. Du Moulin beantragt ein SA-Ehrenverfahren gegen sich.

Er wird nach Reichenhall befohlen, als Röhm triumphiert und seiner SA – scheinbar – den Stahlhelm einverleibt. Am Ende lädt die SA-Führung zum Besuch des Chiemsees ein. Bei hellem Sonnenschein rollt eine Wagenkolonne durchs Chiemgau. Hitlerjugend winkt an den Straßen, von den Feldern grüßt man den Reichskanzler und den SA-Stabschef. In Prien an der Dampferstation kommen sie kaum durch die begeisterte Menge.

Böller krachen. Der größte Dampfer legt ab. Auf dem Deck sitzen zwei Freunde, Röhm und sein ehemaliger Adjutant, Schulter an Schulter.

„Wann bestellt mich die SA zum Ehrenverfahren?"
„Leu, die Sache ist erledigt."
„Eine solche Erledigung kann ich nicht akzeptieren."
„Du bist neu berufen worden und rehabilitiert."
Die Hitze macht schläfrig und friedlich. Von der Jachtschule am Chiemsee, dem 'bayerischen Meer', jubeln ihnen braun gebrannte Mädchen zu. Sie werden einmal, sagt Röhm undeutlich ironisch, die gesunden Mütter bis ins Mark deutschen Nachwuchses sein.

Auf der Fraueninsel warten Pimpfe mit Blumen. Vorm Kurhotel steht das Mittagessen bereit. Nach dem Likör in der Klosterschänke legt der Dampfer ab zur Herreninsel. Sie machen eine Stippvisite im Schloss Ludwigs II., das Versailles nachempfunden ist: Kandelaber für 2 500 Kerzen und Kristallkronleuchter schmücken den Spiegelsaal.

Wieder im Freien, die Sonne stimmt versöhnlich, setzt Leu du Moulin neu an zum Gespräch. Er bittet:

„Ich möchte meinen Abschied, Ernst. Mir fehlt die Führernatur."

„Ich lasse keinen fallen, dich zu allerletzt. Du bist der selbstloseste, von allen Treuen. Wieviele Freunde hab ich?"

„Warum willst du gegen Hitlers Willen an mir festhalten?"

„Es wäre völlig falsch, jetzt den Dienst zu verlassen. Ich könnte dich nicht mehr schützen. Deinen Feinden wärst du erst recht ausgeliefert. Leu, ich gebe dir eine Untergruppe in Schlesien. Du bist bei Heines gut aufgehoben."

Diese Versetzung nach Schlesien wird einer der sehr seltenen Fälle, in denen ein Röhm-Befehl zurückgenommen wird von Hitler. Er bestimmt, dass du Moulin die Diplomatenlaufbahn einschlagen soll. Doch das Auswärtige Amt fordert ihn nicht an, die Monate verstreichen. Du Moulin wechselt schließlich zur SA-Gruppe Sachsen, wo er am Palmsonntag 1934 einen Großaufmarsch leitet. Von seiner Arsenvergiftung sind Lähmungen geblieben; um sie auszuheilen, fährt er zur Kur. Den 30. Juni erlebt er in Wiesbaden, hier wird er verhaftet. Weil das für ihn vorgesehene Flugzeug einen Maschinenschaden hat, trifft du Moulin erst am 2. oder 3. Juli in Berlin bei der Gestapo ein.

Die nächsten Stationen lauten KZ Lichtenburg, Polizeikrankenhaus Berlin, Untersuchungsgefängnis Neudeck. In Bayern ist er beim Prozess gegen Peter Granninger mit angeklagt »wegen widernatürlicher Unzucht und Kuppelei«. Du Moulin erhält einen Freispruch; im Dezember 1934 bringt ihn ein Schutzhaftbefehl ins KZ Dachau. Im Dezember 1936 soll er entlassen werden – wenn er sich schuldig bekennt. Du Moulin lehnt ab. Himmler lässt ihn vorführen. Der Reichsführer SS, ein Gefährte besserer Tage, klärt ihn auf:

„Du hattest Glück, du bist zum Erschießen zu spät nach Berlin gekommen."

„Weshalb?"

„Wo gehobelt wird, fallen Späne."

„Ich soll eine Schuld bestätigen, die nicht meine ist."

„Du bist auf Befehl Hitlers ins Konzentrationslager eingeliefert worden. Nur er trifft die Entscheidung über deine Entlassung."

„Wie soll mein Geständnis aussehen?"

„Dass du wusstest, dass Röhm in deiner Wohnung widernatürliche Dinge getrieben hat. Ich versichere dir, dass dein Schuldbekenntnis niemand liest außer dem Führer und mir."

„Ich komme nur in Freiheit, wenn ich mich dem Befehl beuge?"

„Sonst verschwindest du auf Nimmerwiedersehen in einem Lager. Ich verlange dein Ehrenwort, dass du zu keinem über Erlebnisse aus deiner Gefangenschaft sprichst. Ich verbiete dir jede politische Betätigung, die Teilnahme an Versammlungen sowie den Verkehr mit Bekannten und Freunden unter den SA- und SS-Führern und Parteiamtswaltern."

„Das Letzte fällt mir sogar leicht zu versprechen."

Nach seiner Entlassung darf sich du Moulin zuerst nur im Umkreis von fünfzehn Kilometern um das ererbte Schloss Bertoldsheim bewegen. Später benötigt er für jede größere Reise eine Genehmigung. Leu du Moulin würde nach Jahren gern wieder an den Starnberger See fahren. Die Zeit seiner Strafzettel wegen überhöhter Geschwindigkeit ist längst vorbei.

Er war lange jung, gefühlvoll. Er klappt das Verdeck zurück im dunkelblauen Horch-Cabriolet. Die Zugluft kühlt wenig, so heiß ist es. Sie fahren vorbei am Park Ludwigs II., vorbei an der Gedächtniskapelle und dem Kreuz im Wasser, das den Ort bezeichnet, von dem der König in den Tod ging. Heute bläst kein Wind, keine Welle bewegt den See vor ihnen.

Ernst Röhm zieht ein Taschentuch, wischt sich den Schweiß aus dem Nacken. Seit der Rückkehr aus Bolivien nimmt er zu, er quillt auf wie jener OC-Mann Salomon, der jetzt Bücher schreibt. Sonnenlicht zeichnet Röhms Gesicht nach: Die rechte zernarbte Seite ist nah zu erkennen. Hier, wo sie ganz offen sind, schwimmen alte Gespräche in ihre Unterhaltung.

„Hast du dich von den Eltern verabschiedet, Hauptmann, aufrichtig?"

„Wie jedes Mal. Vom Glück kann man sich nichts erwarten."

Sie blicken zum östlichen Himmel, in Richtung München.

Das Seeufer verschwindet hinter ihnen. Zwischen Waldhügeln und Villen durchfahren sie das helle Licht. Dann lassen sie den Wagen stehen.

Ein Fußweg führt zur Rottmannshöhe.

Vor ihnen thront ein Steinkoloss, ein Bismarckturm. Zur Einweihung – es muss in der dritten Schulklasse gewesen sein – hat Ernst Röhm hier Limonade getrunken. Durch Zinnen erblicken sie den See, hunderte Meter tiefer. Auf der Gegenseite sehen sie die Isarberge und die bayerischen Alpen. Du Moulin liegt an dieser Stunde, die sie ganz für sich verbringen.

„Ich frage mich, wann wir wieder so in Ruhe reden können."

„Leu, findest du es schön, immer Hauptmann zu sagen?"

„Einige im Korps wundern sich, wieso wir zusammenhalten."

„Wem Freundschaft nichts wert ist, dem steht kein Urteil zu! Wenigstens einen Menschen braucht jeder."

Hauptmann Röhm will lostreten gegen die Steinzinnen. Leu du Moulin steht ihm im Weg, verstellt ihm den Ausgang. Ernst Röhm knurrt:

„Was erwartest du in München? Wenn wir marschieren, läuft alles mit uns im Tritt? Dann bricht die Feindschaft erst auf! Wir sind die Kämpfer der NSDAP? Leben wir im Frieden?"

„Deutschland hat kapituliert damals."

„Leben wir im Dritten Reich? Die guten Bürger passen sich an."

„Unsere Parteigenossen sind längst mittendrin."

„Was sich als so großartig als Ordnung hinstellt, muss verdächtig gemacht werden."

„Die zweite Revolution."

„Den Ausdruck habe ich nicht eingeführt und nie gebraucht. Für mich ist die erste Revolution längst noch nicht fertig. Was ist bisher Radikales erreicht? Für uns genügt es nicht, im Reichstag zu kokeln, mit viel Lärm darüber."

„Eine Guillotine habe ich zum ersten Mal erlebt, als van der Lubbe hinaufgeführt wurde. Ich habe mir immer einen Bruder gewünscht."

„Nach dem Brand ein Mord! Der arme Lubbe musste dafür sterben."

„Ein paar Berliner SA-Leute sind auch von der Bildfläche verschwunden."

„Einer weiß, wo sie verscharrt sind. Das Ganze war schlauer gedacht als ausgeführt."

„Wir hätten keinen Skandal provoziert."

„Für die SA sage ich, das hätten wir besser gemacht. Vielleicht hat ein Teufel gemeint, den Wunsch zu erfüllen, den Hitler sich selbst nicht gestatten wollte. Die Masse glaubt ihm."

Ernst Röhm, im Grimm, zieht die Fäuste aus den Taschen.

Mit einem Mal lächelt er über seine alte Ordonanz, die zappig die

Hände faltet. „Also, paffen wir." Röhm zieht seine Virginia hervor, er erwartet wohl keine Entgegnung.

„Leu du Moulin zündet sich eine Zigarette an.

„Ich kenne keinen guten Bürger, der »Mein Kampf« durchgelesen hat."

„Dabei könnte es ihn beruhigen. Revolution? Stad, stad, dass es uns ned drahd! Hitlers Lavieren steht schon drin: »Sinn und Zweck von Revolutionen ist nicht, das ganze Gebäude einzureißen, sondern schlecht Gefügtes und Unpassendes zu entfernen und an der freigelegten Stelle weiterzubauen.« Das ist gerade der Irrtum."

„Der Führer ist unfehlbar."

„Ob's ach so normalen Bürgern passt oder nicht, Hitler gehört zur Demokratie. Weißt du, was schön war an der Weimarer Republik? Sie hat nicht für endgültig gegolten. Ich durfte sagen, dass ich sie von Grund auf bekämpfe. Die Geldsäcke, die stärksten Tiere hausen wie im Urwald. Für einen Urwald kann ich keine Pläne machen, für einen Garten schon."

„Was stellst du dir vor unter Sozialismus?"

„Wenn wir soweit sind, findet sich's. Deutschland, erwach aus deinem bösen Traum."

„Das ist manchen zu radikal."

„Nur die Jugend hält nicht fest am Elend, bloß, weil sie es gewohnt ist."

„Die Jungen suchen sich selbst. Bestätigung."

„Wer stirbt zweimal? Jung ist ungehalten, vorwärts! Dass hebt sich wie ein Schwanz."

„Ohne Angst im Vorhinein."

„Ohne Vorlieben: nicht nur dieselben Konzertstücke, nicht immer Kaffee um drei."

Röhm stößt die Arme gegen die Brüstung, als du Moulin lacht. Rücken an Rücken vor der Treppe, gegen die grob behauenen Steine gelehnt, hier sprechen sie wirklich miteinander.

„Leu, wieviele Leute wollen mich ausschalten? Die Wehrmacht hat das Columbia-Gefängnis abgegeben an die Gestapo. Alle Gitter sind neu einbetoniert. Als Termin ist der 11. Juni gestellt gewesen, danach kämen die SA-Führer hinein. Und, sind wir erledigt?"

„Wenn es wirklich einen Putsch geben muss, Ernst –"

„Die Kunst ist die, sich hineinzuversetzen, in den Mitkämpfer wie in den Gegner."

„Ich bin an deiner Seite."

„Mein schärfster Feind, von mir aus ein Kommunist, wie ist er zu seiner Überzeugung gekommen? Wenn ich nicht versuche, gerade ihn zu verstehen, wird sich in der heutigen Welt nichts ändern."

„Hast du je einen kennengelernt, dass du mitfühlen konntest, wieso er für seine Überzeugung sogar stirbt?"

„Einen Menschen wie van der Lubbe werde ich nicht mehr erreichen. Ich bin zu alt und habe zuviele Kompromisse gemacht."

„Nicht jeder kann den Reichstag anzünden und dafür sterben."

„Das passt. Leu, das Problem sind nicht die Überzeugten. Es geht um die Masse, die auf laue Politiker hört, denn alles andere würde eine Anstrengung bedeuten."

„Für mich hat sich im Vergleich zu früher nichts geändert, Ernst."

„Warum hänge ich an der Kameradschaft? Ich habe früh begriffen, ich bin kein Mann für Massenreden. Meine Stärke ist die Nähe. Ich wirke direkt, durch Anwesenheit. Ich bin gern der Plumpe. Soll Hitler die feinen Leute bedienen, mir sind sie zu langweilig."

„Du hast für die feinen Bürger einen Makel, Ernst."

„Wenn dir die Rolle als Außenseiter unklar ist, bist du keiner. Wird sie dir bewusst, bist du es umso mehr. Im Frieden gibt es zuviel Moralisten."

„Mit zuviel Einfluss."

„Ich habe meine SA. Ich bin mein eigener Röhm. Kein Göring oder ..."

„Trotzdem, du musst Rücksichten nehmen."

„Ich muss nur länger leben als meine Mutter, ihr will ich keinen Kummer bereiten. Mehr muss ich nicht in den nächsten Jahren. Uns drückt ein Zeitalter, wo das einzelne Leben überschätzt wird. Lass dich davon nicht anstecken, Leu."

„Einmal muss ich die erste Kugel überstehen?"

„Einer wie Winckelmann wurde sechsundvierzig. Ist das die Zeit für Kerle, abzutreten? Hitler geht vom Revolutionieren zum Regieren über, mir bleibt der Judas. Der gefühlvolle Teil der Geschichte ist erledigt."

„Willst du das Alte gar nicht zurück?"

„Wie Bismarck sagt: Für ein Hasenragout braucht man einen Hasen und für eine Monarchie braucht man einen König."

Ernst Röhm drückt seine Zigarre aus, bevor er sie von der Aussichtsfläche drängt.

„Leu, lass uns fahren. Ich möchte keinem der guten Bürger auf der Straße begegnen, wenn es dunkel ist."

'FAMILIENKAMPF'

Die Röhm-Fotografien der dreißiger Jahre offenbaren einen Alterssprung. 1931 beim Amtsantritt bietet der Stabschef der SA ein straffes, gesundes, vor Spannung strahlendes Gesicht. Dem Röhm von 1934 fallen die Züge ein, um die Lippen zeigt sich ein weher Zug: Resignation, die in seinen Reden kaum hörbar ist und die höchstens in den schärfer werdenden Drohungen gegen „Feinde der SA" aufklingt. Dieser wütende Röhm wirkt plötzlich alt, der Mund eingefallen, ein Gesicht geprägt von Ahnungen.

Das Außenseitertum ergreift Röhm mehrfach. Auf den ersten Blick lässt ihn seine Gesichtsverletzung aus dem Krieg grob, wenig 'salonfähig' erscheinen. Hinzu kommt: In den dreißiger Jahren wird seine Homosexualität öffentlich und macht ihn zum Prügelknaben bei Wahlkämpfen. Hinzu kommt: Er hat nur bis zum Kriegsende in Übereinstimmung mit seiner Zeit gelebt. Nach dem 1923er Putsch aber setzt die Enttäuschung durch Gesinnungsfreunde ein: Hitler 'fällt um', bedient 'Demokratie'; gegen dieses Bürger-Beamten-und-Besitz-System beharrt Röhm auf seinem Widerwillen – ein Zwiespalt wächst, der 1934 staatsgefährdend wird. Ihm ist der ersehnte Bruch mit der Weimarer Republik vergällt, als die Politiker der eigenen Partei sich im Nationalsozialismus einrichten. Röhm besitzt Rückgrat, er hebt sich ab von den meisten Parteigrößen. Immer inbrünstiger beschwört er den soldatischen, den 'SA-Geist'. Der Konflikt ist für Hitler nicht in Treue lösbar. Das Versprechen, nach dem Sieg würde es allen besser gehen, geistert 1934 unerfüllt durch die Massen der SA. Im zweiten Jahr der Macht wird das Murren lauter. Röhm redet nicht nur öffentlich für die alten Kämpfer, er empfindet den gleichen wachsenden Groll – und büßt damit jeden Bündnispartner ein.

Gegen Röhm am Werk sind im nationalsozialistischen Deutschland alle wesentlichen politischen Kräfte: der Staatsapparat (voran Preußens Ministerpräsident Göring, verdeckter Vizekanzler Papen) – die Reichswehr (dahinter Präsident Hindenburg) – die Geheimpolizei vereint mit der SS – der Apparat der NSDAP (Heß mit den Gauleitern) und Kanzler Hitler – eine Frontalstellung der Führer von Partei, Staat, Armee und SS gegen die SA? Als Röhm beseitigt wird, treten seine Feinde unterschiedlich deutlich hervor. Wem liegt an wessen Verschwinden? Anfang Juni 1934 lässt Rudolf

Heß verlauten: „In etwa 4 Wochen können Sie mit einer großen Bereinigung innenpolitischer bzw. parteipolitischer Zustände rechnen ..., wobei auch zwei Minister über die Klinge springen werden: Röhm und Goebbels."

Von Berlin aus bereiten Göring, Himmler und Heydrich den Gewaltakt vor. Himmlers Adjutant vermerkt die persönlichen Anteile: Göring neigt eher zur »großzügigen Behandlung der strittigen Fälle«; »Heydrich hat die Aktion forciert«, »den Kreis der Opfer ... vergrößert ... Heydrich stellt die Listen auf mit den Namen derer, die zu liquidieren bzw. zu verhaften sind. Himmler legt diese Listen Hitler vor. Man verhandelt über Einzelne, so daß die Listen ein-zweimal hin- und hergehen«. Unterdessen spielt Brigadeführer Eicke, KZ-Kommandant von Dachau, mit seinem SS-Stab einen Einsatz zwischen München und Bad Wiessee durch.

Rivalen finden sich zusammen, als Röhm »breite Schichten der Bevölkerung, der Wirtschaft, der Reichswehr und des Adels der Partei bzw. der SA näher zu bringen« sucht, vermutet du Moulin: »Goebbels und Himmler, die an sich nicht befreundet waren, verband zu dieser Zeit die Interessengemeinschaft gegen Röhm, der bei Gelingen seiner Pläne d e r Mann gewesen wäre.« Himmler mit der SS erstrebte die »völlige Beherrschung des innerpolitischen, vor allem des polizeilichen Sektors. Dem Ideologen Goebbels, insbesondere seinem Propagandaapparat, konnte eine derartige Bestrebung nur förderlich sein.« Chefadjutant Bergmann sieht besonders drei Widersacher, die »Röhm aus seiner Stellung haben wollten: Göring, Goebbels und von Blomberg (von Reichenau)«. Himmler hätte abgewartet, »aber aus der Konkursmasse den größten Patzen für sich in Anspruch« genommen, indem er die SS von der SA löste und »unter seiner unumschränkten Führung« verselbständigte.

An einem Wochenende des Jahres 1934, vom 30. Juni bis 1. Juli rollt in Deutschland ein Plan ab, durch den laut Schlussliste der Reichskanzlei 83 Personen liquidiert werden. Die geheime Aufstellung ist unvollständig, nachweisbar ist mindestens die doppelte Anzahl. Weder gerichtliche Untersuchungen noch Urteile sind den Hinrichtungen vorausgegangen.

Wie reagiert die Bevölkerung? Schon am 1. Juli berichtet Bayerns Innenministerium: »Die Lage im ganzen Lande ist vollkommen ruhig und so gefestigt, daß die Bereitschaft der staatlichen Polizei erheblich ... ermäßigt werden konnte ... Die Stärke der Bewachung von Stadelheim ... ist auf 3 Offiziere, 68 Polizei-Wachtmeister mit 8 leichten MG und 2 schweren MG vermindert ... Die Dienstgebäude der Obersten SA-Führung sind durch SS besetzt ... Eine Entwaffnungsaktion ist, soviel hier bekannt, nur in Preußen im Gange.«

Im Nachhinein laufen Klagen Hitlers wie anderer Verantwortlicher um, dass manches Opfer ganz persönlicher Mordsucht zuzurechnen wäre.

Hitler äußert: »Diese Schweine« hätten seinen »guten Pater Stempfle« umgebracht. Vielleicht ist es Stempfles Verhängnis gewesen, dass er öffentlich den Münchner Ratsherrn Christian Weber (NSDAP) beschimpft hat, der ein Bordell im Stadtzentrum betreibt.

SA-Gruppenführer Schreyer hört von einem Kriminalbeamten, Hitler wäre über die Exekution Kraußers empört. Der Kommandeur der SS-Leibstandarte, Joseph Dietrich, erfährt, Hitler hätte »insbesondere über die Ermordung von Kahr heftig getobt«.

Der Münchner SD-Leiter Best teilt mit: Statt eines Journalisten Schmidt »wurde bedauerlicherweise der Musikkritiker Dr. Schmidt ... nach Dachau überstellt und dort ... – er wurde für den SA-Gruppenführer Schmid angesehen – erschossen.« Heydrich wäre über diesen »Missgriff« wie »über die Erschießung des Kahr sehr ungehalten« gewesen, weil »dies wider Befehl und offenbar eigenmächtig erfolgt sein müsste.«

Staatssekretär Körner verbreitet, dass Göring sich »über die Erschießung Schleichers und Klauseners fürchterlich aufregte und ... in wilden Worten über Heydrich ausließ.« Ein anderer Zeuge meint dagegen, Göring hätte gerade Schleichers 'Freigabe' verlangt.

Von den Überlebenden aus Röhms Umfeld wird der Chefadjutant beargwöhnt: Warum erschießt man »den jungen, einflusslosen Spreti ... und nicht den sehr viel wichtigeren ... Bergmann«?, fragt Himmlers Adjutant. Der Mutter des getöteten Martin Schätzl zufolge »wurde allgemein davon gesprochen«, Bergmann hätte Röhm für 35 000 Mark verraten. Vom Gestapo-Abhördienst verlautet: Bergmann hätte aus Wiessee mit Gauleiter Wagner telefoniert und versichert, Röhm käme nicht zurück. Auf die Beschuldigung erwidert Bergmann, er hätte – von Wagner angerufen – mitgeteilt, »daß der Stabschef krank sei und nicht hereinkommen werde ... Aus dem Ferngespräch konnte ... in keiner Weise entnommen werden, daß Röhm ... verschwinden werde ... Es kann ... keine Rede davon sein, daß Himmler ... Möbelschulden für mich bezahlte ..., daß Himmler irgendwelche anderen Verpflichtungen für mich erfüllte.«

Die Frage entsteht, warum die Aktion so glatt verläuft. Niemand fängt an, Einheiten zu sammeln, um Röhm aus dem Gefängnis zu holen. Weshalb lässt die SA sich ohne Gegenwehr ausschalten? Offensichtlich wirkt Hitlers langes Zögern besser als strengste Geheimhaltung: Der Überraschungseffekt schlägt durch. Röhm und seinen Stab trifft das Ende unvorbereitet, von der

SA abgetrennt. Mit Röhm werden seine tatkräftigsten Führer verhaftet, jene, die sowohl den Willen als auch genügend Mannschaften aufgebracht hätten, um tatsächlich zu putschen – in dem Falle gegen Morde von oben, die SS und Reichswehr vollstrecken.

Stenogramm von Hauptmann Siegel, am 1. 7. 1934 Kommandeur der in Stadelheim eingesetzten bayerischen Landespolizei:
Röhm sitzt in der gleichen Zelle, in der er 1923 beim Hitlerputsch saß. Ich überzeuge mich von seinem lebendigen Vorhandensein durch das Guckfensterchen ... Er ... sitzt munter, hie und da pfeifend, auf dem Bettrand ... 15–16 Uhr Hofgang der politischen Gefangenen ... ich verwarne sie ...: „Beim geringsten Fluchtversuch schießts!" ... Röhm ... macht rein äußerlich einen sorglosen Eindruck. Die Hände beide in den Hosentaschen schlendert er im schönsten Sonnenschein ... Auffallende Erscheinungen sind auch der Gruppenführer Bergmann in der SS-Uniform; ... aber vor allen Dingen 4 oder 5 ... Gestalten mit 'geschneckelten' Haaren ... teilweise mit widerlichem Gesichtsausdruck: die Geliebten der hohen SA-Führer.

Robert Koch, Direktor des Strafgefängnisses Stadelheim:
... nachmittags gegen 3 Uhr ... (verlangten) 3 SS-Leute ... in die Zelle des Röhm geführt zu werden ... Ich ... notierte mir ihre Namen: Eicke, der Kommandant von Dachau, Lippert und Schmauser ... Eicke erklärte mir, er ... sei vom Führer unmittelbar beauftragt, Röhm einen geladenen Revolver auszuhändigen, mit dem Befehl, sich ... zu erschiessen. Wenn Röhm die Gelegenheit ungenützt verstreichen lasse, habe er ihn zu erschiessen. Für die Richtigkeit seiner Behauptungen gab er mir ... sein Ehrenwort, nachdem ich ihm eindringlich vorgestellt hatte, dass ich doch nicht so ohne weiteres auf eine mündliche Vorsprache hin einen Eingelieferten übergeben könne ... Eicke ... hatte mit (Justizminister) Frank am Telephon eine erregte Auseinandersetzung. Der Sinn war ungefähr, dass Frank nichts zu sagen habe.

Leutnant Walter Kopp, Zugführer der Landespolizei:
Nachmittags ... erschienen auf dem Gang, an dem die Zelle Röhms lag, zwei uniformierte SS-Leute ... Ich habe dann beobachtet, wie der Gefängniswärter die Zelle Röhms aufsperrte und ... die Pistole ... auf einen, neben der Tür befindlichen Tisch legte ... Eicke, der andere SS-Führer und hinter ihnen ich und ... einige Zivilisten ... warteten in ziemlicher Spannung etwa 10 Minuten lang. Wir hofften, während dieser Zeit einen Schuß zu hören und ich erwog

auch, ob Röhm nicht die Zellentüre plötzlich aufmacht und herausschießt. Es geschah aber nichts.

SS-Gruppenführer Lippert:
Eicke und ich betraten ... die Zelle, wo Eicke Röhm sinngemäß Folgendes erklärte: Er komme im Auftrag des Führers, welcher ihm sagen ließe, dass er aufgrund der Vorgänge, als deren Urheber er betrachtet werde, sein Leben verwirkt habe. Er gebe ihm aber die Möglichkeit, selbst die Konsequenzen zu ziehen. Hierauf legte Eicke eine geladene Pistole auf den Tisch mit dem Bemerken, er habe 10 oder 15 Minuten.

Häftling Jakob S.:
Ich war ... als Gefängnishausl eingeteilt ... Röhm hatte sich von seinem eigenen Geld Wurst und Brot bestellt ... Ich stellte die Sachen auf den in der Zelle befindlichen Tisch. Röhm fragte mich, wo denn das Bier wäre, das er bestellt hätte. Außerdem hätte er um Schreibpapier gebeten, weil er an seine Mutter schreiben möchte. Ich übermittelte die Bitten Röhms dem Aufseher ... gegen 18.30 Uhr oder noch später ... hörten wir einen Schuß fallen. Schätzungsweise etwa eine Minute später fiel ein zweiter Schuß.

Leutnant Walter Kopp, Zugführer der Landespolizei:
Röhm stand mit entblößtem Oberkörper in der Mitte der Zelle und sagte irgendetwas ... Die beiden SS-Führer legten daraufhin ihre Pistolen an ... und winkten mit der anderen Hand ab, was offensichtlich bedeuten sollte, daß sie weitere Erklärungen Röhms nicht entgegennehmen. Röhm wurde daraufhin völlig ruhig, reckte sich auf ... und stand aufrecht da, den Pistolen die Brust bietend. Die SS-Leute zielten sorgfältig ... Fast gleichzeitig fielen die beiden Schüsse. Röhm sank zu Boden ... Es ist mir, als ob einer der SS-Leute in die Zelle ging und dem röchelnden Röhm einen Gnadenschuß gab ... Was weiter mit ihr geschah, ist mir unbekannt. Auch nicht, was mit einem kleinen Zettel geschah, den Röhm noch geschrieben hatte und der auf dem Tisch lag. Ich hatte nicht gewagt, ihn zu lesen.

Robert Bergmann, persönlicher Adjutant Röhms:
Ich hörte plötzlich zwei Schüsse ... Am anderen Morgen brachte mir der Gefängnisverwalter ein Kipf Brot und eine Rohwurst, er sagte, dass das von meinem Stabschef sei. Auf meine Frage, dass das Ernst Röhm doch selbst brauche, gab er mir zur Antwort, der brauche nichts mehr.

Der Nationalsozialismus in Deutschland endet erst durch die Kriegsniederlage. Was wird aus denen, die ihm dienten? Wie erinnern sie sich? Als Beispiel kann folgendes dienen:

Bei einem Prozess, der 1957 vorm Landgericht München stattfindet, sind Beteiligte zu den Ereignissen von 1934 befragt worden, um wenigstens zwei SS-Täter zu verurteilen: Joseph Dietrich, der die Erschießung von sechs SA-Führern kommandierte, und Michael Lippert, einen der Röhm-Mörder. (KZ-Kommandant Eicke ist im Krieg gefallen.)

Es geht auch um die Frage: Wer hat Röhm erschossen? Vor Gericht entsteht zwischen einstigen SS-Männern, Gruppenführer Lippert und seiner Ordonanz Nötzel, ein Streit.

Nötzel: Eicke ... machte eine gebieterische Kopfbewegung zu Lippert ... Wenige Sekunden nachdem ich mich zurückgezogen hatte, hörte ich ganz deutlich zwei Schüsse ... Ich kann ... als ehemaliger Waffenunteroffizier ... mit absoluter Sicherheit sagen, daß es sich um zwei Schüsse aus zwei Pistolen und nicht aus einer Pistole gehandelt hat. Unmittelbar darauf trat ich wieder in den Gang ..., während Eicke gerade seine Pistole wieder einsteckte ... Im gleichen Augenblick habe ich ... in der Zelle einen dritten Schuß fallen hören. Unmittelbar darauf kam Lippert aus der Zelle heraus.

Lippert: Die Aussage des Nötzel ist ... insoweit unrichtig, ... als er ... die Erschießung Röhms schildert, weil er überhaupt nicht dabei war ... Bei der Aussage des Nötzel nehme ich außerdem an, dass er einen Groll auf mich hat, weil ich ihn 1937 aus der SS entlassen habe und zwar deswegen, weil seine Frau überall Schulden machte und sich mit anderen SS-Männern einließ.

Nötzel: Einwandfrei steht fest, daß Lippert den zweiten Schuß – scheinbar Gnadenschuß – auf Röhm abgegeben hat. Diesen Vorgang habe ich selbst beobachtet ... Was ich hier angegeben habe, kann ich jederzeit mit bestem Wissen und Gewissen beeiden.

Obwohl ihn nicht nur sein damaliger Untergebener belastet, bestreitet Lippert eine Schuld bis zuletzt. Dabei klingt sein Leugnen in sich logisch, denn seine Sprache weist ihn als ungebrochenen Nationalsozialisten aus: „Ich würde ohne weiteres zugeben, auf Röhm geschossen zu haben, ... weil Röhm meiner Ansicht nach den Tod verdient hatte ... Ich hätte nämlich den Befehl des Führers als gerechtfertigt angesehen."

Dietrich und Lippert werden mit je anderthalb Jahren Haft bestraft. Im Urteil heißt es: »Als wissentliche Beihilfe zur Tötung Röhms, die mehrere Parteiführer wissentlich herbeiführen ließen, ist auch die Tat Lipperts zu werten

... Er stand unter der herrschenden Einflussnahme seines Dienstvorgesetzten Eicke, der ihm Befehle gab. Wenn Lippert dem Befehl nicht Folge geleistet hätte, so würde Eicke, der selbst einen Befehl ausführte, einen anderen Untergebenen herangezogen oder die Tat allein ausgeführt haben.«

Im Ergebnis aller Zeugenaussagen fasst der Staatsanwalt zusammen: »Gegenüber den vielleicht fortbestehenden Unklarheiten über die künftigen und letzten Absichten Röhms und seines Anhangs liegen die Planmäßigkeit und Zielstrebigkeit der Vorbereitungen der Gegenseite, nämlich der Reichswehr, der Gestapo und des SD offen zutage.«

Stenogramm von Hauptmann Siegel, am 1. 7. 1934 Kommandant der in Stadelheim eingesetzten bayerischen Landespolizei:
21.00 Uhr ... Es ist ein wunderschöner, fast möchte ich sagen romantischer Abend, wolkenlos der Himmel, purpurn neigt sich der Tag zur Nacht ... Ein für Röhm besonders bestellter Sarg ... wird ... aufgepackt und über die Wendeltreppe gehts zum Röhm hinauf ... Eine große Blutlache befindet sich auf dem Fußboden. Röhm wird angezogen, ... seine Taschen werden durchsucht und leer gemacht ... Es lag noch die Sonderausgabe der „Münchener Neuesten Nachrichten" auf dem Tisch mit dem Bericht über die Erschießung der 6 am Vorabend. Röhm wußte also von ihrem Tod, ehe es ihn selber traf. Er hatte einen Schuß durch den Kopf, einen Schuß durch den Hals sowie einen Gnadenschuß durch das Herz (Nahschuß). Da er noch stark blutete, wurde im Sarg genügend Sägespäne untergelegt ... Röhm wird hineingelegt, die Hände übereinander. Ein Wärter nimmt den Rock Röhms und legt ihn auf dessen Beine mit den Worten: „Tut ihm auch den Janker dazu; wenn er wieder aufstehen will, damit er was zum Anziehen hat und net nackert rumgehen muß." ... Der Sarg wird mit großem Gepolter die Treppe herunter getragen, – Röhm ist ein schwerer Leichnam.

Deutsches Nachrichtenbüro, 3. Juli 1934:
In der heutigen Sitzung des Reichskabinetts gab ... Adolf Hitler zunächst eine ausführliche Darstellung über die Entstehung des hochverräterischen Anschlages und seine Niederwerfung ... Reichswehrminister von Blomberg dankte dem Führer im Namen des Reichskabinetts für sein entschlossenes und mutiges Handeln ... Das Reichskabinett genehmigte sodann ein Gesetz ..., dessen einziger Artikel lautet: »Die zur Niederschlagung hoch- und landesverräterischer Angriffe am 30. Juni und am 1. und 2. Juli vollzogenen Maßnahmen sind als Staatsnotwehr rechtens.«

Alfred Martin, Rechtsanwalt der SA-Gruppe Berlin-Brandenburg:
Ich erinnere mich, daß Anfang 1936 ... eine Versammlung der höchsten SA- und SS-Führer stattfand. Hitler wandte sich ... schimpfend gegen Rosenberg: es müsse jetzt Schluß sein mit der ideologischen Propagierung der Revolution. Er sagte: Es ist falsch, Parteigenosse Rosenberg, wenn Sie immer wieder Widukind als großen Mann hinstellen und Karl den Großen als Sachsenschlächter, so will ich die Geschichte nicht mehr sehen. Deshalb will ich Widukind nicht heruntersetzen, aber Karl der Große hatte das größere Ziel ... Ich erinnere mich, daß Hitler wörtlich so gesagt hat: Wenn einmal die Geschichte der nationalsozialistischen Revolution geschrieben wird, dann muß an zweiter Stelle Ernst Röhm genannt werden, dessen Dienste ich hier noch einmal ausdrücklich erwähnen möchte, der aber fallen mußte, weil er das kleinere Ziel hatte und wie Widukind dem Größeren – Karl dem Großen – weichen mußte. Bei diesen Ausführungen Hitlers liefen den alten SA-Führern die Tränen über das Gesicht.

In nationalsozialistischer Selbstdarstellung widerspiegelt sich der Gegensatz Hitler–Röhm im historischen Vergleich. Bezeichnenderweise greift er nicht eine Glaubensauseinandersetzung wie etwa zwischen Luther und Müntzer auf, sondern erinnert an einen Krieg, in dem es um Großmachtansprüche geht, bis der Führer der Gegenseite sich schließlich geschlagen gibt.

Als Hitler im Reichstag die 'Nacht der langen Messer' rechtfertigt, zählt er auf: „Neunzehn höhere SA-Führer, einunddreißig SA-Führer und SA-Angehörige wurden erschossen, ebenso drei SS-Führer ... Dreizehn SA-Führer und Zivilpersonen, die bei der Verhaftung Widerstand versuchten, mußten dabei ihr Leben lassen." Unter den Opfern: 13 Mitglieder des Reichstags. Hitler spielt den Ehrenmann. Vor dem Parlament versäumt er nicht, »einzelne minderwertige Subjekte« hervorzuheben, die das Ansehen der SA geschändet hätten. In der Krisenbewältigung muss Homosexualität als besonderer Makel herhalten: »Das Schlimmste aber war, daß sich allmählich aus einer bestimmten gemeinsamen Veranlagung heraus in der SA eine Sekte zu bilden begann, die den Kern einer Verschwörung nicht nur gegen die normalen Auffassungen eines gesunden Volkes, sondern auch gegen die staatliche Sicherheit abgab.« In der Nachbereitung wird Röhm öffentlich – wie schon 1931/32 von links – wegen seiner Sexualität in Verruf gebracht, diesmal durch die eigene Partei.

Die SA der 'Kampfzeit', die sich für den Sieg der NSDAP auf den Straßen schlug, ist wertlos, ja ein Störfaktor geworden. Hitler plant den Krieg.

Sein Kabinett verkündet am 1. August 1934, das Amt von Reichspräsident und -kanzler zu vereinigen: Das Gesetz soll zum »Zeitpunkt des Ablebens des Reichspräsidenten von Hindenburg« in Kraft treten. Pünktlich, als erfüllte er seine letzte soldatische Pflicht, stirbt Hindenburg am 2. August. Der Tag verbindet sich mit Gedenkreden zum Kriegsausbruch. Der Berliner Befehlshaber etwa, General Witzleben, ruft den August 1914 zur Geburtszeit des Nationalsozialismus aus. Ein neugefasster Schwur der Reichswehr vereidigt alle deutschen Soldaten auf Adolf Hitler.

Dem zur Selbstvergötterung neigenden Hitler ist der uneitle Röhm an Bedenkenlosigkeit nicht gewachsen. Alles bleibt davon durchfiebert, dass es sich nicht um ursprüngliche Gegner, sondern – auf der Höhe der Macht – um 'Familienkampf' handelt: Nationalsozialisten unter sich. Kommandierende und Getötete haben sich oft seit Jahren und zum Teil freundschaftlich gekannt. Nicht zuletzt haben sie im November 1923 gemeinsam einen Putsch unternommen. Damals sind sie gemeinsam gescheitert.

Als Hitler in Bad Wiessee aufkreuzt, ist das Hotel unbewacht – sorgt Röhm so wenig für seinen Schutz? Weil er nicht daran denkt zu putschen? Weil er mit seiner Millionentruppe SA sich von der Reichswehr unangreifbar fühlt? Weil er als Offizier Treue für das höchste Gut ansieht und dem langjährigen Kampfgenossen Hitler einen solchen Verrat nicht zutraut?

Ernst Röhm ist nicht zimperlich und hält es für gerecht, dass Verräter der Feme verfallen. Wer ist 1934 aus nationalsozialistischer Sicht der Verräter? Röhm sitzt mehr als einen Tag in der Stadelheimer Zelle und kein Bewacher berichtet danach, dass er versucht hätte, dem Tod noch zu entrinnen. Röhm hat Nationalsozialismus und Frontsoldatentum vereinen wollen; für diese Überzeugung ist er bereit gewesen, über Leichen zu gehen. Nun – mit sechsundvierzig Jahren – überlässt er Hitler das Feld.

Eine Lebensentwicklung schließt ab: Nichts mehr erinnert an den jungen, dünkelhaften Leutnant der Ingolstädter Infanterie (ein Mitoffizier: »Röhm galt damals als ausgesprochener 'Fatzke' im ganzen Standort«). Geprägt hat ihn die Zeit als Kompanieführer im Krieg, die Röhm als schönste seines Lebens bezeichnet. Er hat eine Verbundenheit bis hin zum letzten Soldaten erlebt, die ihm immer nahe geht. Als Stabschef der SA behält er den Blick dafür, wie dürftig seine Männer sich und ihre Familien durchbringen. In der NSDAP-Führung ist er derjenige, der die 'kleinen Leute' wahrnimmt und für sie eintritt. Seine antibürgerliche Haltung formt sich zu einer unklar antikapitalistischen. Er sucht Lösungen, eine Konzeption entwickelt er nicht. Röhm ist der Mann der Masse, bis zuletzt.

IV.
La Paz
ÜBERGANG

1

Eine Biografie zu schreiben, bedeutet, Spuren zu suchen, sich auf Spuren einzulassen. Meine Suche will ich in Bolivien beginnen. Spuren vor Ort und historische: Wieso Röhm – und ich? Soll den Gründen nachgespürt werden, tauchen mehrere Vorgeschichten auf.

Die Zukunft der Masse ist: zu bleiben. Völkerwanderungen machen selten Geschichte. Wie Fortschritt sieht das Schlingern von Staaten aus, das Wechseln von Wortführern, die Zeichen staatsgeleiteter Stabilität wie Verunsicherung zugleich verbreiten. Alle paar Jahre tritt eine neue Regierung auf, alle paar Jahrzehnte stürzt das politische System – ein vorher feindliches entwickelt sich zum herrschenden. Was folgt, ist der große Zugriff in die Taschen des Volks. In der Atmosphäre, an dieser Misere wird das Vergangene schuldig gesprochen. Das gerade Überwundene bleibt ausgegrenzt als Unrecht. Was so wirkt, heißt Zeitgeist.

1989 zerfiel die Deutsche Demokratische Republik. Einige Mutige im östlichen Staat fingen eine Revolution an. Der Westen hat sie gekauft. Was von Noske 1919 mit Waffen durchgesetzt wurde, ist 1990 mit ('Begrüßungs'-) Geld erledigt. Wir sind das Volk! wird zu: Wir sind die Bundesrepublik Deutschland. Was fällt auf? Die Selbstverständlichkeit und die Totalität, mit der für die DDR nun die Eigenschaft negativ zu gelten hat. Das Totale tritt zutage, indem alle entscheidenden Mächte und Medien der Bundesrepublik sich daran beteiligen, das andere deutsche Land zum Verschwinden zu bringen. Als vorausgesetzt gilt die sozusagen selbstverständliche Überlegenheit der BRD mit kapitalistischem System. Jene Gesellschaft von 'drüben' ist – auf den Staat reduziert – in Schlagworte gepresst, die wie Beschwörungsformeln angespannt wiederholt werden und das Negative einschärfen. Die Deutsche Demokratische Republik soll als abgeschlossen feststehen, als negative Geschichte.

Woran war das Kaiserreich zugrunde gegangen? Was machte in Deutschland den Nationalsozialismus stark? (Scheiterte Hitler an der Innenpolitik?) Was hat die DDR zerstört? (Das Unerträgliche sind nicht die materiellen Lebensbedingungen gewesen.) Vergessen wir's. Wenn schon Verpöntes, dann so, dass hinter dem für bewältigt Erklärten die Bundesrepublik aufglänzt. Wie Gartenmüll in Herbstfeuern verbrennt, sind offiziell-öffentlich-routinemäßig lästige deutsche Rückstände zu entsorgen. Als unvergesslich gilt, was schmückend auf die Gegenwart hinausläuft – Geschichte als Erfolgsgeschichte: BRD.

Ich gebe dafür, wie Vergesslichkeit wirkt, ein Beispiel. Über einen einzigen führenden Nationalsozialisten fehlt eine deutsche Biografie: über Röhm. Bezeichnenderweise stockten alle Anläufe. Im VIERTELJAHRESHEFT FÜR ZEITGESCHICHTE 1/1977 findet sich als Fußnote: »Harald P. Fuchs wird ... eine politische Biographie Ernst Röhms vorlegen.« 1994, in einer Publikation über SA und Reichswehr, die nächste Fußnote: »Eine erste wissenschaftliche Biographie über Röhm wird als Dissertation von Horst Wallraff aus Kiel angefertigt.« Keine der angekündigten Arbeiten ist veröffentlicht. Die schwierige Quellenlage bessert sich wohl kaum, und Eleanor Hancocks erster biografischer Abriss, der nicht auf Deutsch vorliegt, kam erst 2008 in New York heraus. Warum erscheint in Deutschland, drei Generationen nach dem Untergang des Nationalsozialismus, noch immer keine Röhm-Biografie?

1993 fange ich an, diese Spur zu verfolgen; im Grunde weiß ich nur: Er hatte Hitlers SA geführt, er war homosexuell gewesen, er war ermordet worden. Ich weiß nichts wirklich Persönliches. Röhms Heimatstadt München bietet die wichtigsten Quellensammlungen. Der massive Bau der Staatsarchive hatte einst das königliche Kriegsministerium beherbergt, wo Röhm als Offizier diente. 1918 entsteht auch in Bayern eine Republik. Im eben umbenannten Ministerium für militärische Angelegenheiten dringt Röhm vor – in der Uniform der alten bayerischen Armee – mit der Frage: Weshalb ist von dieser Stelle aus die Revolution nicht bekämpft worden, warum hat keiner der lang gedienten Generale befohlen, die Monarchie mit Waffen zu schützen? Röhm bekennt sich zur Konterrevolution. Als Hauptmann, neuerdings im Heer der Republik, bereitet er die Beseitigung dieser Republik vor, im Verein mit ungeduldigen Gesinnungsgenossen – – – Ein erster Anfang, ein Herantasten: der Mann, der Bayer, der Offizier, dann der Nationalsozialist Ernst Julius Günther Röhm: Was für ein Mann, ein sturer Bayer, ein politischer Offizier, ein Fanatiker? Der Versuch zum Hineinversetzen bleibt stecken; ich kann nicht 'auf Bayerisch machen', merke ich. Röhms 'Geist' senkt sich nicht in mich, nur weil wir im selben Gebäude an einem Schreibtisch gesessen haben.

Wieso gerade Röhm? Ein Biograf muss sich einlesen und verhalten nähern: Was für ein Typ, was für ein Mensch erschließt sich? Im Lauf des Schreibens komme ich immer mehr davon ab, etwas durch Fantasie 'beleben' zu wollen. Ich nehme mir die Zeit, krieche sozusagen zwischen die Fakten, erfahre: Je tiefer es gelingt, 'fantasielos' ihr Sammelsurium zu durchdringen, desto mehr legen sich Vorgänge und Personen frei, dass Geschichte für sich spricht und den Wortlaut diktiert; wenn es Objektivierung gibt, dann diese.

Zugleich fällt dabei subjektive Spannung an, die dauernde Frage: Wieso Röhm – und ich? Was halte ich fest? Etwas zieht sich zusammen, meine Auswahl: Ich schreibe meinen Text vom Leben Ernst Röhms. Mein so entstandenes Manuskript verknüpft Ereignisse, die geschichtlich belegt sind, mit Gesprächen oder Szenen, die Röhm in wechselnden Gruppierungen erfassen, getreu einer mir einleuchtenden historischen und psychologischen Wahrscheinlichkeit. Überlieferte Zusammenhänge bilden die Folie für einen Prosatext.

Ich verschicke das Manuskript, ohne einen Verlag zu finden. Nach dutzenden Ablehnungen zeichnet sich bei denen, die eine Begründung geben, ein Schema ab. Es lässt Ordnungslinien erkennen für scheinbar unbedingt Kritikwürdiges: »Fiktives und Authentisches fließt zu stark ineinander«; »diese Art 'Einfühlung' (und das bei einem solchen Stoff) erscheint mir prekär«; Röhms »Militaristisch-SA-haftem« müssten »objektivierende Informationen« gegenüberstehen.

Wie reagiere ich auf massive Ablehnung? Wie wird sie begründet, am Text? Die Einwände weisen in eine Richtung: Öffentlich funktioniert die BRD ideologisch, wie die DDR es tat. Verlagsmitarbeiter bewachen ein Schema. Fixiertes Denken zielt auf ein Urteil, das so zementiert wird. So als gäbe es eine Abmachung mit dem Staatsanwalt der Geschichte: Die deutsche Bundesrepublik gesteht zwölf Jahre Nationalsozialismus insgesamt als Schuld ein, für darunter Liegendes, von der Masse des Volks Verhülltes erfolgt Freispruch. Diskussion beendet! Objektivierung! Ruhe! Eltern haften für ihre Kinder!

Objektivierung? Bereut wird ein nationaler 'Ausrutscher'. Dem Schema gemäß ist zu meiden, was in 'bewältigter' Geschichte Wiederholbares, da Systemimmanentes aufrührt, was im Alltäglichen wurzelt: Wie Nationalsozialismus eine Massenbasis fand, die zuvor die Weimarer Republik nie erreichte – wie im ersten Jahr unter Hitler bürgerliche, demokratisch genannte Parteien die Demokratie aufgaben und sich selbst auflösten, während die Parteien der Arbeiter, SPD und KPD, widerstanden – wie Nationalsozialisten existierten, die unfanatisch zweifelten und in einer 'untypischen' Biografie verharren. Wer selber denkt, Leser oder Autor, ist selber schuld. Der Nazi in uns hängt vom Staat ab, doch nicht nur. Wer ich sagt: Ich fasse unsere Geschichte als meine, ich gehe ins Subjekt – denn sobald eine Ideologie beim Menschen ankommt, ist sie subjektiv –, wer sich durchfragt, um zu erfahren: Wie werden ich-du-wir zur Massengewalt brauchbar, verfällt dem Schema.

Dieses fixe Urteil der Verdrängung macht sich bei Röhm an wenigen Fragen fest. Ich entnehme sie den Absagen. Vorderhand stört die 'unsaubere' Form; die Mischform – im Film längst durchgesetzt – weckt bei Verlagen Skepsis:

»Unklar bleibt die Zuordnung zu einem Genre (Sachbuch/ Authentische Biografie oder Belletristik), wie sie im heutigen Buchgeschäft verlangt wird. In vielen Bereichen Ihres Textes kann zwischen sachlich-realer und prosaisch-fiktionaler Darstellung nicht unterschieden werden.«

Röhms Leben zeigt Risse und Sprünge. Er ist Militär und nicht zimperlich, etwa Fememorde an 'Waffenverrätern' einzuleiten. Die Weimarer Republik erlebt er als persönliche Niederlage. Wie Werte des kaiserlichen Deutschlands (Dienen, Opferbereitschaft, Ehre, Treue) mit der nachfolgenden Zeit zu Unrecht werden und in verengten Sichten und Verdrängung enden, bewegt ihn, 'Frontsoldatentum' und Nationalsozialismus zu verbinden: Für seine Überzeugung ist Röhm bereit, – im Wortsinn – über Leichen zu gehen. Nicht nur dieser Punkt weist heute, im Aufeinandertreffen von DDR- und BRD-Geschichte, über seine Biografie hinaus; deshalb kein 'wissenschaftlicher', allseitig abgesicherter Lebensabriss, sondern prosaisches Fragen – ohne Verdrehung zugunsten der Gegenwart. Biografie meint nicht, Gelebtes ins Heute 'abzuleiten', es bedeutet zu vergegenwärtigen, was seinerzeit selbstverständlich war. Was galt als 'normal', was als 'anstößig'?

»Was soll heute, im 21. Jahrhundert, gerade an Röhm interessieren?«

Was gibt es zu entdecken? Eine Existenz in Zeitsprüngen, im Sprung der Zeitebenen: Nach dem Ersten Weltkrieg – in den Röhm als überzeugter Monarchist zog – ist das Kaiserreich zerfallen, ein Zurück undenkbar; die neue deutsche Republik hat Massenelend und die Freiheit des Geldes zu bieten. So sieht es Röhm, er findet sich im Gegensatz zu seiner Zeit wieder. Was Demokratie heißt, erlebt er mit Verachtung, verstärkt nach Erfahrungen als Reichstagsabgeordneter. Hinzu kommt: Unter den NSDAP-Führern ist er der 'natürliche Schwachpunkt'. Anfang der 1930er Jahre verbreiten vor allem SPD-Zeitungen das Sexualleben des 'schwulen Nazi', benutzen es zum Klassenkampf.

Röhm bekennt sich zur Männerliebe. Er steht zu sich und zu dem, was er für richtig hält. Ein sturer Bayer taucht aus den Papieren der Archive als Charakter auf. Er liebt den Soldatenberuf und hasst die Nachkriegsrepublik, in dem Konflikt nimmt er seinen Abschied als Offizier: Mit dieser Zäsur von 1923 ist Röhm ganz bei sich selbst – 1933 jedoch nicht mehr. Als die NSDAP ihre Macht befestigt, jetzt, wo er zu den Herrschenden gehört, reagiert er oft nur noch und lässt Grausamkeiten einfach geschehen. Hitler wie die Andern unter ihm (Goebbels, Göring, Himmler usw.) richten sich ein im Staat, setzen sich fest. Weshalb Röhm nicht? Er bleibt der Sturkopf, stört durch alte Forderungen: Den Massen seiner SA, 'kleinen Leuten' mit ihren Familien soll es besser gehen. Nun erfährt er die Losungen, für die er gekämpft hat, als leere Worte? Die SA hat ihre Schuldigkeit getan? Dagegen wächst Röhms Sturheit, doch er scheitert, wo es um persönliche Macht geht, da er weder Lust hat zu politischen Intrigen noch eine Konzeption. Nach anderthalb Jahren Nationalsozialismus verschwindet der hinter Hitler mächtigste Mann. Ein Ausgestoßener. Ein Schicksal: Der 'schwule Nazi' verdient zeitweilig Mitgefühl, mehr als das, er verdient eine Biografie.

»Es soll ja nicht darum gehen, einen Faschisten von solcher geschichtlichen Bedeutung zu einem bedauernswerten Einzelschicksal herunter zu psychologisieren. Wofür soll Röhm stehen?«

Ein Mann zum Vergleich, Gustav Noske: „Einer muss der Bluthund sein." Wie kam er zu seinem berühmten Satz? Der Sozialdemokrat buchte es als Erfolg, Waffen und Truppen zu sammeln, die verhinderten, dass aus dem, was 1918 im November begonnen hatte, tatsächlich Revolution wurde. Noske, so ergeben die Quellen, trat als Verfechter von Ruhe und Ordnung auf: Einen eifrigeren Patron hätten Großindustrielle aus ihren Reihen nicht entsenden können. Um so besser, wenn ein Führer der SPD es übernahm, revolutionär gewordene Arbeiter niederzuhalten. Noske handelte politisch, er stabilisierte die Macht seiner Partei. Wer die Macht will, muss auch eigene Parteigenossen bekämpfen. Dieser Unterschied entscheidet: Hitler war Politiker, Röhm wollte keiner sein. Im Unterschied zu Hitler, den die Masse nur als deutsches Heer interessierte, erkannte Röhm soziale Not an – ohne eine Lösung zu finden.

»Die Ausgangsfrage ist unbeantwortet: Gibt es nicht lohnendere Persönlichkeiten? Weswegen ausgerechnet Röhm?«

Wenn man so herangeht, dürfte Hitler, der Täter schlechthin, nie eine Biografie erhalten. Ab 1930 nannte Hitler sich Oberster SA-Führer. Doch an ihm glänzt ausgesprochen-unausgesprochen etwas Sieghaftes, deutscher Wille zum Sieg – und Röhm verkörpert die Skrupellosigkeit der SA, der NSDAP, den Willen zum Mord? Der Fanatiker ist nicht Röhm. Ein Nazi! Diskussion beendet! Objektivierung! Eben deshalb grabe ich Röhm aus. Wenn schon Einfühlung, dann in Verdrängte.

Allerdings, ein Autor entdeckt nur, was für ihn drin ist, was er vom Andern erfasst, was ihn in Versuchung führt. Röhm stammt aus der Identifikation mit einer Gesellschaft. Dann, in der Mitte bricht sein Leben durch: An die Stelle kaiserlicher Führerschaft tritt neuzeitlicher Absolutismus des Geldes, republikanischer Kapitalismus. Ein Mann kehrt heim und stellt fest: Das ist nicht mehr mein Land. Jeder kann vergleichen, damals kennen alle Deutschen zwei Ordnungen.

Wieso Röhm – und ich? 1952 geboren, werde mit der DDR groß. Bis in die 70er Jahre, trotz persönlicher Brüche, stimme ich überein mit diesem Sozialismus. Das stützt sich auf einen Mangel an Erfahrung. In dem Maß, wie sich eigenes Leben verdichtet und mein Abstand zum Politbüro-System wächst, halte ich mir das höher, was ich mit der Vision Sozialismus verbinde: den in der Geschichte ersten Versuch, eine Gesellschaft bewusst – bewusst menschlich – aufzubauen und sich zu lösen aus 'natürlichen' Verhältnissen, in denen ein paar Besitzende die große Mehrheit ausbeuten, niederhalten, abspeisen.

»Sie meinen, ein Schema zu erkennen, auf dem die Ablehnungen der Verlage beruhen?«

Ein Wohlstandsschema. Deutsche Übergänge: Vom Kaiser zu Weimar – aus der Deutschen Demokratischen in die Bundesrepublik: Was erhellt ein Vergleich der beiden Systemwechsel? Erst nach dem zweiten Zusammenbruch gelingt es, die Herrschaft des Geldes erfolgreich als Gleichheit aller Bürger zu propagieren, als Überlegenheit des republikanisch-kapitalistischen Systems. So funktioniert die BRD nicht weniger ideologisch als die DDR. – Wer nur ein System erlebt hat, vergleicht mit Abstand, abstrakt. Wer mit Herzblut vergleicht, kann voreingenommen bleiben. Beides ergibt keine Lösung, um sich daraus zu lösen.

Ich nehme Röhms Spur auf, folge einer Lebenslinie, die den Text begründet – meine Sicht. Eine Nach-DDR-Sicht, in der BRD. Mir geht Röhm durch den Kopf, ein Überzeugter an der Spitze der SA: Er will eine Staatsordnung beseitigen, die er für verfehlt hält; je älter er wird, desto stärker leitet ihn der Glauben an eine Gerechtigkeit, die nicht vom Besitz abhängt; er kämpft von der Seite, die ihm richtig erscheint, von rechts.

Zweifellos: Dieses Leben taugt nicht zum politischen Gebrauch. Zur Verherrlichung des Nationalsozialismus eignet Röhm sich nicht, weil er als schwuler Führer das reine Bild verdirbt; als Nazi bleibt er für die Schwulenbewegung tabu. Er ist für keinen Gruppenkampf, für keine Gruppe benutzbar.

Auch in der DDR gab es keine Röhm-Biografie. Wie der östliche Staat ihm lästige deutsche Rückstände routinemäßig entsorgte, so tut es der westliche. In der BRD wirkt wieder, zumindest öffentlich, ein Grundsatzurteil gegen den SA-Führer Röhm: eine Ächtungsnorm. Ein Mensch passt nicht durchs politische Sieb. Kann sein, die Ablehnung der Verlage galt meinem Manuskript, ganz bestimmt aber gilt sie der Person – der 'Unperson'.

Meine dauernde Frage: Was war wirklich? Ohne Wissen von heute überzupinseln. Ohne Beschönigung. Wer war Ernst Röhm? Ein Mensch, der seine Zeit nicht vom Ende her überblickte. Meine Biografie folgt dem Einzelnen, keiner Ideologie. Aus der DDR sind mir – auch eigene – endgültige Urteile zum Nationalsozialismus, 'Lehren der Geschichte' und eine Geschichtsschreibung wohlbekannt, die auf den Sieg des Sozialismus zulief. Das vereinigte Deutschland gehört zum momentan siegreichen Westen. Was als Objektivierung gilt, diese Schale enthält im Kern eine Sieger-Ideologie. »Die jeweils Herrschenden sind aber die Erben aller, die je gesiegt haben.« (Walter Benjamin) Die Zukunft der Masse ist zu bleiben.

Ich will mich auf Feldforschung begeben, auf Spuren einlassen. Spuren vor Ort und historische Spuren, die ineinander wirken? Es geht um mich, ganz persönlich. Im Jahr 1993 wurde ich frei von allem: Ich hatte eine Arbeit aufgegeben. Ich liebte keinen mehr. Und zu schreiben – ein Rückfall zu 'Früher' – war unmöglich, weil meine Sehnen sich entzündeten; wochenlang blieben meine Unterarme in Binden gehüllt. Zum ersten Mal seit Jahren war ich in der Verfassung, dass mir wieder Gedichtzeilen einfielen.

> Der Blitz schlug ein, und Regen
> Wie Gedanken, dringt nach in Wände
> Mauerwerk – was bleibt, was wird
> Zu tun sein? Frühjahr ohne Hände.

1993 im Sommer soll meine Suche in Bolivien beginnen. Die Ansage zur Landung lautet: Temperatur 12 ° C. Aber am Flughafen scheint die Sonne. „Taxi!" „Taxi!" Ein Junge verfrachtet meine Tasche aufs Kombi-Dach, schwingt die Tür auf und zu, schreit unsere Richtung aus. „Manco Kapac", sagt er und setzt mich ab.

Das erste Hotel in dieser Straße heißt Italia. Vorm Schlüsselkasten spielt ein Alter mit seiner Enkelin. Do you speak english? „Un cuarto? Solo? Con baño privado?" 35 Bolivianos. 15 Mark. Alles im Zimmer sieht alt aus. Die Wanne werde ich nicht benutzen. Für wieviel Tage? Ich weiß noch nicht.

In einem Talkessel, dreieinhalbtausend Meter überm Meeresspiegel, liegt La Paz. Auf in die Stadt – merke ich etwas von der dünnen Luft? Ich puste beim Laufen, warte auf die Höhenkrankheit. Ich habe die Warnungen gelesen. Bei Unwohlsein viel ruhen, Wasser trinken, traditionelle Heilmittel anwenden, Coca-Blätter kauen: eine gute Einführung in die einheimische Lebensweise.

An den Straßenrändern, vor ausgebreiteten Waren, Indiofrauen mit Hüten, bunten Umhängetüchern und dicken Röcken. Straßengrills. Autogetöse. Von der Plaza del Estudiante folge ich einer Prachtstraße. Links ein hoher Bau, ein Riesenplakat bedeckt sechs Stockwerke. BIENVENIDO COMANDANTE FIDEL REBELDIA. Ein I-Punkt lang gezogen als bolivianische Fahne: rotgelbgrün. Die bärtige Gestalt auf dem Plakat, jüngerschlanker gemalt, ist Fidel Castro. COMANDANTE REVOLUCIONARIO DE AMERICA. Ich stehe vor der Universität. SOCIALISMO o MUERTO. Jede Menge junges Volk. Leuchtende Augen. „Fidel! Si." Von den Studenten muss doch einer englisch sprechen. Ich radebreche: Cuando? Wann? Einer schreibt es mir auf. Si. Pech. Vorgestern. Castro habe ich verpasst.

Müde bin ich. Zehn Stunden Flug. Die Sonne ist weg. An einem der Stände, die aneinander lehnen, kaufe ich einen Pullover. Ich will duschen im Hotel. Kaltes Wasser. Ich schlage drei, fünf Decken zurück. Das Bett riecht dumpf. Als ich zu mir komme, bin ich wie vereist. Ich muss etwas essen.

Casa del Corregidor. Ich bestelle etwas Empfohlenes: Sajta. Im ungeheizten Raum überstehe ich eine Dreiviertelstunde. Fleisch, Gemüse, Kartoffeln, Reis: lau. Von der Casa streune ich zwischen den Ständen weiter. Das Bett hat mich ausgekühlt. Der Pullover hüllt mich ein, ich spüre mich wieder.

Vor dem Schlafen könnte ich etwas trinken. Mein Hotel hat ein Restaurant. Ein Saal, fünf Gäste. Auf Englisch probiere ich es nicht mehr, zeige zu den andern. „Una cerveza?" Ein Bier, si. Ein Bursche und ein Indio von vielleicht fünfzig sehen mich an. Der Indio hebt sein Glas, beide prosten mir zu, über eine Reihe leerer Tische hinweg. Ich proste zurück. Sie winken, möchten sich zu mir setzen. Sie kommen mit Bier, gießen mir aus ihren Flaschen ein. William, stellt sich der Bursche vor. Guillermo übersetze ich, er beachtet die spanische Form nicht. Der Indio heißt Simon: schwarzbraune Haut, dunkle Augen. Breit in den Schultern, in den Hüften untersetzt. Altiplano heißt die Landschaft hier, die Hochebene – die Heimat der Aymarás. Sie waren das Fürstenvolk, bevor die Inkas eindrangen. Simon, der Aymará, sagt mir Sätze in seiner Sprache, die sie auf dem Altiplano sprechen wie eh. Aymará oder das Quechua der Inkas. Spanisch ist offiziell. Simon deutet mit den Händen an: Er arbeitet, als Kraftfahrer. Er gießt mir Cerveza zu. Was bin ich, woher stamme ich? Alemán. „Claro." Sie lachen. Bueno, nicht USA. Ich bin Europa, was arbeite ich drüben? Wo wohne ich hier? Sie wollen anrufen. „No bueno, solo." Ist nicht gut, ich allein. Simon gießt Bier nach. „Salud." Ich will nicht schnell trinken. William verschwindet, gibt mir dann seine Telefonnummer, die Adresse. Was wollen sie? Ich fahre weg: Mañana Copacabana. „Bueno!" William streckt den Daumen vor. Simon hebt sein Glas. „Salud!" Wollen sie mich besoffen machen? Ich bin einen

Tag da, ich habe das ganze Geld bei mir. Ich beteure: Morgen Copacabana. Im Kalender umkreise ich den Freitag. Peña, sage ich, zeige in den Saal. Ich verabrede mich mit Simon und William zur Peña für Freitag. Wir halten uns an den Schultern beim Verabschieden. Ich laufe das Stück über den Hof, zur Hoteltür hinein. Entronnen.

2

Ich kann nicht länger schlafen. Sechs Stunden. Ich springe aus dem Bett ins kalte Zimmer. Heizung ist nicht üblich. Deshalb die Deckenlast, unter der ich mich kaum drehen kann. Waschen, Zähneputzen im Schnellgang. Ich ziehe meinen neuen Pullover über. Ich brauche ein wärmeres Hotel.

Trüber Himmel. Was preisen sie zum Frühstück überall an? Super-Salteñas. „Cuanto? Tres?" Als mir klar wird, was die Verkäuferin fragt, habe ich schon genickt. Ich bekomme drei Salteñas wie alle. Y un té, por favor. Tee ist nicht. Fanta? Cola? Sie tippt die Flaschen an. Wenigstens die Salteñas sind heiß: längliche bräunliche Teigbällchen, wie knuspriger Rührkuchen, die Füllung triefend süßlich. Gemüse, Fleischfäden schmecke ich. Das Süßliche stößt mir bei der zweiten Salteña auf. Vor der dritten stürze ich nach draußen.

El Prado: In der Hauptstraße wuchern die Hochhäuser. Wohin ziehe ich um? Hotels der Mittelklasse nennen sich Italia, Torino, Viena, Illimani, Andes. Ich gehe fragen. Nur das Rosario ist beheizbar. Ausgebucht, von Ausländern. Ich läute bei der Pension nebenan. „Hot water", wird mir versichert, aber: „No single rooms." Durchgefroren lande ich im Florida: ein Neubau, Fahrstuhl in Reparatur. Ich steige die Treppen hoch und übe: Quinientos nueve. Ich habe Zimmer 509. Steinfußboden. Im Bad glatter Zement. Die Dusche beim Wassertest: warm!, wenn auch im dünnen Strahl. Nach einer halben Stunde habe ich heraus, wie ich abwechselnd Rücken und Bauch beriesle, dass ich mich aufheize. Die zwei Decken für die Nacht werden zu wenig sein.

Laufen tut gut. Umhertreiben bis es dunkel ist: Manco Kapac, Calle Illampú, Murillo. Ich wohne im Indioviertel. Weiß ja, von den Spaniern geprägt, wird das Wort Indio nicht mehr gebraucht. Die Bolivianer, claro. In den Straßen räumen sie die Stände ab. Nach zehn scheint Schluss zu sein. Zu kalt.

Bar Felicidad. Hier will ich den Abend beschließen. Una cerveza, por favor. Schon trinkt mir der Nebentisch zu. Das würde ich verpassen, wenn ich nicht allein hier wäre. Ein Jüngling, vielleicht zwanzig, stolziert herein:

geschniegelt, Schmalztolle, Schatten von dunklem Flaum auf der Wange. Er freut sich, als ich ihm zuproste, winkt mich an seinen Tisch. Kinder laufen durch, bieten Zigaretten und Kaugummi an. Mein Boliviano kauft. Ich gieße ihm aus meiner Flasche Bier zu. Er erzählt mit Gesten. Er zeigt auf die Oberlippe: geplatzt, vernarbt. Ist mir nicht gleich aufgefallen. Er bewegt die Faust: eine Schlägerei. Er lächelt. Eine Zahnecke ist weggeplatzt, jetzt sehe ich's. Er streckt die Finger. Handschellen, zeigt er, stößt sein Gesicht zur Tischkante. Der Schatten auf der Wange ist kein Flaum: eine Narbe, darüber ein paar Härchen. Er zeigt auf seine Lippe: verheilt. „Salud, alemán!"

Im Hotel steht eine Frau vor der Rezeption: „Una frazada más, por favor." Sie bekommt eine Decke zugeschoben. „Una frazada más", rede ich ihr nach.

Von meinem fünften Stockwerk habe ich einen guten Blick auf La Paz. In der Prachtstraße, an den Wolkenkratzern funkeln die Reklamen: Sony. Siemens.

3

Die Nacht wird wieder kurz. Fünf Stunden. Ich schlafe nicht mehr ein. Meine Lippen sind trocken. Ich fasse nach der Taschenuhr, zucke zurück. Eis. Ich stemme mich hoch. Im Italia lag wenigstens ein Läufer. Zum Waschbecken. Die Zahnbürste zittert. Waschen, abtrocknen. Ich zieh den Vorhang vom Fenster zurück. Die Hochhäuser glänzen. Es regnet.

Ich taumle, schiebe mich. An der frischen Luft lässt das Zittern etwas nach. Bei der Plaza Velasco suche ich ein Café. Ich rutsch auf einen Stuhl, ehe der Schwindelanfall einsetzt. Es liegt nicht an der Kälte. Ich bestelle Mate de Coca: Coca-Tee. Ich brauche etwas Festes im Magen. Wieso Salteña? Die Brühe tropft vom Teig, das Gemüse dampft süßlich. Meine letzte Salteña. Die Finger kleben. Ich wasche meine Hände, bewege mich schlenkrig nach draußen.

Es regnet. Ich ducke mich an den El Prado-Prachtgebäuden entlang, flüchte hinab in die Kellerkneipe. Hier unten gibt es Mate nicht als Beuteltee. Ich trinke den Aufguss von echten Coca-Blättern, die grünlich in der Tasse schwimmen. Schmeckt fast nach nichts, etwas kräutrig, fern nach Kamille. Kaum Geruch. Langsam erhole ich mich, halte mich sicherer auf den Beinen. Bei RosaTours buche ich: Copacabana, Abholung vom Hotel.

La Paz im August. Hier ist Winter, das Wetter wie bei uns im März, doch das Leben spielt sich auf der Straße ab: die Wohnungen offen, zugleich Laden oder Werkstatt. La Paz ist Süden, nur kalt. Nasskalt heute. Mir ist schwindlig, doch ich fühle mich wohl. La Paz ist ganz ernst, für sich. Frauen schieben mich vom Weg oder sitzen am Rand mit ihren Decken: darauf Feuerzeuge, Töpfe, Kuchen, Brötchen, Colgate, Nivea. Die Männer schleppen Riesenbündel. Kleine, große Füße in Sandalen. Die Straße wird eine graue Schmiere unter den Tritten, unter den Reifen der Autos, die sich laut hupend durchdrücken. Ein endloser Markt, trotz Kälte.

Der Regen rückt alle näher aneinander, so kommt es mir vor. Kalter Süden. Von den Bussen rufen Kinder die Richtungen aus, überbrüllen sich. Kinder ab drei-vier Jahren. Kinder als Schuhputzer. Alte als Schuhputzer. Kinder betteln. Überall vorgestreckte Hände. Flötenspieler. Das bettelnde Murmeln. Junge Kerlchen bieten Sonnenbrillen und Uhren an. Frauen verbringen den Tag vor ihren Waren, die kleinsten Kinder zugedeckt daneben. Gestern. Vorgestern. Immer. Wer den Markt zumacht, nimmt ihnen die Möglichkeit zu leben. In Kürze sollen sie ein großes Gebiet von Ständen räumen. Es sind Frauen, die dagegen protestieren vor der Stadtverwaltung.

Ich werde von hinten angestoßen. Ein blondes Mädchen macht einen gehetzten Eindruck: „I'm american. Where are you from? Germany. Nice." Sie zieht einen Indiojungen mit sich. Ich soll fünf Dollars spenden, damit diese Kinder von der Straße fortkommen. Die Amerikanerin aus den USA ist schon beim nächsten Touristen. Sie hat mir ein Abziehbild in die Hand gedrückt: Viva Bolivia! Yo apoyo a la olla del pobre. Ich unterstütze die Armenküche, entschlüssle ich mit Hilfe des Wörterbuchs. Was kriege ich hier wirklich mit?

Am Abend soll ein Konzert stattfinden. INSTRUMENTOS NATIVOS DEL ALTIPLANO PACEÑO Das Warten, dass es losgeht, wird angenehm gedehnt durch tiefes Röhren, helles Flöten, Tanzrhythmus aus dem Lautsprecher. Ich bleibe zwei Stunden sitzen, neben einen großen Elektroheizer. Als ich mich durchgeglüht fühle, bin ich wie gelähmt.

Ich stehe steif an der Straße. Will keinen Schritt machen. Ich versuche, ein Kombi-Taxi zu stoppen, bin am Verzweifeln. Ich setze mich in Gang. Nichts ist so schwer wie mich zu bewegen. Doch je mehr Schritte ich schaffe, je mehr löse ich mich aus dem Druck, der mich einschließt. Das Laufen selber ist Heilung. Ich kann schneller losschreiten, die Beine auseinander bringen, die Füße voll aufsetzen. Ich werde leichter, werde claro. Die Höhenkrankheit ist keine Krankheit in dem Sinne, ist eher eine Höhenmattheit, eine Erschöpfung, die sich um einen legt, bis man sie abschüttelt.

4

Es klopft an die Tür. Ich bin ohne Wecken schon munter. Halb acht werde ich abgeholt, so die Auskunft von RosaTours. Dann drei Stunden Busfahrt – Copacabana ist seit dem 16. Jahrhundert Wallfahrtsort. Die Maria von Copacabana ist die Nationalheilige Boliviens.

Der Blick aus dem Fenster: auf den Dächern ringsum Schnee! Unten am Hotel Matsch. Ich laufe immer größere Kreise. Zu früh, keine Gaststätte ist geöffnet. Acht. Viertel neun. Ich friere bis in die Knochen. „Un té?" Der Kellner steckt enttäuscht die Speisekarte weg. Ich hör die Kneipenmusik, die unablässig aus plärrenden Lautsprechern klingt. Kneipe, Straße, Markt – überall Musik, die da ist wie Regen, Sonne, Schnee. Winter in La Paz.

Ich trinke meinen Tee aus und will den Fotoapparat holen. Im Hotel fuchteln zwei Männer mit einer Liste, auf der mein Name steht. Sie bugsieren mich in ein Taxi. Es ist viertel zehn. Das Taxi rast, überholt einen Bus. Ich werde umgeladen. Den Bus füllen Leute in Decken, auch ich hülle mich ein.

Wir rollen ins Gebirge hinauf, durch immer mehr Schnee. Wo der befestigte Weg endet, ist nicht zu sehen. Schneemänner auf der Fahrbahn, Kinder werfen Schneebälle. Kahle Landschaft. Berge rötlich, zwischendrin braun.

Am Titicacasee erwartet uns die Fähre. Kostet extra. Fünf Bolivianos. Wir steigen um. Es regnet. Unser Boot ist halb überdacht. Wir stehen dicht bei dicht. Regen drückt auf den See, den das Gebirge einrahmt.

Wir legen an. Sonne! Frauen unter Wellblechen verkaufen heiße Getränke. Ein Wunder der Maria! Der Milchkaffee brennt. Ich stehe im Warmen, bin der Natur dankbar. Die Sonne hält sich auf dieser Seite des Titicacasees den ganzen Nachmittag. In Copacabana klopft unser Fahrer auf seine Uhr: 14.00 Uhr Rückfahrt. Eine knappe Stunde Zeit. Die Kirche der Maria ist eingebaut in eine alte Klosteranlage, die das Städtchen überragt. Copacabana streckt sich wie ein großes Urlauberdorf. Hinweisschilder mit Pfeil. Das Hauptschiff der Kirche. Pfeil. Eine Kapelle. Für die Maria, hinter einem Glasschutz, bleiben zwei Minuten. Als ich wieder an der Haltestelle bin, wird Gepäck für eine Tour nach Peru verladen. Ich decke mich ein mit Waffeln und Wasser.

In La Paz gehe ich etwas Kräftiges essen. Pique macho: geschnetzeltes Fleisch mit Zwiebeln, Käse, Oliven über Kartoffeln. Ich habe auf der Zunge, wie gut die Oliven in meiner letzten Salteña geschmeckt haben, in dem übersüßten Gemüse sind sie ein Genuss gewesen.

Ich spaziere durchs Viertel. Nicht weit vom Hotel finde ich das Colonial. Ich bestelle Bier. Ein junger Indio kommt an meinen Tisch. Wir trinken, bis er beide Hände unter seine Wange presst: „We sleep?" Er sagt seine Geschichte: Frau und Baby haben ihn verlassen, dann die Geste, sich ein Messer ins Herz zu stoßen. Sieht natürlich aus. Raoul heißt er. Vom Nebentisch ruft ein junger Fettsack. Raoul beachtet ihn nicht: „My life is un..." Die Hände unter die Wange. Die Faust mit dem Messer aufs Herz. Ich will wissen, wieviele Männer er hier kennt. „Nobody!" Raoul schreibt seine Adresse auf. Gebe ich meine? No. „Okay. Have you money?" Bin Student, weiche ich aus. Im Hotel passt die Rezeption auf und – falls – bei Raoul hätte ich nur Gänsehaut. Er greift seine leere Flasche, holt uns neues Bier. Ich sage, mir wird klar, dass er alle hier kennt. Raoul nickt. Wann hatte er seinen Ersten? Er grübelt, verzieht das Gesicht: „No, doesn't go." Er kann's nicht beantworten, geht zu tief. Jetzt weiß ich, wie dämlich ich mich aufführe. Vom Nebentisch winkt der Fette, brüllt los. „Police, the fucker." Raoul schüttelt sich, schwingt die Schultern zur Lautsprechermusik. Raoul grüßt einen Brillentyp. Die Musik wird schneller, Raoul schwingt die Schultern. „My life is un..." Der Brillentyp setzt sich. „A good friend." Raoul entschuldigt sich. Ich gehe, als ich in alle Umarmungen einbezogen werde. Raoul macht sich los. Wir umarmen uns.

5

Beim Wachwerden sind meine Lippen völlig ausgetrocknet. Ich schiebe die Decken vom Kopf. Der Fenstervorhang leuchtet. Ich kann es nicht glauben: Sonne! Ich springe aus dem Bett, hier werde wohl nie mehr als sechs Stunden schlafen. Ich creme die Lippen ein, streife den Pullover über.

Raus aus dem Florida mit dem Steinboden. Ich renne bis zum Prado, wo es Tee gibt. Beim Frühstück schwanke ich, ob ich Raoul einlade. In der Nacht bin ich sicher gewesen: Ich fliege mit ihm nach Cochabamba, wo es mild ist, die Stadt des ewigen Frühlings, habe ich gelesen. Fürs Wochenende könnte ich es buchen. Zwei Tage Raoul, ich kann ihn mir leisten, für ihn etwas machen, das er nicht vergisst. Zwei Tage Raoul für mich. Wenn ich's will.

Straßen sind Markt, alle Gehwegflecken voller Waren, so dass man nicht treten kann, laufend angestoßen wird, ausweicht. Zu Mittag sengt die Sonne. An einem Straßenstand esse ich eine Art Schaschlik, vorn Kartoffeln aufgespießt, überm Feuer gegrillt. Zum ersten Mal bemerke ich an einem Auto, in den Staub der Scheibe geschrieben: Bolivia = 3, Ecuador = 1.

Ich schlendere durch die Calle Comercio. Eine Kaffeestube. Eine Alte sitzt davor, schlägt mir ihren Hut gegen die Waden und verflucht mich, weil ich ihr nichts gebe beim Hineingehen. Ich denke an die Peña heute im Italia. Am ersten Abend habe ich mich geistlos benommen, habe gedacht: Was wollen sie von mir, mein ganzes Geld! Ich habe vergessen, was „Wie geht es dir?" auf Aymará heißt, obwohl wir es geübt haben.

Freitagnachmittag. Plötzlich will ich nur noch weg aus La Paz. „Potosí?" Die Frau im Reisebüro gibt sich Mühe. Sie ruft beim Flugplatz an. Gebucht. Für übermorgen. Ich bezahle 394 Bolivianos und habe meinen Abflug okay.

Es wird dunkel. Ich lasse mich treiben zur Plaza Velasco: im Innenkreis eine anfeuernde Stimme. Dreißig-vierzig Menschen, die meisten jünger, davor ein Keyboard, Schlagzeug, Flöten. Drei Mädchen wie Showgirls, in der Mitte beginnt ein Prediger. „Jesús! Jesús!" Die Stimme rollt übers Rondel hinweg, die Versammelten schreien Bestätigung: „Jesús!" Das Keyboard setzt lauter ein, die Predigt endet, wild beklatscht. Das Schlagzeug treibt. Der Prediger kommt auf mich zu. Yo soy alemán, sage ich meinen Satz. „Jesús te ama", er legt mir die Hand auf die Schulter: „Jesus loves you." Ich ziehe weiter. Die Kälte setzt ein.

Das Italia veranstaltet Disko. Keine Peña. Ihren geselligen Abend lieben die Bolivianer, laut Reiseführer. Calle Jaén: Hier soll die Musik nicht touristisch seicht sein. Sie klingt wie das, was in Europa unter 'Andenfolklore' läuft, hingebungsvoller gespielt. Ich wärme mich nach und nach auf. Von den Tischen werden Lieder gefordert. Beifall. Als nächstes Tanz: Eine Kampfszene, grausig bunte Masken, der Sieger tollt mit dem Opfer. Immer wieder Beifall. Dann ein Duo: Gitarre und eine Art Altiplano-Mandoline mit verzogenem Bauch. Irrsinniges Tempo, die Finger flitzen über die Saiten. El condor pasa, unvermeidlich. Alle klatschen. Wieder eine Kapelle, mit Sängerin, Schwüle-Nacht-Erotik. Auch hier fliegt der Condor vorbei. Noch einmal wirbeln die Tänzer herein. Mit andern Masken: Vorquellende Augen, grell, die beiden springen wie Teufel um sich zu zackiger, fast deutscher Marschmusik.

6

Durst! Ich stemme mich hoch. Schüttelfrost. Ich kann vor Schlaffheit kaum laufen. Kein Appetit. Durst. Mineralwasser am Straßenrand. Ich schenke dem Sohn der Händlerin zehn Centavos. Er schreit vor Glück.

Beim Instituto Boliviano de Turismo frage ich nach Deutschen, die hier leben. „In Achumani." Ich soll ein Gruppentaxi nehmen. Unterwegs werden bolivianische Fähnchen geschwenkt. „Achumani!" Der Junge im Kombi ruft es während der ganzen Fahrt aus.

Club alemán? Si. Geradeaus, vorwärts. Im sanften Bogen steigt die Straße an, die Sonne steil darüber. Am rechten Rand Felsen, glattbraunes hohes Gestein ohne Ende. Links umzäuntes Gelände. Colegio alemán, die deutsche Schule ist zugeschlossen. Durst!! Weiter am Zaun. Doch ein offenes Tor. Dahinter erinnert alles an eine Feriensiedlung: Häuschen, viele aus rötlichen Klinkern gebaut, Gärten und Wege geharkt. Ich irre umher, klingle auf gut Glück. Wo bekommt man etwas zu trinken? „Im deutschen Klub." Eine Greisin betrachtet mich, hinter ihr in der Küche blinkt ein Wasserhahn. Sie ist mit ihrem Mann hergezogen: „Er war Constructor, er hat viel für Bolivien getan." Sie schickt mich an einem Sportplatz entlang, zum nächsten Tor.

WILLKOMMEN... lese ich schon. Ein Klotz aus roten Klinkersteinen, holzverkleidet bis unters Dach. Der Deutsche Klub. Mineralwasser, bitte! Es wird eingedeckt. Muss längst Mittag sein. Ich trinke sehr gemächlich, bleibe der einzige Gast. No bueno, solo. Hier erfahre ich bestimmt nichts.

Auf dem Rückweg winken Grüppchen: über die Nasen rotgelbgrüne Streifen gemalt. In den Landesfarben lange Schals, frei flatternd oder um den Kopf gerollt. Ich sehe nun an fast jedem Auto: Bolivia – Ecuador 3:1. 2:1. 3:0.

Die Sonne glüht über der Hauptstraße El Prado, verbrennt mir die Stirn und die Nase. Zum Ledermarkt. Alles heute geht nur gemächlich. Ich stolper von Stand zu Stand, kaufe schließlich eine Flickenjacke. An den Podesten und Ständen flimmern große-kleine-laute Fernseher. Bolivien spielt. Überall.

Ich schleiche zum Hotel. Liege. Hitze dreht mich durch. Keine Kraft. Es muss der Fluch der Alten von gestern sein, weil ich nichts in ihren Hut gegeben habe. Kalt. Noch kälter. Ich kann nicht aufstehen. Zwinge mich. Unten ist ein Tagesgericht angeschrieben. Ich bestelle. Der Raum ist ungeheizt, claro. Im Fernsehen wird Fußball wiederholt. 1:0! Sieg für Bolivia. Ich rufe zur Küche: Mate de Coca! Der Koch klärt mich auf: Erst das Essen, Mate zum Schluss. Finalmente. Was wird, wenn das Fieber zunimmt? Ich kaufe Mineralwasser, steige die Treppe hoch. Krieche ins Bett. Nicht gut, ich allein.

Ich schlage die Decke um mich. Schlafen! Ein steinerner Klumpen im Magen. Maskenteufel stampfen im Kopf. Mir ist nur noch schlecht. Das Klo spült nicht mehr. Ich springe zwischen Bett und Kälte hin und her. Ich kotze stundenweise, bis ich vollkommen leer bin. Schlafen kann ich vergessen.

7

Potosí ist sehr kalt, viel kälter als hier, haben sie im Reisebüro gewarnt. Die Lederjacke habe ich für Potosí gekauft. Es hämmert an die Tür. Muchos gracias! Wieso fliege ich? Ich will nicht nach Potosí. Wozu? Liegen bleiben. Ich reiße mich hoch, werfe meine Sachen in die Tasche. Zum letzten Mal die Treppe. Raus ins Frieren. Ein Glück habe ich: ein Taxi. Aeropuerto!

Ich bete, dass sie am Flugplatz so früh Wasser verkaufen. Selig sehe ich die blauen Fläschchen. Ich spüle mich voll, halte mich am Schalter fest, nehme die Bordkarte. Eine kleine Maschine, ein Platz links und rechts. Ich klicke den Gurt zusammen. Start. Ich liege im Sitz, muss mich nicht rühren, das ist das Schöne. Eine Hand streift mich, gibt mir Cola. Ich trinke. Die Hand gibt mir ein Sandwich. Als wir landen, habe ich eine Stunde geschlafen.

Kleine Schritte. Ich muss mich bewegen. Potosí? Viertausend Meter hoch, vierhundert mehr als La Paz. Was geht mich Potosí an? Im 17. Jahrhundert neben London die größte Stadt der Erde, die reichste. Silberminen, Lustbarkeiten, zu Feiern die Straßen mit Silber gepflastert – die Rettung für Spanien, Spanien raubte das Silber. Potosí? Ich habe eine Führung hier.

Wieso ich mir eingebildet habe, es würde eine Bus- oder Auto-Tour sein. Wir laufen. „We must be very slow", bitte ich meinen Führer. Roberto ist Mitte zwanzig: Studium in Argentinien, hier Technologe in den Zinnminen – aber Kurzarbeit, deshalb Reiseführer. Roberto sagt, man sieht, dass es mir nicht gut geht. Die Sonne scheint, doch ich soll die Lederjacke mitnehmen.

Fahren wir zum Museum mit dem Taxi. Drei Bolivianos. Roberto bezahlt.

Casa de la Moneda: Ich schleppe mich an Gemälden vorbei. Gemälde. Gemälde: von Spaniern, die zuerst herüberkamen, und denen, die folgten. Roberto übersetzt zusammenfassend. Der größte Maler Amerikas, Melchor Pérez Holguín, hat einen extra Saal. Ein ganzer Saal, ich schleppe mich hindurch. Bitte beachten Sie das Triangel-Motiv: die Triangel, unter die alles angehäuft wird – alte Welt, neue Welt, Spanier, Mestizen, Indios. Die Nachfahren von Holguín: körperbetont, schwellende Brüste der Jungfrau, Faltenwurf im Schoß. Roberto schweigt. Er ist katholisch.

Casa de la Moneda. Ein eiskalter Klotz: immer neue Zimmer, Säle, Treppen. Im Keller sind die Prägestempel ausgestellt. Es ging nicht um die Form der Münzen, ihr Wert lag im Silbergewicht. Riesenräder wurden anfangs von Pferden gedreht, die in der Höhenluft zwanzig Tage lebten. Dann wurden schwarze Sklaven geholt, die ein Jahr durchhielten.

Wir sind aus der Münze entlassen. „It was really cold." Roberto reibt sich die Hände, führt mich durch die Straßen. „Ist alles Lüge, das ist nicht Bolivien, was du hier siehst. 73 % Indios", sagt er, „du siehst nicht das, was wirklich ist."

Wir machen eine Pause. Heiße Zitrone. Ich esse das Sandwich vom Flugzeug, stecke es wieder ein. Die Kirche, wir müssen die Kirche sehen. Ich halte mich gerade noch aufrecht. Roberto geht mit mir zur Telefonzentrale, um für die Nacht ein Zimmer zu bestellen. Es klappt: Residencial Charcas. Roberto lässt mich in der Sonne ausruhen. Er holt mein Gepäck vom Büro und bringt mich zum Bus. „Tomorrow it will be much better", tröstet er mich vor der Abfahrt.

Ich döse. Finster. Der Scheinwerfer erfasst riesige Pfützen. Karge Landschaft. Wir halten. Ein Brötchen, ein Becher, Kaffeeduft würgt mich. Auf freiem Feld eine Art Restaurant. Lautsprecher. Ich vertrage keine Altiplano-Musik mehr. Flöten. Röhren. Stampfender Rhythmus, der mir den Magen ausbohrt.

8

Ich habe elf Stunden geschlafen. Jetzt nehme ich es wahr: Das Hotelzimmer ist hell, der Fußboden bespannt. Bunt gemusterte Gardinen. Alles blinkt, das Bad gekachelt. Die Dusche prasselt warm, voller Schwall, das ist Glück. Ich bin in Sucre, 1300 Meter tiefer.

Ich wohne am Zentralmarkt. Ich laufe wie unter Lasten, Schritt für Schritt, die Beine zittrig, die Gedanken schwirren: Nie wieder Altiplano. Ich komme nicht mehr an Coca-Tee heran, beim Erinnern wird mir schlecht, er hat doch Geruch.

Ich gehe, atme leichter. Sucre liebt mich. In Sucre ist nichts weit. Ein handgemaltes Schild weist aufs Café El Germen hin: Hier kann man deutsche Bücher tauschen und es gibt auch Kuchen und Schwarzbrot.

Ein halbhohes Regal mit den Büchern. Im ersten Reiseführer suche ich mein Stichwort – Soroche: Schlappheit, Müdigkeit bedeuten nur fehlende Akklimatisation und vergehen nach einigen Tagen. Schwere Kopfschmerzen,

Atemnot, Herzrasen, Übelkeit, Schlaflosigkeit kündigen die Höhenkrankheit an; wird sie vernachlässigt, droht die schwere Erkrankung mit Lungenödem. Jetzt wird mir doch mulmig. Ich lese die Namen der Medikamente.

Ich bestelle eine Suppe, mit Bohnen und Keimen. Ein Genuss. Ich habe Ekel gegen Kaffee, Fleisch, Gerüche. Soroche, sage ich mein Wort. Mich bedient eine hellhäutige Frau. Maria ist Deutsche. Sie bringt Wasser, das hilft. Sie rät mir, nicht nach Potosí zu fahren. Da war ich gestern. Wir lachen.

Marias Mann ist Bolivianer, sie lebt seit acht Jahren hier. Es hat bis jetzt gedauert, eine Stube anzubauen für die Kinder. Das ganz große Elend gibt es auf den Dörfern, im Winter verhungern sie. Campesinos sind nur interessant vor Wahlen. Sie kriegen Versprechungen und T-Shirts geschenkt, Schulhefte oder eine Tüte Nudeln. Im Frühjahr wollte sich der alte Diktator Banzer legal an die Macht bringen. Um zu wählen, auch um Land zu kaufen, braucht man ein Carnet. Es kostet zehn-fünfzehn Bolivianos, zu teuer für die Campesinos. Außerdem muss man es in der Stadt beantragen, abholen und alle fünf Jahre verlängern lassen. Nun haben Leute Carnets verteilt, mit der Bedingung zu schwören, Banzers Partei zu wählen. Und die Campesinos sind sehr gläubig, sie stimmen dann nicht anders. Darüber haben sogar Zeitungen geschrieben, alle wissen es, erklärt Maria. Sie hat eine weiche Stimme. Mate de Coca, sagt sie, gegen Soroche. Ist morgen auf jeden Fall besser.

Ich liege wieder. Durchschlafen. Lange schlafen. Gelöst erwachen. Ich liebe meine Residencial Charcas. Überm Zentralmarkt hängt die Sonne. Sucre wärmt mich.

Die Straßen sind ruhig, fast ohne Markt, kein Vergleich mit La Paz. Auf dem Stadtplan entdecke ich das Nationalarchiv. In den zwanziger Jahren kommandierte General Kundt das Heer Boliviens, habe ich gelesen: Deutsche Offiziere waren hier Ausbilder. Vielleicht finde ich etwas. Nationalbibliothek und -archiv. Eine Vorhalle zu ebener Erde: blanker Marmor, geschwungene Aufgänge. Oben am Geländer, der Flur ist nicht breit, drei Schreibtische. Do you speak english? Drei Frauen verneinen. Colega ...?, versuche ich. Die mir am nächsten sitzt, holt Luft, ich spüre den Schauer der Ehrfurcht, bevor sie sagt: „El director." Darf ich ... Ich darf durch die Tür treten.

Ein geräumiges Kabinett: an allen Wänden Bücher, Türen nach drei Seiten, Telefone, Schreibtische, Computer. Vor den Bildschirmen junge Frauen, die klappern, lesen. Doch ich steuere auf den Direktor zu, gerade gegenüber der Tür. Er scheint nur dazusitzen, wenig Papier auf dem Tischchen vor sich. Er ist sehr alt. Steinalt. Es fällt nicht schwer, an Fotografien von

Borges zu denken. Das Gesicht pergamenten, mit fleckiger Haut, flinken Augen. Ein bewegliches Fossil. Ein Männchen, der Körper wie ins Gesicht geschrumpft. Ein schwarzes Loch, in dem sich der Raum konzentriert: el director.

Er erwidert auf die Frage nach deutschen Militärs sofort: „Kundt." Er händigt mir einen Hefter aus, die Benutzungsordnung. Er geht voran, die Flurdamen schauen hoch. Der Direktor schließt einen Lesesaal auf, einen weiteren. Die Schlüssel stecken in Glastüren. Wir gelangen ins letzte Zimmer. Ein Mann, Anfang-Mitte fünfzig, erhebt sich. Der Direktor stellt mich dem Mann vor: sein Stellvertreter, begreife ich.

Der Stellvertreter verbeugt sich: „Ich verstehe ein bisschen Ihre Sprache." In Wien, als Student hat er deutsch gelernt. Einige Wochen im Jahr übersetzt er für die UNO in Europa, aber damit wird Schluss sein, wenn er den Direktorposten übernimmt.

Ich frage nach dem Archiv. Ah, seit 1898 trifft Material nur zufällig ein. 1898 endete der bolivianische Bürgerkrieg. Sucre blieb Hauptstadt, doch seitdem sitzen Parlament und Regierung in La Paz – dort unterhält jedes Ministerium sein eigenes Archiv, wenn es eins besitzt, beim Militär ist vermutlich viel verschwunden. „Hier in Sucre dürfte für Sie nichts zu entdecken sein", fasst er zusammen. Er windet sich, unruhig, gibt jemandem Zeichen. Hinter uns klappern Schlüssel. Mittagspause, claro, ist geheiligt von zwölf bis zwei.

Sonst arbeitet der Stellvertreter nachmittags nicht. Heute wird er kommen und mir helfen, Bestandslisten zu sichten. Wir steigen hinab in die Vorhalle. Der Direktor will in den Ruhestand treten?, frage ich. „Will er nicht! Er ist fünfundvierzig Jahre im Amt." Das Gesicht meines Begleiters blitzt auf: „So etwas gibt es nur in Bolivien." Wir drücken uns die Hand. „Bis nachher."

Um zwei führt mich eine Flurdame ins Stellvertreter-Zimmer. Si, der Katalog. Ich mobilisiere mein Französisch. Der Archivbestand erfasst: 1678, 17.., 18.. – nach 1911 sechs Kenn-Nummern, die sich unter wechselnden Stichworten wiederholen. Pt 12, PO Publicaciones oficiales del Estado boliviano: 1825 – bis heute. Mir wird ein Ordner von dreißig Seiten gebracht. Die Rubriken verzeichnen für jedes Jahr eine Zeile: 1825, 1826 ... bis 1993. Es sind Aufstellungen über ... Worüber? Ich entziffere das Vorwort, bis mir dämmert: jedes Blatt listet eine Behörde (Außen-, Innen-, Kriegsministerium, Sozialversicherung) auf, hält fest, ob Dokumente im Archiv eingegangen sind. Falls Dokumente vorliegen, ist das betreffende Jahr mit Bleistift angekreuzt. Ich blättere durch, auf jeder fünften Seite wenige Kreuze, alle vor 1900: Die

Aufstellung betrifft das Nicht-Vorhandene. Ein Gespensterkatalog. Es gibt kein Nationalarchiv. Meine Spurensuche in Bolivien führt auf ein leeres Feld. Dreiviertelvier. Wer oder was hat den Stellvertreter aufgehalten? Einen Vorstoß mache ich noch, beim Direktor. „In ten minutes." Vor seinem Schreibtisch beschränke ich mich auf eine Frage: „Have you ever seen General Kundt?" Er antwortet mit einer Verschleppung, die Augen sehen mich aus tiefsten Höhlen an: „No, I haven't met him. If you want to get to know something, you don't must ask in english." Er hat meinen Landsmann Kundt nie gesehen. Wenn ich etwas erfahren will, muss ich auf Spanisch fragen. Ein Blick, zwei Sätze, ich weiß, wo ich stehe. Draußen. Ich bin Europäer.

Ich schlendere zum Café: El Germen – der Ursprung, Keim, habe ich nachgeschlagen. Maria bringt Apfeltorte, wunderbar frisch. Den Nachmittag über stopfe ich mich mit Kuchen voll. Süßes Leben. Ich sitze bei Maria. Frage sie nach Fidel. Ja, selbst die reaktionärsten Leute bewundern ihn, er hat es geschafft, sein Land unabhängig zu halten. Na ja, unabhängig?

Revolutionen verebben, die Begeisterung verfliegt. Siegreiche Revolutionäre wandeln sich zu Herrschern. Mit allen Konsequenzen. Die nachrevolutionäre Frage stellen im Volk die weiterhin Aufständischen dar, die etwa eine zweite Revolution fordern. Eine Antwort, siehe Noske: Schießbefehle. Ganz Unbeherrschbare sind zu liquidieren. Die modernere Antwort: »Jede Propaganda hat volkstümlich zu sein und ihr geistiges Niveau einzustellen nach der Aufnahmefähigkeit des Beschränktesten unter denen, an die sie sich zu richten gedenkt ... Je bescheidener dann ihr wissenschaftlicher Ballast ist, und je mehr sie ausschließlich auf das Fühlen der Masse Rücksicht nimmt, um so durchschlagender der Erfolg.« Der Redner Hitler weiß, worauf er setzt, als er dies simpel-direkt, durchdacht-kalkuliert in MEIN KAMPF vorgibt. Wie gewinne ich die öffentliche Meinung, wie dirigiere ich Zeitgeist?

Das Fühlen der Masse? Wer hat Angst vorm Schwarzen Mann? Juden? Schwulen? Feind s e l i g: Unsere Sprache offenbart unsere Verhältnisse. Im Gerichtssaal werden Urteile g e f ä l l t – das Recht am Boden, Stumpf eines Urteils: ein Vorurteil. Recht, das ein Ur-Teil vorschreibt, und das ungeschriebene Vor-Ur-Teil: Das ist die Klammer, in der wirklich alle 'drin' sind. Ächtung ist der Teil an Gesellschaft, aus dem selbst Juden, Neger, Homosexuelle nicht entfallen, nie herausgefallen sind: eine all(e)umfassende Eingliederung, die Urteil und Vorurteil verquickt zum herrschenden 'Normalen' gegen alles Abweichende-'Unnormale'.

Diese Art umfassender Einordnung gipfelt mit dem 20. Jahrhundert in einer Erfindung europäischer Herrscher: Konzentrationslager. Der Begriff erscheint schon 1904 im deutschen ministeriellen Briefverkehr: Als aufständische Hereros das Kolonialsystem störten, wurde ihre Isolation beraten – Erfahrungen, die später im Zwangssystem gegen jedweden Widerstand in Deutschland wieder auftauchen. Im März 1933 beginnt die Aussonderung politischer Gegner aus der 'Volksgemeinschaft'. SS-Chef Himmler lässt »das erste Konzentrationslager mit einem Fassungsvermögen für 5000 Menschen« öffentlich bekanntmachen.

Die Auslandspresse merkt auf. Sefton Delmer vom DAILY EXPRESS erkundigt sich bei Röhm. Himmler nennt Meldungen über verübte Gräuel erfunden. Delmer schlägt vor, ihn im Dachauer Lager einige Tage verbringen und behandeln zu lassen wie alle Häftlinge, um Lügen zu widerlegen. Das klänge vernünftig, meint Himmler. Doch als Röhm von einer großartigen Idee spricht – Delmer könnte die ganze Prozedur durchmachen, von der Tracht Prügel zum Empfang bis zum Erschießen auf der Flucht –, löst sich alles in Lachen auf. Himmler verschiebt dann eine Besichtigung immer wieder.

Währenddessen läuft die Propagandamaschine des Nationalsozialismus. Die Bürger sollen sich an 'Überführungen' gewöhnen. Am 17. Mai 1933 veranschaulicht der VÖLKISCHE BEOBACHTER, dass Gewöhnung nichts Erzwungenes sein muss: Badische Sozialdemokraten werden in ein KZ verlegt. »Vor dem Gefängnis hatte sich eine riesige Menschenmenge angesammelt, die die Verhafteten mit Pfeifen, Pfui- und Niederrufen empfingen. Vor dem ersten Panzerwagen, auf dem die Verhafteten unter starker Bedeckung entblößten Hauptes saßen, schritt eine zweireihige SS-Kolonne zur Freimachung der Straße ... Der Andrang des Publikums war so stark, dass der gesamte Straßenbahn- und Autoverkehr lahmgelegt war«.

Der Nationalsozialismus in Deutschland endet nicht durch eine Revolution. Was folgt 1945, was wird aus Staatsdienern? Wie fließen Einzelschicksale über in Verallgemeinerung, ab welcher Größenordnung gilt ein Urteil für das Gesamte: Täterpartei? Täterstaat? Ein Tätervolk? Was tritt 1945 an die Stelle von Hitlers Diktatur? Vorredner, Parteifunktionäre, Wirtschaftsführer, Besatzer erklären einen Neuanfang – in beiden deutschen Staaten: Hier soll das Volk sich nach der sozialistischen Einheits-Parteilinie ausrichten, dort wieder Wertmaßen des Profits folgen. Real existierender Kapitalismus oder Sozialismus wird jeweils als Ordnung ohne Alternative verkündet. Wo bleibt der andere Sinn, der in Revolutionen aufblitzt? Welche Chance, altgewohnte Sieger hinter sich zu lassen und statt ewiger Herrengeschichte die Geschichte der Massen zu verwirklichen? Die Zukunft der Masse ist zu bleiben.

Ich bummle durch Sucre, um meine Lederjacke zu tauschen. Ich muss wirklich vernebelt gewesen sein: Fäden geben nach, die Flicken lösen sich voneinander, Tintenflecke am Ellenbogen. Gummipolster über der Schulter, ich stecke wie in einer abgenutzten Rüstung. Ich will die Jacke loswerden, doch auf dem Markt tauscht keiner, die Frauen verkaufen.

Meine Schritte sind heute schon schneller. Heute habe ich Hunger! In einer Handtuchkneipe gibt es Cena, das Tagesangebot: Suppe und Hauptgang. Die Suppe würzig, mit festen Schoten. Danach eine Pampe aus grünen Erbsen, Fleisch und Reis. Fettig. Schmeckt herrlich. Verdauungsspaziergang. Höhenkrankheit überstanden. Ich trinke mein erstes Bier seit Tagen, wache nachts auf. Es ist keine Schlaflosigkeit mehr, weil der Körper sich überanstrengt, ist innere Spannung. Ich habe von Zuhause geträumt.

Mit dem Jahr 1993 war ich über vierzig. Ich liebte keinen. In mein Leben prallten die Wiederholungen wie viel zu oft gehörte Lieder. Ich begriff, seelenruhig, dass ich nicht zu meiner Jugend zurückflog. Das war auch eine Befreiung. Auch. Was traf mich noch innerlich? I shot the sheriff von Bob Marley sickerte aus einem Lautsprecher, während ich in Sucre in einer Handtuchkneipe saß und mein herrlich fettiges Essen zu verdauen anfing.

Wie oft habe ich den Sheriff erschossen
Wie oft, Baby, hast du mein Feuer erleuchtet
Wie oft konnte ich keine Befriedigung kriegen
Das Brennen, wie oft, der Mitternachtslampe
Die Antwort, wie oft, in den Wind geblasen
Stell dir vor, Herz aus Gold, wie oft flog
Der Condor, der Sheriff, wie oft in den Wind
I can't get no Herz aus fliegt vorbei

Wieder in Frankfurt, fuhr ich vom Flugplatz mit der S-Bahn. Mir leuchtete die Werbung für eine ermäßigte Bahncard entgegen: Ein Jahr Deutschland. Für alle ... Dann wie eine Milderung: Für die Hälfte ... Ich las es wie mein Urteil bis zum nächsten Sommer: Ein Jahr Deutschland.

Zur Textgestaltung

Die dokumentarische Anlage des Textes bedingt, dass viel zitiert wird. Jedes Zitat lässt sich belegen. Die freie prosaische Darstellung bedingt, dass solche Nachweise unterbleiben.

Alle Originalzitate aus Schriften Röhms sind kursiv gesetzt, komprimierte Aussagen jedoch nicht. Sonstige Zitate werden durch die Anführungszeichen »...« nachgewiesen, Zitate aus mündlichen Äußerungen durch „...". In sämtlichen Belegstellen sind Auslassungen durch den Autor mit drei Punkten markiert; runde Klammern weisen auf Wortverschiebungen im Zitat hin. Eckige Klammern bezeichnen sinnerhellende Zusätze (z. B. Orts- oder Zeitangaben) durch den Verfasser.

Diese Biografie stützt sich wesentlich auf Primärquellen aus dem Bayerischen Hauptstaatsarchiv, dem Staatsarchiv München, dem Stadtarchiv München, dem Institut für Zeitgeschichte München, dem Militärarchiv Freiburg, aus den Bundesarchiven in Koblenz und Berlin sowie auf die Dokumentenbände:

Bernhard, H./ Elazar, D. u. a. (Red.): Der Reichstagsbrandprozeß und Georgi Dimitroff, Band 1, Berlin 1982

Bernhard, H./ Elazar, D. u. a. (Red.): Der Reichstagsbrandprozeß und Georgi Dimitroff, Band 2, Berlin 1989

Gutachten des Instituts für Zeitgeschichte, Stuttgart 1966

Gruchmann, Lothar/ Weber, Reinhard u. a. (Hg.): Der Hitler-Prozeß 1924. Wortlaut der Hauptgerichtsverhandlung vor dem Volksgericht München I., München 1997 ff

Horkenbach, Cuno: Das Deutsche Reich von 1918 bis heute, Berlin 1935

Internationaler Militärgerichtshof: Prozeß gegen die Hauptkriegsverbrecher, Nürnberg 1947

Maurer, Ilse/ Wengst, Udo (Hg.): Staat und NSDAP 1930-1932. Quellen zur Geschichte des Parlamentarismus und der politischen Parteien, Düsseldorf 1977

Minuth, Karl-Heinz (Hg.): Akten der Reichskanzlei. Die Regierung Hitler. 1933/34, Boppard am Rhein, 1983

Michaelis, Herbert/ Schraepler, Ernst (Hg.): Ursachen und Folgen. Vom deutschen Zusammenbruch 1918 und 1945 bis zur staatlichen Neuordnung Deutschlands in der Gegenwart, Berlin 1958 ff; Band IX und X

Stenografischer Bericht über die Verhandlungen gegen die Reichstagsbrandstifter van der Lubbe und Genossen

Zeitungen und Zeitschriften wurden ausgewertet, insbesondere:
DAS BAYERNLAND, DER SA-MANN, DIE ZUKUNFT, FRANKFURTER RUNDSCHAU, FRANKFURTER ZEITUNG, ILLUSTRIERTER BEOBACHTER, MÜNCHNER NEUESTE NACHRICHTEN, MÜNCHNER POST, MÜNCHNER ZEITUNG, VÖLKISCHER BEOBACHTER, VIERTELJAHRESHEFTE FÜR ZEITGESCHICHTE

Von unzähligen Memoiren und Monografien erwiesen sich v. a. als weiterführend:
Röhm, Ernst: Die Geschichte eines Hochverräters, München 1928 (7 Auflagen, z. T. erweitert, bis 1934)
Memoiren des Stabschefs Röhm, Herausgegeben: Anonym, Uranus-Verlag; Saarbrücken 1934
Aretin, Erwein von: Krone und Ketten, München 1955
Bade, Wilfrid: Die SA erobert Berlin, München 1933 (auf S. 43 anzitiert)
Bahar, Alexander/ Kugel, Wilfried: Der Reichstagsbrand. Wie Geschichte gemacht wird, Berlin 2001
Bennecke, Heinrich: Hitler und die SA, München 1962
Bennecke, Heinrich: Die Reichswehr und der „Röhm-Putsch", München 1964
Bindrich, Oswald/ Römer, Susanne: Beppo Römer, Berlin 1991
Bracher, Karl Dietrich u. a.: Die nationalsozialistische Machtergreifung. Studien zur Errichtung des totalitären Herrschaftssystems in Deutschland 1933-34, Köln/ Opladen 1960
Braunbuch über Reichstagsbrand und Hitler-Terror, Basel, 1933
Brüning, Heinrich: Memoiren 1918-1934, Stuttgart 1970
Bülow, Bernhard Fürst von: Denkwürdigkeiten, Berlin 1930, Band 2
Caro, Kurt/ Oehme, Walter: Schleichers Aufstieg, Berlin 1933
Czech-Jochberg, Erich: Adolf Hitler und sein Stab, Verlag Gerhard Stalling, Oldenburg 1933
Delmer, Sefton: Die Deutschen und ich, Hamburg 1963
Deiseroth, Dieter (Hg.): Der Reichstagsbrand und der Prozess vor dem Reichsgericht, Berlin 2006
Deuringer, Carl: Die Niederwerfung der Räteherrschaft in Bayern 1919, Nachkriegskämpfe deutscher Truppen (Band IV), Berlin 1936

Diels, Rudolf: Lucifer ante portas. Zwischen Severing und Heydrich, Zürich (ohne Jahresangabe)
Dornheim, Andreas: Röhms Mann fürs Ausland, Münster 1998
Eulenburg, Philipp zu: Aus 50 Jahren. Erinnerungen, Tagebücher und Briefe aus dem Nachlass des Fürsten, Berlin 1925
Eulenburg, Philipp zu: Mit dem Kaiser als Staatsmann und Freund auf Nordlandreisen, Dresden 1931
Fallois, Immo von: Kalkül und Illusion. Der Machtkampf zwischen Reichswehr und SA während der Röhm-Krise 1934, Berlin 1994
Farin, Michael (Hg.): Polizeireport. München 1799-1999, München 1999
Frank, Hans: Im Angesicht des Galgens, München-Gräfelfing 1953
Friedländer, Hugo: Interessante Kriminalprozesse. Nach eigenen Erlebnissen, Berlin 1920
Fromm, Bella: Als Hitler mir die Hand küßte, Berlin 1994
Gilardone, Georg von: Oberst Ritter von Epp und sein Schützenkorps, in: Das Bayernland Nr. 19/ 1933
Gisevius, Hans Bernd: Bis zum bitteren Ende, Vom Verfasser auf den neuesten Stand gebrachte Sonderausgabe, Bertelsmann Lesering, Hamburg (ohne Jahresangabe)
Goebbels, Joseph: Vom Kaiserhof zur Reichskanzlei, München 1934
Gordon jr., Harold. J.: Hitlerputsch 1923, Frankfurt/ Main, 1971
Gossweiler, Kurt: Die Röhm-Affäre. Hintergründe-Zusammenhänge-Auswirkungen, Köln 1983
Gritschneder, Otto: „Der Führer hat Sie zum Tode verurteilt ...", München 1993
Haller, Johannes: Aus dem Leben des Fürsten Philipp zu Eulenburg-Hertefeld, Berlin 1924
Hallgarten, F. W.: Hitler, Reichswehr und Industrie, Frankfurt/ Main 1955
Harden, Maximilian: Köpfe. Eine Auswahl, Berlin 1930
Heiden, Konrad: Geschichte des Nationalsozialismus, Berlin 1932
Heiß, Stephan R.: Das Dritte Geschlecht und die Namenlose Liebe. Homosexuelle im München der Jahrhundertwende; in: Schmale, Wolfgang (Hg.): Mannbilder, Berlin 1998
Hitzer, Friedrich: Der Mord im Hofbräuhaus. Unbekanntes und Vergessenes aus der Baierischen Räterepublik, Frankfurt am Main 1981
Höhne, Heinz: Mordsache Röhm, Reinbek 1984
Hofer, Walther u. a. (Hg.): Der Reichstagsbrand. Eine wissenschaftliche Dokumentation, Berlin 1978

Hofmann, Hanns Hubert: Der Hitlerputsch, München 1961
Karasek, Horst: Der Brandstifter. Lehr- und Wanderjahre des Maurergesellen Marinus van der Lubbe, der 1933 auszog, den Reichstag anzuzünden, Berlin 1980
Kraus, Karl: Maximilian Harden. Ein Nachruf, Wien und Leipzig 1908
Longerich, Peter: Die braunen Bataillone. Geschichte der SA, München 1989
Lorant, Stefan: Ich war Hitlers Gefangener. Ein Tagebuch 1933, München 1983 (auf S. 212 anzitiert)
Ludendorff, Erich: Vom Feldherrn zum Weltrevolutionär und Wegbereiter deutscher Volksschöpfung, München 1940
Luedecke (Lüdecke), Kurt: I knew Hitler, New York 1938
Luetgebrune, Walter: Ein Kampf um Röhm, Diessen 1933
Lutze, Viktor: Tagebuch, in: FRANKFURTER RUNDSCHAU 14. 5. 1957
Meißner, Otto: Staatssekretär unter Ebert-Hindenburg-Hitler, Hamburg 1950
Müller, Klaus-Jürgen: Reichswehr und „Röhm-Affäre", in: Militärgeschichtliche Mitteilungen 1968
Muschler, Reinhold Conrad: Philipp zu Eulenburg. Sein Leben und seine Zeit, Leipzig 1930
Nußer, Horst: Konservative Wehrverbände in Bayern, Preußen und Österreich 1918-1933, München 1973
Oertzen, Friedrich Wilhelm von: Die deutschen Freikorps 1918-1923, München 1936
Papen, Franz von: Der Wahrheit eine Gasse, München 1952
Pölnitz, Götz von: Emir. Das tapfere Leben des Freiherrn Marschall von Eberstein, München/ Brünn/ Wien 1942
Röhl, John C.G.: Kaiser, Hof und Staat. Wilhelm II. und die deutsche Politik, München 1987
Röhl, John C.G. (Hg.): Philipp Eulenburgs politische Korrespondenz, Boppard 1976
Röpnack, Adolph von: Aus den Memoiren eines deutschen Offiziers in bolivianischen Diensten, Deutscher Soldatenkalender 1962, München-Lochhausen
Rogge, Helmuth: Holstein und Harden. Politisch-publizistisches Zusammenspiel zweier Außenseiter des Wilhelminischen Reiches, München 1959
Roßbach, Gerhard: Mein Weg durch die Zeit, Weilburg/ Lahn 1950
Sack, Dr.: Der Reichstagsbrandprozeß, Berlin 1934

Salomon, Ernst von: Der Fragebogen, Reinbek bei Hamburg 1961
Schmidt-Pauli, Edgar von: Die Männer um Hitler, Berlin 1932
Schouten, Martin: Marinus van der Lubbe. Eine Biographie, Frankfurt/Main 1999
Schwerin von Krosigk, Lutz Graf: Es geschah in Deutschland, Tübingen und Stuttgart 1951
Schüddekopf, Otto-Ernst: Das Heer und die Republik, Hannover-Frankfurt/Main 1955
Selig, Wolfram: Aspekte der nationalsozialistischen Machtergreifung in München, Stadtarchiv München 1983
Soer, Josh van (Hg.): Marinus van der Lubbe und der Reichstagsbrand, Hamburg 1983
Thoss, Bruno: Der Ludendorff-Kreis 1919-1923, Neue Schriftenreihe des Stadtarchivs München, 1978
Tresckow, Hans von: Von Fürsten und anderen Sterblichen. Erinnerungen eines Kriminalkommissars, Berlin 1922
Tobias, Fritz: Der Reichstagsbrand. Legende und Wirklichkeit, Rastatt 1962
Toller, Ernst: Eine Jugend in Deutschland, Reclam Verlag, Leipzig 1970
Torgler, Ernst: Der Reichstagsbrand und was nachher geschah, in: DIE ZEIT, 11. 11. 1948
Tschirschky, Fritz Günther von: Erinnerungen eines Hochverräters, Stuttgart 1972
Vogelsang, Thilo: Reichswehr, Staat und NSDAP, Stuttgart 1962
Weltkomitee für die Opfer des Hitlerfaschismus (Hg.): Anklage gegen die Ankläger. Die Widerlegung der geheimen Anklageschrift des Reichstagsbrand-Prozesses. Unter Mitwirkung der Professoren Fauconnet, G. Urbain, Prenant und anderer Gelehrter, Paris 1933
Weyerer, Benedikt: München 1919-1933, München 1993
Young, Harry F.: Maximilian Harden. Censor Germaniae, Münster 1971

NAMENSÜBERSICHT

Die Angaben erfolgen in der Reihung: Familienname, Vorname – Beruf; Dienst- oder Parteifunktion.
Goebbels, Göring, Himmler, Hitler und Röhm werden als bekannt vorausgesetzt.
Nicht berücksichtigt sind Personen, die einmalig bzw. in eindeutigen Kontexten erscheinen, und Exkurse.

Bell, Georg – Ingenieur; in den 1920ern international tätiger Agent, ab 1931 im Nachrichtendienst der SA, 1932 Bruch mit Röhm, danach u. a. Informant für Zeitungen, 1933 ermordet 47, 62 ff, 96 ff, 177 ff, 212 f, 218
Berchem, Otto Freiherr von – Offizier; 1923 Vorgesetzter Röhms nach der Kommandierung ins WKK 164 f
Bergmann, Robert – Lehrer; 1915-16 in Röhms Kompanie (Westfront), 1919 Ordonanz Röhms im FK Epp und in der Stadtkommandantur München, ab 1932 in der Obersten SA
Führung, 1934 Chefadjutant 35 ff, 122, 256 f, 264, 269, 286 ff
Blomberg, Werner von – Offizier; ab 1933 Reichswehrminister im Kabinett Hitler 208, 224 f, 228, 239, 241, 252
Brückner, Wilhelm – Volkswirt; Offizier a. D.; 1919 FK Epp, 1923 Chef des SA-Regiments München, ab 1930 Adjutant Hitlers 21 ff, 136, 146, 168, 269
Buch, Walter – Offizier a. D.; Vorsitzender des 'Uschla' (Untersuchungs- und Schlichtungsausschuss) = oberstes Parteigericht der NSDAP 11, 62 ff, 68, 72, 96, 218, 223
Delmer, Sefton – ab 1928 Berliner Korrespondent des englischen DAILY EXPRESS 42 f, 53, 69, 83 ff, 314
Detten, Georg von – Offizier; 1929 SA-Gruppenführer in Dresden, 1934 Leiter des Politischen Amts der Obersten SA-Führung in Berlin – während der Anti-Röhm-Aktion 1934 ermordet 59, 253, 274
Diels, Rudolf – Jurist; ab 1930 Kommunismus-Referent im preußischen Innenministerium, ab Februar 1933 Leiter der Politischen Polizei, ab 26. 4. 1933 Leiter des neuen Geheimen Staatspolizei-Amts (Gestapa), ab Mai 1934 Regierungspräsident in Köln 224, 226, 238, 245 ff, 249, 267
Du Moulin, Leon Karl Graf – Jurist; in SA-Dienst unter Röhm als Stabschef 10, 22 ff, 47, 49 f, 63 ff, 70 ff, 94 ff, 159, 213, 232, 237, 261 ff, 278 ff

Ebert, Friedrich – Sattler; SPD-Führer, 1919-1925 Reichspräsident 24, 128, 137, 144

Ehrhardt, Hermann – Marineoffizier, ab 1919 Freikorps-Führer, Leiter der Organisation Consul (OC) und des Bunds Wiking 32, 124 f, 134, 137, 144

Eisner, Kurt – Redakteur; USPD-Führer, ab 8. 11. 1918 Ministerpräsident in Bayern, am 21. 2. 1919 ermordet 20, 55, 213

Epp, Franz Xaver von – Offizier; 1919 Führer des gleichnamigen Freikorps', ab April 1933 Reichsstatthalter in Bayern 20 ff, 124 ff, 130, 137, 144, 153 f, 209, 240, 257, 273

Ernst, Karl – diverse Tätigkeiten; 1920 FK Roßbach, ab 1925 SA-Ajutanten- und Führer-Posten, März 1933 SA-Gruppenführer Berlin, 1934 SA-Obergruppenführer Berlin-Brandenburg – während der Anti-Röhm-Aktion 1934 ermordet 208, 211, 216, 226, 228, 232 f, 237 f, 245 f, 250, 251, 254, 274, 276

Faber, Wilhelm – Offizier; ab 1920 Untergebener Röhms im bayerischen Infanteriestab, Leiter der formal selbständigen Firma Faber für Transporte der geheimen Feldzeugmeisterei 94, 125, 131 f, 159

François-Poncet, André – ab 1931 Botschafter Frankreichs in Deutschland 102, 240, 271 f

Frank, Hans – Jurist; ab 1929 Leiter der rechtspolitischen Abteilung der NSDAP-Reichsleitung 50 f, 215, 273, 287

Frick, Wilhelm – 1917 Oberamtmann der Polizeidirektion München, 1930-32 für die NSDAP in Thüringen Minister des Innern und für Volksbildung, ab 1933 Reichsinnenminister 44, 146, 208 f, 225, 227, 252, 254

Granninger, Peter – Kellner u. Ä.; in SA-Dienst unter Röhm als Stabschef 10, 47 ff, 261 ff, 279

Grauert, Ludwig – in den 1920er Jahren geschäftsführend in verschiedenen Industriellenverbänden, ab Februar 1933 Leiter der Polizeiabteilung, ab April 1933 Staatssekretär im preußischen Innenministerium 52, 207

Groener, Wilhelm – Offizier; 1918 Nachfolger Ludendorffs als Generalquartiermeister des Heeres, 1928 Reichswehrminister, 1931 auch Reichsinnenminister, Mitte 1932 Rücktritt 60, 69 f

Heimsoth, Karl-Günter – Dr. med.; 1924 Dissertation über Hetero- und Homophilie, 1928-29 Mitglied der NSDAP, dann Austritt – Briefpartner Röhms 1928-1930, 1934 ermordet 44 ff, 50 f, 61, 74 f, 212

Heines, Edmund – nach dem Abitur Kriegsfreiwilliger; ab 1919 in FK Roßbach, Ende 1922 Übertritt zur SA, ab Juli 1931 Führer der SA-Gruppe Schlesien, 1933 Polizeipräsident in Breslau – während der Anti-Röhm-

Aktion 1934 ermordet 42 f, 69, 86 f, 92 f, 136, 162, 168, 211, 213, 236 f, 250, 253 f, 256, 268, 272, 274, 276, 279

Heiß, Adolf – Offizier; gründet im Herbst 1919 den bayerischen Wehrverband Reichsflagge, eng mit Röhm in antirepublikanischen Aktivitäten verbunden, wechselt im Herbst 1923 ins Kahr-Lager 125, 127, 133, 135

Helldorf, Wolf Heinrich Graf von – Offizier; ab 1919 in verschiedenen Wehrverbänden, u. a. der NSDAP, ab 1931 Berliner SA-Führer, ab März 1933 Polizeipräsident in Potsdam 77, 86, 211, 214, 255

Heß, Rudolf – 1914 Kriegsfreiwilliger; 1919 FK Epp, 1925-1932 »Privatsekretär des Führers«, ab 1933 »Stellvertreter des Führers« in der NSDAP 72, 102, 168, 174, 219, 229, 233, 255, 272 f, 284 f

Heydrich, Reinhard – Marineoffizier; ab Juni 1931 Organisator des SS-Nachrichtendienstes SD (Sicherheitsdienst), 1933 Chef der Münchner Politischen Polizei, 1934 Chef des SD-Hauptamts 37, 56 ff, 76 ff, 88, 212 f, 224, 232 ff, 250, 255 f, 258, 260, 261 ff, 272, 275, 285 f

Hindenburg, Paul von – Offizier; ab 1916 Chef der deutschen Heeresleitung, ab 1925 Reichspräsident 52, 60 ff, 70, 82, 84 f, 89, 101 f, 208, 210, 214, 239, 243, 250, 252 ff, 284, 292

Hofmann, Johannes – Offizier; FK Epp, ab 1919 eng mit Röhm in antirepublikanischen Aktivitäten verbunden, 1931 SA-Gruppenführer Bayern, September 1932 SA-Obergruppenführer 127 f, 153 f

Horn, Karl – Architekt; in den 1930er Jahren in der SA Karlsruhe 62 ff, 95 f, 212

Hugenberg, Alfred – Konzernmanager; ab 1928 Chef der Deutschnationalen Volkspartei (DNVP), 1933 im Kabinett Hitler Wirtschafts- und Landwirtschaftsminister, Ende Juni 1933 Rücktritt 52, 101, 208

Kahr, Gustav von – Jurist; ab 1917 Regierungspräsident in Oberbayern, 1920 Ministerpräsident, ab September 1923 Generalstaatskommissar in Bayern, während der Anti-Röhm-Aktion 1934 ermordet 32, 126 f, 133 ff, 147 ff, 160 ff, 272, 276, 286

Kapp, Wolfgang – Direktor eines Verbands landwirtschaftlicher Kreditinstitute; scheitert im März 1920 mit einem Putsch gegen die Reichsregierung 32 f, 125, 144 f, 209

Klotz, Helmut – Marineoffizier; am Hitler-Putsch 1923 beteiligt, Ende 1924 NSDAP-Ausschluß, ab 1929 SPD-Mitglied 62, 68 f,

Kriebel, Hermann – Offizier; 1919-1921 Stabsleiter der bayerischen Einwohnerwehren, 1923 militärischer Führer der Arbeitsgemeinschaft vaterländischer Kampfverbände 129 ff, 135, 137 f, 143 ff, 146, 149, 156 f, 165

Krüger, Friedrich Wilhelm – Offizier; 1919-20 FK Lützow, 1931-32 Brandenburger SA-Führer, ab Mitte 1933 Chef des SA-Ausbildungswesens, mit engen Kontakten zur Reichswehr 225, 241, 245, 255
Kundt, Hans – Offizier; Reorganisator und Oberbefehlshaber des Heeres in Bolivien, ab 1923 Kriegsminister 17 ff, 312 f
Ley, Robert – Lebensmittelchemiker; 1925-1931 NSDAP-Gauleiter Rheinland, ab Ende 1932 Stabsleiter der Politischen Organisation (PO) der NSDAP 222, 229, 238
Lossow, Otto von – Offizier; 1923 bayerischer Landeskommandant der Reichswehr 129 ff, 134 ff, 147 ff, 160 ff
Ludendorff, Erich – Offizier; 1916 Generalquartiermeister der deutschen Heeresleitung, ab 1919 Schirmherr zahlreicher antirepublikanischer Aktivitäten 77, 102, 124, 133, 135, 137, 139 ff, 146, 148 ff, 164 f
Luetgebrune, Walter – Jurist; 1924 beim Putsch-Prozess Verteidiger Ludendorffs, 1932 Oberster Rechtsberater der SA und SS, November 1933 aus der Obersten SA-Führung ausgeschieden 62, 68, 82
Lutze, Viktor – Offizier; nach 1919 in Freikorps, ab 1925 in SA-Führerpositionen, 1932 SA-Obergruppenführer West, 1933 Polizeipräsident in Hannover, von Hitler zum SA-Stabschef nach Röhm bestimmt 66, 242, 254 ff, 268, 270, 272
Mayr, Karl – Offizier; 1919 Untergebener Röhms im bayerischen WKK, ab 1925 SPD-Mitglied, Führer und Redakteur im Reichsbanner Schwarz-Rot-Gold 32, 65 ff, 71 f, 144 f
Meißner, Otto – Jurist; ab 1918 Staatssekretär der Reichspräsidenten Ebert und Hindenburg, nach 1933 Leiter der »Präsidialkanzlei des Führers« 85, 101
Möhl, Arnold von – Offizier; ab 1920 bayerischer Landeskommandant der Reichswehr 27, 32, 127, 144 f
Noske, Gustav – SPD-Führer; 1919-20 Reichswehrminister 21, 24, 27, 294, 298, 313
Papen, Franz von – Offizier; für die Zentrumspartei 1921-1925 und 1930-1932 im Landtag von Preußen, ab Juni 1932 Reichskanzler, 1933 Vizekanzler im Kabinett Hitler 70, 82, 84 ff, 100 f, 208, 228, 253 f, 275, 284
Pfeffer von Salomon, Franz von – Offizier; ab 1919 Freikorps-Führer, 1924 NSDAP-Gauleiter Westfalen, ab November 1926 »Oberster SA-Führer Großdeutschland«, Rücktritt im Sommer 1930 39 f, 56 ff, 86
Pittinger, Otto – Dr. med.; ab 1919 Führer des Bunds Bayern und Reich 126 ff, 132, 137

Reichenau, Walter von – Offizier; ab 1933 stellvertretender Reichswehrminister 224, 236, 256, 258 f, 285
Rosenberg, Alfred – Ideologe der NSDAP (DER MYTHUS DES 20. JAHRHUNDERTS), ab 1923 Chefredakteur des VÖLKISCHEN BEOBACHTERS, nach 1933 Leiter des Außenpolitischen Amts 45 f, 228 f, 239, 258, 291
Roßbach, Gerhard – Offizier; ab 1919 Führer des gleichnamigen Freikorps', ab Oktober 1923 aktiv im Hitler-Lager, nach 1933 Leiter des Reichsluftschutzbunds 136, 162, 239
Schätzl, Martin – Kunstmaler; in SA-Dienst unter Röhm als Stabschef – während der Anti-Röhm-Aktion 1934 ermordet 8 f, 212, 263, 265, 286
Schleicher, Kurt von – Offizier; 1931 Staatssekretär im Reichswehrministerium, 1932 Reichswehrminister, Dezember 1932 Reichskanzler, während der Anti-Röhm-Aktion 1934 ermordet 40 f, 52 f, 60, 66 f, 69 f, 83 f, 89 f, 99 ff, 247, 252, 270, 275, 286
Schreyer, Karl – Offizier; ab Ende 1930 Finanzverwalter, ab 1932 Leiter der Finanzabteilung der Obersten SA-Führung 217 ff, 237, 256, 274, 286
Schulz, Paul – Offizier; ab 1919 in Freikorps, ab 1930 Stabschef von NSDAP-Reichsorganisationsleiter Gregor Straßer, Dezember 1932 Rücktritt mit Straßer, danach NSDAP-Austritt 42, 49 f, 67, 71
Schwarz, Franz Xaver – bis 1925 Beamter der Stadt München; ab 1925 Reichschatzmeister der NSDAP 63, 71, 218, 220, 222
Schweighart, Hans – Offizier; ab 1919 FK Epp und in Röhms Feldzeugmeisterei, ab 1933 Adjutanten-Posten in der SA – während der Anti-Röhm-Aktion 1934 ermordet 65 ff, 125, 275 f
Seißer (auch: Seisser), Hans – Offizier; ab 1920 Chef der Bayerischen Landespolizei 134 ff, 148 ff, 163, 272
Seldte, Franz – Fabrikant; Hauptmann d. R., Ende 1918 Gründer des Frontsoldatenbunds Stahlhelm, ab 1933 Arbeitsminister im Kabinett Hitler 52, 101, 208, 225, 243
Severing, Carl – SPD-Führer; 1919-20 Reichs- und Staatskommissar im Ruhrgebiet, 1920-1926 und 1930-1932 Innenminister in Preußen 33, 53, 245, 248
Seydel, Josef – Offizier; 1919 Freikorps Epp, im April 1923 anstelle Röhms formal Führer der Reichsflagge München, 1931 Chef der Presseabteilung der Obersten SA-Führung, 1934 Leiter des Zentralamts 130 f, 141, 150, 153 f, 159, 256

Spreti-Weilbach, Hans Erwin Graf von – Landwirt; ab 1931 SA-Ajutanten- und Führer-Posten, Leiter des SA-Nachrichtendienstes, ab November 1933 1. Adjutant des SA-Stabschefs Röhm – während der Anti-Röhm-Aktion 1934 ermordet 212 f, 237, 251, 272, 286

Stennes, Walter – Offizier; 1928 Berliner SA-Führer, 1930 Führer des SA-Bereichs Ost, 1931 aus NSDAP und SA ausgeschlossen 38 ff, 42 f, 49, 57 f, 83, 91, 95

Straßer, Gregor – Apotheker; 1919 FK Epp, ab 1928 Reichsorganisationsleiter der NSDAP, Dezember 1932 Rücktritt – während der Anti-Röhm-Aktion 1934 ermordet 22 f, 43, 51, 56 f, 60, 80, 82, 84, 88 ff, 98, 100, 131, 222, 247, 276

Straßer, Otto – Volkswirt; 1919 FK Epp, 1930 NSDAP-Austritt 23, 46, 50, 56

Streicher, Julius – Lehrer; ab 1923 Herausgeber der antisemitischen Zeitschrift DER STÜRMER, ab 1928 fränkischer NSDAP-Gauleiter 90 f, 227

Thyssen, Friedrich – Industrieller; spätestens ab 1923 Geldvermittler und Wegbereiter für die NSDAP und ihre Verbände 61, 135, 137

Uhl, Julius – Kaufmann; ab 1931 Chef der SA-Stabswache Röhms – während der Anti-Röhm-Aktion 1934 ermordet 97 f, 212 f

Weber, Friedrich – Dr. med. vet.; 1919 FK Epp, ab 1922 Führer des Bunds Oberland, 1923 am Hitler-Putsch beteiligt 133, 146, 165

Wolff, Karl – Offizier; ab 1932 in der SS, ab April 1934 1. Adjutant des SS-Reichsführers Himmler 35, 250, 259, 275

Zehnter, Karl – Offizier a. D., Gastwirt des „Nürnberger Bratwurstglöckl", 1923 in „Gruppe Heines" – während der Anti-Röhm-Aktion 1934 ermordet 161, 276

ABBILDUNGSVERZEICHNIS

Das Bayernland. Illustrierte Halbmonatszeitschrift für Bayerisches Land und Leute, Nr. 19/ 1933 (S. 26, 34)
Illustrierter Beobachter Folge 27/1932 (S. 92, 93, 231 unten), Folge 29/1932 (S. 80, 81), Folge 23/1934 (S. 216 oben)
Münchner Illustrierte Presse, Nr. 51/1933 (S. 16, 244 unten)
Völkischer Beobachter 1. 7. 1934 (S. 277 und Faksimile Rücktitel)
Bley, Wulf (Hg.): Revolutionen der Weltgeschichte, München 1933 (S. 55, S. 146 unten)
Eulenburg, Philipp zu: Mit dem Kaiser als Staatsmann und Freund auf Nordlandreisen, Dresden 1931 (S. 109)
Klotz, Helmut: Der Fall Röhm, Berlin 1932 (S. 74, 75)
Röhm, Ernst: Die Geschichte eines Hochverräters, München 1928 (S. 54)
Archiv des Verfassers (S. 203, 231, 244 oben, 260, 277 unten)
Stadtarchiv München (Titel-Faksimile, StadtA Mü. PMB R 139)
Ullstein Bild (S. 146 oben, 216 unten)

Wir haben uns bemüht, Ansprüche der Rechtsinhaber der Abbildungen zu erfüllen. Sollte noch ein Rechtsinhaber Ansprüche anzumelden haben, bitten wir, sich mit dem Lychatz Verlag, Leipzig, in Verbindung zu setzen.

Inhaltsverzeichnis

Norbert Marohn
Röhm. Ein deutsches Leben 3

I. Im Vormarsch 7
    Nachkrieg 20
    Disziplinierung der Massen 38
    Mordauftrag im Braunen Haus 60
    Innere Störungen 82
    Der geförderte Sieg 99

Exkurs Gesteigerte Enthüllung 103
    Meister der Gegenwart 105
    Verdrängte, Argwöhnische 107
    Wie bahnt man Enthüllung an? 110
    Verbissene Biedermänner 115

II. Im Nachkrieg 121
    Der Feldzeugmeister 122
    Der versuchte Putsch 133
    Verbündete und Verräter 147
    Die verhandelte Wahrheit 160

Exkurs Denunziertes Leben 169
    Das vorgegebene Urteil 172
    Das Braunbuch 176
    Das Rotbuch 181
    Erklärungen, Gutachten 187
    Der Antiheld 197

III. UNTER FÜHRERN 205
Verwalteter Terror 206
Neue Bestimmung der SA 221
Belauerungszustand 236
Das Netz um Röhm 249
Nacht der langen Messer 266
'Familienkampf'. 284

IV. LA PAZ ÜBERGANG 293
Zur Textgestaltung 316
Namensübersicht 321
Abbildungsverzeichnis 327

NORBERT MAROHN

Geboren 1952 in Neuruppin.
Studium der Internationalen Beziehungen, der Schauspielregie (abgebrochen) und am Leipziger Literaturinstitut. Verschiedene Lohnarbeiten.
Seit 1986 – mit Unterbrechungen – freiberuflicher Schriftsteller.
Seit den 80er Jahren Veröffentlichung kleinerer Texte in Zeitschriften und Zeitungen: Gedichte, Aufsätze, Buch- und Theater-Kritiken.

Hörspiele:
Harro (1987), Grubetsch (nach Anna Seghers, 1988), Denhard (1989),
Klappe zu (1991), Es scheint der Mond so hell (1992),
Wisch dir die Tränen ab (1994)

Funk-Dokumentationen und -Essays, u. a.:
Ein Zugang zu Röhm (1995)
Ungebärdige Seelen – die frühen Erzählungen der Anna Seghers (1998)
Lieder, die die Fronten wechselten (1999)
Der bewusste Henker: Heydrich (2000)
Ludwig Renns Dresden (2009)
„Wie soll ich wissen, was mich bewegt" – Gunter Preuß zum 70. (2010)

Prosa:
Plötzlich mein Leben (1990)
Ende der Kindheit (2008)